D1678481

SHŌBŌGENZŌ

Die Schatzkammer
des wahren Dharma-Auges

Band 3

MEISTER DŌGEN
beim Betrachten des Mondes
(mit freundlicher Genehmigung des Hōkyō-ji, Fukui, Japan)

MEISTER DŌGEN

SHŌBŌGENZŌ

DIE SCHATZKAMMER
DES WAHREN DHARMA-AUGES

BAND 3: KAPITEL 42–72

AUS DEM JAPANISCHEN URTEXT
INS DEUTSCHE ÜBERTRAGEN VON
RITSUNEN GABRIELE LINNEBACH
UND
GUDŌ WAFU NISHIJIMA-RŌSHI

VERLAG WERNER KRISTKEITZ

ISBN 978-3-921508-92-3

www.kristkeitz.de

Inhalt

Anmerkungen zur Übertragung ins Deutsche

von Ritsunen Gabriele Linnebach

Meister Dōgens *Shōbōgenzō* ist eine der wichtigsten und tiefgründigsten Schriften des Zen und sicher auch des gesamten Buddhismus. Zudem ist es zweifellos das philosophisch am besten begründete Werk, das je von einem Zen-Meister geschrieben wurde. Es wurde von Meister Dōgen in der Zeit von 1231 bis 1253 erarbeitet und ist die Aufzeichnung seiner tiefen Erfahrung, die er vor allem in China erlebte, und deren sprachliche Formulierung. Diese profunden und vielschichtigen Lehrreden, die Dōgen seinen Schülern – Mönchen, Nonnen und Laien – als philosophisch fundierte und konkrete Anleitungen vorgetragen hat, sind leider nach seinem Tod fast ganz in Vergessenheit geraten. Sie waren lange nur in einem kleinen Kreis von Experten der Sōtō-Schule bekannt und wurden dort studiert. Erst seit dem Ende des 19. Jahrhunderts wurde der unerschöpfliche Wert dieses großen Werks wiederentdeckt. In den letzten Jahren nahm das Interesse an Dōgens *Shōbōgenzō* in weiten Kreisen zu, sodass wir hoffen, mit dieser Übertragung dem dringenden Bedarf nach einer verlässlichen und möglichst verständlichen Fassung nachzukommen.

Diese erste deutsche Übertragung des *Shōbōgenzō* aus dem japanischen Urtext in vier Bänden ist dem Zusammentreffen verschiedener glücklicher Umstände zu verdanken. Zum einen lebte ich viele Jahre in Tōkyō und begegnete dort dem hervorragenden Dōgen-Kenner Zen-Meister Gudō Wafu Nishijima, dessen Schülerin ich wurde und der mir die Dharma-Übertragung gab. Er führte mich 20 Jahre lang geduldig und einfühlsam durch die z. T. schwer verständlichen Kapitel dieses Werkes. Zum anderen konnte ich mich mehr als ein Jahrzehnt in dieses Werk vertiefen und mich ausschließlich der schwierigen Arbeit des Übertragens dieses alten japanischen Textes widmen. So war es möglich, die von mir aus dem Japanischen übertragenen Passagen und Kapitel mit Nishijima-Rōshi selbst durchzuarbeiten und offene Fragen direkt mit ihm zu klären. Ohne sein tiefes, in sechzig Jahren gewachsenes Verständnis des Werkes von Dōgen wäre dies nicht möglich gewesen.

Unser Quellentext ist die originale japanische Ausgabe des *Shōbōgenzō* von Dōgen, die in neuerer Zeit zum ersten Mal zwischen 1935 und 1943 im Verlagshaus Iwanami in Tōkyō erschien und heute als die «Iwanami-Ausgabe» bezeichnet wird. Diese Ausgabe enthält in drei Bänden die 95 Kapitel des *Shōbōgenzō* sowie 5 weitere Kapitel im Anhang. Die Iwanami-Ausgabe basiert ihrerseits auf den Manuskripten des *Shōbōgenzō*, die Meister Hangyō Kōzen, der fünfunddreißigste Abt des Eihei-ji, um 1690 gesammelt und in chronologischer Ordnung zusammengestellt hat. Von den verschiedenen Ausgaben des *Shōbōgenzō*, die sich im Inhalt, in der Zahl und in der Anordnung der Kapitel teilweise unterscheiden, sieht Nishijima-Rōshi die von Meister Kōzen als die authentische und vollständigste an, denn sie enthält u. a. die wichtigen Teile wie z. B. das Kapitel 1, «Ein Gespräch über die Praxis des Zazen», und das Kap. 17, «Die

Blume des Dharmas dreht die Blume des Dharmas», die in den anderen Ausgaben fehlen. Außerdem ist diese Ausgabe die erste, die in der Ära Bunka (1804–1818) im Holzdruck erstellt und so im Inhalt festgelegt wurde.

In dieser Übertragung ging es uns einerseits darum, den japanischen Quellentext inhaltlich so genau wie möglich zu übertragen, und andererseits diesen Text trotz seiner Schwierigkeit in eine möglichst klare und verständliche Sprache zu bringen. Es war immer das besondere Anliegen von Nishijima-Rōshi, dass die Beschäftigung mit Meister Dōgens *Shōbōgenzō* nicht nur auf den engen Kreis der Experten beschränkt bleibt, sondern breiteren Gruppen von praktizierenden und am Buddha-Dharma interessierten Menschen zugänglich gemacht wird. Man darf die Tatsache nicht übersehen, dass Meister Dōgen selbst das *Shōbōgenzō* in der Sprache seiner Zeitgenossen, dem Japanisch des 13. Jahrhunderts, formuliert hat, während die gelehrten Buddhisten seiner Zeit sich fast ausschließlich in Chinesisch geäußert haben. Zweifellos wollte Dōgen sein Werk über diesen engen Kreis hinaus zugänglich machen. Die Tiefe und Vielschichtigkeit von Dōgens Ausführungen können allerdings nur im Licht der buddhistischen Erfahrung verstanden werden. Daher ist es auch für ihre Übertragung notwendig, einen Interpreten zu finden, dem diese Erfahrung vertraut ist.

In jedem Fall besitzen die Texte Dōgens auch nach 800 Jahren eine erstaunliche Frische und Kraft, die wir in die deutsche Sprache zu übertragen hatten und die durch ihre Dichte und Qualität für sich selbst sprechen. Nishijima-Rōshis wichtige Kommentare und Auslegungen der Texte findet der Leser deshalb am Ende der jeweiligen Kapitel, um die Ausführungen Dōgens nicht zu unterbrechen und es dem Leser zu erlauben, sein eigenes Verständnis zu entwickeln. Alle Quellenangaben und Erklärungen buddhistischer Fachbegriffe in den Anmerkungen entnehmen wir Nishijima-Rōshis Kommentarwerk *Gendaigoyaku shōbōgenzō* («Das Shōbōgenzō in modernem Japanisch»). Da die Grundbegriffe des Mahāyāna aus dem Sanskrit stammen, haben wir die meisten der sino-japanischen Begriffe, die Dōgen im Text verwendet, auch durch die entsprechenden Worte in Sanskrit ergänzt. Wir stützen uns dabei auf das Sanskrit-Glossar der englischen Ausgabe des *Shōbōgenzō* von Nishijima-Rōshi und Chōdō Cross. Bestimmte Worte aus dem Sanskrit wie z. B. «Samādhi», «Prajñā» und «Bodhi», die Meister Dōgen im Text phonetisch mit den chinesischen Schriftzeichen *zanmai, hannya* und *bodai* wiedergibt, haben wir in der ursprünglichen Sanskritform wiedergegeben, denn wir nehmen an, dass sie dem westlichen Leser im Allgemeinen vertraut sind. Das Gleiche gilt für einige japanische Begriffe wie *hō*, den wir meist mit «Dharma» oder «Dharmas» wiedergeben, oder *nyorai* («Tathāgata») und *shōmon* («Śrāvaka»). Die Schreibweise der Worte in Sanskrit folgt der üblichen Transkription.

Die kursiv gedruckten Zusammenfassungen der Kapitel, die vor dem Originaltext stehen, wurden mit Nishijima-Rōshi abgestimmt und sollen den Zugang zu den Texten erleichtern. Die eckigen Klammern kennzeichnen Worte, Namen oder Titel, die im japanischen Original stillschweigend impliziert sind und die wir einer stilistisch einwandfreien und verständlichen Übertragung halber hinzugefügt haben. Besonders lange und schwierige Passagen des Originaltextes haben wir manchmal in mehrere Abschnitte unterteilt.

Um seine Sicht des Buddha-Dharmas anhand konkreter Beispiele zu untermauern, greift Dōgen auf die gesamte buddhistische Überlieferung zurück. Er zitiert zahlreiche Schriften aus dem Theravāda und den großen Mahāyāna-Sūtren. Oft geht er detailliert auf die chinesischen Aufzeichnungen der späten Tang- (618–907) und Songzeit (960–1279) ein. Dōgen sammelte auch 301 *kōan* in chinesischer Sprache (das *Shinji shōbōgenzō*), die ihm als Quelle für seine Darlegungen dienten und die er im Licht seiner Erfahrung erläuterte und neu interpretierte. Alle Zitate aus den Lehrschriften und *kōan* gibt Dōgen im Urtext im chinesischen Kanbun-Stil wieder. Kanbun ist eine Form des Chinesischen, das von den Japanern abgewandelt wurde und anders ausgesprochen wird als das heutige Japanisch. Ortsbezeichnungen aus China sowie die Namen chinesischer Zen-Meister haben wir wie im Quellentext in der japanischen Form belassen, da Meister Dōgen sie in dieser Form seinen japanischen Zuhörern übermittelt hat. Zur Orientierung findet der Leser jeweils im Anhang der vier Bände eine Liste der Namen dieser Meister in der Pinyin-Umschrift. Verweise in den Anmerkungen auf heutige Ortsnamen aus China stehen ebenfalls in Pinyin.

Der weitaus schwierigste Teil dieser Übertragung waren zweifellos die Zen-Geschichten oder *kōan* der alten Meister, die Dōgen oft als konkreten Ausgangspunkt oder zur Erläuterung seiner Gedanken verwendet. Diese Meister drückten sich nämlich nicht in klassischem Chinesisch, sondern in einer sehr bodenständigen Sprache aus, die mit ihren oft kräftigen Vulgär-Ausdrücken und vielschichtigen Wendungen von jeher zu den größten Herausforderungen der Übertragung gehört. Hinzu kommt die Tatsache, dass Dōgen auch mit seiner eigenen japanischen Sprache sehr schöpferisch umgeht. Wenn es ihm nützlich erscheint, bildet er neue Worte oder übernimmt einfach Ausdrücke aus der chinesischen Umgangssprache der Songzeit ins Japanische, sodass sich sein Japanisch sowohl von der zu seiner Zeit üblichen japanischen Sprache als auch vom modernen Japanisch durchaus unterscheidet. Da meine philologischen Kenntnisse diesbezüglich leider begrenzt sind und unsere Übertragung nicht allein wissenschaftlichen Kriterien genügen, sondern ein viel weiter reichendes tieferes Verständnis des Buddha-Dharmas wiedergeben soll, habe ich mich bei diesen schwierigen Passagen vor allem auf die jahrzehntelange Erfahrung von Nishijima-Rōshi mit Dōgens Schriften gestützt.

Obwohl wir uns in dieser Übertragung um sprachliche Klarheit und bestmögliche Verständlichkeit bemüht haben, nehmen wir an, dass es kaum jemanden geben wird, der ein so vielschichtiges Werk auf Anhieb versteht. So ist es zu Anfang für den Leser vielleicht am besten, sich von schwierigen Kapiteln oder Sätzen nicht entmutigen, sondern sie einfach reifen zu lassen. Diesbezüglich sagte mir Nishijima-Rōshi einmal, dass er selbst für manche Sätze zwanzig Jahre brauchte, um sie ganz zu erfassen. Ein guter Ansatz wäre es außerdem, erst einmal vieles zu vergessen, was man weiß, und neu mit dem *Shōbōgenzō* zu beginnen. Bildlich ausgedrückt könnte man dieses komplexe Werk als einen sehr großen Teppich der Wahrheit ansehen. Dieser Teppich ist aus vielen ineinander verflochtenen Mustern gewebt, und die wiederkehrenden Themen sind wie Muster in anderen Mustern oder wie Juwelen in einem Juwel gestaltet. Durch gründliches und wiederholtes Lesen ist es möglich, auch in die subtileren Muster Dōgens einzudringen. Wir sind sicher, dass der Leser dabei reichlich belohnt wird und dass er den ganzen Teppich sehen und in seiner Fülle zu erfassen lernt, um schließlich das *Shōbōgenzō* als ein Ganzes zu verstehen und zu würdigen. Dass dazu sehr viel Geduld und Einfühlungsvermögen gehört, versteht sich von selbst.

Im *Shōbōgenzō* entfaltet Meister Dōgen die Sicht der Wirklichkeit, die er selbst erfahren und gelebt hat, eine Sicht, die alle Dogmen und Systeme überschreitet. Er erinnert uns daran, wie unerlässlich es ist, die Wahrheiten und den Augenschein, denen wir in unserem Leben begegnen, selbst zu erfahren, fortwährend zu prüfen und nicht nur das zu sehen, was wir zu sehen gelernt haben, und nicht nur das zu glauben, was man uns zu glauben gelehrt hat. Eine solche weit ausgelegte Sicht, die sich nicht in Zukunftsträumen und gedachten Idealen verliert, sondern dazu anregt, das Leben in seiner ganzen Fülle zu erkennen, wie es ist, und zu begreifen, was wir sind und was wir hier tun, hat eine ursprüngliche, ja kosmische Kraft und Bedeutung, die alle Menschen über zeitliche und kulturelle Grenzen hinweg angeht. Und es ist eine umfassende Sicht, die heute mindestens so aktuell ist wie im 13. Jahrhundert in Japan – vielleicht ist erst heute die Zeit wirklich reif für Dōgens großes Werk.

Es ist mir eine große Freude, dass ich allen danken darf, die mir geholfen haben, meine große Lebensaufgabe, die manchmal weit über meine physischen und geistigen Fähigkeiten ging, zu bewältigen. Allen voran möchte ich natürlich dem Initiator dieser Übertragung, meinem sehr verehrten Lehrer und Freund, Nishijima-Rōshi, danken, der sein ganzes Leben der Klärung von Meister Dōgens Schriften gewidmet hat. Ich danke ihm vor allem dafür, dass er mir in zahllosen persönlichen Gesprächen nicht nur sein profundes Wissen, sondern seine eigene authentische Erfahrung von Dōgens Lehren weitergegeben und vorgelebt hat.

Auch möchte ich Herrn Werner Kristkeitz dafür danken, dass er den Mut hatte, sich als Verleger für dieses schwierige und langwierige Projekt zu engagieren. Es ist seiner Sachkenntnis zu verdanken, dass die der japanischen Sprache kundigen Leser und Leserinnen anhand der Schriftzeichen in den Anmerkungen tiefer in den Text eindringen können.

Für hilfreiche Anregungen und Hinweise bei der Redaktion dieser neu überarbeiteten Texte des dritten Bandes möchte ich mich besonders bei Herrn Werner Kristkeitz und Herrn Dr. Hauke Harder bedanken. Herrn Kokugyō Kuwahara-Sensei danke ich dafür, dass er uns großzügig vier Kalligrafien von seiner Hand überlassen hat, von denen jeweils eine in jedem Band erscheint. Danken möchte ich auch Herrn Eidō Michael Luetchford und Herrn Chōdō Cross, die uns freundlicherweise viele Dokumente und Vorlagen aus der englischen Ausgabe zur Verfügung gestellt haben.

Es wäre sehr schön, wenn möglichst viele Leserinnen und Leser durch diesen neu überarbeiteten dritten Band des *Shōbōgenzō* Freude und Bereicherung erfahren würden. Für mögliche Fehlerhinweise und Anregungen wäre ich sehr dankbar. Es ist ein großes Glück für mich, dieses wunderbare Werk immer weiter und tiefer erforschen und übertragen zu dürfen.

Dresden, im Juni 2014

Anmerkung zur Aussprache japanischer Worte:
Die Umschrift japanischer Worte und Namen erfolgt nach dem international überwiegend verwendeten Hepburn-System. Vokale werden ähnlich wie im Italienischen oder Deutschen, Konsonanten wie im Englischen ausgesprochen. Insbesondere gilt: Vokale ohne Längenstrich sind kurz, diejenigen mit Längenstrich (z. B. in *Dōgen*) lang. Doppelte Konsonanten (z. B. in *hokke*) werden ebenfalls *lang* gesprochen.

s	scharfes (stimmloses) 's' wie deutsch 'ss' oder 'ß'.
z	weiches (stimmhaftes) 's' wie in deutsch 'Sonne', *nicht* wie das deutsche 'z' / 'ts'.
ch	wie in engl. 'macho' oder deutsch 'tsch'.
fu	gehaucht, das 'f' zwischen deutschem 'f' und 'h'.
y	wie deutsch 'j', auch in Kombination mit Konsonanten (z. B. *Kyōto* sprich: 'Kjoo-to' [2 Silben], *nicht* 'Ki-oo-to' [3 Silben]).
j	wie in engl. 'Jack' oder das 'g' in ital. 'Gina'.
ei	wie 'ee' in 'See', *nicht* wie dt. 'ai'.

Hishiryō

Kalligrafie von Kokugyō Kuwahara

開経偈

無上甚深微妙法
百千萬劫難遭遇
我今見聞得受持
願解如来真実義

KAI KYŌ GE

mu jō jin shin mi myō hō
hyaku sen man go nan sō gu
ga kon ken mon toku ju ji
gan ge nyo rai shin jitsu gi

VERS BEIM ÖFFNEN DER SŪTREN

Dieser Dharma, unvergleichlich tiefgründig und wunderbar,
Ist selbst in Millionen Zeitaltern nur selten anzutreffen.
Jetzt, da ich ihn sehen, hören, annehmen und bewahren kann,
Möge ich den wahren Sinn der Lehre des Tathāgata verstehen.

42

都機

Tsuki

Der Mond

TSUKI[1] *bedeutet «der Mond». Meister Dōgen erklärt in diesem Kapitel die Beziehung zwischen einer abstrakten Vorstellung und einem konkreten Ding anhand des Mondes. Zweifellos haben wir alle eine recht romantische Vorstellung vom Mond, die nicht wirklich dem tatsächlichen Mond, der nur im gegenwärtigen Augenblick da ist, entspricht. Dass der Mond gestern da war, ist unsere Erinnerung, und dass er morgen da sein wird, ist unsere Erwartung, und beides sind Tätigkeiten des Gehirns und daher nicht die unmittelbare Wirklichkeit. Meister Dōgen erklärt hier, dass wir den wirklichen Mond von unserer Vorstellung des Mondes unterscheiden und die Tatsache annehmen sollen, dass es Augenblick für Augenblick eigentlich jeweils einen neuen Mond gibt, und deshalb können wir auch von vielen, unzähligen Monden sprechen. Meister Dōgen behandelt in diesem Kapitel die Beziehung zwischen unserem Denken und unserer Wahrnehmung und erläutert Buddhas grundlegende Lehre der Einheit von Subjekt und Objekt am Beispiel einer Wolke, die am Mond vorbeizieht.*

Die runde Verwirklichung vieler Monde ist nicht nur [konkret wie] drei und drei vorn und drei und drei hinten.[2] Wenn die vielen Monde ihre Rundheit verwirklichen, sind sie [aber auch] nicht nur [gedachte] drei und drei vorn und drei und drei hinten.[3]
    Deshalb sagte Śākyamuni Buddha:

Buddhas wahrer Dharma-Körper[4]
Ist genau so wie der leere Raum.
Seine Form offenbart sich den Dingen entsprechend,
So wie der Mond im Wasser.[5, 6]

Das Sosein der Wirklichkeit[7] [in den Worten] «so wie der Mond im Wasser» könnte [die Einheit] von Wasser und Mond sein. Es könnte sowohl die Wirklichkeit des Wassers als auch die des Mondes sein, und es mag das Sosein der Wirklichkeit und die Wirklichkeit des Soseins sein. Die Worte «so wie» bedeuten nicht, dass [Mond und Wasser] sich [nur] ähnlich sind, sondern «so wie» beschreibt dies[e Einheit und Wirklichkeit im Jetzt]. Buddhas wahrer Dharma-Körper ist genau diese Wirklichkeit des Raumes. Dieser Raum ist Buddhas wahrer Dharma-Körper, der selbst die Wirklichkeit ist. Weil [dieser unermessliche grenzenlose Raum] Buddhas wahrer Dharma-Körper ist, sind die ganze Erde, das ganze Universum, die ganze Wirklichkeit und alle Erscheinungen selbst dieser Raum. Die hundert Dinge und zehntausend Phänomene verwirklichen sich, so wie sie sind, und sie sind Buddhas wahrer Dharma-Körper und wie der Mond im Wasser.

Die Zeit des Mondes ist nicht unbedingt die Nacht, und die Nacht ist nicht immer dunkel. Ihr solltet euch nicht nur auf die enge Sicht der gewöhnlichen Menschen beschränken.[8] Es könnte sein, dass Tag und Nacht sogar dort existieren, wo es keine Sonne und keinen Mond gibt. Sonne und Mond existieren nicht wegen des Tages oder der Nacht. Weil Sonne und Mond das Sosein der Wirklichkeit selbst sind, sind sie nicht ein oder zwei Monde und nicht tausend oder zehntausend Monde. Sogar wenn der Mond sich selbst als ein oder zwei Monde sehen und verstehen würde, wäre dies [nur] die Sicht des Mondes und nicht unbedingt der Ausdruck der Buddha-Wahrheit oder die Weisheit des Buddha-Weges. Deshalb ist der Mond von heute Nacht nicht der Mond von gestern, auch wenn wir sagen, dass der Mond in der gestrigen Nacht zu sehen war. Ihr solltet also erforschen und erfahren, dass der Mond von heute Nacht, am Anfang, in der Mitte und am Ende, niemals ein anderer Mond sein kann als der Mond von heute Nacht. Weil ein Mond [Augenblick für Augenblick] auf einen anderen Mond folgt, gibt es die Monde, auch wenn sie weder alt noch neu sind.[9]

Zen-Meister Banzan Hōshaku[10] sagte:

Der Mond-Geist scheint allein und rund.
Sein Licht verschlingt die zehntausend Phänomene.
Das Licht scheint weder auf die Dinge dieser Welt
Noch gibt es Dinge in dieser Welt.
Wenn das Licht und die Dinge verschwunden sind,
Was ist das?[11, 12]

Hier wird gesagt, dass die Buddhas und Vorfahren und ihre Schüler immer in [der Einheit] des Mond-Geistes leben. Weil wir den Mond als Geist ansehen, gibt es keinen Mond ohne den Geist und keinen Geist ohne den Mond. Die Worte «allein und rund» bedeuten, dass es auch nicht den geringsten Mangel gibt. Die zehntausend Phänomene sind jenseits von [Zahlen wie] zwei und drei. Die zehntausend Phänomene sind selbst nichts anderes als das Licht des Mondes, und deshalb sind sie nicht die [gedachten] zehntausend Phänomene.[13] Daher ist das Licht die zehntausend Phänomene selbst. Weil die zehntausend Phänomene auf natürliche Weise nichts anderes als das Licht des Mondes sind[14], beschreibt [Meister Banzan] es mit den Worten: «Sein Licht verschlingt die zehntausend Phänomene.» Es könnte zum Beispiel sein, dass der Mond den Mond verschlingt und das Licht den Mond verschlingt.[15] Auf dieser Grundlage sagte [Meister Banzan]: «Das Licht scheint weder auf die Dinge dieser Welt noch gibt es [davon getrennte] Dinge in dieser Welt.»[16]

Weil [die Buddhas] dies[e Einheit des Lichtes mit den Dingen] verwirklicht haben, erscheinen sie sogleich mit dem Körper eines Buddhas und lehren den Dharma, wenn die Menschen durch den Körper eines Buddhas befreit werden müssen.[17] Und sie erscheinen sogleich mit einem gewöhnlichen Körper und lehren den Dharma, wenn die Menschen durch einen gewöhnlichen[18] Körper befreit werden müssen. Deshalb sagen wir, dass es [in dieser Welt] nichts gibt, was nicht das Drehen des Dharma-Rades in der Wirklichkeit des Mondes ist. Auch wenn das Licht der Dinge und Phänomene aus der Kraft von Yin und Yang[19] und aus der Energie des Feuers und des Wassers[20] entsteht, beschreibt [Meister Banzan] die wirkliche Erscheinung [des Lichtes] im Jetzt. Der Geist, [von dem er spricht,] ist nichts anderes als der Mond selbst, und der Mond ist selbst dieser Geist. Die Buddhas und Vorfahren und ihre Schüler erforschen diese Grundwahrheiten und Tatsachen des Geistes auf eine solche Weise.

Ein ewiger Buddha sagte: «*Der eine Geist ist [dasselbe wie] alle Dharmas, und alle Dharmas sind [dasselbe wie] der eine Geist.*»[21]

Daher ist der eine Geist alle Dharmas, und alle Dharmas sind der eine Geist. Weil dieser eine [alles umfassende] Geist der Mond ist, könnte es sein, dass der Mond wirklich der Mond ist. Weil alle Dharmas dieser eine Geist und so wie der Mond sind, muss die ganze Welt [auch] der ganze Mond sein, und die ganze Wirklichkeit muss so sein wie der ganze Mond. Wie könnte es auch nur einen Augenblick geben, der nicht im Mond enthalten wäre, selbst wenn es die drei und drei [Augenblicke] davor oder danach sind, die auch die Ewigkeit sind. Der Buddha mit dem Sonnengesicht und der Buddha mit dem Mondgesicht, die jetzt in diesem Augenblick ein Körper und Geist und [gleichzeitig] Subjekt und Objekt sind, mögen ebenfalls das Sosein des Mondes sein. Im Mond gibt es Leben und Sterben, Kommen und Gehen. Es könnte sein, dass das ganze Universum der zehn Richtungen genau das Oben und Unten, das Linke und das Rechte des Mondes ist. Die täglichen Dinge des Jetzt sind die hundert konkreten Dinge, die in völliger Klarheit im Mond existieren. Diese Dinge sind genau der Geist unserer Vorfahren und Meister, der in völliger Klarheit[22] im Mond existiert.

Ein Mönch fragte einst Meister Tōsu Daidō[23] aus Jōshū: «*Wie ist der Mond, wenn er noch nicht rund ist?*»

Der Meister sagte: «*Er verschlingt drei oder vier [Monde].*»

Der Mönch fragte: «*Und nachdem er rund geworden ist?*»

Der Meister sagte: «*Dann speit er sieben oder acht [Monde] aus.*»[24]

Hier wird untersucht und erforscht, was der Mond ist, bevor und nachdem er rund geworden ist. Sowohl das Davor als auch das Danach sind Augenblicke des Mondes. Unter den drei oder vier [konkreten] Monden [von Meister Tōsu] gibt es einen [gedachten] Mond, der noch nicht rund ist[25], [und nach dem der Mönch fragt]. Unter den sieben oder acht [konkreten] Monden gibt es den einen [gedachten] Mond, der rund geworden ist. Das Wort «verschlingen» bedeutet drei oder vier Monde, [denn] im Augenblick des Verschlingens verwirklicht sich die Zeit des Mondes, der noch nicht rund ist. Das Wort «ausspeien» bedeutet [auch] sieben oder acht Monde, [denn] in diesem Augenblick verwirklicht sich die Zeit des Mondes, nachdem er rund geworden ist. Wenn der Mond den Mond verschlingt[26] [und sich dabei als Mond verwirklicht], ist er drei oder vier Monde. Beim Verschlingen wird der Mond der Mond, und er ist die Verwirklichung des Verschlingens. Wenn der Mond den Mond wieder ausspeit, ist er sieben oder acht Monde. Beim Ausspeien wird der Mond der Mond und er ist die Verwirklichung des Ausspeiens. Deshalb verschlingt der Mond alles und speit alles wieder aus. Sein Ausspeien ist die ganze Welt und der ganze Himmel, und sein Verschlingen umfasst den ganzen Himmel und die ganze Erde. Ihr sollet euch selbst und die Welt verschlingen, und ihr solltet euch selbst und die Welt wieder ausspeien.[27]

Śākyamuni Buddha wandte sich an den Bodhisattva Diamant-Schatz und sagte: «In derselben Weise, wie sich zum Beispiel ein stilles Wasser in Bewegung versetzt, wenn man die Augen bewegt, und in derselben Weise, wie die Flamme eines Feuers zu flackern scheint, [auch] wenn man seine Augen nicht bewegt, so bewegt sich der Mond, wenn eine Wolke an ihm vorbeizieht, und das Ufer bewegt sich, wenn ein Boot an ihm vorbeifährt.»[28]

Ihr müsst die obige Lehre des Buddha, dass sich der Mond bewegt, wenn eine Wolke an ihm vorbeizieht, und dass sich das Ufer bewegt, wenn ein Boot an ihm vorbeifährt, sehr gründlich erfahren und erforschen. Ihr solltet dabei nicht hastig vorgehen oder dies mit der Empfindung der gewöhnlichen Menschen vergleichen. Menschen, die diese Lehre des Buddha wirklich als Buddhas Lehre erkannt und verstanden haben, sind selten. Wenn ihr sie tatsächlich als Buddhas Lehre erforscht und erlernt, ist das vollkommene Erwachen nicht immer «Körper und Geist», «die Wahrheit» oder «Nirvāṇa». Die Wahrheit oder Nirvāṇa sind nicht immer «das vollkommene Erwachen» und auch nicht immer «Körper und Geist».

Die Worte des Tathāgata, dass sich der Mond bewegt, wenn eine Wolke an ihm vorbeizieht, und dass sich das Ufer bewegt, wenn ein Boot an ihm vorbeifährt, bedeuten, dass sich zur Zeit des Vorbeiziehens der Wolke der Mond bewegt, und dass sich zur Zeit des Vorbeifahrens des Bootes das Ufer bewegt. Der Sinn dieser Worte ist, dass die Wolke und der Mond sich zusammen im selben Augenblick, in derselben Weise und im selben Rhythmus bewegen, und dass diese Bewegung weder einen Anfang noch ein Ende, weder ein Vorher noch ein Nachher hat. Das Boot und das Ufer bewegen sich zusammen im selben Augenblick, in derselben Weise und im selben Rhythmus, und dies hat niemals angefangen oder aufgehört, und es gibt auch keinen Kreislauf. Wenn wir das Handeln des Menschen [genau] erforschen, verhält es sich ebenso, d. h., sein Handeln hat niemals angefangen und niemals aufgehört, und anfangen und aufhören ist jenseits des Menschen. Ihr solltet das menschliche Handeln nicht in Begriffen wie anfangen und aufhören denken. Das Vorüberziehen der Wolke, die Bewegung des Mondes, das Vorbeifahren des Bootes und die Bewegung des Ufers sind alle so beschaffen. Euer Denken sollte nicht beschränkt und eng sein. Vergesst das Wesentliche nicht: Das Vorbeiziehen der Wolke ist jenseits von Osten, Westen, Norden oder Süden, und die Bewegung des Mondes ist dasselbe wie die niemals endenden Tage und Nächte und die niemals endende Vergangenheit und Gegenwart. Sowohl das Vorbeifahren des Bootes als auch die Bewegung des Ufers sind jenseits von Vergangenheit, Gegenwart und Zukunft, und doch können beide diese drei Zeiten benutzen. Deshalb sind wir völlig satt und zufrieden, wenn wir direkt im Jetzt angekommen sind.[29]

Obwohl dies so ist, denken unverständige Menschen, dass der Mond stillstehe und sich [nur] wegen der vorbeiziehenden Wolke zu bewegen scheine. Sie denken, dass das Ufer unbeweglich sei, sich aber wegen des fahrenden Bootes zu bewegen scheine. Wenn es wirklich so wäre, wie diese beschränkten Menschen behaupten, wie könnten dies die Worte des Tathāgata sein? Das Wesentliche des Buddha-Dharmas ist niemals das engstirnige Denken der Menschen und Götter. Obwohl [diese Wirklichkeit] undenkbar ist, gibt es einzig die Schulung und Praxis, die den augenblicklichen Gegebenheiten entspricht. Wer könnte es da versäumen, Boot und Ufer immer wieder neu zu erforschen? Wer wollte da nicht sogleich seine Augen benutzen, um die Wolke und den Mond genauer zu betrachten?

Denkt daran, dass die Lehre des Tathāgata eine Wolke nicht mit etwas anderem vergleicht [und gedanklich in Beziehung setzt], dass sie den Mond nicht mit etwas anderem vergleicht, dass sie ein Boot nicht mit etwas anderem vergleicht, und dass sie das Ufer nicht mit etwas anderem vergleicht. Über diese Grundwahrheit solltet ihr in Ruhe nachdenken und sie an euch selbst erfahren und erforschen. Eine Bewegung des Mondes ist die runde Verwirklichung des Tathāgata, und die runde Verwirklichung des Tathāgata ist genau das Tun und Handeln des Mondes, der sich weder bewegt noch stillsteht, und der weder vor- noch zurückgeht. Weil die Bewegung des Mondes nicht sinnbildlich gemeint, [sondern wirklich] ist, ist ihr Wesen und ihre Form «allein und rund».

Denkt daran, dass die Veränderungen des Mondes, selbst wenn sie sich im schnellen Galopp vollziehen, keinen Anfang, keine Mitte und kein Ende haben. Deshalb gibt es den ersten und den zweiten Mond.[30] Beide sind der Mond. Der Mond ist der Mond, wenn es wahrhaft schön ist, [Zazen] zu praktizieren, [dem Buddha] Gaben darzubringen, die Ärmel seines Gewandes hochzuschwingen und direkt [zur Zazen-Halle] zu gehen.[31] Wenn der Mond rund oder sichelförmig ist, bedeutet dies nicht, dass er zu- oder abnimmt. Weil der Mond das sich drehende Rad des Zunehmens und Abnehmens benutzt und nicht benutzt, und weil er im Handeln und Geschehenlassen dem natürlichen Lauf der Dinge folgt[32], gibt es viele solche Monde.

SHŌBŌGENZŌ TSUKI

Niedergeschrieben im Kloster Kannondōri-kōshō-hōrin am sechsten Tag des ersten Mond[monats] im vierten Jahr der Ära Ninji [1243].

Der Mönch Dōgen

Anmerkungen

1   Alle Kapitel des *Shōbōgenzō* haben im Titel wenigstens zwei Schriftzeichen. Auch der Titel dieses Kapitels besteht aus den zwei chinesischen Schriftzeichen *tsu* 都 und *ki* 機, die hier die Aussprache des japanischen Wortes *tsuki*, «Mond», wiedergeben. Diese *man-yōgana* genannte Schreibweise erlaubt aber gleichzeitig auch die Wahrnehmung der eigenen Bedeutung der Zeichen *tsuki* 都機, nämlich «allumfassendes Wirken». Im Text selbst verwendet Meister Dōgen das übliche Zeichen für «Mond», nämlich *getsu* 月.

2   *Zensansan gosansan* 前三三後三三, wörtl. «drei und drei vorn, drei und drei hinten», war eine in China übliche Redewendung, die eine konkrete und besondere Situation, im Gegensatz zu einer abstrakten Vorstellung, veranschaulichen sollte. Siehe *Shinji shōbōgenzō*, Buch 2, Nr. 27.

3   Die beiden ersten Sätze beschreiben die Einheit der Monde und ihrer Verwirklichung im Jetzt. Dass Meister Dōgen hier von vielen Monden spricht, die sich Augenblick für Augenblick verwirklichen, bedeutet aber nicht, dass sie nur konkret und abzählbar sind, und man darf sie auch nicht nur mit der abstrakten Vorstellung von vielen Monden verwechseln.

4   *Hosshin* 法身, «der Dharma-Körper», sanskr. *dharmakāya*. Buddhas wahrer Dharma-Körper ist hier ein Symbol für die Wirklichkeit selbst.

5   *Nyo sui chū getsu* 如水中月, wörtl. «wie der Mond im Wasser». In der japanischen Leseart wird dies *sui chū no tsuki no gotoshi* gelesen. *Nyo* oder *gotoshi* 如 bedeutet «wie» oder «genau so wie» und *chū* 中 in» oder «im». In seinem folgenden Kommentar untersucht Meister Dōgen die Bedeutung der zwei Schriftzeichen *nyo* 如 und *chū* 中 noch tiefergehend.

6   Siehe *Kon kōmyō kyō* («Das Goldglanz-Sūtra»), Buch 24. Der Vers kommt im *Shinji shōbōgenzō*, Buch 2, Nr. 25, vor und wird auch im *Shōbōgenzō*, Kap. 10, *Shoaku makusa*, zitiert.

7   *Nyonyo* 如如. *Nyo* 如 bedeutet «so wie». Als Suffix bekräftigt *nyo* 如, dass ein Ding oder eine Sache so ist, wie sie ist. Manchmal bedeutet das Kanji auch das Sosein der Wirklichkeit, wie in dem Ausdruck *nyorai* 如来 («Der vom Sosein kommt») für sanskr. *tathāgata*. *Nyonyo* 如如 bedeutet hier das Sosein oder die Wirklichkeit, so wie sie ist.

8   Meister Dōgen spricht hier über die übliche Vorstellung vom Mond und von der Nacht, die etwas anderes ist als die Wirklichkeit des Mondes hier und jetzt.

9   Im gegenwärtigen Augenblick gibt es auch bei den Monden keinen Unterschied zwischen alt und neu.

10 Meister Banzan Hōshaku (720–814) war ein Nachfolger von Meister Baso Dō-itsu.

11 Siehe *Keitoku dentō roku*, Kap. 7.

12 In Meister Dōgens folgendem Kommentar wird sehr deutlich, dass in diesem Gedicht auf keinen Fall ein nihilistisches Verständnis der Welt beschrieben wird. Eine solche nihilistische Interpretation gibt es jedoch in einigen buddhistischen Linien.

13 Im Denken trennen wir zwischen dem Licht und den Gegenständen, d. h., den zehntausend Phänomenen, die vom Licht beschienen werden.

14 Wörtl. «völlig vom Licht des Mondes verschlungen werden».

15 Das bedeutet, dass der Mond eins mit dem Mond ist und das Licht nicht vom Mond getrennt werden kann.

16　Mit anderen Worten: Das Licht ist nicht das Subjekt, das auf die Gegenstände, d.h., die Dinge dieser Welt, scheint, sondern Licht und Dinge sind ein und dasselbe, sie enthalten einander vollkommen, und daher gibt es keine Dinge in der Welt, die außerhalb des Lichtes sein könnten.

17　Dieser und der folgende Satz beziehen sich auf Kap. 25 des Lotos-Sūtras, «Das universale Tor des Bodhisattva Avalokiteśvara». Vgl. Borsig, S. 364.

18　«Gewöhnlich» ist *fugen* 普現, wörtl. «überall erscheinen». Überall erscheinende Körper sind einfach gewöhnliche Körper, die man überall findet.

19　*Onshō yōshō* 陰精陽精, «Yin-Energie und Yang-Energie». Im Allgemeinen wird Yin mit dem Mond und Yang mit der Sonne in Verbindung gebracht.

20　Wörtl. «die Perle des Feuers und die Perle des Wassers». In Kap. 7 des *Daichido ron*, der chinesischen Übersetzung des *Mahā-prajñā-pāramitopadeśa*, heißt es: *«Es gibt zwei Arten des Lichts: zum einen die Feuer-Energie, zum anderen die Wasser-Energie. Die Perle der Sonne ist Feuer-Energie und die Perle des Mondes ist Wasser-Energie.»*

21　Das Zitat kommt aus dem *Maka shikan*, einem Text der Tendai-Schule, den Meister Dōgen schon im Alter von zwölf Jahren, als er sein Mönchsleben auf dem Berg Hiei begann, studiert hat. Das *Maka shikan*, «Große Stille und Betrachtung», umfasst die Aufzeichnungen der Vorträge von Meister Tendai Chigi (538–597) in zwölf Bänden. Dieser Meister wird als der Begründer der Tendai-Schule in China angesehen.

22　Dies bezieht sich auf den Ausdruck *meimei [taru] hyakusō tō, meimei [taru] busso [no] i* 明明百艸頭、明明仏祖意 – «Sonnenklar sind zehntausend Dinge, und die Absicht der Buddhas und Vorfahren ist sonnenklar.» Die Aussage wird dem «Glücklichen Buddha», Hotei, zugeschrieben. Siehe Kap. 22, *Busshō*, Kap. 23, *Gyōbutsu yuigi*, Kap. 36, *Kōmyō*, etc.

23　Meister Tōsu Daidō (819–914), ein Nachfolger von Meister Sui-bi Mugaku. Im Text wird er unter seinem posthumen Titel «großer Meister Jisai vom Berg Tōsu im Bezirk Joshū» erwähnt. Meister Mugaku war ein Nachkomme von Meister Seigen Gyōshi in der dritten Generation.

24　Siehe *Rentō eyō*, Kap. 21, *Hekigan roku*, Nr. 79, und *Shinji shōbōgenzō*, Buch 1, Nr. 13.

25　«Drei oder vier [konkrete] Monde» ist *sanko shiko* 三個四個, «ein [gedachter] Mond» ist *ichimai* 一枚. Chinesen und Japaner verwenden verschiedene Zählwörter je nach der Art der Gegenstände, die sie beschreiben wollen. Das Zählwort *ko* 個 wird für kleine Dinge wie z.B. Kieselsteine benutzt, *mai* 枚 hingegen für dünne, flache Gegenstände wie Papier. In der obigen Geschichte kommt nur das Zählwort *ko* 個 vor, aber Meister Dōgen verwendet beide Zählworte in seinem Kommentar, um zu unterscheiden: *ko* 個 für die konkreten, wirklichen Monde, von denen Meister Tōsu spricht, und *mai* 枚 für den gedachten Mond, wonach der Mönch fragt.

26　«Wenn der Mond den Mond verschlingt» beschreibt den Vorgang oder das Tun, wenn der Mond zum wirklichen Mond wird.

27　Meister Dōgen verwendet die Worte «verschlingen» und «ausspeien» auch in Kapitel 11, *Uji*. Siehe dort Anm. 17.

28　Siehe *Daihōkō engaku shūtara ryōgi kyō*, «Das Mahāvaipulya-Sūtra des universellen und vollkommenen Erwachens».

29　Meister Reiun Shigon sagt: *«Nun bin ich direkt angelangt im Jetzt und habe keine Zweifel mehr.»* Siehe Kap. 9, *Keisei sanshiki*.

30　*Dai-ichi getsu, daini getsu* 第一月、第二月, wörtl. «der Mond Nummer eins und der Mond Nummer zwei» oder «der erste Mond und der zweite Mond». Der Ausdruck könnte sowohl den ersten Monat Januar und den zweiten Monat Februar als auch einen Augenblick und einen zweiten Augenblick des Mondes bedeuten.

31   Eines Nachts genossen Meister Seidō, Hyakujō und Nansen die Schönheit des Mondes. Meister [Baso] fragte: «*Wie ist er gerade in diesem Augenblick?*» Seidō sagte: «*Wahrhaftig schön, um [dem Buddha] Gaben darzubringen.*» Hyakujō sagte: «*Wahrhaftig schön, um [Zazen] zu praktizieren.*» Nansen warf die Ärmel seines Gewandes nach oben und ging direkt [zur Zazen-Halle]. Siehe *Gotō egen*, Kap. 3.

32   Dies bezieht sich auf die Worte von Meister Tendō Nyojō, zit. in Kap. 38 des *Shōbōgenzō*, *Muchū setsumu*: «*Im Handeln und im Geschehenlassen folgen wir dem natürlichen Lauf der Dinge, ganz gleich, ob der Traum wirklich ist oder nicht.*»

43

空華

Kūge

Die Blumen im Raum

Kū bedeutet «der Raum» oder «der Himmel», und GE *sind «die Blumen». Was sind die Blumen im Raum? Meister Dōgen verwendet den Ausdruck «die Blumen im Raum» in diesem Kapitel, um die konkreten Dinge und abstrakten Phänomene dieser Welt zu beschreiben. Er wendet sich gegen die gängige Interpretation, dass mit den Blumen im Raum nur unwirkliche Fantasien und Verwirrungen der Menschen gemeint seien und führt aus, dass der Ausdruck «die Blumen im Raum» im Buddha-Dharma die ganze Wirklichkeit umfasst, das heißt, sowohl die vielfältigen Dinge der materiellen Welt als auch die abstrakten Ideen und Überlegungen. Meister Dōgen erklärt in diesem Kapitel, dass alles, was in dieser Welt entsteht und vergeht, nichts anderes ist als «Blumen im Raum» und dass es «die Blumen im Raum» sind, die hier und jetzt alles entstehen und vergehen lassen.*

Unser großer Vorfahre [Bodhidharma] sagte:

> *Eine Blüte öffnet ihre fünf Blütenblätter,*
> *Und ihre Früchte reifen auf natürliche Weise von selbst.*[1]

Ihr müsst diesen Augenblick, wenn sich die Blütenblätter öffnen in ihrem strahlenden Licht, ihrer Farbe und ihrer Form, erfahren und erforschen. Eine Blüte besteht aus fünf Blütenblättern, und fünf geöffnete Blütenblätter sind eine Blüte. Die Wahrheit einer Blume vollständig zu erfassen bedeutet, [wie Bodhidharma] in dieses Land [China] zu kommen, den Dharma weiterzugeben und alle Lebewesen von ihren Täuschungen zu befreien.[2] Es könnte die Erfahrung und das Studium der Blume sein, wenn ihr den Ort ihres Lichtes und ihrer Farben erforscht.

Die Aussage «ihre Früchte reifen auf natürliche Weise» bedeutet, dass wir das Reifen den Früchten selbst überlassen. «Auf natürliche Weise zu reifen» bedeutet also Ursachen zu schaffen und Wirkungen zu erfahren. Die Welt hat Ursachen und die Welt hat Wirkungen. Wir selbst erschaffen die Ursachen dieser Welt und wir erfahren die Wirkungen dieser Welt. «Von selbst» bedeutet, dass etwas von selbst[3] geschieht, und dieses Selbst[4] seid zweifellos ihr, oder anders ausgedrückt, die vier großen Elemente[5] und die fünf Skandhas.[6] Weil ihr den wahren Menschen ohne Rang[7] benutzt, bezieht sich dieses Selbst nicht auf euch oder eine andere Person, und so nennen wir das, was unbestimmbar ist, «Selbst». So wie es auf natürliche Weise es selbst[8] ist, lassen wir es zu.[9]

Auf natürliche Weise von selbst zu reifen beschreibt also genau den Augenblick, wenn die Blüten sich öffnen und die Früchte reifen, und es beschreibt genau den Augenblick, wenn der Dharma weitergegeben wird und alle Lebewesen befreit werden. Beispielsweise sind der Ort und die Zeit, wenn die blaue Lotosblume[10] sich öffnet und entfaltet, wie das Innere und die Zeit des Feuers.[11] Die Glut und die Flammen [dieses Feuers] sind der Ort, wo die blauen Lotosblumen sich öffnen und entfalten, und sie sind die Zeit, wenn die blauen Lotosblumen sich öffnen und entfalten. Ohne den Ort und die Zeit der blauen Lotosblumen würde kein einziger Funke entstehen und es könnte kein einziger Funke überspringen. Denkt daran, dass es in einem einzigen Funken hunderttausend Knospen blauer Lotosblumen gibt, und dass sich [ihre Knospen] sowohl im Raum als auch aus der Erde heraus öffnen und entfalten. Sie entfalten und öffnen sich in der Vergangenheit und jetzt. Die blauen Lotosblumen zu sehen und zu verstehen bedeutet, den konkreten Ort und die wirkliche Zeit des Feuers zu sehen und zu verstehen. Geht nicht an dem Ort und der Zeit der blauen Lotosblumen vorbei, sondern schaut sie an und versteht sie.

Ein alter Meister sagte:

Blaue Lotosblumen öffnen sich im Feuer.[12]

Die blauen Lotosblumen öffnen und entfalten sich immer im Feuer.[13] Wenn ihr wissen wollt, was «im Feuer» bedeutet, so ist es genau der Ort, wo die blauen Lotosblumen sich öffnen und entfalten. Ihr solltet nicht versäumen, den Ausdruck «im Feuer» zu untersuchen, und dabei nicht bei der engen Sicht der Menschen und Götter stehen bleiben. Wenn ihr dabei eure Zweifel habt, könntet ihr daran zweifeln, dass die Lotosblumen im Wasser wachsen und dass es überhaupt Blüten an den Ästen und Zweigen gibt. Wenn ihr dann noch weitere Zweifel habt, könntet ihr auch daran zweifeln, dass die Welt der Dinge[14] sicher begründet ist – aber daran zweifelt ihr nicht. Außer den Buddhas und Vorfahren versteht niemand, dass «die Welt entsteht, wenn eine Blüte sich öffnet».[15]

Wenn eine Blüte sich öffnet, ist dies [so konkret wie] drei und drei vorn und drei und drei hinten.[16] Um solche [konkreten] Zahlen [wie drei und drei] zu erhalten, haben sich viele stoffliche Elemente angesammelt und zusammengefügt. Indem ihr euch dieser Wahrheit öffnet, solltet ihr den Herbst und den Frühling genau verstehen. Blüten und Früchte gibt es nicht nur im Frühling und im Herbst, sondern die Sein-Zeit[17] bringt immer Blüten und Früchte hervor. Die Blüten und Früchte entstehen in einem Augenblick des Jetzt, und jeder Augenblick des Jetzt beruht auf den Blüten und Früchten. Deshalb haben die mannigfaltigen Dinge ihre Blüten und tragen ihre Früchte, und die verschiedenartigen Bäume haben ihre Blüten und tragen Früchte. Es gibt Bäume aus Gold, Silber, Kupfer, Eisen, Korallen, Kristallen usw., die alle Blüten und Früchte tragen. Es gibt Bäume aus Erde, Wasser, Feuer, Wind und Raum, und alle haben ihre Blüten und tragen ihre Früchte. Es gibt Blüten auf den Bäumen der Menschen, es gibt Blüten in den Blüten der Menschen und es gibt Blüten auf kahlen Bäumen. Auf diese Weise existieren die Blumen des Raums[18], von denen der Weltgeehrte spricht.

Aber die Menschen, die nur wenig gehört und gesehen haben, wissen nichts von den Farben, dem Licht, den Blüten und Blütenblättern der Blumen im leeren Raum, und sie haben von den Blumen im leeren Raum kaum etwas gehört. Denkt daran, dass auf dem Buddha-Weg von den Blumen im leeren Raum gesprochen wird. Die Menschen außerhalb des Buddha-Weges wissen nicht, dass hier von [wirklichen] Blumen im leeren Raum gesprochen wird, und verstehen dies noch viel weniger. Nur die Buddhas und Vorfahren erkennen das Blühen und Herunterfallen der Blumen im leeren Raum, der Blumen auf der Erde, der Blumen dieser Welt usw. Nur sie wissen, dass die Blumen im leeren Raum, die Blumen auf der Erde, die Blumen dieser Welt usw. Sūtren sind. Dies ist der Maßstab, um Buddha zu erforschen und zu erlernen. Weil die Blumen im leeren Raum das Fahrzeug der Buddhas und Vorfahren sind, sind auch die Buddha-Welt und die Lehre aller Buddhas nichts anderes als Blumen im leeren Raum.

Aber wenn die gewöhnlichen und beschränkten Menschen hören, dass der Tathāgata von umwölkten Augen sprach, die Blumen im Raum sehen, denken sie, dass diese umwölkten Augen die verwirrte Sichtweise der gewöhnlichen Wesen sei. Sie stellen sich vor, dass kranke Augen, wenn sie erregt sind, Blumen [als Fantasiegebilde] in der reinen Leerheit sähen, weil ihre Sichtweise verwirrt ist. Weil sie an dieser Idee hängen, denken die beschränkten Menschen, die drei Welten, die sechs Zustände, die Existenz oder Nicht-Existenz der Buddha-Natur würden gar nicht existieren, aber wegen der Täuschung [der umwölkten Augen] als wirklich angesehen. Sie sind von der Idee berauscht, dass die Blumen im Raum nicht mehr zu sehen wären, wenn man die Täuschung des umwölkten Blickes überwinden könnte, und dass wir deshalb sagen, dass es im Raum ursprünglich gar keine Blumen gebe.

Es ist bedauerlich, dass solche Leute nichts von dem Augenblick, dem Anfang und dem Ende der Blumen im leeren Raum wissen, von denen der Tathāgata spricht. Die gewöhnlichen Menschen und die Menschen außerhalb des Buddha-Weges haben niemals Einsicht in die Wahrheit gehabt, die die Buddhas mit den Worten «umwölkter Blick» und «Blumen im Raum» umschreiben. Da alle Buddha-Tathāgatas diese Blumen im Raum erlernt und praktiziert haben, haben sie das Gewand empfangen und lehrten auf dem erhöhten Sitz [in der Dharma-Halle] oder in ihrem Wohnraum; sie haben die Wahrheit erkannt und die Früchte des Dharmas erlangt. [Buddhas] Emporhalten der Blüte und das Zeichen mit den Augen sind alle das Universum, das sich durch den umwölkten Blick und durch die Blumen im leeren Raum verwirklicht hat. Wir nennen den umwölkten Blick und die Blumen im leeren Raum die Schatzkammer des wahren Dharma-Auges und den wunderbaren Geist des Nirvāṇas, die uns authentisch und ohne Unterbrechung bis heute weitergegeben wurden. Das Erwachen, Nirvāṇa, der Dharma-Körper, unsere eigene Natur usw. sind nichts anderes als zwei oder drei der fünf geöffneten Blütenblätter einer Blume im Raum.

Śākyamuni Buddha sagte:

Es ist wie ein Mensch, dessen Augen umwölkt sind
Und der Blumen im leeren Raum sieht;
Wenn die Krankheit des umwölkten Blickes geheilt ist,
Verschwinden die Blumen im leeren Raum.[19]

Bisher hat kein Gelehrter diese Worte geklärt. Weil sie nicht wissen, was «der Raum»[20] wirklich bedeutet, wissen sie auch nicht, was die Blumen im leeren Raum bedeuten. Weil sie die Blumen im leeren Raum nicht kennen, wissen sie nicht, was ein Mensch mit umwölkten Augen ist. Sie haben einen solchen Menschen nicht gesehen, sind ihm noch nicht begegnet, und sie sind selbst keine Menschen mit umwölktem Blick. Durch die Begegnung mit einem Menschen mit umwölkten Augen könnt ihr auch die Blumen im leeren Raum sehen und verstehen. Nachdem ihr diese Blumen im Raum gesehen habt, könnt ihr auch sehen, wie sie wieder verschwinden.[21] In der Sichtweise des kleinen Fahrzeugs[22] wird angenommen, die Blumen im leeren Raum würden nicht mehr existieren, wenn sie einmal verschwunden sind.

Aber was könnte dann überhaupt existieren, wenn man die Blumen im leeren Raum [die Dinge und Phänomene dieser Welt] nicht mehr sehen würde? Diese Menschen wissen nur, dass die Blumen im leeren Raum zu Objekten werden können, von denen man sich befreien muss. Sie wissen nichts von der großen Sache, die von den Blumen im leeren Raum kommt, wissen nichts von der Saat, der Reife und der Befreiung von den Blumen im leeren Raum.

Viele der Gelehrten, die heute nur gewöhnliche Menschen sind, denken, dass «der Raum» der Ort sein könnte, wo die Energie des Yang anwesend ist, oder sich dort befinden könnte, wo die Sonne, der Mond und die Sterne stehen. Deshalb meinen sie, die Worte «die Blumen im leeren Raum» würden farbige Gebilde beschreiben, die wie dahinziehende Wolken im klaren Himmel sind oder wie die Blüten, die der Wind von Osten oder Westen hinauf- oder herabweht. Sie wissen nicht, dass die Blumen im leeren Raum deshalb «Blumen im leeren Raum» genannt werden, weil sie aus den vier großen Elementen bestehen, aus denen alles erzeugt wird und die sich selbst erzeugen. Sie wissen nicht, dass die Blumen im leeren Raum so genannt werden, weil sie einerseits abstrakte Dharmas [wie z. B. die Vorstellung] des ursprünglichen Erwachens[23] oder der ursprünglichen Natur sind, andererseits aber auch die vielfältigen Dharmas[24] der dinglichen, materiellen Welt umfassen. Sie wissen nicht, dass die vier großen Elemente, die alles erzeugen, nur auf der Grundlage dieser wirklichen Dharmas existieren können und dass die materielle Welt nur auf der Grundlage dieser wirklichen Dharmas seinen Platz im Universum haben kann. Diese Gelehrten sehen lediglich, dass Dharmas aufgrund der dinglichen, materiellen Welt[25] existieren, und so denken sie, die Blumen im leeren Raum entstünden nur wegen des umwölkten Blickes. Aber sie können die Wahrheit nicht erfassen, dass es gerade die Blumen im leeren Raum [das heißt, die vielfältigen Dharmas der dinglichen Welt] sind, die den umwölkten Blick [unsere abstrakten Ideen und Vorstellungen] entstehen lassen.

Ihr solltet wissen, dass ein Mensch mit umwölktem Blick auf dem Buddha-Weg ein Mensch des angeborenen Erwachens ist, dass er ein Mensch des wunderbaren Erwachens ist, dass er ein Mensch der Buddhas ist, dass er ein Mensch der drei Welten und ein Mensch ist, der sich im Bereich jenseits von Buddha befindet.[26] Ihr solltet nicht so beschränkt sein, aus der Umwölkung eine Täuschung zu machen und davon auszugehen, dass die wahre Wirklichkeit irgendwo anders existiere. Dies wäre eine sehr begrenzte Sicht. Wenn der umwölkte Blick und die Blumen im leeren Raum nichts als Täuschungen wären, wären auch der Mensch, der diese Täuschung hat, und das Objekt seiner Täuschung ebenfalls eine Täuschung. Wenn also beides Täuschungen wären, wäre es unmöglich, irgendein Grundprinzip oder eine Wahrheit zu begründen. In diesem Fall könnte man dann auch nicht behaupten, dass der umwölkte Blick und die Blumen im leeren Raum Täuschungen seien.

Wenn das Erwachen umwölkt ist, sind alle Dharmas des Erwachens mit dem Dharma der Umwölkung geschmückt.[27] Wenn die Täuschung umwölkt ist, sind alle Dharmas der Täuschung mit dem Dharma der Umwölkung geschmückt. Vorerst können wir es so formulieren: In dem Augenblick, wenn die umwölkte Sichtweise im Gleichgewicht ist, sind die Blumen im leeren Raum im Gleichgewicht, und in dem Augenblick, wenn die umwölkte Sichtweise nicht auftaucht[28], erscheinen auch keine Blumen im leeren Raum. Wenn alle Dharmas wirklich sind, müssen auch die Blumen der Umwölkung wirklich sein. Ihr solltet nicht über [die Blumen der] Vergangenheit, Gegenwart und Zukunft reden und sie nicht mit [der Vorstellung von] Anfang, Mitte und Ende verbinden. Weil sie [von Augenblick zu Augenblick] erscheinen und wieder vergehen, werden sie durch nichts behindert. Deshalb ist auch das Erscheinen und Vergehen umwölkter Augen [keine Vorstellung, sondern ein wirkliches] Erscheinen und Vergehen. [Die Dinge und Gedanken] erscheinen im wirklichen Raum[29] und vergehen im wirklichen Raum; sie erscheinen in der wirklichen Umwölkung und vergehen in der wirklichen Umwölkung; sie erscheinen in wirklichen Blumen und vergehen in wirklichen Blumen. Dasselbe gilt für alle anderen Zeiten und Orte.

Es könnte unendlich vielfältig sein, die Blumen im leeren Raum zu studieren und zu erforschen. Es gibt die Sichtweise umwölkter Augen, klarer Augen und der Augen der Buddhas und Vorfahren. Es gibt die Sichtweise des Auges der Wahrheit und des Auges der Blindheit. Es gibt die Sichtweise von dreitausend Jahren, achthundert Jahren, von hundert Weltzeitaltern und von unzähligen Weltzeitaltern. Obwohl alle diese Sichtweisen die Blumen im leeren Raum sehen, ist der Raum selbst unendlich vielfältig, und die Blumen sind sehr verschiedenartig. Vor allem solltet ihr wissen, dass der Raum [so konkret wie] ein Grashalm ist. Dieser Raum bringt immer Blumen hervor, so wie die hundert konkreten Dinge auch Blumen hervorbringen. Um diese Grundwahrheit auszudrücken, sagte der Tathāgata, dass es im Raum ursprünglich gar keine Blumen gibt.[30] Obwohl der Raum ursprünglich ohne Blumen ist, existieren die Blumen doch jetzt, genau in diesem Augenblick – eine Tatsache, die ebenso für die Pfirsichbäume und die Pflaumenbäume, für die Aprikosenbäume und die Weiden gilt. [Die Worte des Tathāgata] sind genau so, wie wenn man sagen würde, der Aprikosen-

baum hatte gestern keine Blüten, aber im Frühling blüht er. Wenn der Augenblick gekommen ist, blühen die Blumen. Dies mag die Zeit sein, wenn die Blüten kommen,
und es mag die Zeit sein, wenn die Blüten da sind. Der präzise Augenblick, wenn die
Blüten kommen, ist niemals dem Zufall überlassen. Die Pflaumenblüten und Weidenkätzchen blühen immer auf den Pflaumenbäumen und den Weiden. Wenn ihr ihre
Blüten seht, wisst ihr, dass es Pflaumenbäume und Weiden sind. Ihr seht die Pflaumen-
bäume und Weiden und könnt sie an ihren Blüten unterscheiden. Die Pfirsich- und
Pflaumenblüten blühen niemals auf Aprikosenbäumen oder Weiden, sondern die
Aprikosenblüten und Weidenkätzchen blühen auf Aprikosenbäumen und Weiden,
und die Pfirsich- und Pflaumenblüten blühen auf den Pfirsich- und Pflaumenbäumen.
Dasselbe gilt für die Blumen, die im Raum blühen: Sie blühen niemals auf anderen
Dingen oder auf anderen Bäumen.

Ihr seht die vielen Farben der Blumen im leeren Raum und könnt die unendliche
Vielfalt der Früchte dieses Raumes ermessen. Ihr seht, dass die Blumen im leeren Raum
sich öffnen und herabfallen, und ihr solltet den Frühling und den Herbst der Blumen
im leeren Raum untersuchen. Es könnte sein, dass sich der Frühling der Blumen im lee-
ren Raum und der Frühling der übrigen Blumen ähneln. So wie die Blumen im leeren
Raum sehr verschiedenartig sind, könnte die Zeit des Frühlings auch sehr vielfältig sein.
Deshalb gab es den Frühling und den Herbst gestern, und es gibt den Frühling und den
Herbst heute. Wer glaubt, die Blumen im Raum seien nicht wirklich, während die
Blumen [des Frühlings und des Herbstes] wirklich seien, hat Buddhas Lehre weder ge-
hört noch verstanden. Wer die Lehre hört, dass es «im Raum ursprünglich gar keine
Blumen gibt», und denkt, dass die Blumen im Raum, die jetzt wirklich da sind, eigent-
lich nicht existieren, hat eine sehr enge, beschränkte Sichtweise. Ihr solltet aber einen
Schritt vorangehen und eine weite, umfassendere Sicht davon haben.

Ein alter Meister[31] sagte: «Die Blumen sind niemals erschienen.» Diese Wahrheit
zu verwirklichen bedeutet z. B., dass die Blumen niemals erschienen und niemals vergangen sind, dass die Blumen niemals «die Blumen» waren und dass der Raum niemals «der Raum» war.[32] Ihr solltet euch nicht auf unnütze Diskussionen über die Existenz oder die Nicht-Existenz [der Blumen] einlassen, indem ihr das Vorher und Nachher ihrer Zeit durcheinanderbringt. Die Blumen scheinen immer von vielen Farben geprägt zu sein. Die Farben beschränken sich nicht immer nur auf die Blumen, denn jede
Jahreszeit hat ihre blaue, gelbe, rote, weiße oder sonstige Farbe. Der Frühling bringt die
Blumen und die Blumen bringen den Frühling.

Der Mandarin Chō Setsu[33] war ein Laienschüler von Sekisō. Als er erwachte und
die Wahrheit erkannte, schrieb er dieses Gedicht:[34]

Die strahlende Klarheit scheint friedlich
Auf alle Sandkörner des Ganges.

Diese strahlende Klarheit verwirklicht sich immer wieder aufs Neue in der Mönchshalle, der Buddha-Halle, der Küche und am Klostertor.[35] Alle Sandkörner des Ganges

sind die Verwirklichung der strahlenden Klarheit und die strahlende Klarheit der Verwirklichung.

> *Alle Seelen, gewöhnlich oder heilig,*
> *Sind meine Familie.*

Zweifellos gibt es gewöhnliche Menschen und Heilige. Ihr solltet die gewöhnlichen Menschen [gegenüber] den heiligen aber nicht herabsetzen.

> *Wenn kein Gedanke erscheint*[36]*,*
> *Offenbart sich das ganze Universum.*

Jeder Gedanke existiert [nur] jeweils in einem Augenblick.[37] Dies bedeutet zweifellos, dass eigentlich kein Gedanke erscheint.[38] [Durch das Nicht-Erscheinen] offenbart sich das ganze Universum, und deshalb heißt es, dass kein Gedanke erscheint.

> *Wenn die sechs Sinne sich nur ein wenig bewegen,*
> *Ist [der Geist] wie von Wolken getrübt.*

Es gibt die sechs Sinne, die Augen, die Ohren, die Nase, die Zunge, den Körper und das Bewusstsein, aber ihr solltet sie nicht [abstrakt als] zwei [mal] drei [Sinne] sehen, sondern [konkret wie] drei und drei vorn und drei und drei hinten.[39] «Sich bewegen» gleicht dem Berg Sumeru, gleicht der Erde, den sechs Sinnen, und gleicht dem, was sich nur ein wenig bewegt. Weil die Bewegung bereits wie der Berg Sumeru ist, ist die Nicht-Bewegung auch wie der Berg Sumeru.[40] Zum Beispiel bildet er die Wolken und erzeugt das Wasser.[41]

> *Die Hindernisse* [42] *[auf dem Buddha-Weg] zu bekämpfen,*
> *Verschlimmert die Krankheit.*

Seit der frühen Vergangenheit hatten wir [Menschen] diese Krankheit. Die Buddhas und Vorfahren waren davon nicht ausgenommen. Wenn ihr die Hindernisse jetzt willentlich bekämpfen wollt, fügt ihr etwas hinzu, was die Krankheit noch verschlimmert. Gerade der Augenblick, in dem ihr gegen die Hindernisse ankämpft, ist das Hindernis selbst. [Das Hindernis und der Kampf] sind gleichzeitig und doch nicht gleichzeitig da. Ein Hindernis beinhaltet immer die Tatsache, [dass man versucht,] es zu bekämpfen.

> *Sich der Wahrheit willentlich zu nähern*
> *Ist auch falsch.*

Sich von der Wahrheit abzuwenden ist falsch, und sich der Wahrheit willentlich zu nähern ist auch falsch. Die Wahrheit besteht eben darin, sich sowohl anzunähern als auch abzuwenden, und sich anzunähern und abzuwenden ist beides jeweils die Wahrheit. Aber wer weiß schon, dass dieses «falsch» letztlich auch die Wahrheit ist?

[Auf dem Buddha-Weg] ist es nicht hinderlich,
Sich den Gegebenheiten der Welt anzupassen.

Die Gegebenheiten der Welt folgen jeweils eine der anderen. Dieses Aufeinanderfolgen und die Gegebenheiten dieser Welt sind ein und dasselbe. Dies nennen wir «nicht hinderlich sein». Unabhängig von hinderlich und nicht-hinderlich solltet ihr lernen, die Dinge so zu sehen, wie sie sind.[43]

Das Nirvāṇa, Leben und Sterben,
Sind die Blumen im leeren Raum.

Das Nirvāṇa bedeutet das höchste vollkommene Erwachen. Es ist die Heimat der Buddhas, der Vorfahren und ihrer Schüler. [Meister Engo Kokugon sagte:] «Leben und Sterben sind der wahre Körper des Menschen.»[44] Obwohl das Nirvāṇa, das Leben und das Sterben diese Wirklichkeit sind, nennen wir sie [auch] «die Blumen im leeren Raum». Die Wurzeln und Stämme, die Äste und Blätter, die Blüten und Früchte, das Licht und die Farbe der Blumen im leeren Raum sind Blumen im leeren Raum, die ihre Blütenblätter öffnen. Die Blumen im leeren Raum tragen immer ihre Früchte im Raum und lassen ihre Samen im Raum herunterfallen. Da sich die fünf Blütenblätter der Blumen im leeren Raum in den drei Welten öffnen, in denen wir jetzt leben, ist es am besten, sie so zu sehen, wie sie sind.[45] [Die drei Welten] sind die wirkliche Form aller Dharmas[46] und sie sind die Blumenform aller Dharmas. Alle Dharmas, angefangen von den [oben genannten] bis zu allen anderen, die jenseits aller Vorstellungen sind, sind die Blumen und ihre Früchte im Raum. Ihr solltet erfahren und erforschen, dass sie genauso [wirklich] sind wie die Blüten der Bäume von Aprikosen, Weiden, Pfirsichen und Pflaumen.

Als Zen-Meister Reikun[47] vom Berg Fuyō aus Fukushū im großen Königreich der Song zum ersten Mal in den Orden von Zen-Meister Shishin[48] vom Kloster Kisū kam, fragte er [den Meister]: «*Was ist Buddha?*»

Shishin antwortete: «*Wirst du mir glauben, wenn ich es dir sage, oder nicht?*»

Reikun fragte: «*Wie könnte ich den aufrichtigen Worten des Meisters nicht glauben?*»

Shishin sagte: «*Niemand anders als du selbst bist es.*»

Reikun fragte: «*Wie kann ich dies bewahren und behüten?*»

Shishin antwortete: «*Eine Umwölkung in den Augen, und die Blumen im leeren Raum fallen herunter.*»[49]

Shishins Aussage, dass eine Umwölkung in den Augen [die man selbst erkennt] die Blumen im leeren Raum herunterfallen [und verschwinden] lässt[50], beschreibt, wie man Buddha bewahrt und behütet. Deshalb solltet ihr wissen, dass alle Buddhas das Herunterfallen umwölkter Blumen verwirklichen und dass sie die Blumen und Früchte der Augen und des Raumes bewahren und behüten. Sie benutzen die Umwölkung, um ihre Augen wirklich [klar] werden zu lassen. Die Blumen im leeren Raum verwirklichen sich in ihren Augen und ihre Augen verwirklichen sich in den Blumen im leeren

Raum. Es könnte sein, dass eine einzige Umwölkung herunterfällt, wenn die Blumen des Raumes von den Augen [klar] gesehen werden, und es könnte sein, dass die verschiedenen Umwölkungen herunterfallen, wenn es ein einziges [klares] Auge im Raum gibt. Deshalb sind die Umwölkung, die Augen, der Raum und die Blumen nichts anderes als die Offenbarung der Dynamik des ganzen Universums.[51] «Herunterfallen» ist tausend Augen, und dies bedeutet, dass der ganze Körper die Augen [des Bodhisattvas Avalokiteśvara][52] ist. Kurz: Dort, wo der Ort und die Zeit solcher Augen sind, sind immer die Blumen im leeren Raum und die Blumen in den Augen. Wir nennen die Blumen im leeren Raum auch die Blumen in den Augen. Die Worte «die Blumen in den Augen» waren immer offensichtlich und klar.

Deshalb sagte der große Meister Kōshō[53] vom Berg Rōya:

Wie wundersam sind die Buddhas der zehn Richtungen!
Eigentlich sind sie die Blumen in den Augen.

Wenn wir die Blumen in unseren Augen verstehen wollen,
Sind sie eigentlich die Buddhas der zehn Richtungen.
Wenn wir die Buddhas der zehn Richtungen verstehen wollen,
Sind sie anders als die Blumen in unseren Augen.
Und wenn wir die Blumen in unseren Augen verstehen wollen,
Sind sie anders als die Buddhas der zehn Richtungen.

Wenn ihr meint, dies klar verstanden zu haben,
Liegt es daran, dass ihr die Buddhas der zehn Richtungen missversteht.
Wenn ihr dies nicht klar verstanden habt,
Mögen die Hörer des Klangs [vor Freude] tanzen
Und die Allein-Erwachten sich [mit ihrem Wissen] schmücken.[54]

Denkt daran, dass es die Buddhas der zehn Richtungen wirklich gibt: Eigentlich sind sie die Blumen in unseren Augen. Die Buddhas der zehn Richtungen sind in unseren Augen, und ihre Heimat ist nirgendwo anders als in unseren Augen. Die Blumen in unseren Augen sind weder Nicht-Sein noch Sein, sie sind weder leer noch wirklich, und sie sind auf natürliche Weise die Buddhas der zehn Richtungen. Wenn ihr euch jetzt nur darauf beschränkt, die Buddhas der zehn Richtungen verstehen zu wollen, sind sie nicht wie die Blumen in euren Augen[55], und wenn ihr euch jetzt nur darauf beschränkt, die Blumen in euren Augen verstehen zu wollen, scheinen sie anders zu sein als die Buddhas der zehn Richtungen.[56] Weil dies so ist, sind klares Verstehen und unklares Verstehen sowohl die Blumen in den Augen als auch die Buddhas der zehn Richtungen.[57] Dass wir [die Buddhas] verstehen wollen und dass sie sich [von den Blumen in unseren Augen] unterscheiden, ist nichts anderes als die Verwirklichung des Wundersamen, und es ist ein großes Geheimnis. Der Sinn der Worte «die Blumen im leeren Raum» und «die Blumen auf der Erde», von denen die Buddhas und Vorfahren sprechen, liegt darin, dass alles dem natürlichen Lauf der Dinge folgt[58] und dass dies nicht erfassbar ist. Die Lehrer der Sūtren und der Kommentare hören zwar die Worte «die Blumen im leeren Raum», aber niemand anders als die Buddhas und Vorfahren erkennen und verstehen die Ursachen und Umstände des pulsierenden Lebens der Blumen dieser Erde. [Nur] wer das pulsierende Leben der Blumen auf dieser Erde selbst erfährt, spricht wirklich [aus der Erfahrung der] Buddhas und Vorfahren.

Zen-Meister Etetsu[59] vom Berg Sekimon war im großen Königreich der Song ein verehrungswürdiger Meister im Orden von [Meister Ryōzan] vom Berg Ryō.[60]

In der Geschichte fragte ihn ein Mönch: «*Was ist das Juwel im Berg?*» Der Sinn dieser Frage ist der gleiche, wie wenn man fragen würde: «Was ist Buddha?» oder «Was ist die Wahrheit?»

Meister [Sekimon] antwortete: «*Die Blumen im leeren Raum entfalten sich aus der Erde. Es gibt kein Tor, egal wo im Land du [sie] kaufen würdest.*»[61]

Ihr solltet diese Worte niemals mit anderen gleichsetzen. Wenn die gewöhnlichen [Lehrer] vieler Provinzen [Chinas] die Blumen des Raums als «die Blumen der Leerheit»[62] diskutieren, sprechen sie nur davon, dass die Blumen in der Leerheit entstehen und vergehen.[63] Aber keiner hat verstanden, dass die Blumen sich aus dem Raum heraus[64] entfalten; wie viel weniger noch könnten sie begreifen, dass sie sich aus der Erde heraus[65] entfalten? Nur Sekimon verstand dies. «Sich aus der Erde entfalten» bedeutet, dass sich der Anfang, die Mitte und das Ende [der Blumen] aus der Erde entfalten, und sich zu entfalten bedeutet, sich zu öffnen.[66] Gerade in diesem Augenblick entfaltet sich [alles] aus der ganzen Erde und [es] öffnet sich aus der ganzen Erde heraus.[67]

Die Worte «es gibt kein Tor, egal wo im Land du [sie] kaufen würdest» bedeuten, dass man [sie] im ganzen Land bekommen kann, aber dazu muss man durch kein Tor gehen.[68] Es gibt die Blumen im leeren Raum, die sich auf der Grundlage dieser Erde entfalten, und es gibt die ganze Erde, die sich auf der Grundlage der Blumen öffnet. Deshalb solltet ihr die Grundwahrheit erfassen, dass es die Blumen im Raum sind, die sowohl die Erde als auch den Raum sich öffnen und entfalten lassen.

Shōbōgenzō Kūge

Dargelegt vor einer Versammlung im Kloster Kannondōri-kōshō-hōrin am zehnten Tag des dritten Mondmonats im ersten Jahr der Ära Kangen [1243].

Anmerkungen

1   *Ikke kai goyō, kekka jinen jō* 一華開五葉、結果自然成. Dies ist die dritte und vierte Zeile eines vierzeiligen Gedichts von Meister Bodhidharma, das im *Keitoku dentō roku*, Kap. 3, zitiert wird.

2   *Ware moto shido ni kitari, hō o tsutae meijō o sukuu* 吾本来此土、伝法救迷情, «Ich bin in dieses Land gekommen, um den Dharma weiterzugeben und die Lebewesen von ihren Täuschungen zu befreien.» Dies ist die erste und zweite Zeile von Bodhidharmas Gedicht. Siehe auch Kap. 30, *Gyōji* (2), Anm. 3.

3   *Ji* 自. Als Substantiv bedeutet *ji* 自 «das Selbst» oder «das Ich», als Adverb «von selbst» oder «auf natürliche Weise».

4   *Ko* 己 bedeutet ebenfalls «das Selbst». Im Allgemeinen steht *ko* 己 nur in Verbindung mit dem Schriftzeichen *ji* 自 in dem Kompositum *jiko* 自己, «ihr / wir selbst». Hier verwendet Meister Dōgen die beiden Schriftzeichen jedoch getrennt. Er sagt: *Ji wa ko nari* 自は己なり, «ihr selbst seid ihr selbst».

5   Erde, Wasser, Feuer und Wind.

6   Körper, Sinne, Denken, Wirken und Bewusstsein.

7   *Shitoku mui shinjin* 使得無位真人, «der wahre Mensch ohne Rang». Dies ist eine berühmte Redewendung von Meister Rinzai. Siehe *Shinji shōbōgenzō*, Buch 2, Nr. 47.

8   *Nen* 然 bedeutet «so wie» oder «das Sosein» der Wirklichkeit selbst.

9   *Chōko* 聴許, wörtl. «Bejahung» oder «Annahme». Das Wort bedeutet hier das Annehmen aller Dinge und Phänomene, so wie sie sind.

10   *Ubara* 優鉢羅 ist die phonetische Wiedergabe von sanskr. *utpala*, die Blüte des blauen Lotos.

11   «Das Innere und die Zeit des Feuers» beschreibt die kraftvolle Aktivität von Materie und Geist in der Wirklichkeit. Vgl. Kap. 23, *Gyōbutsu yuigi*. Dort führt Meister Dōgen aus, dass der Dharma sich im Inneren des Feuers befindet.

12   Dies ist die zweite Zeile eines achtzeiligen Gedichts von Meister Dōan Jōsatsu, dessen Daten unbekannt sind und der ein Nachfolger von Meister Kyūhō Dōken war. Der Vers wird im *Keitoku dentō roku*, Kap. 29, zitiert.

13   *Kari* 火裏. *Ka* 火 bedeutet «das Feuer» und *ri* 裏 «das Innere» von etwas. «Im Feuer» bedeutet hier «in der Wirklichkeit». Im weiteren Sinn bedeutet es einen konkreten Ort, so wie in *shari* 這裏, «dieser konkrete Ort».

14   *Ki-seken* 器世間, wörtl. «Gefäß-Welt». Im alten Indien wurde die Welt als ein Gefäß beschrieben. Hier bedeutet *ki-seken* 器世間 «die Welt der Dinge». Oft steht er im Gegensatz zu *ujō seken* 有情世間, «die Welt der Lebewesen».

15   Dies sind die Worte von Meister Prajñātara, der Meister Bodhidharmas Meister war. Sie beschreiben die Einheit der konkreten Dinge und geistigen Phänomene mit der Wirklichkeit.

16   *Zensansan gosansan* 前三三後三三, wörtl. «drei und drei vorn und drei und drei hinten». Dies war eine in China übliche Redewendung, um eine konkrete Situation zu beschreiben. Vgl. Kap. 42, *Tsuki*, Anm. 2.

17   *Uji* 有時, wörtl. «Sein-Zeit». Nach Dōgens Sicht des Buddha-Dharmas existieren die Blumen und Früchte, das bedeutet hier alle Dinge und Phänomene, nur im gegenwärtigen Augenblick, und dieser Augenblick ist die Wirklichkeit selbst. Diese Sicht wird in

Kap. 11, *Uji*, eingehend erläutert.

18   *Kokūge* 虚空華, wörtl. «Blumen des Raums». *Kokū* 虚空 beschreibt hier den konkreten, dreidimensionalen Raum. Dass Meister Dōgen den Ausdruck *kokūge* 虚空華 an dieser Stelle, bereits am Anfang dieses Kapitels, verwendet, deutet darauf hin, dass *kūge* 空華 im Folgenden wirkliche konkrete Dinge und geistige Phänomene bedeutet, die im konkreten Raum existieren. Sie sind keine Fantasiegebilde.

19   Siehe *Shuryōgon kyō* («Das Śūraṃgama-Sūtra»), Buch 4.

20   *Kū* 空, «der Raum». In diesem Teil des Kapitels erklärt Meister Dōgen, dass *kū* 空 sowohl die Welt der konkreten Dinge als auch die abstrakten oder geistigen Phänomene bedeutet. Zu den verschiedenen Bedeutungen von *kū* 空 siehe auch Kap. 2, *Makahannya haramitsu*, Anm. 4, und Kap. 22, *Busshō*, Anm. 46.

21   Meister Dōgen erklärt hier, dass man sich der Unvollkommenheit seiner Wahrnehmung wirklich bewusst sein muss, bevor man zur Klarheit oder zum Verschwinden der Blumen gelangen kann.

22   Mit dem «kleinen Fahrzeug» ist der Hīnayāna-Buddhismus gemeint, im Gegensatz zum «großen Fahrzeug», dem Mahāyāna.

23   *Hongaku* 本覚. Die Tendai-Schule, in die Meister Dōgen im Alter von 12 Jahren eintrat, vertritt zwei unterschiedliche Theorien: 1. Alle Menschen besitzen ursprünglich die Buddha-Natur, und 2. die Buddha-Natur wird durch die Anstrengungen des Lebens erlangt. Das «ursprüngliche Erwachen» gehört zur ersten Theorie.

24   *Shohō* 諸法, wörtl. «verschiedenartige Dharmas». «Dharma» ist ein zentraler Begriff im Buddhismus, der in verschiedenen Bedeutungen verwendet wird: 1. Buddhas Lehre, die kosmische Ordnung, Vorstellungen und Begriffe, 2. die materielle Welt mit ihren Dingen, die Objekte der Wahrnehmung, 3. das ethische Handeln mit Hier und Jetzt und 4. die Wirklichkeit selbst, die die drei vorherigen Bedeutungen in sich vereint. Meister Dōgen verwendet den Ausdruck *shohō* 諸法 hier in der alles umfassenden vierten Bedeutung, das heißt, er spricht von den verschiedenartigen Dingen und Phänomenen der Wirklichkeit, die sich im handelnden Geschehen hier und jetzt konkret offenbaren.

25   *Ki seken* 器世間, wörtl. «Welt-Gefäß» oder «Welt-Behälter». Das heißt, sie sehen die Welt als einen leeren Behälter, in dem die Dinge und Phänomene existieren, und trennen damit, was eine Einheit ist.

26   *Butsu kōjō nin* 仏向上人, «ein Mensch im Bereich jenseits von Buddha». Siehe Kap. 28, *Butsu kōjō no ji*.

27   Meister Dōgen erklärt hier, dass die umwölkte Sicht bzw. beschränkte Wahrnehmung der Dinge und Phänomene dieser Welt ein wesentliches Instrument sind, um die eigene beschränkte Sichtweise, also den eigenen blinden Fleck zu erkennen. Dies ist aber die Voraussetzung für den Buddha-Weg und das Erwachen. Im Folgenden will Meister Dōgen wohl sagen, dass Ideen, Vorstellungen und sogar Täuschungen zum Erwachen gehören. Siehe Kap. 26, *Daigo*.

28   *Mushō* 無生, «Nicht erscheinen» oder «Nicht werden», beschreibt die Situation im gegenwärtigen Augenblick.

29   *Kūchū ni* 空中に. *Kūchū ni* 空中に bedeutet «im Raum», «inmitten des Raumes» oder «in der Wirklichkeit des Raumes». *Chū* 中 ist wörtl. «die Mitte» (wie in Anfang, Mitte und Ende). Als Suffix bedeutet es «inmitten von etwas» und im weiteren Sinn, d.h., in Meister Dōgens Anwendung hier, bedeutet es «die konkrete Wirklichkeit des Raumes».

30   *Kūhon muge* 空本無華, wörtl. «der Raum ist ursprünglich ohne Blumen». Dies bedeutet, dass «der» Raum und die Dinge und Phänomene «im» Raum eine Einheit sind. Mit

anderen Worten: Der konkrete Raum war niemals von den Blumen, d.h., den Menschen, den Dingen und Phänomenen, getrennt. Das Zitat in rein chinesischer Schrift stammt aus dem *Engaku kyō*.

31 Meister Taiso Eka (487–593). Siehe *Keitoku dentō roku*, Kap. 3.

32 Da nach der Lehre des Buddha alle Dinge und Phänomene nur für den Bruchteil eines Augenblicks erscheinen und gleich wieder vergehen, sind Bezeichnungen wie «die Blumen» oder «der Raum» ungeeignet, um die unbeschreibbare Wirklichkeit des Jetzt zu erfassen.

33 Chō Setsu wurde auf Anraten von Meister Zengetsu Schüler von Meister Sekisō Keishō (807–888). Mehr ist über sein Leben nicht bekannt. Sein Gedicht ist im *Gotō egen*, Kap. 6, enthalten.

34 Meister Dōgen kommentiert im Folgenden jeweils die Zeilen des Gedichtes.

35 Diese Worte beziehen sich auf eine Rede von Meister Unmon Bun-en, die in Kap. 36, *Kōmyō*, zitiert wird. Siehe auch *Shinji shōbōgenzō*, Teil 1, Nr. 81.

36 *Ichinen fushō* 一念不生. *Ichi* 一 bedeutet «eins». *Nen* 念 bedeutet hier «Vorstellung» oder «Gedanke». *Fu* 不 drückt die Negation aus und *shō* 生 bedeutet «erscheinen», «auftreten». «Wenn kein Gedanke erscheint», in der japanischen Leseart *ichinen shō[ze] za[reba]*, beschreibt die Erfahrung der Wirklichkeit beim Zazen, die jenseits von Gedanken und Nicht-Gedanken ist.

37 *Nennen ichiichi nari* 念念一一なり, «alle Gedanken existieren [jeweils] einzig und allein.» Während das Gedicht den Ideal-Zustand (beim Zazen) zu beschreiben scheint, kommentiert Meister Dōgen die Situation etwas nüchterner, und zwar derart, dass in einem Augenblick immer nur ein Gedanke existiert.

38 *Fushō* 不生, «Nicht-Erscheinen» oder «Nicht-Werden», beschreibt die Augenblicklichkeit aller Dinge und Phänomene im Universum. Der gegenwärtige Augenblick ist von so kurzer Dauer, dass man nicht von einem Erscheinen sprechen kann. Daher der Ausdruck «Nicht-Erscheinen». Siehe auch Kap. 3, *Genjō kōan*, Anm. 2.

39 Siehe Anm. 16. Vgl. auch Kap. 42, *Tsuki*, Anm. 2.

40 Der Berg Sumeru, der nach der indischen Kosmologie im Zentrum des Universums steht, wird im Allgemeinen als Symbol der Stabilität, der Nicht-Bewegung angesehen. Aber Meister Dōgen geht hier über den gewöhnlichen Begriff der Bewegung hinaus, denn dieser existiert nur relativ zur Nicht-Bewegung. Dieses Problem wird auch in Kap. 27, *Zazenshin*, erläutert; siehe dort Anm. 28.

41 Wolken und Wasser stehen hier symbolisch für die ständige Bewegung bzw. Nicht-Bewegung in der Wirklichkeit.

42 *Bonnō* 煩悩 bedeutet im heutigen Gebrauch «weltliche Sorgen» oder «sinnliche Begierden». Hier ist *bonnō* 煩悩 die Wiedergabe von sanskr. *kleśa*, «Befleckungen», die den Geist trüben und behindern. Im Buddha-Dharma sind die Befleckungen: Gier, Hass, Unwissenheit, Dünkel, Zweifel und falsche Ansichten.

43 *Higan-ge* 被眼碍 oder in der japanischen Leseart *me [ni] saera[ru]*, «die Augen auf die Augen beschränken», beschreibt eine Körper-Geist-Verfassung, bei der die Augen die Dinge so sehen, wie sie wirklich sind, also ohne etwas wegzulassen oder hinzuzufügen.

44 Dies sind die Worte von Meister Engo Kokugon: «*Leben und Sterben, Kommen und Gehen sind der wahre Körper des Menschen*» Siehe Kap. 50, *Shohō jissō*.

45 *Sangai [no] sangai [o] genzuru [ni] shika [zu]* 不如三界見於三界 sind Worte aus Kap. 16 des Lotos-Sūtras, «Des Tathāgata Lebensdauer». Meister Dōgens Interpretation der drei Welten wird eingehend in Kap. 47, *Sangai yuishin*, erläutert.

46 *Shohō jissō* 諸法実相, wörtl. «die wirkliche Form aller Dharmas». Siehe Kap. 50, *Shohō jissō*.

47 Meister Fuyō Reikun (Daten unbekannt), Nachfolger von Meister Kisū Shishin. Sein posthumer Titel ist «großer Meister Kōshō».

48 Meister Kisū Chijō (Daten unbekannt), Nachfolger von Meister Baso Dō-itsu. «Zen-Meister Shishin» ist sein posthumer Titel.

49 Siehe *Keitoku dentō roku*, Kap. 10.

50 *Ichi eizai gen kūge rantsui* 一翳在眼空華乱墜, wörtl. «eine Umwölkung in den Augen, und die Blumen im leeren Raum fallen herunter». Hier bedeuten die Blumen im Raum falsche Vorstellungen und vorgefasste Meinungen. Gerade in dem Augenblick, wenn wir unsere eigene Verblendung erkennen, können wir die Dinge so sehen, wie sie wirklich sind. Kurz: Wenn ich erkenne, dass ich mich getäuscht habe, bin ich nicht mehr getäuscht.

51 *Zenki no gen* 全機の現. Dies sind die Worte von Meister Engo Kokugon, die Meister Dōgen in Kap. 41, *Zenki*, zitiert und kommentiert. Aus der Sicht des Buddha ist das Universum ein sich ständig veränderndes dynamisches Ganzes.

52 Anders ausgedrückt: Die Überwindung subjektiver Täuschungen und objektiver Dinge ist die reine Lebensenergie, die der Bodhisattva Avalokiteśvara verkörpert. Siehe Kap. 33, *Kannon*.

53 Meister Kōshō, auch «Meister Rōya Ekaku» genannt (Daten unbekannt), war ein Nachfolger von Meister Funyō Zenshō. Gemeinsam mit Meister Setchō Myōkaku wurde er als eines der *«zwei Tore süßen Taus»* gepriesen. Sein posthumer Titel ist «großer Meister Kōshō».

54 Nach Meister Dōgen könnte es sein, dass die «Hörer des Klangs», Śrāvakas in Sanskrit, und die «unabhängig Erwachten», Pratyekabuddhas in Sanskrit, sich freuen, etwas verstanden zu haben, was sie vielleicht nicht wirklich verstanden haben. Der Vers wird im *Gotō egen*, Kap. 12, zitiert.

55 Wenn man nur die geistige Dimension des Lebens, nämlich die Buddhas der zehn Richtungen, verstehen will, steht dazu die materiell-konkrete Dimension des Lebens im Widerspruch.

56 Wenn man umgekehrt nur die materielle Dimension des Lebens verstehen will, steht dazu die geistige Dimension im Widerspruch. Beide Sichtweisen sind also jeweils für sich unzureichend.

57 Nach Meister Dōgen sind die beiden scheinbar widersprüchlichen Dimensionen eine Einheit, und sie sind die Wahrheit oder Wirklichkeit des Lebens.

58 Dies bezieht sich auf die Worte von Meister Tendō Nyojō, die Meister Dōgen in Kap. 38, *Muchū setsumu*, zitiert (Band 2, S. 292). Siehe auch den Schluss von Kap. 42, *Tsuki*.

59 Meister Sekimon Etetsu (Daten unbekannt), Nachfolger von Meister Sekimon Ken-un.

60 *Ryōzan* 梁山 bezieht sich im Allgemeinen auf Meister Ryōzan Enkan. Hier ist die genaue Beziehung zwischen Meister Sekimon und Meister Ryōzan Enkan aber nicht klar.

61 Siehe *Tenshō kōtō roku*, Kap. 24.

62 Meister Dōgen spielt hier auf die doppelte Bedeutung von *kū* 空 in *kūge* 空華 an. *Kū* 空 bedeutet «Raum», aber gleichzeitig auch «leer» oder «Leerheit». Der Ausdruck «die Blumen der Leerheit» wird manchmal so interpretiert, dass die Erscheinungen dieser Welt (die Blumen) als «leer», d. h., als nicht-existent angesehen werden. Diese Interpretation von *kūge* 空華 will Meister Dōgen in diesem Kapitel wohl widerlegen.

63 *Okū* 於空, «in der Leerheit». Diese Formulierung weist auch auf eine Interpretation hin, nach der die Erscheinungen (die Blumen) mit dem Begriff «Leerheit» verbunden wer-

den. *O* oder *[ni] oi[te]* 於 bedeutet «in», «auf» oder «an». Dieser Ausdruck unterscheidet sich von dem viel konkreteren Ausdruck *kūchū* 空中, «im Inneren des Raumes» oder im weiteren Sinn «in der konkreten Wirklichkeit des Raumes», den Meister Dōgen verwendet.

64 *Jūkū* 從空, «aus dem Raum heraus» oder «auf der Grundlage des Raumes», beschreibt eine konkretere Situation als *okū* 於空, «in der Leerheit», denn *jū* oder *[ni] yori[te]* 從 bedeutet «abhängig von» oder «beruhend auf».

65 *Jūchi* 從地, «aus der Erde heraus» oder «auf der Grundlage der Erde», ist Meister Sekimons Formulierung. Sie beschreibt eine noch konkretere «geerdete» Situation als in Anm. 64.

66 Meister Dōgen erklärt den Begriff *hotsu* 発 in Meister Sekimons Worten mit dem Wort *kai* 開. *Hotsu* 発 bedeutet «ausstoßen», «erwecken», und *kai* 開 «sich öffnen», manchmal aber auch «sich entfalten», «sich enthüllen». In diesem Sinn wird *kai* 開 in Kap. 17, *Hokke ten hokke*, verwendet.

67 *Jūjin dai-chi* 從尽大地, «aus der ganzen Erde» oder «auf der Grundlage der ganzen Erde», ist Meister Dōgens Formulierung.
In diesem Absatz werden vier Aussagen über das Öffnen der Blumen im leeren Raum gegenübergestellt: 1. *okū* 於空, «in der Leerheit», 2. *jūkū* 從空, «aus dem Raum heraus», 3. *jūchi* 從地, «aus der Erde heraus», und 4. *jūjin dai-chi* 從尽大地, «aus der ganzen Erde heraus».

68 *Mumon* 無門, wörtl. «torlos» oder «ohne Tor», bedeutet hier «unmittelbar» oder «ohne Hindernis». Die vielfältigen Dinge und Phänomene dieser Welt, die in diesem Kapitel «die Blumen im leeren Raum» genannt werden, sind die ganze Wirklichkeit, die sich direkt vor uns offenbart.

44

古仏心

Kobusshin

Der Geist der ewigen Buddhas

*Ko bedeutet «alt» oder, wie hier, «ewig». BUTSU ist «Buddha» und SHIN «Geist».
So bedeutet KOBUSSHIN «der Geist der ewigen Buddhas». In diesem Kapitel beschreibt Meister Dōgen den Geist der alten Meister und Vorfahren, die ewige Buddhas
waren. Der Begriff «ewig» sollte hier nicht als eine unendlich lange Zeitstrecke verstanden werden. Im Buddha-Dharma bedeutet «ewig» der ewig-zeitlose Augenblick
des Jetzt, der mit der gewöhnlichen menschlichen Zeitvorstellung nicht erfasst werden
kann. «Der Geist» bedeutet hier den alles umfassenden universellen Geist, der mit
allen konkreten Dingen und geistigen Phänomenen dieser Welt identisch ist. Dieser
Geist umfasst sowohl das subjektive Denken und Fühlen als auch die objektive Welt der
Dinge. In diesem Kapitel erläutert Meister Dōgen einige Beispiele des Geistes der ewigen Buddhas, indem er die Worte der Meister Tendō Nyojō, Engo Kokugon, Sōzan
Kōnin und Seppō Gison zitiert. Dann kommentiert er die Worte des Landesmeisters
Nan-yō Echū, der von der Einheit des Geistes mit den vielfältigen konkreten Dingen
wie Zäunen, Mauern, Ziegeln und Kieselsteinen sprach. Am Ende des Kapitels zitiert
und kommentiert Meister Dōgen auch Meister Zengen Chūkōs Worte zu diesem Thema.*

Die Dharma-Weitergabe der alten Meister umfasst vierzig Vorfahren, wenn wir die
sieben Buddhas einbeziehen und bis zu Sōkei [Meister Daikan Enō][1] gehen, und sie
umfasst vierzig Buddhas, wenn wir von Sōkei aus zurück bis zu den sieben Buddhas
gehen. Weil es eine Eigenschaft und Tugend der sieben Buddhas ist, von der Vergangenheit bis in die Gegenwart und umgekehrt von der Gegenwart bis in die Vergangenheit zu reichen, umfasst dies sowohl Sōkei als auch die sieben Buddhas. Da Sōkei
dieselbe Tugend [wie die sieben Buddhas] hatte, hat er den authentischen Dharma
von den sieben Buddhas empfangen, er hat ihn von sich selbst empfangen und an die
späteren Buddhas weitergegeben. Diese Weitergabe ereignete sich aber nicht nur [in
der gewöhnlichen Zeit des] Früher und Später. Als Śākyamuni Buddha lebte, waren
gleichzeitig auch alle Buddhas der zehn Richtungen gegenwärtig. [Meister] Nangaku
lebte zur gleichen Zeit wie [Meister] Seigen[2], und Seigen lebte zur gleichen Zeit wie
Nangaku und so fort. [Meister] Sekitō[3] lebte zur gleichen Zeit wie Kōzei [Meister
Baso Dō-itsu]. Auch wenn [sowohl Seigen und Nangaku als auch Sekitō und Kōzei]
zur gleichen Zeit lebten, behinderten sie sich gegenseitig nicht. Dies bedeutet aber

nicht, dass sie keine Verbindung miteinander gehabt hätten. Die Existenz solcher Tugenden solltet ihr erfahren und erforschen. Alle oben erwähnten vierzig Buddhas und Vorfahren sind ewige Buddhas, und doch hatte jeder von ihnen einen Körper und einen Geist; sie hatten ihre strahlende Klarheit und lebten in einem Land. Sie sind seit Langem hinübergegangen, und doch sind sie [jetzt gegenwärtig und] niemals hinübergegangen. Es mag auch eine Tugend der ewigen Buddhas sein, dass sie sowohl hinübergegangen als auch nicht hinübergegangen sind.[4] Alle, die den Weg der ewigen Buddhas durch die Praxis erlernen, erfahren und verwirklichen den Weg der ewigen Buddhas, und sie sind ewige Buddhas aller Zeiten. Obgleich das Wort «ewig»[5] in dem Ausdruck «die ewigen Buddhas» dem Wort «alt» in dem Ausdruck «neue und alte [Buddhas]» gleicht, gehen [die ewigen Buddhas] weit über die Vergangenheit und Gegenwart[6] hinaus, denn sie gehören dem ewig-zeitlosen Jetzt an.

Mein früherer Meister [Tendō Nyojō] sagte: «*Ich begegnete Wanshi, dem ewigen Buddha.*»[7]

Ihr solltet klar erkennen, dass es im Haus des Tendō einen ewigen Buddha gab, und dass es im Haus der ewigen Buddhas den Tendō gab.

Zen-Meister Engo[8] sagte: «*Ich neige mein Haupt vor Sōkei[9], dem wahren, ewigen Buddha.*»

Denkt daran, dass ihr euch vor Sōkei [Daikan Enō], dem dreiunddreißigsten Meister nach Śākyamuni Buddha, niederwerfen solltet, denn er war ein ewiger Buddha. Da Zen-Meister Engo selbst die strahlende Klarheit eines ewigen Buddhas hatte, konnte er sich auf diese Weise vor einem [anderen] ewigen Buddha niederwerfen und ihm begegnen. Deshalb solltet ihr euch an Daikan Enōs [Geist] erinnern, der von Anfang bis zum Ende recht war, und wissen, dass die ewigen Buddhas diesen klar erfasst haben. Wer [diesen Geist] klar erfasst hat, ist ein ewiger Buddha.

[Meister] Sōzan[10] sagte: «*Auf dem Gipfel des Berges Daiyu-rei[11] lebt ein ewiger Buddha, und sein Licht leuchtet auf diesen Ort.*»[12]

Dies bedeutet, dass Sōzan bereits einem ewigen Buddha begegnet war; ihr solltet ihn nicht woanders suchen. Der Ort, wo ein ewiger Buddha existiert, ist hier der Gipfel des Berges Daiyu-rei. Wer selbst kein ewiger Buddha ist, kann auch nicht wissen, wo ein ewiger Buddha erscheint. Wer den Ort kennt, wo ein ewiger Buddha lebt, könnte selbst ein ewiger Buddha sein.

[Meister] Seppō[13] sagte: «*Der ewige Buddha Jōshū!*»[14]

[Meister] Jōshū war ein ewiger Buddha. Wenn Seppō nicht selbst an der Kraft dieses ewigen Buddhas teilgehabt hätte, wäre es für ihn schwierig gewesen, bis zu Jōshūs Innerstem vorzudringen und ihn zu verehren. Seppōs Handeln beruhte ganz auf den Wohltaten des ewigen Buddhas [Jōshū], von dem er gelernt hatte. Es zeigt, dass er sich bemühte, etwas jenseits der Worte zu sagen[15], und dies ist letztlich der starke Bursche Seppō selbst. Die Bräuche im Haus der ewigen Buddhas und das würdevolle Handeln der ewigen Buddhas sind nicht dieselben wie bei den Menschen, die keine ewigen Buddhas sind. Wenn ihr also Jōshūs [Wahrheit] erlernt, die am Anfang, in der

Mitte und am Ende recht war, solltet ihr die Lebenszeit eines ewigen Buddhas erfahren und erforschen.

Der Landesmeister Nan-yō Echū[16] vom Kloster Kōtaku in der westlichen Hauptstadt[17] war ein Dharma-Nachfolger von Meister Daikan Enō. Er wurde von den Kaisern der Menschen und des Himmels gleichermaßen verehrt und geachtet. Er war ein Meister, wie man ihn sogar in China selten gesehen oder von einem gehört hat. Er war nicht nur der Lehrer von vier Generationen von Kaisern, sondern die Kaiser selbst führten seinen Wagen in den kaiserlichen Hof. Mehr noch, als er vom Gott Indra in seinen Palast eingeladen wurde, stieg er weit in den Himmel hinauf und lehrte den Dharma für Indra inmitten der himmlischen Wesen.

Einst fragte ein Mönch den Landesmeister: *«Was ist der Geist der ewigen Buddhas?»*

Der Meister antwortete: *«Die Zäune, Mauern, Ziegel und Kieselsteine.»*

Die Frage bedeutet, dass dieses Ding so wie dieses beschaffen und jenes Ding so wie jenes beschaffen ist.[18] [Der Mönch] hat diese Worte der Wahrheit verwendet und sie zu einer Frage umgeformt. Die Frage [und Nan-yō Echūs Antwort] wurden in ganz China zu einem ewig-zeitlosen Ausdruck der Wahrheit. Deshalb sind die zehntausend Dinge, die das Öffnen der Blumen sind, auch die Fragen und der Ausdruck der Wahrheit der ewigen Buddhas. Die neun Berge und acht Ozeane, die das Entstehen der Welt[19] sind, sind die Sonnen- und Mondgesichter der ewigen Buddhas, und sie sind ihre Haut, ihr Fleisch, ihre Knochen und ihr Mark. Ferner mag es noch den ewigen Geist geben, der Buddha praktiziert[20], den ewigen Geist, der Buddha erfährt[21], den ewigen Geist, der Buddha wird[22], und es könnte sein, dass das Ewig-Zeitlose eines Buddhas das Wirken dieses Geistes ist. Wir sprechen vom ewigen Geist, weil der Geist ewig ist. Weil der Geist und Buddha [eine Einheit] und zweifellos ewig sind, ist der ewige Geist ein Stuhl aus Bambus und Holz. Dieser Geist wird auch in [einem Satz wie] «Es ist unmöglich, einen Menschen zu finden, der den Buddha-Dharma versteht, selbst wenn wir ihn auf der ganzen Erde suchen» und in [der Frage] «Wie nennt der Meister dieses Ding?»[23] ausgedrückt. Der ewige Geist schließt alles in sich ein: die Ursachen und Gegebenheiten jetzt in diesem Augenblick, das kleinste Staubteilchen und den großen leeren Raum. Diese erhalten und bewahren den ewigen Geist und die ewigen Buddhas, und dies ist nichts anderes als das Erhalten und Bewahren zweier Gesichter in einem Gesicht und zweier Bilder in einem Bild.

Der Landesmeister sagte: «Die Zäune, Mauern, Ziegel und Kieselsteine.» Der springende Punkt dieser Aussage ist, dass wir die Zäune, Mauern, Ziegel und Kieselsteine von zwei Seiten aus beschreiben können. Von der Seite des Subjekts aus sagen wir: «Dies sind Zäune, Mauern, Ziegel und Kieselsteine», wenn wir vor den Zäunen, Mauern, Ziegeln und Kieselsteine stehen. Es gibt aber auch die Seite des Objekts, die sich vom Inneren des konkreten Ortes der Zäune, Mauern, Ziegel und Kieselsteine aus offenbart: Hier sprechen die Zäune, Mauern, Ziegel und Kieselsteine selbst. Wenn sich die [beiden] Seiten in der runden und vollkommenen Verwirklichung ausdrücken[24], gibt es Mauern, die tausend und zehntausend Fuß hochragen, es gibt Zäune, die um die Erde und um den Himmel stehen, es gibt [Dächer], die mit einem oder mit einem halben Ziegel bedeckt sind, und es gibt die spitzen Ecken der Steine, die groß oder klein sind. Was auf diese Weise existiert, ist also nicht nur der Geist, sondern auch der Körper, und sogar Subjekt und Objekt.

Deshalb solltet ihr euch fragen: «Was sind diese Zäune, Mauern, Ziegel und Kieselsteine?» Wenn ihr es in Worte fassen wollt, müsst ihr darauf antworten: «Der Geist der ewigen Buddhas.» Aus diesem Zustand heraus solltet ihr aber noch weitergehen und euch fragen: «Was sind diese Zäune und Mauern denn wirklich?» Was ist das, was wir «Zäune und Mauern» nennen? Welche Formen und Eigenschaften haben sie gerade jetzt in diesem Augenblick? Ihr solltet dies bis in alle Einzelheiten untersuchen. Offenbaren sich diese Zäune und Mauern, weil sie [von Menschen] geschaffen wurden[25] oder weil etwas Geschaffenes durch die Zäune und Mauern offenbart wird? Wurden die Zäune und Mauern überhaupt geschaffen, oder nicht? Sollten wir sie als empfindend oder nicht-empfindend betrachten? Offenbaren sie sich jetzt vor uns, oder nicht? In einem solchen Zustand mentaler Anstrengung oder auch im Lernen durch die Praxis ist der Geist der ewigen Buddhas die Zäune, Mauern, Ziegel und Kieselsteine. Dies gilt selbst dann, wenn sie sich im Himmel über uns oder in der Welt der Menschen offenbaren, und es gilt sogar dann, wenn sie sich in diesem Land hier oder in anderen Welten offenbaren. Denn niemals gab es auch nicht das kleinste Staubkorn, das diesen ewigen Geist verunreinigt hätte.

Der große Meister Zengen Chūkō[26] wurde einmal von einem Mönch gefragt: *«Was ist der Geist der ewigen Buddhas?»*

Der Meister antwortete: *«Die Welt bricht zusammen.»*

Der Mönch fragte: *«Was geschieht, wenn die Welt zusammenbricht?»*

Der Meister sagte: *«Wie wäre es möglich, ohne meinen Körper zu sein?»*[27]

«Die Welt» bedeutet hier, dass alle zehn Richtungen die Welt der Buddhas sind und dass es niemals eine Welt gegeben hat, die nicht die Welt der Buddhas wäre. Die Formen und Grade dieses Zusammenbrechens[28] solltet ihr in dieser Welt der zehn Richtungen erfahren und erforschen, aber keinesfalls mit eurem [subjektiven] Ich. Da ihr die Welt nicht mit eurem Ich erfahren und erforschen könnt, ist gerade der Augenblick, wenn sie zusammenbricht, [dasselbe wie] ein, zwei, drei, vier oder fünf [konkrete] Dinge, und das heißt, unzählbar viele Dinge und Phänomene. [Meister Chūkō sagt hier,] dass jedes einzelne dieser Dinge und Phänomene unmöglich ohne seinen Körper sein kann. «Meinen Körper» kann niemand leugnen,[29] und deshalb solltet ihr euren Körper unfehlbar zum Geist der ewigen Buddhas machen, indem ihr den gegenwärtigen Augenblick nicht nur für eure eigenen Zwecke benutzt.

In Wahrheit war der Geist der ewigen Buddhas schon vor den sieben Buddhas eine Mauer, und nach den sieben Buddhas wuchs und entfaltete er sich. Schon vor allen Buddhas blühte der Geist der ewigen Buddhas und nach allen Buddhas trug er seine Früchte. Schon vor «dem Geist der ewigen Buddhas» war der Geist der ewigen Buddhas frei davon.

SHŌBŌGENZŌ KOBUSSHIN

Dargelegt vor einer Versammlung im Kloster Rokuharamitsu[30] am neunundzwanzig-
sten Tag des vierten Mondmonats im ersten Jahr der Ära Kangen [1243].

Anmerkungen

1 Meister Daikan Enō war der dreiunddreißigste Vorfahre. Siehe Kap. 15, *Busso*.

2 Sowohl Meister Seigen Gyōshi (660?–740) als auch Meister Nangaku Ejō (677–744) waren Schüler von Meister Daikan Enō. Meister Dōgens Linie geht über Meister Seigen Gyōshi, die Rinzai-Linie über Meister Nangaku Ejō.

3 Meister Sekitō Kisen (700–790) war der Nachfolger von Meister Seigen. «Kōzei» bezieht sich auf Meister Baso Dō-itsu (709–788), Nachfolger von Meister Nangaku.

4 Dies wird im Lotos-Sūtra, Kap. 16, «Des Tathāgata Lebensdauer», beschrieben.

5 *Ko* 古 bedeutet wörtl. «alt» oder «aus alter Zeit», aber in diesem Satz deutet Meister Dōgen darauf hin, dass in dem Ausdruck *kobutsu* 古仏 das Kanji *ko* 古 nicht nur «alt», sondern auch «ewig-zeitlos» bedeutet.

6 *Kokon* 古今, wörtl. «ewig-jetzt» oder «Vergangenheit-Gegenwart».

7 Meister Wanshi Shōkaku (1091–1157) war ein Nachfolger von Meister Tanka Shijun. Um 1130 wurde Meister Wanshi Abt des Klosters Keitoku auf dem Berg Tendō. Hundert Jahre später begegnete Meister Dōgen seinem eigenen Meister Tendō Nyojō in demselben Kloster.

8 Meister Engo Kokugon (1063–1135) war ein Nachfolger von Meister Goso Hō-en.

9 «Sōkei» war der Name des Berges, wo Meister Daikan Enō lehrte.

10 Meister Sōzan Kōnin (837–909) war ein Nachfolger von Meister Tōzan Ryōkai.

11 Der Name eines Berges in der Provinz Jiangxi im Südosten Chinas.

12 Dies bezieht sich auf die folgende Geschichte: Meister Sōzan fragte einen Mönch, wie viel er dem Handwerker für ein Grabmahl zahlen wolle: drei, zwei oder eine Münze. Der Mönch ging fort und fragte Meister Razan Dōkan, der in einer Hütte auf dem Berg Daiyu lebte. Meister Razan empfahl dem Mönch den Mittelweg, also zwei Münzen zu zahlen. Als Meister Sōzan dies hörte, warf er sich in die Richtung des Berges Daiyu nieder und sagte: *«Ich dachte, dass es rundherum niemanden gäbe, der die Wahrheit erkannt hat, aber auf dem Gipfel des Berges Daiyu lebt ein ewiger Buddha, und sein Licht leuchtet an diesem Ort.»* Siehe *Shinji shōbōgenzō*, Buch 1, Nr. 97, und *Rentō eyō*, Kap. 22.

13 Meister Seppō Gison (822–907) war ein Nachfolger von Meister Tokuzan Senkan.

14 Im *Gotō egen*, Kap. 7, heißt es: Als Meister Seppō die scharfsinnigen und klaren Worte von Meister Jōshū Jūshin (778–897) hörte, rief er aus: *«Jōshū, der ewige Buddha!»* Er warf sich in Richtung von Meister Jōshū nieder und sagte dazu nichts mehr, denn er hatte die Nutzlosigkeit von Diskussionen erkannt. Siehe auch *Shinji shōbōgenzō*, Buch 3, Nr. 84, und *Rentō eyō*, Kap. 21.

15 *Futōwa* 不答話, wörtl. «nicht sprechen» oder «jenseits der Worte». Diesen Ausdruck finden wir auch im *Gotō egen* und im *Shinji shōbōgenzō*.

16 Meister Nan-yō Echū (starb 775) war ein Nachfolger von Meister Daikan Enō. «Landesmeister Daishō» ist sein posthumer Titel.

17 *Seikyō* 西京, «westliche Hauptstadt», bezieht sich hier auf eine Region in China, die heute Luoyang genannt wird.

18 Wörtl. «dieses Ding hat dies erlangt und jenes Ding hat jenes erlangt».

19 Meister Prajñātara sagte: *«Die Welt entsteht, wenn eine Blüte sich öffnet.»* Siehe Kap. 43, *Kūge*.

20   *Gyōbutsu* 行仏, «die Praxis eines Buddhas» oder «ein handelnder Buddha», wird eingehend in Kap. 23, *Gyōbutsu yuigi*, behandelt.

21   *Shōbutsu* 証仏, «die Erfahrung eines Buddhas» oder «Buddha erfahren». Diesen Ausdruck finden wir auch in Kap. 23, *Gyōbutsu yuigi*, und in Kap. 36, *Kōmyō*.

22   *Sabutsu* 作仏, «einen Buddha machen» oder «Buddha werden», wird in Kap. 20, *Kokyō*, behandelt.

23   Ein Stuhl, ein Satz und eine Frage sind der Geist der ewigen Buddhas. Sie werden ausführlich in Kap. 47, *Sangai yuishin*, erklärt und kommentiert.

24   Auf der einen Seite dominiert die Sicht des Subjekts, auf der anderen das Objekt. In der Verwirklichung oder im Geist der ewigen Buddhas sind die zwei Seiten im dynamischen Gleichgewicht.

25   *Zōsa* 造作, wörtl. «durch Herstellung (künstlich) geschaffen» und beinhaltet die Idee menschlicher Anstrengung. *Zōsa* 造作, sanskr. *saṃskṛta* («zusammengesetzt»), wird dem Begriff *musa* 無作, «nicht geschaffen», sanskr. *asaṃskṛta* («ungeschmückt», «ohne Zusammensetzung»), gegenübergestellt.

26   Meister Zengen Chūkō (Daten unbekannt) war ein Nachfolger von Meister Dōgo Enchi (769–835).

27   Siehe *Keitoku dentō roku*, Kap. 11.

28   Der Ausdruck «Zusammenbrechen» beschreibt einen Zustand, wenn wir die Dinge und Phänomene dieser Welt so sehen, wie sie gerade in dem Augenblick sind, ohne Urteil oder Ideen darüber.

29   «Meinen Körper kann niemand leugnen» interpretieren wir folgendermaßen: «Die Welt bricht zusammen» bedeutet keineswegs, dass sich alles in Nichts auflöst und wir von der Erde abheben. Ein Buddha lebt immer noch mit seinem Körper auf der Erde. Körper und Geist sind nur die beiden Seiten einer einzigen Wirklichkeit. Die andere Seite von «Körper» ist «Geist» und die andere Seite von «Geist» ist «Körper».

30   Das Kloster Rokuharamitsu befand sich in der Nähe des Amtssitzes des Gouverneurs Yoshishige Hatano, der Meister Dōgens wichtigster Förderer war. Siehe Kap. 41, *Zenki*.

45

菩提薩埵四摂法

Bodaisatta shishōbō

Die vier Arten des sozialen Handelns eines Bodhisattvas

BODAI ist die sino-japanische Wiedergabe von sanskr. «bodhi», «erwacht», und SATTA bedeutet «ein Wesen». BODAISATTA ist also «ein erwachtes Wesen» oder «ein Bodhisattva», das heißt, ein Mensch, der den Buddha-Weg geht und ihn durch sein Tun und Handeln zusammen mit allen Menschen verwirklicht. SHI bedeutet «vier» und SHŌBŌ «Arten des sozialen Handelns». Diese vier Arten des sozialen Handelns sind: 1. dāna, «großzügig geben», 2. priya-ākhyāna, «gütig und wohlwollend reden», 3. artha-carya, «hilfreich handeln», und 4. samāna-arthatā, «mit anderen gut zusammenarbeiten». In der Buddha-Lehre ist es das Wichtigste, wie ein Mensch handelt, d. h., was er tut oder was er unterlässt. Deshalb sind die Formen des Umgangs und Handelns mit anderen Menschen ein sehr wichtiger Teil des Lebens eines Bodhisattvas. In diesem Kapitel lehrt Meister Dōgen, dass diese vier Arten des sozialen Handelns im Umgang mit anderen Menschen die wesentliche Grundlage des Buddha-Dharmas sind, und er beschreibt mit einfachen Worten, wie man Buddhas Lehren im täglichen Leben in die Tat umsetzen kann.

Es gibt vier Arten des sozialen Handelns, wovon die erste ist, großzügig zu geben, die zweite, gütig und wohlwollend zu reden, die dritte, hilfreich zu handeln, und die vierte, mit anderen gut zusammenzuarbeiten.[1]

Großzügig zu geben[2] bedeutet, nicht gierig zu sein. Nicht gierig zu sein bedeutet, nicht nach Ruhm und Gewinn zu streben. Nicht nach Ruhm und Gewinn zu streben bedeutet im Alltäglichen, dass man sich keine Vorteile durch Schmeichelei verschafft.[3] Selbst wenn ihr die vier Kontinente beherrscht, dürft ihr nichts begehren, wenn ihr anderen die Lehre des wahren Weges zukommen lassen wollt. Dies könnte zum Beispiel bedeuten, dass ihr die Schätze [der Wahrheit] auch Menschen schenkt, die ihr nicht kennt. Wenn ihr dem Tathāgata die Blumen eines entfernten Berges darbringt oder wenn ihr den Lebewesen die Schätze aus euren früheren Leben schenkt, zeigt sich jedes Mal die Tugend der Großzügigkeit, die ihr schon von Anfang an besitzt. Dies gilt sowohl für die Lehre als auch für materielle Dinge.

Es ist grundsätzlich wahr, dass nichts euch daran hindert, auch Dinge großzügig zu geben, die man nicht besitzen kann. Eine Gabe sollte nicht wegen ihres geringen Wertes missachtet werden, aber sie sollte anderen wirklich nützlich sein. Letztlich verwirklicht ihr den Weg, wenn ihr ihn auf natürliche Weise sich selbst überlasst.[4] Wenn ihr diesen Weg verwirklicht, bleibt er zweifellos auch weiterhin sich selbst überlassen. Wenn der Reichtum sich selbst überlassen wird, wird er zweifelsohne zu einer großzügigen Gabe. Dann beschenkt ihr euch selbst mit eurem [wahren] Selbst, und ihr beschenkt die Welt mit der [wirklichen] Welt. Die direkte und indirekte Kraft dieses Handelns dringt weit in den Himmel und wirkt in die Welt der Menschen hinein, und diese Wirkungen erreichen sogar die Weisen und Heiligen, die sie erfahren. Dies ist so, weil die Gebenden und die Empfangenden durch die Handlung des Gebens miteinander verbunden sind.

Deshalb sagte der Buddha, dass ein Mensch, der großzügig gibt, sogleich von den anderen sehr geschätzt wird, wenn er in eine Versammlung kommt.[5] Ihr solltet wissen, dass die Versammelten den Geist und das Herz dieses Menschen ohne Worte verstehen. Deshalb solltet ihr die Dharma-Lehre großzügig weitergeben, selbst wenn es nur ein Wort oder ein Vers ist, und ihr solltet sie zum Samen des Guten in diesem oder in anderen Leben machen. Es ist möglich, [etwas Einfaches wie] eine Münze oder einen Grashalm zu geben, und daraus werden dann die Wurzeln des Guten in diesem oder in anderen Zeitaltern hervorgehen.[6] Der Dharma kann ein Schatz sein und ein materielles Geschenk kann der Dharma sein; es kommt dabei auf die Erwartungen und Bedürfnisse [der Menschen] an.

Es ist wirklich so, dass man den Geist eines Menschen heilen kann, wenn man ihm [etwas Wichtiges von sich selbst wie] einen Bart schenkt[7], und dass man ein großer König werden kann, wenn man jemandem [von ganzem Herzen] eine Handvoll Sand schenkt.[8] Menschen, die auf diese Weise geben, erwarten keine Belohnung, sondern teilen mit den anderen das, was sie haben.

Die Pāramitā der Freigebigkeit[9] bedeutet, [anderen] ein Boot bereitzustellen oder eine Brücke zu bauen, [um ans andere Ufer zu kommen]. Wenn ihr lernt, richtig zu geben, ist es eine großzügige Gabe, den Körper zu empfangen und den Körper zu geben. Seinen Lebensunterhalt zu verdienen und sorgfältig zu arbeiten, ist ursprünglich nichts anderes, als großzügig zu geben. Es mag auch das Verdienst des großzügigen Gebens sein, wenn sich die Blumen dem Wind und die Vögel der Zeit anvertrauen. Sowohl die Gebenden als auch die Empfangenden sollten sehr genau die Grundwahrheit erlernen, die der König Aśoka [in Indien] bezeugt hat, als er den hundert versammelten Mönchen[10] jeweils eine halbe Mangofrucht schenkte und ihnen damit einen großen Dienst erwies.[11] Ihr solltet nicht nur die Kraft und Energie des Körpers einsetzen, sondern gute Gelegenheiten [anderen zu geben] nicht ungenutzt lassen.

Da ihr auf natürliche Weise bereits die Eigenschaft des Gebens besitzt, habt ihr euch selbst so empfangen, wie ihr jetzt seid. Der Buddha sagte, dass man den eigenen Körper empfangen und benutzen sollte – wie viel mehr sollte man ihn für die Eltern, Frauen und Kinder geben? Denkt also daran, dass ein Teil des Gebens euch selbst zugutekommt, und dass es auch großzügiges Geben ist, wenn ihr die Eltern, Frauen und Kinder unterstützt. Wenn ihr nur etwas Kleines wie ein einziges Staubkorn abgebt, um es [anderen] zu schenken, solltet ihr euch in Ruhe darüber freuen, wenn ihr es aus eigenem Antrieb getan habt. Ihr solltet euch freuen, weil euch bereits eine der Tugenden der Buddhas authentisch weitergegeben wurde und ihr begonnen habt, eine Art des Handelns eines Bodhisattvas zu praktizieren.

Es ist schwer, den Geist der Lebewesen zu verändern. Großzügig zu geben bedeutet, dass wir schon beginnen, den Geist der Lebewesen zu verändern[12], und wir wollen ihren Geist so lange verändern, bis sie die Wahrheit erlangt haben. Am Anfang steht immer das Geben. Deshalb ist die Pāramitā des Gebens die erste der sechs Pāramitās.[13] Man kann nicht ermessen, wie groß oder klein der Geist ist, und man kann auch nicht ermessen, wie groß oder klein die Dinge sind. Dennoch verändert der Geist gelegentlich die Dinge, und es gibt das großzügige Geben, wodurch die Dinge den Geist verändern.

Gütig und wohlwollend zu reden[14] bedeutet, dass wir den Lebewesen, denen wir begegnen, von Anfang an Mitgefühl und Wohlwollen entgegenbringen und liebevoll mit ihnen reden. Es bedeutet, dass wir einfach keine groben oder bösen Worte gebrauchen. Im weltlichen Bereich gibt es die Form der Höflichkeit, dass man sich nach dem Befinden des anderen erkundigt. Auf dem Buddha-Weg sagen wir, dass man gut auf sich selbst Acht geben soll[15], und der Schüler fragt [den Meister], ob er [etwas] fragen dürfe, da er nicht alles verstanden habe.[16] Gütig und wohlwollend zu reden bedeutet, mit den Lebewesen zu fühlen, so als wären sie Säuglinge.

Ihr solltet die Tugendhaften loben und mit denjenigen Mitgefühl haben, die keine Tugend besitzen. Weil euch wirklich daran gelegen ist, gütig und wohlwollend zu reden, vermehrt und entwickelt ihr im Lauf der Zeit eine gütige und wohlwollende Ausdrucksweise. Auf diese Weise erscheinen die wohlwollenden Worte wie von selbst, auch wenn euch dies gewöhnlich nicht bewusst ist.

Jetzt, da ihr lebt und einen Körper habt, solltet ihr die gütigen und wohlwollenden Worte lieben, dann werdet ihr in vielen Zeitaltern und Leben nicht wieder zurückfallen und davon abweichen.

Güte und Wohlwollen beim Reden bedeutet grundsätzlich, dass ihr eure Feinde [im Guten] überzeugen wollt und euren Freunden Harmonie bringt. Wenn euch jemand gütig und wohlwollend anspricht, entspannen sich eure Gesichtszüge, ihr seht glücklich aus und euer Geist ist von Freude erfüllt. Gütige und wohlwollende Worte zu hören, prägt sich tief in euer Herz[17] und in eure Seele ein. Denkt daran, dass gütige und wohlwollende Worte aus einem gütigen und wohlwollendem Herzen[18] kommen und dass Mitgefühl die Saat eines gütigen und wohlwollenden Geistes ist. Ihr solltet lernen, dass man nicht lediglich eine bestimmte Fähigkeit des anderen lobt, wenn man gütig und wohlwollend mit ihm spricht, sondern dass solches Reden die Kraft und die Macht hat, den Himmel zu bewegen.

Hilfreich zu handeln[19] bedeutet, dass ihr gute Hilfsmittel verwendet, um dem Wohl der Lebewesen zu dienen, ganz gleich, ob sie einen hohen oder niedrigen Rang haben. Dies bedeutet zum Beispiel, dass ihr in die nahe und ferne Zukunft [der Lebewesen] schauen könnt und die geeigneten Mittel einsetzt, um ihnen nützlich zu sein. Einst gab es einen Mann, der sich einer verletzten Schildkröte annahm, und einen, der einen kranken Spatzen gesund pflegte.[20] Als diese Menschen die verletzte Schildkröte und den kranken Spatzen sahen, taten sie dies nicht wegen einer Belohnung, sondern es ging ihnen einzig darum, zu helfen.

Nur unwissende Menschen meinen, dass ihr eigenes Wohl beeinträchtigt wird, wenn sie das Wohl anderer über das eigene stellen. Dies ist aber nicht der Fall. Anderen zu helfen ist der ganze Dharma, der überall uns selbst und den anderen zugutekommt. In früheren Zeiten hatte ein Gastgeber nur das Wohl der anderen im Sinn, als er drei Mal sein Bad und seine Mahlzeit unterbrach, [um seine Gäste zu empfangen].[21] Niemals solltet ihr es ablehnen, andere Menschen zu unterweisen, nur weil sie aus einem fremden Land kommen.

Deshalb solltet ihr euren Feinden und Freunden gleichermaßen helfen, und ihr solltet auch den anderen und euch selbst auf die gleiche Weise helfen. Wenn ihr mit dieser Geisteshaltung handelt, wird sich die Wahrheit verwirklichen, dass die Bereitschaft zu helfen auf natürliche Weise nicht weniger wird oder dass ihr davon abweicht. Und dies verwirklicht sich sogar in den Gräsern und Bäumen, im Wind und im Wasser. Ihr solltet euch vor allem mit ganzer Kraft darum bemühen, die Unverständigen zu befreien.

Mit anderen gut zusammenarbeiten[22] bedeutet, nicht gegen sie zu sein. Es bedeutet, weder mit sich selbst noch mit den anderen im Widerspruch und Konflikt zu sein. Zum Beispiel lebte der menschliche Tathāgata im Einklang mit der Welt der Menschen. Da er im Einklang mit der Welt der Menschen war, können wir annehmen, dass er auch mit anderen Welten im Einklang gewesen sein muss. Wenn ihr es versteht, gut mit anderen zusammenzuarbeiten, seid ihr selbst eine Einheit mit den anderen. Man sagt, dass Harfen, Gedichte und Sake[23] die Freunde der Menschen, der himmlischen Wesen und der göttlichen Wesen sind. Es ist aber auch wahr, dass die Menschen die Freunde der Harfen, Gedichte und des Sake sind und dass Harfen, Gedichte und Sake die Freunde der Harfen, Gedichte und des Sake sind. Der Mensch ist der Freund des Menschen, die himmlischen Wesen sind die Freunde der himmlischen Wesen und die göttlichen Wesen sind die Freunde der göttlichen Wesen. Dies bedeutet, die Zusammenarbeit zu lernen und zu erforschen. Zum Beispiel bedeutet «zusammenarbeiten»[24] ein konkretes Handeln und eine würdevolle Haltung in einer gegebenen Situation. Es mag die Wahrheit sein, dass wir mit den anderen in Harmonie kommen können, nachdem wir es zugelassen haben, dass sie sich mit uns harmonisch verbinden. Dann gibt es für uns und die anderen in dieser Zeit keine Begrenzungen.

In dem [daoistischen] Buch Kanshi[25] heißt es: «Der Ozean kann seine Größe verwirklichen, weil er das ihm zufließende Wasser nicht abweist. Die Berge können ihre Höhe verwirklichen, weil sie die Erde für ihren Aufbau nicht abweisen. Kluge Herrscher missachten nicht die Menschen, und deshalb folgen ihnen viele.» Denkt daran, dass gut zusammenzuarbeiten bedeutet, dass der Ozean das Wasser nicht abweist. Denkt aber auch daran, dass es die Tugend des Wassers ist, sich dem Ozean nicht zu verweigern. Daher ist es möglich, dass die Wasser zusammenfließen und zum Ozean werden, und es ist möglich, dass sich die Erde ansammelt und zu Bergen wird. Denkt also für euch selbst Folgendes: Weil der Ozean den Ozean nicht abweist, vollendet er sich selbst und seine Größe, und weil die Berge die Berge nicht abweisen, vollenden sie sich selbst und ihre Höhe. Weil kluge Herrscher die Menschen nicht hassen, folgen ihnen viele. Dass ihnen viele Menschen folgen, bedeutet, dass sie eine ganze Nation sind. Ein kluger Herrscher könnte ein Kaiser sein, und Kaiser missachten nicht die Menschen. Dass sie die Menschen nicht missachten, bedeutet aber nicht, dass es in ihrem Land keine Belohnungen oder Strafen gibt. Selbst wenn es Belohnungen und Strafen gibt, werden die Menschen nicht missachtet. Als die Menschen früher noch unschuldig waren, gab es im Land weder Belohnungen noch Strafen, jedenfalls waren damals Belohnung oder Strafe etwas anderes als heute. Sogar heute mag es Menschen geben, die die Wahrheit suchen, ohne eine Belohnung zu erwarten, aber dies können sich die unwissenden Menschen überhaupt nicht vorstellen. Weil kluge Herrscher klug sind, missachten sie nicht die Menschen. Obwohl die Menschen immer eine Nation bilden und einen klugen Herrscher finden wollen, verstehen nur wenige die Wahrheit, dass ein kluger Herrscher ein kluger Herrscher ist. Deshalb freuen sich die Menschen darüber, dass ihr kluger Herrscher sie nicht missachtet, aber ihnen ist nicht bewusst, dass auch sie den klugen Herrscher nicht missachten. Daher ist es eine Grundwahrheit, dass ein kluger Herrscher mit den unwissenden Menschen zusammenarbeitet. Und daher ist es das Handeln und das Gelübde eines Bodhisattvas, gut mit anderen zusammenzuarbeiten. Ihr solltet allem nur mit einem milden und sanften Gesicht begegnen.

Weil jede dieser vier Arten des sozialen Handelns die anderen in sich enthält, könnte es insgesamt sechzehn Arten des sozialen Handelns geben.

Shōbōgenzō Bodaisatta shishōbō

Niedergeschrieben am fünften Tag des fünften Mondmonats[26] im vierten Jahr der Ära Ninji [1243] von dem Mönch Dōgen, der in [das große Reich der] Song ging und die Übertragung des Dharmas empfing.

Anmerkungen

1   *Shishōbō* 四摂法, «die vier Arten des sozialen Handelns», sanskr. *saṃgraha-vastūni*. Diese sind in Kap. 66 des *Daichido ron* aufgezählt und werden dort erklärt. Sie werden auch im Lotos-Sūtra, Kap. 12, «Devadatta», und in der aus 12 Kapiteln bestehenden kurzen Ausgabe des *Shōbōgenzō* im 11. Kapitel behandelt.

2   *Fuse* 布施, sanskr. *dāna*.

3   Zuerst erklärt Meister Dōgen *fuse* 布施, «großzügig geben», mit *fudon* 不貪, «nicht gierig sein», was er wiederum in japanischer Silbenschrift mit dem Wort *musaboru* むさぼる, «begehren», erklärt. Um sich noch klarer auszudrücken, verwendet er ein anderes japanisches Wort der Alltagssprache, *hetsurau* へつらう, das «jemandem schmeicheln» bedeutet.

4   Wir interpretieren dies wie folgt: Es ist nach dem buddhistischen Verständnis natürlich, großzügig zu geben. Das heißt, dass das großzügige Geben am besten ist, wenn man es ganz natürlich sich selbst überlässt und nicht aufbauscht oder verzerrt. Die Gier entspricht nicht der wahren Natur des Menschen.

5   Dies sind Worte aus Kap. 24 des *Zō itsu agon kyō* («Die Lehrreden des Buddha aus der Angereihten Sammlung»). Dies ist die vierte der chinesischen Übersetzungen der Āgama-Sūtren, die Meister Dōgen hier dem Sinn nach wiedergibt.

6   Meister Dōgen bezieht sich in diesem und dem vorhergehenden Satz auf die zwei traditionellen Arten des Gebens: 1. *amisa-dāna* oder *zai-se* 財施, «materielle Dinge geben», d. h., die buddhistischen Laien unterstützen die Mönche oder Klöster materiell, und 2. *dharma-dāna* oder *hōse* 法施, «den Dharma geben», d. h., die Mönche geben den Laien geistige und spirituelle Hilfestellung, indem sie den Dharma geben. Eine dritte Art wird manchmal hinzugefügt, *abhaya-dāna* oder *mu'ise* 無畏施, «die Furchtlosigkeit geben».

7   Bezieht sich auf eine Geschichte, in der ein Offizier am Hof des Kaisers Taisō, der von 627–649 herrschte, schwer krank wurde und nur durch eine bestimmte Asche geheilt werden konnte, die durch das Verbrennen eines Bartes entsteht. Um dem Offizier zu helfen, verbrannte Taisō seinen eigenen Bart und heilte damit den Offizier.

8   Das *Aiku ō kyō* («Das Sūtra vom König Aśoka») erzählt die Geschichte eines Kindes, das im Sand spielte, als der Buddha auf seinem Almosengang vorbeikam. Das Kind legte ein Häufchen Sand in Buddhas Schale, und aufgrund dieser Gabe wurde das Kind später der König Aśoka.

9   *Dando* 檀度. *Dan* 檀 ist die phonetische Wiedergabe von sanskr. *dāna*, «großzügig geben». *Do* 度, wörtl. «überqueren», ist die Wiedergabe von sanskr. *pāramitā*, wörtl. «am anderen Ufer ankommen». *Dando* 檀度 bedeutet also «die Pāramitā des großzügigen Gebens».

10   Gemeint ist hier das dritte buddhistische Konzil.

11   Diese Geschichte wird in Kap. 5 des *Aiku ō kyō* erzählt. König Aśoka regierte von 269 bis 232 v. u. Z. ein großes indisches Königreich. Er verbreitete und unterstützte den Buddha-Dharma im ganzen Land. Er war der Schirmherr des dritten Konzils nach Buddhas Tod, das in Patna im Jahr 235 v. u. Z. stattfand, auf dem die Kommentare zur Buddha-Lehre dem bereits vorhandenen Theravāda-Kanon der Ordensregeln und der Sūtren hinzugefügt wurden.

12 Der sechste Vorfahre unterwies Gyōshō, einen Mönch aus seinem Orden, mit folgenden Worten: «*Die Buddha-Natur dauert nicht an. Nur der [denkende] Geist, der alle Dinge und Phänomene in gut und schlecht unterteilt, dauert an.*» Siehe Kap. 22, *Busshō*.

13 Die sechs Pāramitās sind: 1. großzügig geben (*dāna-pāramitā*), 2. die Gebote halten (*śīla-pāramitā*), 3. Beharrlichkeit (*kṣānti-pāramitā*), 4. Energie (*virya-pāramitā*) 5. Meditation oder das Gleichgewicht beim Zazen (*dhyāna-pāramitā*) und 6. Weisheit (*prajñā-pāramitā*).

14 *Aigo* 愛語, wörtl. «liebevolle Worte», sanskr. *priya-ākhyāna*.

15 *Chinchō* 珍重, wörtl. «Schätzt euch [selbst] hoch!»

16 *Fushin no kōkō ari* 不審の孝行あり, wörtl. «Es ist das Tun des Sohnes, [zu fragen]: ‹Es ist nicht alles klar.›» Der Ausdruck *fushin* 不審, «es ist nicht alles klar» oder «ich kenne nicht alle Einzelheiten», findet sich in vielen Geschichten des *Shōbōgenzō*, wenn der Schüler sich zu Anfang höflich mit einer Frage an den Meister wendet.

17 *Kimo* 肝, wörtl. «die Leber».

18 *Shin* oder *kokoro* 心 bedeutet nicht nur «Geist», sondern auch «Herz». Das chinesische Schriftzeichen *kokoro* 心 ist ursprünglich das Piktogramm eines Herzens.

19 *Rigyō* 利行, «hilfreiches Handeln» oder «nützliches Handeln», sanskr. *artha-carya*.

20 Im *Shinsho*, einer Chronik der Dynastie der Shin, wird die Geschichte eines Mannes namens Koyu erzählt, der einmal eine verletzte Schildkröte rettete und aufgrund dieser Tat einen hohen Posten als Verwalter im Staat bekam. In einer anderen alten chinesischen Chronik, dem *Zoku saikaiki*, ist die Geschichte eines neun Jahre alten Jungen namens Yōhō aufgezeichnet, der einen kranken Spatzen gesund pflegte und dessen Nachkommen aufgrund dieser Tat die drei höchsten Stellungen in der Regierung Chinas erhielten.

21 Im *Shiki*, einem chinesischen Geschichtsbuch, heißt es, dass ein König, der seinen Sohn als Nachfolger einsetzte, ihm folgenden Rat gab: «Wenn drei Mal Gäste kämen, während ich im Bad bin, würde ich jedes Mal meine Haare zusammenbinden, um sie zu begrüßen; und wenn drei Mal Gäste kämen, während ich beim Essen bin, würde ich jedes Mal mein Essen unterbrechen, um sie zu begrüßen.»

22 *Dōji* 同事, wörtl. «gemeinsame Sache machen», sanskr. *samāna-arthatā*. *Dō* 同 bedeutet «zusammen» oder «gemeinsam», *ji* 事 «Sache», «Arbeit» oder «Aufgabe».

23 In dem daoistischen Text *Gosha inzui* heißt es, dass Harfen, Gedichte und Sake die drei Freunde eines Eremiten sind. Meister Dōgen greift diesen Satz auf und verwendet ihn, um das Prinzip der Wechselseitigkeit bzw. Identität zwischen Subjekt und Objekt aufzuzeigen.

24 *Ji* 事, «arbeiten», ist das zweite Zeichen des Kompositums *dōji* 同事, «zusammenarbeiten». Hier weist Meister Dōgen darauf hin, dass die wirkliche Zusammenarbeit keine abstrakte Idee ist, sondern sich immer in einer konkreten Arbeit verwirklicht.

25 *Kanshi* ist der Name einer daoistischen Schrift, die aus 24 Bänden besteht und einem gewissen Kanchū (chin. Guanzi) zugeschrieben wird. Die Gelehrten nehmen jedoch an, dass mehrere Autoren an dieser Schrift mitwirkten.

26 *Tan'go [no] hi* 端午日. Der fünfte Tag des fünften Mondmonats war ein Festtag, der den Namen *tan'go [no] hi* 端午日 hatte. Dieser Name wird heute noch in Japan für den Nationalfeiertag am 5. Mai verwendet, dem Tag der Kinder.

46

葛藤

Kattō

Die Verflechtung

KATSU bedeutet «Pfeilwurz» und TŌ «Glyzinie». Pfeilwurzpflanzen und Glyzinien sind Kletterpflanzen, die nicht allein stehen, sondern sich nur durch eine Verflechtung mit anderen Pflanzen entwickeln können. Deshalb wurden in China und Japan früher die Pfeilwurz- und Glyzinienpflanzen als ein Symbol für komplizierte Verbindungen und Verflechtungen verwendet. Im modernen Sprachgebrauch und im Zen hat das Wort KATTŌ eine negative Färbung, denn hier bedeutet es «Schwierigkeit», «Knoten» oder «Komplikation». Im Zen wird der Ausdruck KATTŌ-ZEN z. B. im Zusammenhang mit einen Menschen verwendet, der nur an Worten und Buchstaben hängt und daher nicht den großen Weg der Buddhas und Vorfahren praktiziert. Im Gegensatz zu dieser üblichen Interpretation verwendet Meister Dōgen das Wort KATTŌ in diesem Kapitel jedoch im positiven Sinn, indem er es für die Dharma-Weitergabe verwendet, die nach seinen Worten eine tiefgründige Verbindung und Verflechtung zwischen Meister und Schüler ist. Meister Dōgen gibt in diesem Kapitel auch seine eigene Auslegung von Bodhidharmas berühmten Worten «Du hast meine Haut, mein Fleisch, meine Knochen und mein Mark erlangt», mit denen dieser den Dharma an seine vier Schüler weitergegeben hat. Darüber hinaus beschreibt KATTŌ nach Meister Dōgen auch recht gut die Wirklichkeit der tiefgründigen Verflechtungen der Wesen, Dinge und Phänomene miteinander.

Im Orden auf dem Geiergipfel hat nur der große Meister Mahākāśyapa die Schatzkammer des wahren Dharma-Auges und die höchste Wahrheit des Śākyamuni Buddha selbst erfahren und weitergegeben. Seine authentische Erfahrung wurde von einem rechtmäßigen Nachfolger zum nächsten weitergegeben und erreichte den ehrwürdigen Bodhidharma, der [in Indien] der achtundzwanzigste Vorfahre war. Der Ehrwürdige offenbarte dann in China selbst die Form und das Handeln eines Vorfahren und gab die Schatzkammer des wahren Dharma-Auges und die höchste Wahrheit an den großen Meister Taiso Eka[I] weiter. Dieser wurde somit der zweite Vorfahre [in China]. Wir nennen [Bodhidharma], der der achtundzwanzigste Vorfahre war, den «ersten Vorfahren» in China, denn er offenbarte als erster in China die Form und das Handeln eines [wahren] Vorfahren. Wir nennen [Taiso Eka], der der neunundzwanzigste Vorfahre [in Indien] war, den «zweiten Vorfahren» in China. So ist es der Brauch in den östlichen Ländern.

Bodhidharma hatte die Lehren des Buddha und die Knochen der Wahrheit von Angesicht zu Angesicht von dem ehrwürdigen Prajñātara empfangen und selbst erfahren. Er setzte direkt an der Wurzel [der Praxis] an, erfuhr das Wesentliche und machte dies zur Grundlage für [alle anderen] Zweige und Blätter.

Selbst wenn heilige Wesen sich alle danach sehnen, die Wurzeln der Verflechtung zu durchschneiden, erlernen und erforschen sie nicht, dass dieses Durchschneiden bedeutet, die Verflechtung mit der Verflechtung selbst zu durchschneiden. Sie wissen nicht, dass eine Verflechtung mit der anderen verbunden ist. Wie viel weniger könnten sie wissen, dass die Verflechtung in der Verflechtung selbst weitergegeben und fortgesetzt wird? Nur wenige wissen nämlich, dass die Dharma-Weitergabe eine tiefgründige Verflechtung ist. Niemand hat dies jemals gehört und niemand hat dies jemals ausgesprochen. Wie wäre es möglich, dass viele sie erfahren haben?

Mein früherer Meister, der ewige Buddha, sagte: «*Ein Kürbis ist durch seine Ranken mit den [anderen] Kürbissen verbunden.*»

Diese Lehre wurde weder früher noch heute im ganzen Land [China] gesehen und gehört. Nur mein früherer Meister hat dies zum ersten Mal ausgesprochen und gelehrt. Dass ein Kürbis durch seine Ranken mit anderen Kürbissen verbunden und verflochten ist, bedeutet, dass die Buddhas und Vorfahren die Buddhas und Vorfahren erforschen, und dass die Buddhas und Vorfahren dasselbe wie die Buddhas und Vorfahren erfahren. Dies ist die Übertragung von Geist zu Geist, die jenseits aller Worte ist.[2]

[Bodhidharma,] der achtundzwanzigste Vorfahre, sprach zu seinen Schülern: «*Die Zeit [meines Todes] nähert sich. Warum sagt ihr nicht, was ihr erlangt habt?*»

Da sagte der Schüler Dōfuku[3]: «*Dies ist meine Sicht: Ohne mich an Worte zu klammern oder sie zu abzulehnen, lasse ich die Wahrheit wirken.*»

Bodhidharma sagte: «*Du hast meine Haut erlangt.*»

Die Nonne Sōji[4] sagte: «*Mein Verständnis ist jetzt so wie das von Ānanda[5], der das [wunderbare] Land des Akṣobhya-Buddha[6] sah. Wenn man es ein Mal gesehen hat, sieht man es nie wieder.*»

Bodhidharma sagte: «*Du hast mein Fleisch erlangt.*»

Der Schüler Dō-iku[7] sagte: «*Die vier großen Elemente[8] sind ursprünglich leer. Die fünf Komponenten des Daseins [die Skandhas][9] existieren nicht wirklich. Meine Sicht ist, dass es nichts zu erlangen gibt.*»

Bodhidharma sagte: «*Du hast meine Knochen erlangt.*»

Als letzter warf sich Eka drei Mal nieder und blieb wortlos an seinem Platz stehen.

Bodhidharma sagte: «*Du hast mein Mark erlangt.*»

Schließlich machte er [Eka] zum zweiten Vorfahren [in China] und gab ihm das Gewand und den Dharma weiter.

Ihr sollet nun erfahren und erforschen, dass die Worte des ersten Vorfahren, «du hast meine Haut, mein Fleisch, meine Knochen und mein Mark erlangt», nichts anderes als die Worte des Vorfahren sind. Jeder seiner vier Schüler erfüllt das, was er gehört und erlangt hat. Jeder von ihnen hat Bodhidharmas Haut, sein Fleisch, seine Knochen und sein Mark gehört und erlangt, die über den Körper und Geist hinausreichen, und jeder von ihnen hat seine Haut, sein Fleisch, seine Knochen und sein Mark erlangt, die Körper und Geist fallen gelassen haben. Ihr könnt Bodhidharma weder sehen noch hören, wenn ihr [nur] euer Wissen und Verstehen benutzt, so wie man [einen Stein] auf ein Go-Brett setzt. Dies ist nicht die vollkommene Verwirklichung [der Einheit] von Subjekt und Objekt, von diesem und jenem.

Manche Menschen, denen der Dharma nicht authentisch übertragen wurde, denken, Bodhidharma habe mit der Haut, dem Fleisch, den Knochen und dem Mark ausdrücken wollen, dass jeder seiner Schüler eine andere Ebene des Verständnisses hatte und dass er deshalb zwischen der Haut, dem Fleisch, den Knochen und dem Mark unterschieden hat. Da solche Menschen meinen, Bodhidharmas Haut und Fleisch sei äußerlicher als seine Knochen und sein Mark, sagen sie, der zweite Vorfahre [Eka] hätte das Siegel [der Nachfolge] deshalb erhalten, weil seine Sicht und sein Verständnis [das der anderen] übertraf. Diejenigen, die so etwas sagen, haben die Buddhas und Vorfahren niemals erfahren und erforscht, und [die Lehre] der Buddhas und Vorfahren wurde ihnen nicht weitergegeben.

Denkt daran, dass die Haut, das Fleisch, die Knochen und das Mark des Meisters sich weder an der Oberfläche noch in der Tiefe befinden. Selbst wenn es Unterschiede im Verständnis gegeben hat, ging es in Bodhidharmas Worten allein darum, dass seine Schüler «ihn selbst» erlangen. Das Wesentliche ist hier, dass Bodhidharmas Worte «du hast mein Mark erlangt» oder «du hast meine Knochen erlangt» jenseits von genügend oder ungenügend sind und sich nicht darauf beziehen, ob seine Schüler die Menschen unterweisen und annehmen oder ob sie im täglichen Leben handeln oder [die Dinge] geschehen lassen.[10] [Bodhidharmas Worte] sind wie [Buddhas] Emporhalten der Blüte oder wie die Weitergabe des Gewandes [von Meister Kōnin an Meister Enō].[11] Unser Vorfahre sagte damit von Anfang an das Gleiche zu seinen vier Schülern. Dies bedeutet aber nicht unbedingt, dass die vier Schüler das gleiche Verständnis hatten. Obwohl das Verständnis der vier jeweils verschieden gewesen sein mag, waren die Worte unseres Vorfahren einfach die Worte unseres Vorfahren.

Im Allgemeinen stimmen Worte und das Verständnis [der Zuhörer] nicht immer überein. Als Bodhidharma sich an jeden einzelnen der vier Schüler wandte, sagte er als ein Beispiel, dass sie ihn selbst durch seine Haut erlangt hätten. Wenn es nach Eka noch hundert oder tausend andere Schüler gegeben hätte, hätte er hundert, tausend oder unzählige andere Beispiele geben können. Da es aber nur vier Schüler waren, waren es nur diese vier Aussagen: die Haut, das Fleisch, die Knochen und das Mark. Es wären noch viele andere Aussagen möglich gewesen, die er nicht ausgesprochen hat. Denkt daran, dass Bodhidharma zum Beispiel zu Eka hätte sagen können, er habe seine Haut erlangt. Selbst wenn er dies [zu Eka] gesagt hätte, hätte er ihm [auch] die Schatzkammer des wahren Dharma-Auges weitergegeben. Es hängt nicht von der Vortrefflichkeit oder Minderwertigkeit ab, ob man die Haut oder das Mark erlangt. Ferner hätte Bodhidharma auch zu [seinen anderen Schülern] Dōfuku, Dō-iku, Sōji usw. sagen können, sie hätten sein Mark erlangt. Auch wenn sie seine Haut erlangt hätten, hätte er ihnen den Dharma weitergegeben. Der Körper und Geist eines Vorfahren ist so beschaffen, dass seine Haut, sein Fleisch, seine Knochen und sein Mark immer ganz er selbst sind, und es ist nicht so, dass das Mark in stärkerem Maß er selbst gewesen wäre als seine Haut.

Wer das Auge der Erfahrung und des Erforschens und das Siegel von Bodhidharmas Haut erlangt hat, hat daher Bodhidharma selbst erlangt. Es gibt den Vorfahren, dessen Haut sein ganzer Körper ist, dessen Fleisch sein ganzer Körper ist, dessen Knochen sein ganzer Körper sind und dessen Mark sein ganzer Körper ist; es gibt den Vorfahren, dessen Geist sein ganzer Körper ist, dessen Körper sein ganzer Körper ist, dessen Geist seiner ganzer Geist ist. Und es gibt den Vorfahren, der vollkommen der Vorfahre ist und dessen ganzer Körper mich und dich usw. erlangt. Wenn alle diese Vorfahren erscheinen und Hunderten oder Tausenden von Schülern die Wahrheit lehren würden, würden sie jetzt [so wie Bodhidharma] sagen: «Du hast meine Haut erlangt.» Selbst wenn hundert oder tausend Worte [Bodhidharmas] Haut, Fleisch, Knochen und Mark sind, wird es trotzdem immer Menschen geben, die sich ereifern und dies nur als Worte über die Haut, das Fleisch, die Knochen und das Mark verstehen. Wenn es in Meister [Bodhidharmas] Orden sechs oder sieben Schüler gegeben hätte, hätte er genauso gut sagen können: «Du hast meinen Geist erlangt», «du hast meinen Körper erlangt», «du hast meinen Buddha erlangt», «du hast mein Auge erlangt» oder «du hast meine Erfahrung erlangt.»

[In Bodhidharmas Worten] bedeutet das «du» manchmal Bodhidharma und manchmal Eka. Ihr solltet auch sehr gründlich die Bedeutung des Wortes «erlangen» untersuchen. Denkt daran, dass du mich erlangen kannst und dass ich dich erlangen kann. Manchmal bist du mein Erlangen und manchmal bin ich dein Erlangen. Wenn ihr den Körper und Geist unseres Vorfahren erforscht und sagt, Innen und Außen seien keine Einheit oder sein ganzer Körper sei nicht sein ganzer Körper, befindet ihr euch nicht im wirklichen Land der Buddhas und Vorfahren.

Die Haut zu erlangen bedeutet, dass ihr die Knochen, das Fleisch und das Mark erlangt; die Knochen, das Fleisch und das Mark zu erlangen bedeutet, dass ihr die Haut, das Fleisch und das Gesicht erlangt. Wie könnte man dies mit dem Gedanken vergleichen, dass das ganze Universum der wahre Körper des Menschen ist[12], denn dies ist wirklich die Haut, das Fleisch, die Knochen und das Mark selbst. Deshalb bedeutet [«erlangen»] auch, dass man den Dharma und das Gewand erlangt. Folglich sind die Worte, die [bei der Dharma-Weitergabe] gesprochen werden, jeweils einzelne Beispiele für das Überschreiten [der Worte], und Meister und Schüler erfahren dies gleichzeitig. Sogar das Hören [der Worte] ist jeweils ein einzelnes Beispiel für das Überschreiten [des Hörens], das Meister und Schüler zusammen erfahren. Wenn ihr diese gemeinsame Erfahrung von Meister und Schüler bis zum Letzten erforscht, ist sie genau die unfassbar tiefgründige Verflechtung der Buddhas und Vorfahren miteinander. Diese Verflechtung der Buddhas und Vorfahren miteinander ist das Blut und das Leben ihrer Haut, ihres Fleisches, ihrer Knochen und ihres Marks. Das Emporhalten der Blüte und das Zeichen mit den Augen sind eine solche Verflechtung und [Mahākāśyapas] lächelndes

Gesicht ist dasselbe wie [Buddhas] Haut, Fleisch, Knochen und Mark. Ihr solltet in dieser Sache aber noch weitergehen. Weil die Samen dieser tiefgründigen Verflechtung auch die Kräfte zur Befreiung des Körpers freisetzen, sind die Äste, Blütenblätter, Blüten und Früchte durch eine solche Verflechtung miteinander verbunden. Weil diese Äste, Blütenblätter, Blüten und Früchte weder tiefgründig noch nicht tiefgründig sind, verwirklichen sich die Buddhas und Vorfahren, und sie sind selbst die Verwirklichung des ganzen Universums.

Der große Meister Jōshū[13] lehrte vor einer Versammlung: «*Mahākāśyapa gab den Dharma an Ānanda weiter. Sagt schnell, was war das für ein Mensch, an den Bodhidharma den Dharma weitergab?*»

Da fragte ein Mönch: «*Wie verhält es sich mit [Eka], dem zweiten Vorfahren, der das Mark erlangte?*»

Meister Jōshū sagte: «*Beleidigt nicht den zweiten Vorfahren!*»[14]

Meister Jōshū sagte auch: «*In Bodhidharmas Worten erlangte jemand die Haut, der außen war, und jemand die Knochen, der innen war. Sagt schnell, was erlangte jemand, der noch weiter innen war?*»

Ein Mönch fragte: «*Was bedeutet es, ‹das Mark zu erlangen›?*»

Der Meister sagte: «*Du solltest nur verstehen, was die Haut ist. Dieser alte Mönch [Jōshū] hat das Mark noch gar nicht erwähnt.*»

Der Mönch fragte: «*Was ist dieses Mark?*»

Der Meister sagte: «*Wenn du so bist, kannst du nicht einmal verstehen, was die Haut ist.*»

Denkt deshalb daran: Wenn ihr noch nicht verstanden habt, was die Haut ist, könnt ihr auch nicht verstehen, was das Mark ist. Wenn ihr versteht, was es bedeutet, die Haut zu erlangen, könnt ihr auch verstehen, was es bedeutet, das Mark zu erlangen. Denkt also gründlich über folgende Wahrheit nach: Wenn ihr so [unverständig] seid, versteht ihr auch die Haut nicht. Auf die Frage [des zweiten Mönchs], was es bedeute, das Mark zu erlangen, antwortete der Meister, dass er nur verstehen solle, was die Haut ist, und dass er das Mark noch gar nicht erwähnt habe.[15] Es ist grundsätzlich richtig, dass das Mark dann verwirklicht wird, wenn man versteht, was die Haut ist, denn in diesem Fall muss das Mark gar nicht erwähnt werden. Weil dies so ist, stellte der [erste] Mönch die Frage: «Wie verhält es sich mit [Eka], dem zweiten Vorfahren, der das Mark erlangte?»

Wenn ihr genau erfasst[16], was in dem Augenblick geschah, als Mahākāśyapa dem Ānanda den Dharma übertrug, [versteht ihr,] dass Ānanda in Mahākāśyapas Körper und Mahākāśyapa in Ānandas Körper war. Deshalb war es in dem Augenblick, als sie sich bei der Weitergabe begegneten, unvermeidbar, dass sich [Ānandas] Gesicht, seine Haut, sein Fleisch, seine Knochen und sein Mark in diesem Handeln verändert haben. Deshalb fragte [Meister Jōshū die Versammlung]: «Sagt schnell, was war das für ein Mensch, an den Bodhidharma den Dharma weitergab?»[17] Als Bodhidharma den Dharma weitergegeben hat, war er Bodhidharma, und als Eka das Mark erlangt hat, war er [auch] Bodhidharma. Wenn ihr auf dieser Grundwahrheit aufbaut, sie erfahrt und erforscht, ist der Buddha-Dharma wirklich der Buddha-Dharma, der bis heute zu uns gekommen ist. Wenn es nicht so gewesen wäre, hätte der Buddha-Dharma nicht bis zum heutigen Tag zu uns kommen können. Ihr solltet in Ruhe über diese Wahrheit nachdenken, sie erforschen und selbst erfahren. Ihr solltet sie selbst in Worte fassen und andere dazu bringen, sie in Worte zu fassen.

[Jōshū] sagte: «[In Bodhidharmas Worten] erlangte jemand die Haut, der außen war, und jemand die Knochen, der innen war. Sagt schnell, was erlangte jemand, der noch weiter innen war?» Ihr solltet euch über den Sinn der Worte «außen» und «innen» vollkommen klar sein, so wie [Jōshū] sie hier verwendet. Wenn wir über das Außen sprechen, ist es genau die Haut, das Fleisch, die Knochen und das Mark, und wenn wir über das Innen sprechen, ist es auch die Haut, das Fleisch, die Knochen und das Mark. Deshalb haben Bodhidharmas vier Schüler in jedem einzelnen Fall hundert, tausend und zehntausend [Arten von] Haut, Fleisch, Knochen und Mark erfahren und sie erforscht und sind noch darüber hinausgegangen. Ihr solltet nicht meinen, dass es unmöglich sei, auch noch über das Mark hinauszugehen, denn jenseits davon könnt ihr noch drei- oder fünfmal weiter gehen.

Der ewige Buddha Jōshū lehrte die Versammelten nichts anderes als den Buddha-Weg, der weit über Rinzai, Tokuzan, Dai-i und Unmon hinausgeht. Letztere haben noch nicht einmal davon geträumt, wie viel weniger hätten sie diesen Weg in Worte fassen können? [Selbst] die älteren Praktizierenden von heute, die nicht vertrauenswürdig sind, wissen noch nicht einmal, dass es einen solchen Weg gibt. Wenn ihr es ihnen sagen würdet, wären sie erstaunt und hätten Angst.

Zen-Meister Setchō Jūken[18] sagte: «*Die beiden Shūs, Jōshū und Bokushū*[19], *sind ewige Buddhas.*»[20]

Deshalb sind die Worte der ewigen Buddhas lebendige Zeugnisse des Buddha-Dharmas und sie sind der Ausdruck ihrer selbst aus früheren Zeiten.

Der große Meister Seppō[21] sagte: «*Jōshū, der ewige Buddha!*»

Sowohl Seppō, der ein früherer Buddha und Vorfahre war, als auch Setchō, der ein späterer Buddha und Vorfahre war, haben [Jōshū] mit dem Ehrennamen «ewiger Buddha» gepriesen. Ihr solltet das Folgende wissen: Die Bezeichnung «ewiger Buddha» bedeutet, dass Jōshū über die Vergangenheit und Gegenwart hinausgegangen ist. Deshalb ist es grundsätzlich wahr, dass die Haut, das Fleisch, die Knochen und das Mark miteinander verflochten sind. Dies ist der Maßstab für [Bodhidharmas] Ausdruck «du hast mich erlangt», den der ewige Buddha [Jōshū] den Versammelten lehrte. Ihr solltet euch ernsthaft bemühen, diesen Maßstab zu erfahren und bis zum Letzten zu erforschen.

Ferner wird gesagt, dass Bodhidharma nach Indien zurückgekehrt sein soll. Ihr solltet aber wissen, dass dies falsch ist. [Der Mönch] Sō-un[22] hat [Bodhidharma] sicher nicht gesehen. Wie hätte Sō-un das Kommen und Gehen unseres Vorfahren und Meisters sehen können? Das wahre Studium bedeutet zu lernen, dass [die Asche] unseres Vorfahren nach seinem Hinübergehen auf dem Berg Yūji[23] beigesetzt wurde.

SHŌBŌGENZŌ KATTŌ

Dargelegt vor einer Versammlung im Kloster Kannondōri-kōshō-hōrin im Bezirk Uji von Yōshū[24] am siebten Tag des siebten Mondmonats im ersten Jahr der Ära Kangen [1243].

Anmerkungen

1 Meister Taiso Eka (487–593), der zweite Vorfahre in China. Im Text wird er unter seinem posthumen Titel «großer Meister Taiso Shōshū Fukaku» erwähnt.

2 *Ishin denshin* 以心伝心 oder «die intuitive Verbindung von Geist zu Geist oder von Herz zu Herz, jenseits der Worte», ist auch heute noch ein viel gebrauchter Ausdruck in der japanischen Alltagssprache.

3 Meister Dōfuku (464–524) war einer der Nachfolger von Meister Bodhidharma. Er bereiste viele Länder auf der Suche nach einem wahren Lehrer, bevor er schließlich Meister Bodhidharma begegnete.

4 Die Nonne Sōji (Daten unbekannt) war auch eine Nachfolgerin von Meister Bodhidharma. Sie war die Tochter des Kaisers Bu der Liang-Dynastie, der von 502 bis 549 regierte. «Nonne Sōji» ist ihr Titel, ihr Dharma-Name war «Myōren».

5 *Keiki* 慶喜, «Freude», gibt die Bedeutung, aber nicht die Aussprache von sanskr. *Ānanda* wieder. Es heißt, dass der Name daher kommt, dass Ānandas Geburtstag mit dem Tag zusammenfällt, als der Buddha die Wahrheit verwirklichte.

6 Auf einem Mandala der Shingon-Schule sind fünf Buddhas abgebildet, d. h., die Buddhas der vier Himmelsrichtungen und ein Buddha in der Mitte. Der Akṣobhya-Buddha sitzt im Osten des Mandalas. Dieser Buddha wird im Lotos-Sūtra, Kap. 7, «Gleichnis der Zauberstadt», erwähnt: *«Zwei Śramaṇas sind im Osten Buddhas geworden. Der Name des ersten ist Akṣobhya. Er wohnt im Land der Freude.»* Wir interpretieren dies folgendermaßen: Bei dem Land Akṣobhya handelt es sich um die Vorstellung eines paradiesischen Landes, das an Bedeutung verliert, wenn man in der Wirklichkeit angekommen ist. Zur Ikonografie der Buddhadarstellungen vgl. auch H.W. Schumann, *Buddhabildnisse. Ihre Symbolik und Geschichte.* Heidelberg ²2003.

7 Meister Dō-iku (Daten unbekannt) war ebenfalls ein Nachfolger von Meister Bodhidharma.

8 Erde, Wasser, Feuer und Wind.

9 Die fünf Skandhas oder «Gruppen» sind: Form, Wahrnehmung, Denken, Wirken und Bewusstsein. Die vier Elemente und fünf Skandhas beschreiben alle materiellen und geistigen Phänomene des Universums.

10 *Nensō rakusō* 拈艸落艸, wörtl. «Gras aufheben und Gras fallen lassen». Der Ausdruck bedeutet aktives und passives Handeln im täglichen Leben.

11 Das heißt, sie sind wahre Lehren durch Handeln ohne Worte.

12 Bezieht sich auf die Worte von Meister Chōsa Keishin (starb 868). Siehe Kap. 50, *Shohō jissō*.

13 Meister Jōshū Jūshin (778–897) war Nachfolger von Meister Nansen Fugan. Im Text wird er unter seinem posthumen Titel «großer Meister Jinsai» erwähnt.

14 Siehe *Kosonshuku goroku*, Kap. 13.

15 Das Mark hat also keine Wichtigkeit mehr, wenn man versteht, was die Haut bedeutet.

16 *Tōkan* 当観. *Tō* 当 bedeutet «gerade jetzt» oder «hier und jetzt». *Kan* 観 bedeutet «sehen» oder «erfassen». Der Ausdruck *tōkan* 当観 findet sich auch in Kap. 22, *Busshō*. Siehe dort, Anm. 25.

17 *Shimo no hito* 什麼の人, wörtl. «Was ist das für ein Mensch?» Hier ist ein Mensch gemeint, den man niemals vollständig mit Worten beschreiben kann.

18   Meister Setchō Jūken (980–1052) war ein Nachfolger von Meister Chimon Kōso. Er wurde noch zu seinen Lebzeiten mit dem Titel «Zen-Meister Myōkaku» geehrt.

19   Meister Bokushū Dōmyō (780?–877?) war ein Nachfolger von Meister Ōbaku Ki-un.

20   Das Zitat kommt aus dem *Myōkaku Zenji goroku*, Band 1.

21   Meister Seppō Gison (822–907). Dasselbe Zitat wird in Kap. 44, *Kobusshin*, erläutert.

22   Der Mönch Sō-un wurde im Jahr 518 durch kaiserliches Dekret nach Indien gesandt. Drei Jahre später kehrte er mit Sūtren und Kommentaren des Mahāyāna zurück. Im *Keitoku dentō roku* wird erwähnt, dass Sō-un und Bodhidharma sich auf dem Weg zwischen Indien und China begegnet seien, als Sō-un auf der Seidenstraße nach China zurückkehrte.

23   Ein Berg in China, wo ein Stūpa für Bodhidharma errichtet wurde.

24   Die heutige Präfektur Kyōto.

47

三界唯心

Sangai yuishin

Die drei Welten sind nichts anderes als der Geist

SAN bedeutet «drei» und KAI «Welt». So bedeutet SANGAI «die drei Welten». In der traditionellen buddhistischen Terminologie sind die drei Welten die folgenden: die Welt des Begehrens, die Welt der materiellen Formen und die Welt der Nicht-Formen. Die Gedanken und Vorstellungen gehören zur Welt des Begehrens, die Wahrnehmung und Gefühle gehören zur Welt der materiellen Formen und das Tun und Handeln zur Welt der Nicht-Formen. Die drei Welten beschreiben jedoch nur verschiedene Bereiche einer einzigen Welt, die alles umfasst, nämlich die Wirklichkeit. YUI-SHIN bedeutet «nichts anderes als der Geist». «Der Geist» bedeutet hier den alles umfassenden Geist des ganzen Universums. Im Buddha-Dharma werden der Geist und die Welt der Erscheinungen nicht als voneinander verschieden oder getrennt angesehen. Deshalb bedeutet der Ausdruck SANGAI YUISHIN, «die drei Welten sind nichts anderes als der Geist», dass die drei Welten dasselbe sind wie der eine Geist und dass der eine Geist identisch ist mit den drei Welten. Der Ausdruck «nichts anderes als der Geist» wird aber oft so interpretiert, dass die ganze Welt der Erscheinungen nur die Projektion unseres menschlichen Geistes sei und es daher keine objektive Welt gäbe. Dies wäre nach Meister Dōgen jedoch ein sehr begrenztes Verständnis des Geistes, und deshalb erklärt er in diesem kurzen, aber sehr wichtigen Kapitel die Bedeutung dieser berühmten Aussage «Die drei Welten sind nichts anderes als der Geist».

Der große Meister Śākyamuni sagte:

> *Die drei Welten[1] sind nichts anderes als der eine Geist,*
> *Neben dem Geist gibt es nichts anderes.*
> *Geist, Buddha und die Lebewesen –*
> *Diese drei sind ohne Unterschied.[2]*

In diesem einen Gedicht ist die Kraft und Anstrengung eines ganzen Lebens gebündelt. Die Kraft und Anstrengung eines Lebens ist das vollkommene Ganze der Dynamik des ganzen Universums. Selbst wenn die Anstrengung willentlich geschieht, ist sie wohl auch das natürliche Tun beim Reden und Handeln. Deshalb sind die Worte des Tathāgata, dass die drei Welten nichts anderes als der eine Geist sind, die ganze Verwirklichung des ganzen Tathāgata; sie sind das Ganze seines Lebens und sind in diesem einen Gedicht zusammengefasst.

Die drei Welten sind die ganze Welt, und wir sagen nicht, dass sie [dasselbe seien wie die abstrakte Idee] des Geistes, denn die drei Welten sind einfach die drei Welten, wie hell und strahlend sie in allen ihren Erscheinungen auch sein mögen. Selbst wenn man irrtümlicherweise sagt, die drei Welten würden in Wirklichkeit nicht existieren, ist dies völlig ausgeschlossen. Das Innere, das Äußere und das Dazwischenliegende, der Anfang, die Mitte und das Ende sind alles die drei Welten. Die drei Welten sind das, was wir sehen und erleben[3], und es ist eine falsche Sicht der drei Welten, wenn man sie als etwas anderes als die drei Welten sieht. Wir sehen die drei Welten einerseits durch das alte Nest der Gewohnheiten und andererseits in jedem Augenblick frisch und neu.[4] Alte Gewohnheiten sind eine bestimmte Sicht der drei Welten, und sie als frisch und neu zu erleben, ist eine andere Sicht der drei Welten.

Deshalb sagte der große Meister Śākyamuni: «*Es ist besser, die drei Welten als die drei Welten zu sehen.*»[5]

Diese Sicht beschreibt die drei Welten selbst, denn die drei Welten sind einfach das, was wir sehen. Sie existierten weder ursprünglich noch existieren sie gegenwärtig, und sie sind auch nicht neu entstanden. Sie entstehen nicht durch Ursachen und Umstände und sie sind jenseits von Anfang, Mitte und Ende.

Es gibt die Befreiung von den drei Welten[6] und es gibt die drei Welten hier und jetzt. Dies ist die Begegnung des Wesentlichen mit dem Wesentlichen, und es ist das Entstehen und Entfalten, und es ist das Entstehen und Entfalten von Verflechtungen mit weiteren Verflechtungen. Die drei Welten hier und jetzt sind die drei Welten, die wir sehen, und was wir «sehen» nennen, bedeutet, die drei Welten als die drei Welten zu sehen. Die drei Welten so zu sehen, macht die drei Welten wirklich, und dies ist die Verwirklichung der drei Welten und das verwirklichte Universum selbst. Fähig zu sein, die drei Welten zu benutzen, um den Geist zu erkennen, sich zu schulen und die Wahrheit und Nirvāṇa zu erfahren, ist nichts anderes als sie zu Buddhas Reich zu machen.

Deshalb sagte der große Meister Śākyamuni:

Die drei Welten hier und jetzt
Sind alle mein Reich.
Und die Lebewesen darin
Sind alle meine Kinder.[7]

Da diese drei Welten hier und jetzt das Reich des Tathāgata sind, sind sie alles im ganzen Universum. Weil die drei Welten das ganze Universum sind, ist das Hier und Jetzt die Vergangenheit, Gegenwart und Zukunft. Die Wirklichkeit von Vergangenheit, Gegenwart und Zukunft behindert nicht das Hier und Jetzt, und die Wirklichkeit des Hier und Jetzt wird nicht durch die Vergangenheit, Gegenwart und Zukunft eingeschränkt.

Die Worte «mein Reich» bedeuten, dass das ganze Universum der wahre Körper des Menschen ist[8] und dass das ganze Universum das Auge eines Mönchs ist.[9] Die

Lebewesen sind die wahren Körper des ganzen Universums der zehn Richtungen. Da es viele Wesen gibt und jedes von ihnen als ein Wesen lebt, sind sie die Lebewesen.

Buddhas Worte «die Lebewesen darin sind alle meine Kinder» drückt die Wahrheit aus, dass die Kinder die Offenbarung der Dynamik des ganzen Universums sind. Gleichzeitig empfangen die Kinder Buddhas von ihrem mitfühlenden Vater unfehlbar ihren Körper, ihre Haare und ihre Haut. Wir sehen es als die Verwirklichung der Kinder an, dass diese weder verletzt werden[10] noch dass ihnen irgendetwas fehlt. Die Wahrheit der Worte «meine Kinder» bedeutet, dass im gegenwärtigen Augenblick der Vater nicht vorher und das Kind nicht später existiert; weiterhin existiert das Kind nicht vorher und der Vater später, und Vater und Kind sind auch nicht miteinander verbunden.[11]

Obwohl nichts gegeben wird, wird es empfangen, und obwohl nichts genommen wird, bekommt man es. «Meine Kinder» sind jenseits von Kommen und Gehen, jenseits von groß und klein und jenseits aller Reden über alt und jung. Ihr solltet «alt» und «jung» so bewahren, wie die Buddhas und Vorfahren sie bewahrt haben: Manchmal ist der Vater jung und das Kind alt[12], manchmal ist der Vater alt und das Kind jung, manchmal sind Vater und Kind alt und manchmal sind Vater und Kind jung. Wer nicht durch die Unreife der Kindheit geht, kann kein Vater sein, und wer [nur] die Reife eines Vaters erlernt hat, kann kein Kind sein. Ihr müsst euch bemühen, das Alter und die Jugend eines Kindes, das Alter und die Jugend eines Vaters gründlich zu untersuchen und zu erforschen. Seid ohne Hast.

Es gibt [eine Verflechtung zwischen] Vater und Kind, die zur gleichen Zeit für Vater und Kind entsteht, und es gibt eine solche, die zur gleichen Zeit für Vater und Kind vergeht. Es gibt [eine Verflechtung zwischen] Vater und Kind, die nicht zur gleichen Zeit für Vater und Kind entsteht, und es gibt eine solche, die nicht zur gleichen Zeit für Vater und Kind vergeht. Ohne dass der mitfühlende Vater eingeengt wird, verwirklichen sich seine Kinder, und ohne dass seine Kinder eingeengt werden, verwirklicht sich der mitfühlende Vater.

Es gibt bewusste und unbewusste Lebewesen.[13] Es gibt Kinder Buddhas, die wissen, dass sie Kinder Buddhas sind, und es gibt Kinder Buddhas, die dies nicht wissen. Alle diese Kinder, Buddhas Kinder und Kinder Buddhas, sind die Nachkommen des mitfühlenden Vaters Śākyamuni. Alle diese Lebewesen der Vergangenheit, Gegenwart und Zukunft, die im ganzen Universum der zehn Richtungen leben, sind die vergangenen, gegenwärtigen und zukünftigen Buddhas des Universums der zehn Richtungen. Die Lebewesen sind die Kinder der Buddhas, und die Buddhas sind die mitfühlenden Väter der Lebewesen.

Deshalb sind die Blüten und Früchte aller Dinge Buddhas Reich, und die großen Felsen und kleinen Steine sind Buddhas Reich. Es gibt das friedvolle Verweilen im Wald und in den Feldern. Der Wald und die Felder sind schon frei.[14] Obwohl dies so ist, ist das Wesentliche der Worte des Tathāgata, dass er nur von «seinen Kindern» spricht. Ihr solltet die Tatsache erfahren und erforschen, dass er nicht davon spricht, dass er der Vater sei.

Śākyamuni Buddha sagte: «*Auch die Buddhas, deren Dharma-Körper sich den Umständen entsprechend verändern*[15], *verlassen die drei Welten nicht. Es gibt keine Lebewesen außerhalb der drei Welten; wo sollten die Buddhas lehren [wenn nicht in den drei Welten]? Deshalb sage ich euch: Die Lehre von der Existenz einer anderen Welt der Lebewesen außerhalb der drei Welten ist die Lehre einer nicht-buddhistischen Schrift, nämlich der des [so genannten] Großen Seins*[16], *und nicht die der sieben Buddhas.*»[17]

Ihr solltet klar die Tatsache erfahren und erforschen, dass die Dharma-Körper der Buddhas, die sich den Umständen entsprechend verändern, sich ausnahmslos in diesen drei Welten offenbaren. Es gibt nichts außerhalb[18] der drei Welten, so wie es beispielsweise nichts außerhalb des Tathāgata und außerhalb der Hecken und Mauern gibt. Genau wie die drei Welten kein Außen haben, haben auch die Lebewesen kein Außen. Was sollten die Buddhas an einem Ort lehren, wo es keine Lebewesen gibt? Buddhas Lehre bezieht sich immer auf die Lebewesen.

Denkt daran, dass kein Sūtra der sieben Buddhas sagt, dass es eine andere Welt der Lebewesen außerhalb der drei Welten gäbe, sondern dass dies in einer nicht-buddhistischen Schrift, nämlich der des [so genannten] Großen Seins steht.

Die Worte «nichts anderes als der eine Geist»[19] bedeuten, dass der [eine, alles umfassende] Geist [Zahlen wie] eins oder zwei überschreitet, dass er weder in den drei Welten existiert noch die drei Welten verlässt; er ist ohne Irrtum; er ist das Denken, Wissen, Fühlen und die Wahrnehmung, und gleichzeitig überschreitet er das Denken, Wissen, Fühlen und die Wahrnehmung.

Er ist die Hecken, die Mauern, die Ziegel und die Kieselsteine; er ist die Berge, die Flüsse und die ganze Erde; er ist die Haut, das Fleisch, die Knochen und das Mark; er ist [Buddhas] Emporhalten einer Blüte und [Mahākāśyapas] lächelndes Gesicht.

Es gibt den bewussten und den unbewussten Geist; es gibt den Geist, der dem Körper innewohnt, und den Geist, der nicht dem Körper innewohnt. Es gibt den Geist vor dem Körper und den Geist nach dem Körper. Der Körper entsteht auf vielfältige Weise: Es gibt die Geburt aus dem Schoß, aus dem Ei, aus der Feuchtigkeit und aus der Metamorphose. Der Geist entsteht auf vielfältige Weise: Es gibt die Geburt aus dem Schoß, aus dem Ei, aus der Feuchtigkeit und aus der Metamorphose.

Der Geist ist blau, gelb, rot und weiß; er ist lang, kurz, eckig und rund. Der Geist ist Leben und Sterben, Kommen und Gehen. Der Geist ist [dasselbe wie] die Jahre, die Monate, die Tage und die Stunden. Der Geist, das sind die Träume und Fantasien und die Blumen im leeren Raum. Der Geist ist das Spritzen des Wassers, der Schaum und die Flamme. Der Geist ist die Frühlingsblumen und der Herbstmond. Die sich ständig verändernden Augenblicke sind Geist. Weil dieser Geist niemals zerstört werden kann, ist er die wirkliche Form aller Dharmas, und er ist [dasselbe wie] nur die Buddhas zusammen mit den Buddhas.

Der große Meister Gensa[20] vom Kloster Gensa fragte den großen Meister Keichin[21] vom Kloster Jizō: «*Wie verstehst du, dass die drei Welten nichts anderes als der Geist sind?*»

Keichin zeigte auf einen Stuhl und fragte: *«Wie bezeichnest du dies, Meister?»*
Gensa antwortete: *«Als einen Stuhl.»*

Keichin sagte: *«Du verstehst nicht, dass die drei Welten nichts anderes als der Geist sind.»*

Gensa sagte: *«Ich bezeichne dies als Bambus und als Holz. Wie bezeichnest du es?»*
Keichin sagte: *«Auch ich bezeichne dies als Bambus und als Holz.»*

Der große Meister Gensa sagte: *«Es ist unmöglich, einen Menschen zu finden, der den Buddha-Dharma versteht, selbst wenn wir ihn auf der ganzen Erde suchen.»* [22]

In der Frage des großen Meisters [Gensa], «Wie verstehst du, dass die drei Welten nichts anderes als der Geist sind?», gibt es keinen Unterschied, ob man versteht [23] oder nicht. Die drei Welten sind in jedem Fall nichts anderes als der Geist, und deshalb existieren sie schon, bevor [man dies in die Worte fasst]: «Die drei Welten sind nichts anderes als der Geist.» Deshalb zeigte Keichin auf den Stuhl und fragte, wie Meister [Gensa] dies bezeichnet. Ihr solltet wissen, dass es bei Gensas [Frage], wie Keichin die drei Welten verstehe, um dasselbe geht wie bei Keichins Frage, wie [Gensa] dies bezeichne. [24]

Der große Meister Gensa antwortete, dass er es als einen Stuhl bezeichne. In Bezug auf diese Antwort solltet ihr mir sagen, ob Gensa selbst die drei Welten verstanden hat oder nicht. Wenn er sie als einen Stuhl bezeichnet, spricht er da über die drei Welten, oder nicht? Ist dies eine Aussage des Stuhls oder des großen Meisters Gensa? Versucht diese Worte auf diese Weise zu untersuchen und seht, ob ihr selbst etwas dazu sagen könnt. Versucht sie zu verstehen und seht, ob ihr selbst etwas verstehen könnt. Versucht sie zu erfahren und zu erforschen, und seht, ob ihr sie selbst erfahren und erforschen könnt.

Keichin sagte: «Du [Gensa] verstehst nicht, dass die drei Welten nichts anderes als der Geist sind.» Keichins [Verstehen] hat mehrere Aspekte, wie das beispielsweise bei dem Wort «Jōshū» der Fall ist. Wenn wir «Jōshū» sagen, [sprechen wir von einer Stadt namens Jōshū,] wo es ein Ost- und ein Süd-Tor gibt und daher auch ein West- und ein Nord-Tor geben muss. [25] Außerdem sprechen wir dann auch [von zwei Bezirken der Stadt Jōshū,] die Ost-Jōshū und Süd-Jōshū genannt werden. [26] Selbst wenn ihr «versteht», dass die drei Welten nichts anderes als der Geist sind, müsst ihr auch erfahren und meistern, dass ihr «nicht versteht», dass die drei Welten nichts anderes als der Geist sind. Ferner gibt es auch noch die drei Welten, die nichts anderes als der Geist sind, und die man weder verstehen noch nicht verstehen kann.

Der große Meister Gensa sagte: «Ich bezeichne dies als Bambus und als Holz.» Ihr solltet diese einzigartige [27] Aussage bis zum Ende erfahren, bevor und nachdem ihr sie gehört habt. [28] Welchen Namen hatte dieses [Ding aus] Bambus und Holz, bevor es als Bambus und als Holz bezeichnet wurde? Oder bezeichnen wir es erst jetzt als Bambus und als Holz, um damit auszudrücken, dass die drei Welten nichts anderes als der Geist sind? Ihr solltet Folgendes bedenken: Wenn wir am Morgen sagen, dass die drei Welten nichts anderes als der Geist sind, könnten sie ein Stuhl, der [eine] Geist oder auch die drei Welten sein. Aber wenn wir am Abend sagen, dass die drei Welten nichts anderes als der Geist sind, könnten wir es so ausdrücken: «Ich bezeichne dies als Bambus und als Holz.»

Keichin sagte: «Auch ich bezeichne dies als Bambus und als Holz.» Denkt daran, dass, selbst wenn dies ein Gespräch zwischen Meister und Schüler ist, sie aus der gleichen Erfahrung sprechen könnten, die am Anfang und am Ende recht ist. Trotzdem solltet ihr genau erforschen, ob die Aussage des großen Meisters Gensa, «Ich bezeichne dies als Bambus und als Holz», und Keichins Aussage, «Auch ich bezeichne dies als Bambus und als Holz», dasselbe bedeuten oder nicht.

Der große Meister sagte: «Es ist unmöglich, einen Menschen zu finden, der den Buddha-Dharma versteht, selbst wenn wir auf der ganzen Erde nach ihm suchen.» Auch diese Aussage solltet ihr gründlich untersuchen und euch entscheiden. Denkt daran, dass sowohl der große Meister Gensa als auch Meister Keichin dies[es Ding] als Bambus und als Holz bezeichnen. Weder Meister noch Schüler behaupten, dass sie die Aussage «die drei Welten sind nichts anderes als der Geist» verstehen oder nicht verstehen. Sie sagen nicht, dass die drei Welten nichts anderes als der Geist sind, und gleichzeitig lehnen sie die Aussage «die drei Welten sind nichts anderes als der Geist» auch nicht ab. Trotzdem möchte ich den großen Meister Gensa Folgendes fragen: «Ihr sagt, dass es unmöglich sei, einen Menschen zu finden, der den Buddha-Dharma versteht, selbst wenn wir auf der ganzen Erde nach ihm suchten. Nun seht, ob ihr meine Frage beantworten könnt: Was ist das, was ihr ‹die ganze Erde› nennt?» Letztlich solltet ihr die Aussage auf diese Weise erfahren, erforschen und darüber nachdenken.

Shōbōgenzō Sangai yuishin

Dargelegt vor einer Versammlung auf dem Gipfel des Yamashi in Etsu-u[29], am ersten Tag des siebten Schaltmonats im ersten Jahr der Ära Kangen [1243].

Anmerkungen

1   *Sangai* 三界, «die drei Welten», sanskr. *trayo-dhātavaḥ*, sind traditionell folgende: *yok-kai* 欲界, «die Welt des Begehrens», sanskr. *kāma-dhātu*, *shiki-kai* 色界, «die Welt der Form», in Sanskrit *rūpa-dhātu*, und *mushiki-kai* 無色界, «die Welt der Nicht-Form», sanskr. *arūpa-dhātu*. Wir interpretieren die drei Welten wie folgt: die Welt der Ideen, die Welt der Wahrnehmung und Gefühle und die Welt des Handelns.

2   Im Girlanden-Sūtra (Avataṃsaka-Sūtra) heißt es, dass alles, was in den drei Welten existiert, nichts anderes als der eine Geist ist (Teil 37) und dass Geist, Buddha und die Lebewesen ohne Unterschied sind (Teil 10).

3   *Shoken* 所見, wörtl. «der Ort des Sehens». *Ken* 見, «sehen», hat hier eine viel umfassendere Bedeutung als nur die sinnliche Wahrnehmung. Es bedeutet auch die Welt «erleben» und «verwirklichen».

4   *Kyūka* 旧窠, wörtl. «alte Nester», bedeuten alte Gewohnheiten und Ansichten. *Shinjō* 新条, wörtl. «frische Zweige», beschreibt die frische, unvoreingenommene Sicht im gegenwärtigen Augenblick.

5   *Sangai [no] sangai [o] gen[zuru ni] shikazu* 不如三界見於三界. Dies ist ein Zitat aus Kap. 16 des Lotos-Sūtras, «Des Tathāgata Lebensdauer». Die Kanji *shika zu* 不如 können auf zwei Arten gelesen werden: 1. *shika zu*, «besser sein», und 2. *gotoku nara zu*, «nicht so wie». Dies hat im traditionellen Buddhismus zu den drei folgenden Interpretationen der Worte geführt: 1. In der Interpretation des *Hokke ron* («Kommentar zur Blume des Dharmas») sieht der Tathāgata die drei Welten «nicht so wie» die Lebewesen in den drei Welten (vgl. Borsig, S. 284). 2. Die Interpretation des *Danna-ryū* (der Danna-Schule) ist ähnlich; sie geht davon aus, dass die drei Welten, die der Buddha sieht, sich von den Welten unterscheiden, die die gewöhnlichen Menschen sehen. Meister Dōgen zitiert hier jedoch die Interpretation des *Enshin-ryū* (der «Schule des Runden Geistes» oder Hua-yen-Philosophie, nach der «es besser ist», die drei Welten als die drei Welten zu sehen. Das heißt: Die drei Welten, die der Buddha sieht, sind die Welten, die die gewöhnlichen Menschen sehen.

6   *Shutsuri sangai* 出離三界. Der Ausdruck *shutsu sangai* 出三界, «sich von den drei Welten befreien» oder «über die drei Welten hinausgehen», findet sich des Öfteren in Kap. 3 des Lotos-Sūtras, «Ein Gleichnis». Es ist das Gleichnis von einem reichen Mann, der seine Kinder dazu bringt, ein brennendes Haus zu verlassen, so wie der Buddha die Lebewesen dazu bringt, das Leiden der drei Welten zu verlassen, indem er ihnen rät, sie so zu sehen, wie sie wirklich sind. Den Ausdruck *ri sangai* 離三界, «frei von den drei Welten sein», finden wir ebenfalls in diesem Kapitel: *«Der Tathāgata ist bereits frei von dem brennenden Haus der drei Welten.»* Vgl. Borsig, S. 111.

7   Dies ist ein Zitat aus Kap. 3 des Lotos-Sūtras, «Ein Gleichnis». Vgl. Borsig, S. 111.

8   Meister Dōgen zitiert diesen Ausdruck des Öfteren im *Shōbōgenzō*. Er beschreibt die Einheit des Menschen mit dem ganzen Universum. Siehe auch Kap. 50, *Shohō jissō*.

9   Meister Chōsa Keishins Worte, die auch in Kap. 60, *Juppō*, zitiert werden, beschreiben die Einheit des Sehens mit dem Gesehenen.

10 Möglicherweise bezieht sich diese Stelle auf einen konfuzianischen Text, genannt *Kokyō* («Das Buch über die Kindespflichten»): Aufrichtigkeit gegenüber den Eltern bedeutet, dass man seinen eigenen Körper, Haar und Haut nicht verletzt.

11   Sie sind nicht miteinander verbunden, weil Vater und Kind jeweils für sich allein stehende Augenblicke des Jetzt sind. Siehe Kap. 11, *Uji*.

12   Siehe Kap. 15 des Lotos-Sūtras, «Hervorquellen (von Scharen von Bodhisattvas) aus der Erde»: «*Dass der Vater jung ist und der Sohn alt, ist etwas, was die ganze Welt nicht glauben wird.*» Vgl. Borsig, S. 280.

13   *Ushin mushin* 有心無心, wörtl. «Geist haben; ohne Geist sein». Der Ausdruck könnte sich auf das Lotos-Sūtra, Kap. 3, «Ein Gleichnis», beziehen: «*Alle Lebewesen sind meine Kinder. Tief an weltlichen Vergnügen haftend, sind sie sich dessen nicht bewusst.*»

14   Dies bezieht sich auf ein Zitat aus Kap. 3 des Lotos-Sūtras, «Ein Gleichnis». Dort heißt es: «*... der Tathāgata ist bereits frei von dem brennenden Haus der drei Welten. Er lebt ruhig und gelassen in der Abgeschiedenheit und weilt friedvoll im Wald und in den Feldern.*» Vgl. Borsig, S. 111.

15   *Ōke-hosshin* 応化法身. Der Satz drückt die Tatsache aus, dass die Buddhas sich den Umständen entsprechend in verschiedenen Formen offenbaren, um die Lebewesen zu retten.

16   *Gedō dai-u kyō* 外道大有経. Es ist nicht bekannt, auf welche Schrift sich dies bezieht, und insbesondere, was mit «großem Sein» gemeint ist. Es könnte der Hinweis auf einen altindischen Gott sein.

17   Ein Zitat aus dem *Nin-ō gokoku hannya haramitsu kyō*, Teil 1.

18   *Muge* 無外, «kein Außen» oder «nichts jenseits». Dies bedeutet, dass es keinen Bereich oder keine Wirklichkeit außerhalb der drei Welten gibt. Die Lebewesen und die drei Welten, in denen sie leben, sind eine Einheit.

19   *Yui-shin* 唯心, «nichts anderes als der eine Geist», wie in Buddhas Gedicht am Anfang dieses Kapitels.

20   Meister Gensa Shibi (835–907) war ein Nachfolger von Meister Seppō Gison. Im Text wird er unter seinem posthumen Titel «großer Meister Shū-itsu» erwähnt.

21   Meister Rakan Keichin (867–928) war ein Nachfolger von Meister Gensa Shibi. Im Text wird er unter seinem posthumen Titel «großer Meister Shin-ō» erwähnt.

22   Siehe *Keitoku dentō roku*, Kap. 11, und *Shinji shōbōgenzō*, Buch 2, Nr. 12.

23   *Somosan-e* 作麼生会, «wie verstehst du ...?». *Somosan* 作麼生, «wie?», beschreibt hier kein präzises verstandesmäßiges Verstehen, sondern ein intuitiv ganzheitliches Verstehen.

24   Gensas Frage «Wie verstehst du, dass die drei Welten nichts anderes als Geist sind?» bezieht sich auf den einen Geist, der die drei Welten umfasst. Wenn Keichin zurückfragt: «Wie bezeichnest du dies?» und auf den Stuhl deutet, spricht er von der Vielfalt der Dinge und Phänomene, die sich innerhalb drei Welten offenbaren. «Der Geist» bedeutet also nicht, dass nichts da sei; innerhalb dieses einen, alles umfassenden Geistes existieren die verschiedenen Dinge und Phänomene. Letztlich sind der eine Geist und die Vielfalt der drei Welten die beiden Seiten einer einzigen, untrennbaren Wirklichkeit.

25   Ein Mönch fragte Meister Jōshū: «*Was ist Jōshū?*» Der Meister antwortete: «*Das Ost-Tor, das Süd-Tor, das West-Tor und das Nord-Tor.*» Jōshū war der Name des Meisters, aber auch der Name der Stadt und des Bezirks, wo der Meister lebte. Siehe *Shinji shōbōgenzō*, Buch 1, Nr. 46.

26   Das Wortspiel mit den vielen Bedeutungen von «Jōshū», soll zeigen, dass das Wort «verstehen» viele verschiedene Ebenen hat.

27   *Kōzen setsugo* 光前絶後. Dies ist eine poetische Variante des Ausdrucks *kūzen setsugo* 空前絶後, «etwas, was es niemals vorher gab und niemals danach geben wird».

28   Wörtl. «vor dem Ton und nach dem Wort».

29   Die heutige Präfektur Fukui.

48

説心説性

Sesshin sesshō

Den Geist und die Natur der Wirklichkeit zum Ausdruck bringen

SETSU bedeutet «darlegen», «ausdrücken» oder «zum Ausdruck bringen». SHIN bedeutet «Geist» und SHŌ «Natur», «Wesen» oder «Essenz». SESSHIN SESSHŌ bedeutet also «den Geist und die Natur (der Wirklichkeit) zum Ausdruck bringen». Zur Zeit von Meister Dōgen gab es in China einige Mönche, die davon überzeugt waren, dass es nicht nötig sei, über den Geist und die Natur der Wirklichkeit zu sprechen, und dass solche, wie sie annahmen, abstrakten Erklärungen für die Schüler sogar hinderlich auf dem Weg zur Wahrheit seien. Ihrer Meinung nach gehöre ein theoretisches Verständnis des Geistes und der Natur der Wirklichkeit nicht zur Buddha-Wahrheit. Meister Dōgen teilte diese Meinung jedoch nicht. Nach seiner Interpretation beschränkt sich der Begriff SESSHIN SESSHŌ nicht nur auf die theoretischen Erklärungen des Geistes und der Natur des Dharmas, sondern er beinhaltet etwas Konkretes und Wirkliches, nämlich den Geist und die Natur der Wirklichkeit, die sich Augenblick für Augenblick offenbaren und zum Ausdruck bringen. Deshalb erklärt Meister Dōgen in diesem Kapitel sehr eingehend, warum er keinen Grund sieht, einen solchen Ausdruck des Geistes und der Natur der Wirklichkeit abzuwerten oder ihn als «abstrakt» zu bezeichnen. Vielmehr verwendet er den Begriff SESSHIN SESSHŌ, um die Grundlagen der Buddha-Lehre zu erläutern.

Zen-Meister Shinzan Sōmitsu[1] und der große Meister Tōzan Gohon[2] machten einen Spaziergang. Meister Tōzan zeigte auf ein am Weg liegendes Kloster und sagte: *«Da drinnen gibt es jemanden, der den Geist und die Natur der Wirklichkeit zum Ausdruck bringt.»*[3]

Sein älterer Bruder[4] Sōmitsu fragte: *«Wer ist das?»*

Meister Tōzan sagte: *«Du fragst mich, älterer Bruder, und ich bin direkt beim vollkommenen Tod angelangt.»*

Bruder Sōmitsu fragte: *«Dasjenige, was den Geist und die Natur der Wirklichkeit zum Ausdruck bringt, ist wer?»*

Meister Tōzan sagte: *«Im Tod selbst ist kraftvolles Leben.»*[5]

Den Geist und die Natur der Wirklichkeit auszudrücken, ist die universelle Grundlage des Buddha-Weges, durch die alle Buddhas und Vorfahren sich verwirklicht haben. Solange nichts über den Geist und die Natur der Wirklichkeit ausgesagt wird, dreht sich das wunderbare Dharma-Rad nicht, gibt es kein Erkennen des [Bodhi-] Geistes und keine Schulung und Praxis. Dann verwirklicht sich die Wahrheit nicht zusammen mit der großen Erde und allen fühlenden Lebewesen, und es ist unmöglich für die Lebewesen, die Nicht-Existenz der Buddha-Natur zu erfahren. [Buddhas] Emporhalten der Blüte und sein Zeichen mit den Augen, [Meister Mahākāśyapas] Gesicht, in dem ein Lächeln erscheint, sind Darlegungen über den Geist und die Natur der Wirklichkeit, ebenso wie wenn sich [Meister Taiso Eka] niederwirft und an seinem Platz stehen bleibt. [Meister Bodhidharmas] Kommen nach Liang[6] und [Meister Kōnins] Weitergabe des Gewandes um Mitternacht sind Aussagen über den Geist und die Natur der Wirklichkeit, und es ist dasselbe, wenn [die Meister] den Stock hochheben und den Fliegenwedel hinlegen. Letztlich bringen alle Tugenden der Buddhas und Vorfahren nichts anderes zum Ausdruck als den Geist und die Natur der Wirklichkeit. Der Geist und die Natur drücken sich im Alltäglichen[7] aus, und der Geist und die Natur drücken sich in den Mauern, Ziegeln und Kieselsteinen aus. Wenn sich die Grundwahrheit verwirklicht, dass der Geist [in einem Augenblick] erscheint und [im nächsten Augenblick] wieder vergeht und mit ihm die mannigfaltigen Dinge und Phänomene erscheinen und wieder vergehen, dann sind dies genau die Augenblicke, in denen sich der Geist der Wirklichkeit ausdrückt, und es sind genau die Augenblicke, in denen sich die Natur der Wirklichkeit ausdrückt.

Die gewöhnlichen Menschen jedoch, die diesen Geist nicht durchdringen und diese Natur nicht erfassen, erkennen in ihrer Unwissenheit nicht, dass es notwendig ist, über den Geist und die Natur der Wirklichkeit zu sprechen. Solche beschränkten Menschen wissen auch nichts von den Gesprächen über das Tiefgründige und Wunderbare, und so sagen und lehren sie, dass es solche Dinge in der Wahrheit der Buddhas und Vorfahren nicht geben sollte. Da sie nicht wissen, dass der Ausdruck des Geistes und der Natur [durch einen Menschen] und der Ausdruck des Geistes und der Natur [durch das Universum selbst] ein und dasselbe sind, denken sie, es handele sich hierbei nur um verstandesmäßige Aussagen über den Geist und die Natur der Wirklichkeit. Dies ist so, weil sie nie kritisch darüber nachgedacht haben, ob sie wirklich zur großen Wahrheit vorgedrungen sind oder nicht.

In jüngster Zeit sagte der Zen-Meister Dai-e[8] auf dem Berg Kin, der auch «Sōkō» genannt wird, Folgendes: «*Da es die Menschen heutzutage lieben, über den Geist und die Natur der Wirklichkeit zu sprechen, da sie gerne über das Tiefgründige und Wunderbare reden, kommen sie [nur] langsam zur Wahrheit. Wenn ihr euch sowohl vom Geist als auch von der Natur befreit und das Tiefgründige und Wunderbare vergessen habt und es keinen Dualismus mehr gibt, erfahrt ihr den Einklang [mit der Wahrheit].*»

Wer so redet, hat die genauen Darlegungen[9] der Buddhas und Vorfahren nicht verstanden, und er hat nichts von ihren königlichen Juwelen [ihren Dharma-Reden] gehört. Weil [Sōkō] den Geist nur auf das verstandesmäßige Denken, Wissen und die sinnliche Wahrnehmung beschränkt und nicht versteht, dass auch das Denken, das Wissen und die Wahrnehmung [das natürliche Wirken] des Geistes sind, spricht er so.

Er stellt sich irrtümlich vor, die Natur der Wirklichkeit sei nur klar, rein, friedlich und still, aber er weiß nichts von der Exixtenz und der Nicht-Existenz der Buddha-Natur[10] oder der Dharma-Natur.[11] [Sōkō] hat die Natur der Wirklichkeit, so wie sie ist[12], noch nicht einmal im Traum gesehen, und deshalb hat er diese einseitige, voreingenommene Sicht des Buddha-Dharmas. Der Geist, von dem die Buddhas und Vorfahren sprechen, ist die Haut, das Fleisch, die Knochen und das Mark. Die Natur, die die Buddhas und Vorfahren bewahren, ist die eines Bambusstockes und eines Stabs. Das Tiefgründige, mit dem die Buddhas und Vorfahren innig vertraut sind, umfasst die Säulen und Steinlaternen im Freien. Das Wunderbare, worüber die Buddhas und Vorfahren sprechen, ist die Weisheit und das Verstehen.

Die Buddhas und Vorfahren, die wirklich Buddhas und Vorfahren sind, hören von Anfang an von diesem Geist und von der Natur der Wirklichkeit. Sie bringen diesen Geist und diese Natur in ihrem Handeln und Erfahren zum Ausdruck, und im Handeln bewahren, erfahren und erforschen sie das Tiefgründige und Wunderbare. Solche Menschen nennen wir die Kinder und Enkel der Buddhas und Vorfahren, die den Buddha-Dharma wirklich erforscht haben. Die Menschen, die nicht so sind, erlernen nicht den [Buddha-]Weg. Deshalb können sie die Wahrheit nicht erlangen, wenn es Zeit ist sie zu erlangen, und sie können nicht über die Wahrheit hinausgehen, wenn es Zeit ist darüber hinauszugehen. So irren sie blind durch die Zeit des Erlangens und des Nicht-Erlangens.

[Sōkō] sagt, dass man sich vom Dualismus von Geist und Natur befreien soll, und spricht damit nur über einen Aspekt des Geistes. Seine Worte erklären einen hundertstel, einen tausendstel, einen zehntausendstel oder einen hundertmillionstel Teil des Geistes. Wenn Sōkō sagt, dass man das Tiefgründige und Wunderbare vergessen solle, erklärt er damit nur einen Aspekt der Reden über das Tiefgründige und Wunderbare. Diesen wesentlichen Punkt hat er nicht gelernt und erfasst, und wenn er törichterweise von «vergessen» spricht, meint er, dass [das Tiefgründige und Wunderbare] seine Hände verlassen und seinem Körper entfliehen könne. [Sōkō] hat das begrenzte Denken des kleinen Fahrzeugs noch nicht abgelegt, wie hätte er in den tiefgründigen Geist des großen Fahrzeugs eindringen können? Wie viel weniger noch könnte er den wesentlichen Punkt des Bereichs[13] [jenseits von Buddha] verstehen? Es ist schwierig zu sagen, ob er wirklich vom Tee und von den Mahlzeiten der Buddhas und Vorfahren gekostet hat. Ernsthaft unter einem Meister zu lernen bedeutet nichts anderes, als den Geist und die Natur mit dem ganzen Körper zu erfahren und zu erforschen, und dies genau im Augenblick von Körper und Geist, und [im Augenblick] vor und nach dem Körper. Dazu gibt es nur diesen einen Weg, keinen zweiten oder dritten.

Zu jener Zeit sagte Meister Bodhidharma zu seinem Nachfolger Eka[14]: «Wenn die Außenwelt dich nicht mehr beunruhigt, du im Inneren ohne Sorge bist und dein Geist wie die Hecken und Mauern ist, dann wirst du in die Wahrheit eingehen können.» Meister Eka bemühte sich beharrlich, den Geist und die Natur [dieser Wahrheit] auszudrücken, aber er konnte die Einheit mit ihr nicht erfahren. Eines Tages kam er plötzlich zur Einsicht und sagte zu Meister Bodhidharma: «Diesmal beunruhigt die Außenwelt mich zum ersten Mal nicht mehr.» Meister Bodhidharma wusste, dass sein Schüler schon reif war, und fragte nicht mehr tiefgehend weiter. Er sagte nur: «Du hast das vollkommene Erlöschen verwirklicht oder nicht?» Meister Eka antwortete: «Nein!»[15] *Bodhidharma fragte: «Was meinst du damit?» Eka sagte: «Weil ich es immer ganz klar erkenne, kann ich es nicht mit Worten ausdrücken.» Bodhidharma sagte: «Dies ist genau die Natur des Geistes, den alle Buddhas und Vorfahren weitergegeben haben. Jetzt hast du sie erlangt und musst sie gut bewahren.»*[16]

Einige bezweifeln diese Geschichte und andere zitieren sie. Dies ist eine der vielen Begebenheiten, die erzählen, wie Meister Eka unter Meister Bodhidharma lernte und ihm diente. Eka bemühte sich mit großer Ausdauer, den Geist und die Natur [der Wahrheit] auszudrücken, aber zunächst konnte er sie nicht erfahren. Im Lauf der Zeit vervielfachte er aber seine Anstrengungen und entwickelte viele Tugenden, bis er schließlich Bodhidharmas Wahrheit erfahren konnte. Aber die gewöhnlichen beschränkten Menschen legen diese Geschichte so aus, dass Meister Eka zunächst versuchte, den Geist und die Natur auszudrücken, die Einheit [mit der Wahrheit] aber nicht erfahren konnte. Sein Fehler sei gewesen, dass er sich bemühte, den Geist und die Natur der Wirklichkeit zum Ausdruck zu bringen. Nach der Meinung einiger Unverständiger konnte er später die Einheit erfahren, weil er es schließlich aufgab, den Geist und die Natur ausdrücken zu wollen.

Solche Menschen sagen dies, weil sie [Buddhas] Lehre nicht erfahren und erforscht haben, die darin besteht, dass man in die Wahrheit eingehen kann, wenn der Geist wie die Hecken und Mauern ist.[17] Diese Menschen sind sich nicht im Klaren darüber, dass es auf dem Weg des Lernens Unterschiede gibt. [Ich sage dies,] weil ihr in dem Moment, in dem ihr den Bodhi-Geist erkennt und euch auf den Buddha-Weg begebt und auf ihm fortschreitet, eine sehr schwierige Praxis ausübt. Selbst wenn ihr viele Male praktiziert, trefft ihr nicht ein Mal den Kern der Sache. Ihr könnt jedoch allmählich zum Kern der Sache vordringen, wenn ihr manchmal guten Lehrern und manchmal den Sūtren folgt. Der eine Treffer jetzt enthält die gesammelte Kraft der vielen früheren vergeblichen Versuche, er ist die reife Frucht der vielen vergeblichen Versuche. Genauso verhält es sich, wenn ihr die Lehre hört, den Weg übt und die Wahrheit erfahrt. Selbst wenn eure vorherigen Versuche, den Geist und die Natur der Wirklichkeit auszudrücken, viele Male misslingen, sind es die vielen vergeblichen Versuche von früher, die dazu führen, dass ihr jetzt mit einem Mal den Kern der Sache trefft.

Wenn ihr beginnt, den Buddha-Weg zu praktizieren, und ihr ihn weder verstehen noch verwirklichen könnt, weil eure Praxis noch nicht genügend gereift ist, werdet ihr den Buddha-Weg nicht dadurch erreichen, dass ihr ihn aufgebt und andere Wege einschlagt. Wenn man den Anfang und das Ende der Schulung und Praxis des Buddha-Weges nicht wirklich erfasst hat, ist es schwierig, sich den folgenden wichtigen Punkt klar zu machen: Der Buddha-Weg ist der Buddha-Weg, wenn ihr zu Anfang den Willen zur Wahrheit erweckt, und der Buddha-Weg ist der Buddha-Weg, wenn ihr letztlich das rechte Erwachen verwirklicht. Der Anfang, die Mitte und das Ende sind jeweils immer der Buddha-Weg. Wenn jemand zum Beispiel tausend Meilen wandert, gehören sowohl der erste Schritt als auch der tausendste Schritt zu den tausend Meilen. Die tausend Meilen bleiben immer dieselben, selbst wenn der erste und der tausendste Schritt verschieden sind. Obwohl dies so ist, meinen die beschränkten Menschen, sie seien noch nicht auf dem Buddha-Weg angekommen, wenn sie noch auf dem Buddha-Weg lernen. Sie meinen, der Buddha-Weg existiere nur nach der Verwirklichung des Höchsten. Diese Menschen denken so, weil sie nicht wissen, dass der ganze Weg nichts anderes ist als die Wahrheit auszudrücken; sie wissen nicht, dass der ganze Weg nichts anderes ist, als die Wahrheit zu praktizieren, und sie wissen nicht, dass der ganze Weg nichts anderes ist als die Wahrheit zu erfahren. Wenn jemand meint, nur Menschen, die unwissend sind, würden sich auf den Buddha-Weg begeben und das große Erwachen verwirklichen, dann hört und weiß er nicht, dass auch die Menschen, die nicht unwissend sind, sich schulen und das große Erwachen verwirklichen.

Den Geist und die Natur der Wahrheit auszudrücken ist der Buddha-Weg, schon bevor ihr die Wahrheit erfahrt, und ihr erfahrt die Wahrheit, wenn der Geist und die Natur der Wahrheit sich zum Ausdruck bringen. Ihr solltet nicht lernen, die Worte «die Einheit erfahren» beschreibe die erste Erfahrung eines Menschen, der [vorher] unwissend war. Sowohl unwissende als auch erwachte Menschen verwirklichen das große Erwachen; Menschen, die erwacht, und Menschen, die noch nicht erwacht sind, verwirklichen das große Erwachen.

Wenn man die Einheit mit der Wahrheit erfährt, erfährt man sie einfach. Deshalb ist es der authentische und direkte Buddha-Weg, den Geist und die Natur der Wirklichkeit auszudrücken. Weil Sōkō diese Wahrheit nicht erfasst hat, sagte er, dass wir nicht über den Geist und die Natur sprechen sollen, aber dies ist nicht der Weg des Buddha-Dharmas. Und im heutigen großen Reich der Song hat niemand auch nur die Ebene von Sōkō erreicht.

Von allen Meistern verehren wir vor allem unseren herausragenden großen Vorfahren [Tōzan] Gohon. Er hat die Wahrheit vollkommen erfasst und verwirklicht, dass den Geist und die Natur der Wirklichkeit zum Ausdruck zu bringen einfach bedeutet, den Geist und die Natur der Wirklichkeit zum Ausdruck zu bringen. Die alten Meister aller Richtungen, die diese Wahrheit nicht erfasst und verwirklicht haben, sind nicht in der Lage, Aussagen wie die in der folgenden Geschichte zu machen:

Bruder Sōmitsu und der große Meister Tōzan machten einen Spaziergang. [Tōzan] zeigte auf ein am Weg liegendes Kloster und sagte: «Da drinnen gibt es jemanden, der den Geist und die Natur zum Ausdruck bringt.»

Seit dieser herausragende Meister in der Welt aufgetreten ist, wurden seine Worte den Dharma-Nachfolgern immer authentisch als die Art unserer Vorfahren weitergegeben. In anderen Linien wurde dies noch nicht einmal im Traum gehört oder gesehen. Wie viel weniger könnten sie selbst in ihren Träumen die Methode kennen, um sie zu verstehen? Diese wurde authentisch nur an die rechtmäßigen Nachfolger weitergegeben. Wie könnten diejenigen, denen diese Wahrheit nicht richtig weitergegeben wurde, die Grundlagen des Buddha-Weges erfassen? Die Grundwahrheit, um die es hier geht, ist die folgende: Der Geist und die Natur werden manchmal von innen und manchmal von außen[18] dargelegt, und manchmal werden sie [aus der Sicht eines existierenden Menschen[19] und manchmal [aus der Sicht] der menschlichen Existenz[20] dargelegt. Der Geist drückt sich sowohl innen als auch außen aus, und die Natur drückt sich sowohl innen als auch außen aus.[21] Ihr müsst euch bemühen, dies zu erforschen und zu erlernen. Es gibt keine Darlegung, die nicht gleichzeitig eine Darlegung der Natur der Wirklichkeit wäre, und es ist unmöglich, den Geist der Wirklichkeit von der Darlegung selbst zu trennen.[22]

Die [Existenz der] Buddha-Natur bedeutet, dass alle Dinge und Phänomene sich selbst zum Ausdruck bringen, und die Nicht-Existenz der Buddha-Natur bedeutet [ebenfalls], dass alle Dinge und Phänomene sich selbst zum Ausdruck bringen. Auch wenn ihr [abstrakt] erforscht habt, dass die Buddha-Natur eine Art «Natur» ist, ihr aber nicht die [konkrete] Existenz dieser Buddha-Natur erfahren habt, dann habt ihr nicht die [ganze] Buddha-Wahrheit erforscht. Wenn ihr andererseits [nur die Existenz] und nicht die Nicht-Existenz der Buddha-Natur erfahren und erforscht habt, habt ihr sie nicht wirklich [ganz] erfahren und erforscht.[23] Nur wer selbst erfahren und erforscht hat, dass Aussagen [über den Geist und die Natur der Wirklichkeit] der natürliche Ausdruck des Buddha-Dharmas sind, ist ein rechtmäßiger Nachkomme der Buddhas und Vorfahren. Nur wer darauf vertraut, dass die Natur des Buddha-Dharmas [sich durch solche Aussagen] selbst ausdrückt, ist ein rechtmäßiger Nachkomme der Buddhas und Vorfahren.

Wer aber sagt, dass sich der Geist bewege, während die Natur ruhig und still sei, hat die Sicht derer, die außerhalb des Buddha-Weges sind.[24] Wer sagt, dass die Natur des Buddha-Dharmas unbeweglich sei, ihre Form sich aber verändere, hat auch die Sicht derer, die außerhalb des Buddha-Weges sind.[25] Diese ergründen und erlernen nicht den Geist und die Natur des Buddha-Weges. Die Praxis des Geistes und der Natur auf dem Buddha-Weg unterscheidet sich von der Praxis der Menschen außerhalb des Buddha-Weges. Klarheit über den Geist und die Natur des Buddha-Weges zu erlangen, ist jenseits der Fähigkeiten derer, die außerhalb des Buddha-Weges sind.

Auf dem Buddha-Weg gibt es [verschiedene Arten und Weisen, wie] der Geist und die Natur zum Ausdruck kommen: Der Geist und die Natur drücken sich durch einen Menschen aus, und der Geist und die Natur drücken sich [selbst] und ohne einen Menschen aus. Es kommt vor, dass der Geist und die Natur sich nicht durch einen Menschen ausdrücken und dass der Geist und die Natur sich nicht [selbst] und ohne einen Menschen ausdrücken. Außerdem gibt es den Fall, dass sich der Geist [schon] ausgedrückt hat, oder dass er sich noch nicht ausgedrückt hat, und dass die Natur sich [schon] ausgedrückt hat, oder dass sie sich noch nicht ausgedrückt hat. Wenn ihr nicht lernt, dass der Geist [sich selbst] und ohne einen Menschen ausdrückt, dann hat diese Sprache des Geistes für euch noch nicht den konkreten Boden der Wirklichkeit[26] erreicht. Wenn ihr nicht lernt, dass sich der Geist [auch] durch einen Menschen ausdrückt, dann hat diese Sprache des Geistes für euch noch nicht den Boden der Wirklichkeit erreicht. Ihr lernt also, dass sich der Geist ausdrückt, ohne dass ein Mensch sich dessen bewusst ist, und ihr lernt, dass es nicht unbedingt einen Menschen geben muss, der den Geist ausdrückt. Ihr lernt, dass ein konkreter Mensch den Geist ausdrückt, und ihr lernt, dass ein Ausdruck des Geistes ein konkreter Mensch ist.

Rinzai hat seine ganze Kraft nur in die Worte «ein wahrer Mensch ohne Rang»[27] gelegt, aber er hat nie von einem wahren Menschen gesprochen, der tatsächlich einen Rang hat. Man könnte sagen, dass er die Erfahrung und das Erforschen [des Geistes und der Natur] nicht weitergeführt hat oder nicht vollständig ausdrücken konnte, und dass er das Höchste noch nicht erreicht und erfahren hat. Weil den Geist und die Natur des Buddha-Dharmas auszudrücken bedeutet, die Buddhas und Vorfahren auszudrücken, solltet ihr ihnen mit euren eigenen Ohren und Augen begegnen.

In der [oben zitierten] Geschichte fragte Bruder Sōmitsu, wer es sei, [der den Geist und die Natur der Wirklichkeit] darlegt. Eine solche Frage wirklich werden zu lassen bedeutet, dass Bruder Sōmitsu in der Lage war, für die Frage sowohl den vorherigen als auch den nachfolgenden Augenblick zu benutzen. Die Frage «Wer ist das?» bezieht sich nämlich auf eine konkrete Situation und auf einen ganz bestimmten Augenblick[28], in denen der Geist und die Natur der Wirklichkeit dargelegt wurde. Deshalb sind der Augenblick, wenn Sōmitsu denkt: «Wer ist das?», und der Augenblick, wenn Sōmitsu fragt: «Wer ist das?», nichts anderes als der spontane Ausdruck des Geistes und der Natur des ganzen Universums. Eine solche [konkrete und direkte] Sprache des Geistes und der Natur haben die Menschen in anderen Provinzen [Chinas] nicht verstanden. Weil sie [den spontanen und natürlichen Geist] eines Kindes vergessen haben und ihn als einen Feind ansehen, betrachten sie einen Feind als ein Kind [Buddhas].[29]

Der große Meister sagte: «Du fragst mich, älterer Bruder, und ich bin direkt beim vollkommenen Tod angelangt.» Wenn mittelmäßige Schüler diese Worte hören, denken viele von ihnen, dass jemand, der den Geist und die Natur ausdrückt, direkt zum vollkommenen Tod gelangen müsse, wenn er gefragt wird: «Wer ist das?» Der Grund dafür ist, dass solche Schüler die Worte «wer ist das?» nicht begreifen und denken, dass diese Frage sich auf die Begegnung [zweier Menschen] beziehe, die außerhalb des Bewusstseins und irgendeiner Sichtweise aufeinandertreffen, und deshalb sind es für sie leere Worte.[30] Aber dies muss nicht so sein.

Vielmehr könnte es sein, dass nur ganz wenige Menschen diese [spontane und direkte] Sprache des Geistes und der Natur verstanden und gemeistert haben. Der vollkommene Tod bedeutet nicht, dass man nur zehn oder zwanzig Prozent tot ist, und deshalb ist der Tod, [von dem hier die Rede ist,] der hundertprozentige vollkommene Tod. Wer könnte behaupten, dass unsere Verfassung [Körper und Geist] in dem Augenblick, wenn jemand uns eine Frage stellt, nicht den ganzen Himmel und die ganze Erde umfasse? Es könnte sein, dass sogar alles, was wir in der Vergangenheit geklärt haben, in der Gegenwart klären und in der Zukunft klären werden, völlig getrennt von diesem konkreten Augenblick des Jetzt ist, wenn jemand uns eine Frage stellt.[31]

Dann fragte Bruder Sōmitsu: «Dasjenige, was den Geist und die Natur darlegt, ist wer?» Wenn wir seine vorherige Frage «Wer ist das?» mit der jetzigen «[Dasjenige ...] ist wer?» vergleichen, könnte sich [das erste] auf den Namen [eines konkreten Men-

schen, wie z. B.] den dritten Sohn des Chang beziehen, aber [das zweite] auf die Nichterfassbarkeit eines Menschen, wie die des vierten Sohns des Li.[32]

Meister Tōzan sagte: «Im Tod selbst ist kraftvolles Leben.»[33] Durch die Worte
«im Tod selbst» will [der Meister] es vermeiden, von einer Person zu sprechen, die den
Geist und die Natur darlegt, vielmehr möchte er direkt aufzuzeigen, dass er selbst beim
vollkommenen Tod [vollkommen im Jetzt] angelangt ist. Damit deutet er unmittelbar
auf Dasjenige hin, das aus sich selbst heraus den Geist und die Natur des Buddha-
Dharmas darlegt. In Bezug auf die Frage, «wer» Dasjenige sei, hat [Tōzan] sich ganz
und gar von [der Idee] befreit, dass es eine Person sei, die den Geist und die Natur der
Wirklichkeit darlegt. Auch wenn ihr nicht erwarten könnt, dass euer Tod «vollkommen» sein wird, mag es gut sein, diese Dinge zu erfahren und zu erforschen.

Meister Tōzans Aussage «Im Tod selbst ist kraftvolles Leben» ist die Stimme und
die Form eines Menschen, der den Geist und die Natur der Wirklichkeit direkt vor unseren Augen darlegt. Außerdem mag es in diesem vollkommenen Tod noch ein oder
zwei [weitere] Aspekte geben. «Kraftvolles Leben» ist zwar das Ganze des Lebens, aber
es ist nicht das Leben, das im Gegensatz zum Tod steht, sondern es ist allein die Befreiung zum wirklichen Leben, das von Kopf bis Fuß recht ist.

Kurz: In der Wahrheit der Buddhas und Vorfahren gibt es solche Darlegungen
über den Geist und die Natur der Wirklichkeit, und wir untersuchen und erforschen
sie. Wenn wir noch einen Schritt weitergehen, verwirklichen wir das kraftvolle Leben
in dem Augenblick, in dem wir den vollkommenen Tod [aller Ideologien und Unwahr-
heiten] erfahren.

Denkt daran, dass es von der Tang-Dynastie bis heute viele bedauernswerte Menschen gab, die nie verstanden haben, dass es Buddhas Wahrheit ist, den Geist und die
Natur der Wirklichkeit zum Ausdruck zu bringen. Solche Menschen ignorieren die
Tatsache, dass die Lehre, die Praxis und die Erfahrung nichts anderes sind, als den Geist
und die Natur der Wirklichkeit darzulegen. Deshalb haben sie spitzfindige Formulie-
rungen und verwirrende Aussagen darüber gemacht. Ihr solltet sie befreien, indem ihr
sie vor und nach dem Körper befreit. Wenn man es in Worte fasst, ist das wesentliche
Tun der sieben Buddhas und der alten Meister nichts anderes, als den Geist und die
Natur der Wirklichkeit zum Ausdruck zu bringen.

SHŌBŌGENZŌ SESSHIN SESSHŌ

Dargelegt vor einer Versammlung im Kloster Kippō im Bezirk Yoshida der Präfektur
Etsu, Japan, im ersten Jahr der Ära Kangen [1243].

Anmerkungen

1   Meister Shinzan Sōmitsu (Daten unbekannt), Nachfolger von Meister Ungan Donjō.

2   Meister Tōzan Ryōkai (807–869), ebenfalls Nachfolger von Meister Ungan Donjō. Er war der achtunddreißigste Vorfahre in Meister Dōgens Linie.

3   *Setsu* 説, hier fast durchgängig mit «zum Ausdruck bringen» oder «darlegen» übertragen, hat in diesem Kapitel zwei grundsätzliche Bedeutungen: 1. den Geist und die Natur der Wirklichkeit für andere zum Ausdruck zu bringen oder darzulegen bzw. über den Geist und die Natur zu sprechen und sie mit Worten auszudrücken, und 2. der Geist und die Natur der Wirklichkeit bringen sich selbst zum Ausdruck, d.h., sie offenbaren sich im gegenwärtigen Augenblick.

4   *Shihaku* 師伯, eine Höflichkeitsformel für ein älteres Mitglied im Orden eines Meisters. *Shi* 師 bedeutet «Meister» oder «Lehrer», *haku* 伯 «älterer Bruder» oder «Onkel».

5   Siehe *Shinji shōbōgenzō*, Buch 1, Nr. 62.

6   Meister Bodhidharma kam zur Zeit der Liang-Dynastie (502–557) nach China. Siehe Kap. 30, *Gyōji* (Teil 2).

7   *Hyōjō* 平常, wörtl. «das Normale» oder «das Alltägliche», wird oft in dem Ausdruck *hyōjō shin* 平常心, «der alltägliche Geist», verwendet.

8   Meister Dai-e Sōkō (1089–1163), Nachfolger von Meister Engo Kokugon. Seine Geschichte wird in Kap. 75, *Jishō zanmai*, erzählt. Er war der Hauptinitiator des Kōan-Zen im Unterschied zu seinem Zeitgenossen Meister Wanshi Shōkaku, der das Mokushō-Zen («Zen der schweigenden Erleuchtung») lehrte.

9   *Kenshō* 縑縅. Die Schriftzeichen, die sehr selten gebraucht werden, bedeuten wörtlich «blauer Faden». Es handelt sich um den Faden, der von alters her in China für das Zusammenbinden der Texte und Sūtraabschriften gebraucht wurde.

10 *Busshō* 仏性, siehe Einleitung zu Kap. 22, *Busshō*.

11 *Hosshō* 法性, siehe Kap. 54, *Hosshō*.

12 *Nyoze shō* 如是相, «die Natur des Soseins» oder «die Natur der Wirklichkeit, so wie sie ist». Wir finden diesen Ausdruck im Lotos-Sūtra, Kap. 2, «Geschicklichkeit».

13 *Kōjō no kanreisu* 向上の関棙子, die Worte von Meister Ōbaku Ki-un, die Meister Dōgen ausführlich im letzten Absatz von Kap. 28, *Butsu kōjō no ji*, erklärt.

14 Wörtl. «... sagte der erste Vorfahre zum zweiten». Hier spricht Meister Bodhidharma zu Meister Taiso Eka, seinem Nachfolger. Der ganze Absatz ist in rein chinesischer Schrift verfasst.

15 *Mu* 無 drückt die absolute Negation aus und bedeutet «Nein» oder «Ich habe nichts erlangt».

16 Siehe *Keitoku dentō roku*, Kap. 3.

17 Der Geist, der wie die Hecken und Mauern ist, ist der große, weite, universelle Geist, der sowohl geistige Phänomene als auch konkrete Dinge umfasst. Es ist der Geist der ewigen Buddhas, den Meister Dōgen in Kap. 44, *Kobusshin*, eingehend erläutert.

18 *Wakuri wakumen* 或裏或面. In der Geschichte finden wir den Ausdruck *rimen* 裏面, der in der chinesischen Umgangssprache «da drinnen» bedeutet. *Ri* 裏 bedeutet «die Rück- oder Innenseite», *men* 面 «die Vorder- oder Außenseite». In seinem Kommentar trennt Meister Dōgen die Schriftzeichen *ri* 裏 und *men* 面, indem er die Zeichen *waku* ... *waku* 或 ... 或 hinzufügt, die «entweder ... oder» oder «manchmal ... und manchmal»

bedeuten. Dies verweist darauf, dass der Geist und die Natur der Wirklichkeit in den Lehrreden manchmal als Inhalt (das Innen) und manchmal als sichtbare Form (das Außen) dargelegt werden.

19 *U-nin* 有人. In der Geschichte wird der Ausdruck mit «[da drinnen] gibt es jemanden» übertragen. *U* 有 bedeutet hier «existieren» im Sinn von «konkret da sein». *Nin* 人 bedeutet «Mensch».

20 *Nin-u* 人有. Hier vertauscht Meister Dōgen die Schriftzeichen. *U-nin* 有人 beschreibt die individuelle und *nin-u* 人有 die universelle Seite der menschlichen Existenz.

21 Die Einheit von Innen und Außen ist *menri shinsetsu* 面裏心説, wörtl. «Außen und Innen drückt den Geist aus», und *menri shōsetsu* 面裏性説, wörtl. «Außen und Innen drückt die Natur aus». Dies bedeutet, dass letztlich alles, was existiert, der Ausdruck des Geistes und der Natur der Wirklichkeit ist.

22 Wir interpretieren diesen Satz folgendermaßen: Für Meister Dōgen gibt es keinen Unterschied zwischen der Darlegung (der Wirklichkeit) und seiner Offenbarung. Die Darlegung des Dharmas in einer Lehrrede offenbaren den Geist und die Natur des Meisters.

23 *Ubusshō* 有仏性, «die Existenz der Buddha-Natur» oder die konkrete Offenbarung der Buddha-Natur, und *mubusshō* 無仏性, die «Nicht-Existenz», sind die beiden Aspekte der Buddha-Natur in der Wirklichkeit, die Meister Dōgen in Kap. 22, *Busshō*, sehr eingehend erläutert. Hier geht es Meister Dōgen wohl darum, dass *shō* 性, «die Natur», in dem Ausdruck *sesshin sesshō* 説心説性 kein abstrakter Begriff ist, sondern dass die Natur des Buddha-Dharmas sich sowohl als konkrete Existenz als auch als Nicht-Existenz offenbart. Deshalb wird die Wirklichkeit manchmal als «Buddha-Natur» und manchmal mit den Worten «ohne die Buddha-Natur sein» beschrieben.

24 Weil Geist und Natur in Wirklichkeit eins sind.

25 Weil Inhalt und Form in Wirklichkeit eins sind.

26 *Mitō denchi* 未到田地, wörtl. «noch nicht den Boden der konkreten Wirklichkeit erreicht». *Mi* 未 bedeutet «noch nicht», *tō* 到 «erreichen». *Den* 田 ist wörtl. «Reisfeld» und wird im *Shōbōgenzō* oft als ein Symbol für Konkretheit oder Wirklichkeit gebraucht. *Chi* 地 bedeutet 1. «Land» oder «Boden» und 2. die konkrete Einheit von Körper und Geist.

27 Siehe *Rinzai Eshō Zenji goroku* («Aufzeichnung der Worte von Zen-Meister Rinzai E-shō»).

28 *Nari* 那裏. *Ri* 裏, wörtl. «Rückseite» oder «Innenseite» (siehe oben Anm. 18), bedeutet auch eine konkrete Situation zu einem bestimmten Zeitpunkt, hier also das Kloster.

29 Die Buddha-Lehre ist so spontan und direkt wie ein Kind, das fragt: «Wer ist das?» Menschen, die dies nicht verstehen, betrachten diejenigen, die Buddhas Lehre missverstehen (Feinde), als Kinder Buddhas.

30 *Shiku* 死句, «toter Satz», symbolisiert eine Aussage ohne lebendigen, konkreten oder praktischen Inhalt. Gewöhnliche Übende beachten nicht den wirklichen Sinn von Meister Sōmitsus direkter Frage.

31 «Absolut» ist *saidan* 際断, wörtl. «getrennt» oder «für sich allein stehend». Jeder Augenblick des Seins ist von allen anderen Augenblicken in der Vergangenheit, Gegenwart und Zukunft getrennt. Daher ist jeder Augenblick absolut und umfasst das ganze Universum. Die Bedeutung des Augenblicks erläutert Meister Dōgen eingehend in Kap. 11, *Uji*.

32 *Ko[re] ta[zo]* oder *zesui* 是誰, «Wer ist das?». Diese Frage erlaubt zwei Interpretationen: 1. eine direkte Aufforderung an Meister Tōzan, konkreter zu werden («wer ist das?» oder «konkret gesagt: den Namen»), und 2. die Unmöglichkeit, dasjenige, was sowohl ein Mensch als auch die Wirklichkeit sein kann, zu erfassen und mit Worten zu beschrei-

ben («das nicht Erfassbare ist wer?»). Meister Dōgen will hier anscheinend aufzeigen, dass der Ausdruck *zesui* 是誰 zwar in beiden Fällen verwendet wird, aber nicht das Gleiche bedeutet.

33   *Shichū toku katsu* 死中得活. In der Geschichte werden die Schriftzeichen *shichū [ni] ka-tsu [o] e[tari]* gelesen, d. h., «mitten im Tod das Leben erlangen». In der Geschichte be-deutet «Tod» , dass jemand vollkommen im Jetzt angelangt ist.

49

仏道

Butsudō

Buddhas Wahrheit

*B*UTSU *bedeutet «Buddha». Dō umfasst mehrere Bedeutungen, wie «Weg», «ethisches Handeln» oder «Wahrheit». In diesem Kapitel ist* BUTSUDŌ *«Buddhas Wahrheit» oder «die Buddha-Wahrheit». Im Shōbōgenzō erklärt Meister Dōgen Buddhas Wahrheit sehr eingehend und aus vier verschiedenen Blickwinkeln: als Buddhas Lehre, als die konkreten Dinge und Phänomene dieser Welt, als das Handeln im gegenwärtigen Augenblick und als die alles umfassende Wirklichkeit selbst. In diesem Kapitel äußert er sich mit aller Klarheit und erstaunlicher Schärfe gegen die Verwendung und den Missbrauch von Bezeichnungen für die verschiedenen Schulen, die sich alle auf Buddhas Wahrheit berufen. Aus seiner Sicht gibt es nicht verschiedene Buddha-Wahrheiten, sondern nur eine, nämlich die Schatzkammer des wahren Dharma-Auges, die Gautama Buddha an Meister Mahākāśyapa weitergegeben hat und die dann von den nachfolgenden Meistern direkt an ihre Schüler weitergegeben wurde. Die Unterteilung des Dharmas in verschiedene Schulen wie die Rinzai-, Sōtō-, Unmon- oder Hōgen-Schule erzeugt aus seiner Sicht völlig überflüssige Missverständnisse, und es entstehen daraus gefährliche Rivalitäten und Eifersüchteleien. Meister Dōgen betont vor allem, dass diese Bezeichnungen niemals von den großen Meistern selbst, sondern von ihren unfähigen Schülern geprägt und in die Welt gesetzt wurden. Es ist geradezu verblüffend, dass er auch die Bezeichnung «Zen» für überflüssig und sehr gefährlich hält, und dass man unbedingt vermeiden sollte, sie zu verwenden.*

Der ewige Buddha Sōkei [Meister Daikan Enō][1] lehrte einst vor einer Versammlung, dass es von Enō bis zu den sieben Buddhas insgesamt vierzig Vorfahren gibt.[2] Dies zu erfahren und zu erforschen bedeutet, dass es vierzig Buddhas gibt, wenn wir von den sieben Buddhas bis zu Meister Enō gehen. Auf diese Weise zählen wir die Buddhas und Vorfahren auf. So sind die sieben Buddhas unsere sieben Vorfahren und die dreiunddreißig Vorfahren sind die dreiunddreißig Buddhas. Dies war Sōkeis Absicht und es ist Buddhas wahre und authentische Lehre. Diese Art zu zählen wurde nur an die rechtmäßigen Nachfolger weitergegeben, die die authentische Übertragung empfangen haben.

Von Śākyamuni Buddha ausgehend bis zu Sōkei erhielten vierunddreißig Vorfahren diese Übertragung. Jede einzelne dieser Übertragungen ist dasselbe wie die Begegnung zwischen Kāśyapa[3] und dem Tathāgata, und sie ist die vollkommene Übereinstimmung zwischen dem Tathāgata und Kāśyapa. So wie Śākyamuni Buddha unter

Kāśyapa Buddha lernte und praktizierte, ist es auch heute mit jedem Lehrer und Schü-
ler. Deshalb wurde die Schatzkammer des wahren Dharma-Auges immer unter vier
Augen von einem rechtmäßigen Nachfolger zum nächsten weitergegeben. Das wahre
Leben des Buddha-Dharmas ist nichts anderes als diese authentische Weitergabe. Da
der Buddha-Dharma immer auf diese Weise authentisch weitergegeben wird, ist diese
Übertragung vollkommen rechtmäßig.

Deshalb stehen uns das Wesentliche und die Tugend der Buddha-Wahrheit heute
ohne Abstriche zur Verfügung. Sie wurden einhunderttausendundacht Meilen weit
vom westlichen Himmel [Indien] bis in das östliche Land [China] überliefert und zweitausend Jahre lang von den Lebzeiten Buddhas an bis zum heutigen Tag weitergegeben. Aber die Menschen, die diese Wahrheit nicht erfahren und erforschen, behaupten ohne Grund falsche Dinge. Sie bezeichnen die Schatzkammer des wahren Dharma-
Auges und den wunderbaren Geist des Nirvāṇas, die von den Buddhas und Vorfahren
authentisch weitergegeben wurden, eigenmächtig als «Zen-Schule». Sie nennen den
Meister [Bodhidharma] unseren «Vorfahren im Zen» und sie sagen, die Menschen, die
[Zazen] praktizieren, seien «Zen-» oder «Dhyāna-Schüler».[4] Manche sagen von sich
selbst, sie würden den Schulen des Zen angehören. Dies sind [aber nur] die Zweige und
die Blätter [eines Baumes], dessen Wurzel eine falsche Sicht des Buddha-Dharmas ist.
Menschen, die sich selbst zu einer so genannten Zen-Schule zählen, sind Dämonen, die
Buddhas Wahrheit herabsetzen, denn eine solche Schule hat es niemals, früher oder
jetzt, weder in Indien noch in China, gegeben. Solche Menschen sind die ungebetenen
Feinde der Buddhas und Vorfahren.

In Sekimons Wald-Aufzeichnungen[5] heißt es:

*«Bodhidharma begab sich zuerst vom Reich der Liang-Dynastie zum Reich der
Wei-Dynastie. Er ging am Fuß des Berges Sū vorbei und ließ sich im Kloster Shōrin nieder. Dort saß er in der Stille und schaute nur auf die Wand. Das war alles: Er praktizierte nicht Zen-Meditation. Lange Zeit konnte niemand verstehen, warum er so saß,
und daher hielten die Menschen Bodhidharma für jemanden, der Zen-Meditation
praktiziert. Dhyāna war aber nur eine Form [von Bodhidharmas] Praxis. Wie könnte
es alles sein, was dieser Heilige tat? Die Menschen seiner Zeit, die die Chroniken schrie-
ben, stellten ihn wegen [dieser Praxis] in die Reihe der Zen-Meditierenden. Sie zählten
ihn zu der Gruppe [von Menschen], die kahlen Bäumen und toter Asche gleichen. Der
Heilige beschränkte sich aber nicht allein auf Dhyāna, obgleich er andererseits nicht von
Dhyāna abwich, in derselben Weise, wie die Kunst der Wahrsagung über Yin und Yang
hinausgeht, ohne gegen Yin und Yang zu verstoßen.»*[6]

Wir nennen [Bodhidharma] den achtundzwanzigsten Vorfahren [in Indien], da
der große [Mahā]kāśyapa der erste war. Wenn wir von Vipaśyin Buddha [dem ersten
der sieben Buddhas] aus zählen, ist [Bodhidharma] der fünfunddreißigste Vorfahre.
Die Erfahrung der Wahrheit der sieben Buddhas und der achtundzwanzig Dharma-
Vorfahren sollte sich aber nicht ausschließlich auf Dhyāna beschränken. Deshalb sagte
dieser alte Meister, dass Dhyāna nur eine Form der Praxis von vielen ist, denn wie
könnte dies alles sein, was der Heilige tat?

Dieser Meister hat die Menschen ein wenig durchschaut und er ist wirklich bis ins Innerste unseres Vorfahren [Bodhidharma] eingedrungen, deshalb sprach er so. In diesen Tagen dürfte es schwierig sein, im ganzen Königreich der Song einen solchen Menschen zu finden, es wird ihn wohl kaum geben. Selbst wenn die Dhyāna-Praxis [wesentlich] ist, sollten wir niemals den Namen «Zen-Schule» verwenden, umso mehr, als Dhyāna [Zazen] nicht das Ganze des Buddha-Dharmas ausmacht.

Wer die große Wahrheit, die authentisch von Buddha zu Buddha weitergegeben wurde, trotzdem eigenmächtig «Zen-Schule» nennt, hat Buddhas Wahrheit noch nicht einmal im Traum gesehen oder im Traum gehört, und er hat die Übertragung nicht einmal im Traum empfangen. Ihr solltet niemals anerkennen, dass diejenigen, die sich selbst zu einer Zen-Schule zählen, den Buddha-Dharma besitzen.

Wer hat eigentlich die Bezeichnung «Zen-Schule» erfunden? Keiner der Buddhas und Vorfahren hat diesen Namen jemals verwendet. Denkt daran, dass der Name «Zen-Schule» von Dämonen und Teufeln erfunden wurde. Menschen, die sich einen Namen geben, den die Dämonen und Teufel verwenden, gehören wohl selbst zu einer Gruppe von Dämonen. Sie sind nicht die Kinder und Enkel der Buddhas und Vorfahren.

«Vor einer Versammlung von tausenden Anwesenden auf dem Geiergipfel hielt der Weltgeehrte eine Uḍumbara-Blüte empor und bewegte sie [wortlos] mit den Fingern. Alle Versammelten verharrten in Schweigen. Nur der Ehrwürdige Mahākāśyapa lächelte. Der Weltgeehrte sagte: «Ich besitze die Schatzkammer des wahren Dharma-Auges und den wunderbaren Geist des Nirvāṇas; zusammen mit dem Saṃghāṭī-Gewand[7] gebe ich sie an Mahākāśyapa weiter.»[8]

Der Weltgeehrte gab dem großen Mahākāśyapa [den Dharma mit den Worten] weiter: «Ich besitze die Schatzkammer des wahren Dharma-Auges und den wunderbaren Geist des Nirvāṇas.» Er sagte nichts anderes [wie zum Beispiel]: «Ich besitze das Zen und gebe es an Mahākāśyapa weiter.» Er sagte «zusammen mit dem Saṃghāṭī-Gewand» und nicht «zusammen mit der Zen-Schule». Deshalb wurde der Name «Zen-Schule» zu Lebzeiten des Weltgeehrten niemals gehört.

Einst wandte sich der erste Vorfahre in China [Bodhidharma] an den zweiten [Meister Eka]:

«Die höchste und wunderbare Wahrheit aller Buddhas bedeutet, dass man viele Weltzeitalter lang beharrlich eine schwierige und mühsame Praxis ausübt; es bedeutet, dass man ertragen kann, was schwer zu ertragen ist. Wie könntest du erhoffen, das wahre Fahrzeug zu finden, wenn du wenig Tugend und Weisheit und einen oberflächlichen und eitlen Geist hast?»

Er sagte auch: *«Das Dharma-Siegel[9] der Buddhas kann man nicht von anderen Menschen bekommen.»*

Ein andermal sagte er: *«Der Tathāgata gab die Schatzkammer des wahren Dharma-Auges an den großen [Mahā]kāśyapa weiter.»*

Was [Bodhidharma] hier lehrt, ist Buddhas höchste und wunderbare Wahrheit, es ist die Schatzkammer des wahren Dharma-Auges und das Dharma-Siegel der Buddhas. Zu jener Zeit wurde der Name «Zen-Schule» nicht verwendet, und niemand hat jemals von den Ursachen und Umständen der Entstehung eines solchen Namens gehört. Die obige Schatzkammer des wahren Dharma-Auges wurde von Angesicht zu Angesicht durch ein Zeichen weitergegeben, in dem [Buddha] sich über eine Augenbraue strich; sie wurde mit dem Körper, mit dem Geist, mit den Knochen und dem Mark empfangen, und sie wurde mit dem Körper, mit dem Geist, mit den Knochen und dem Mark weitergegeben; sie wurde vor und nach dem Körper[10] empfangen und weitergegeben, und sie wurde durch den [universellen] Geist und außerhalb des [nur denkenden] Geistes[11] empfangen und weitergegeben.

Die Bezeichnung «Zen-Schule» wurde in den Orden des Weltgeehrten und des Mahākāśyapa niemals gehört; die Bezeichnung «Zen-Schule» wurde in den Orden des ersten und des zweiten Dharma-Vorfahren [in China] niemals gehört und sie wurde weder in den Orden des fünften und sechsten Vorfahren [in China] noch in den Orden von Seigen und Nangaku[12] gehört. Es gibt keinen Hinweis darauf, wer sie [zuerst] verwendete und zu welchem Zeitpunkt man sie zu verwenden begann. Es könnte sein, dass die Menschen, deren Absicht es war, den Dharma herabzusetzen und ihn zu stehlen, und die keine [wirklichen] Praktizierenden waren, obwohl sie [formal] praktizierten, ihn heimlich eingeführt haben. Wenn die Praktizierenden einer späteren Zeit aufs Geratewohl diesen Namen verwenden, den die Buddhas und Vorfahren niemals anerkannt haben, werden sie die Linie der Buddhas und Vorfahren verfälschen. Zudem erweckt der Name den Anschein, als gäbe es außerhalb des Dharmas der Buddhas und Vorfahren noch einen [anderen] Dharma, den man «Zen-Schule» nennt. Wenn es aber eine andere Wahrheit als die der Buddhas und Vorfahren gäbe, könnte sie [nur] von Menschen außerhalb der Buddha-Lehre vertreten werden. Ihr seid schon die Kinder und Enkel der Buddhas und Vorfahren, und so solltet ihr deren Knochen, Mark und Gesichter erfahren und erforschen. Ihr widmet euch schon der Wahrheit der Buddhas und Vorfahren und solltet diesem Ort hier nicht entfliehen. Lernt Buddhas Weg nicht von Menschen, die außerhalb der Buddha-Wahrheit stehen. Da ihr euch [schon] in der Vergangenheit um die Wahrheit bemüht habt, habt ihr – und dies ist selten – Körper und Geist eines Menschen erhalten. Wenn ihr nun trotz dieses guten Einflusses den Irrtum begeht, eine Wahrheit außerhalb der Lehre zu verbreiten, werdet ihr den Wohltaten der Buddhas und Vorfahren niemals gerecht werden.

Im großen Königreich der Song haben die gewöhnlichen Menschen im ganzen Land den falschen Namen «Zen-Schule» gehört, und deshalb verwenden sie solche falschen Namen wie «Zen-Schule», «Bodhidharma-Schule» und «Buddha-Geist-Schule», die miteinander im Wettbewerb stehen und Buddhas Wahrheit stören. Diese [Namen] sind die verwirrten Reden von Menschen, die die große Wahrheit der Buddhas und Vorfahren niemals gekannt haben und die weder erkennen noch darauf vertrauen, dass die Schatzkammer des wahren Dharma-Auges wirklich existiert. Wie könnte jemand, der die Schatzkammer des wahren Dharma-Auges selbst erfahren hat, der Buddha-Wahrheit einen falschen Namen geben?

Deshalb lehrte einmal Meister Sekitō Kisen[13] vom Kloster Sekitō auf dem Berg Nangaku in der Dharma-Halle: «*Mein Tor zum Dharma*[14] *wurde von den früheren Buddhas empfangen und [an die späteren] weitergegeben; es geht allein darum, Buddhas Weisheit zu erlangen, und nicht über die Ausdauer beim Dhyāna*[15] *zu reden.*»[16]

Denkt daran, dass alle Buddhas und Vorfahren, die die authentische Weitergabe von den sieben Buddhas und den vielen Buddhas [danach] empfangen haben, auf diese Weise sprechen. Die einzigen Worte, die sich verwirklicht haben, sind Sekitōs Worte: «Mein Tor zum Dharma wurde von den früheren Buddhas und Vorfahren empfangen und [an die späteren] weitergegeben.» Es entspricht nicht der Wirklichkeit, zu sagen: «Meine Zen-Schule wurde von den früheren Buddhas und Vorfahren empfangen und [an die späteren] weitergegeben.» [Sekitō] lässt uns einzig und allein Buddhas Weisheit erlangen, ohne über diese oder jene Einzelheit der Ausdauer beim Dhyāna zu reden. Sekitō erlangte nur Buddhas Weisheit, wobei er die Ausdauer beim Dhyāna keinesfalls ablehnte. Dies bedeutet, dass man die Schatzkammer des wahren Dharma-Auges besitzt und sie weitergibt.[17] [Sekitōs] «Ich» ist dasselbe wie [Buddhas] «Ich besitze», und [Sekitōs] Tor zum Dharma ist der authentische Dharma. Die Worte «mein», «ich besitze» und «mein Mark»[18] sind [wie bei Bodhidharmas] Weitergabe[19] [an Eka]: «Du hast mich [mein Mark] erlangt.»[20]

Meister Sekitō[21] war ein Schüler von Meister Seigen, unserem großen Vorfahren, und der Einzige, der in Seigens Innerstes gelangte. Er war das Dharma-Kind des ewigen Buddhas Sōkei, der [ihm als Novizen] den Kopf rasierte.[22] Deshalb war der ewige Buddha Sōkei sein Vorfahre und Vater und der große Meister Seigen sein älterer Bruder und sein Lehrer. Sekitō war ein hervorragender Meister der Buddha-Wahrheit in den Orden unserer großen Vorfahren. Nur ihm wurde Buddhas Wahrheit authentisch weitergegeben und nur er gelangte bis zu ihrem Kern. Jede einzelne Frucht und jedes einzelne Element der Wahrheit, die er verwirklicht hat, gehören der Zeitlosigkeit eines ewigen Buddhas und dem ewigen Jetzt eines ewigen Buddhas an. [Nur] ihn solltet ihr als das Auge der Schatzkammer des wahren Dharma-Auges ansehen und ihn niemals mit anderen gleichsetzen. Die unwissenden Menschen vergleichen Sekitō mit Baso Dō-itsu[23], aber dies ist falsch. Ihr solltet also bedenken, dass die Buddha-Wahrheit, die von den früheren Buddhas an die späteren weitergegeben wurde, nicht einmal «das Gleichgewicht beim Dhyāna» genannt wird; wie viel weniger könnte man sie «Zen-Schule» nennen und auf diese Weise von ihr sprechen? Ihr solltet wissen, dass es der größte Fehler war, Buddhas Wahrheit «Zen-Schule» zu nennen. Die unfähigen Menschen denken, [Buddhas Wahrheit] würde den Schulen ähneln, die entweder die Existenz oder die Leerheit hervorheben, und beklagen, dass das Studium einer Religion, die keinen Namen hat, auch ohne Inhalt sei. Buddhas Wahrheit war niemals so beschaffen, und ihr solltet ganz sicher sein, dass sie von Anfang an niemals «Zen-Schule» genannt wurde.

Die gewöhnlichen und beschränkten Menschen der heutigen Zeit kennen jedoch die Tradition der alten Meister nicht mehr. Menschen, denen [der Dharma] nicht von den früheren Buddhas weitergegeben wurde, irren sich, wenn sie sagen, im Buddha-Dharma gäbe es so etwas wie die Linien und Bräuche der fünf Schulen. Dies ist der Verfall des Natürlichen, und es gibt nicht einen, nicht einmal einen halben Menschen, der diesen Verfall wiedergutgemacht hätte. Mein früherer Meister Tendō, der ewige Buddha, war der erste, der sein Bedauern über diese Situation [öffentlich] bekundete. Dies war seine Mission als Mensch und seine Vollendung des Dharmas.

Mein früherer Meister, der ewige Buddha, gab einmal eine Darlegung in der Dharma-Halle: «*Es ist nicht der [wahre] Buddha-Dharma und nicht der Weg der Vorfahren und Meister, wenn heute einige Leute die Unterschiede in den Bräuchen der Unmon-, der Hōgen-, der Igyō-, der Rinzai- und der Sōtō-Schule herausstellen.*»

Es ist schwer, jemandem zu begegnen, der diese klaren Worte auch nur [ein Mal] in tausend Jahren erkannt und verwirklicht hat, und nur mein früherer Meister sprach sie aus; es ist selten, sie in den zehn Richtungen des Universums zu hören, allein in seinem vollkommenen Orden hörte man sie. Deshalb gibt es unter tausend Mönchen keinen einzigen, der fähig ist die Wahrheit zu hören und zu sehen; wie viel weniger gibt es einen, der mit seinem ganzen Geist hört, und noch viel weniger einen, der mit seinem ganzen Körper hört? Selbst wenn sie Millionen von Weltzeitaltern lang mit ihrem ganzen Körper und Geist hören würden, könnten sie niemals mit dem ganzen Körper und Geist meines früheren Meisters hören, ihn erfahren, ihm vertrauen und sich befreien. Es ist bedauerlich, dass alle im ganzen großen Königreich der Song denken, mein früherer Meister stünde auf derselben Stufe wie die erfahrenen Praktizierenden anderer Gegenden. Sollten wir diejenigen, die so denken, als Menschen mit Augen oder als Blinde ohne Augen ansehen? Ferner haben manche gedacht, mein früherer Meister sei gleichrangig mit Rinzai und Tokuzan. Man kann sagen, dass diese Leute meinen früheren Meister nie gesehen haben und dass sie auch Rinzai nie begegnet sind. Bevor ich mich vor meinem früheren Meister, dem ewigen Buddha, niederwarf, wollte ich die tiefgründigen Lehren der fünf Schulen studieren, aber nachdem ich mich vor meinem früheren Meister, dem ewigen Buddha, niedergeworfen hatte, war mir klar, dass die fünf Schulen nur verwirrende Namen sind.

Deshalb gab es auch zu der Zeit, als der Buddha-Dharma im großen Königreich der Song zur Blüte kam, die Namen der fünf Schulen noch nicht. Es gab keinen alten Meister, der solche Namen verbreitet oder trennende, sektiererische Bräuche erwähnt hätte. Erst nachdem der Buddha-Dharma schwach geworden war, kamen die Namen der fünf Schulen auf. Dies ist so, weil die Menschen nicht mehr aufrichtig praktizieren und nicht mit ihrer ganzen Kraft nach der Wahrheit streben. Jeden aufrichtigen Mönch, der die Wahrheit wirklich erfahren und erforschen möchte, kann ich nur nachdrücklich warnen: Haltet nicht die verwirrenden Namen der fünf Schulen aufrecht und vertretet auch nicht die Idee fünf verschiedener Linien und Bräuche. Noch viel weniger befasst euch mit den drei Tiefgründigkeiten[24], den drei Angelpunkten[25], den vier Sichtweisen[26], den vier Beziehungen zwischen Denken und Tun[27], den neun Kriterien[28] usw. Und noch viel weniger mit den drei Leitsätzen[29], den fünf Positionen[30] und den zehn Arten wahrer Weisheit.[31]

Die Wahrheit des alten Meisters Śākyamuni entspricht nicht diesem engen Denken und wir betrachten diese Art von Denken nicht als umfassend. Solche Theorien sind nicht die Wirklichkeit, und im Kloster Shōrin und auf dem Berg Sōkei wurden sie niemals gehört. Es ist bedauerlich, dass sie von den Menschen wiederholt werden, die den Dharma in diesem dekadenten Zeitalter nicht mehr hören wollen, weil ihr Körper und Geist stumpf und ihre Augen blind sind. Die Kinder und Enkel der Buddhas und Vorfahren und ihre Nachkommen sollten niemals solche Worte benutzen und solche Reden führen. Diese schwachsinnigen Aussagen wurden von den Meistern, die [im Dharma] der Buddhas und Vorfahren lebten und ihn bewahrt haben, niemals gehört. Die mittelmäßigen Lehrer der heutigen Zeit, die nicht die ganze Wahrheit des Buddha-Dharmas gehört haben, die sich nicht dem Weg der Vorfahren hingeben, die ihr wahres Wesen verleugnen und stolz auf ein, zwei unbedeutenden Kleinigkeiten beharren, haben solche Schulen und Namen eingeführt. Wenn die Namen erst einmal eingeführt sind, folgen die schwachen Schüler blindlings solchen Schatten, weil sie nicht gelernt haben, wie man das Wesentliche erforscht. Solche Menschen haben kein Verlangen danach, die Alten zu lieben und sie zu verehren. Ihr Handeln wurde durch die allzu weltlichen Gewohnheiten verdorben. Selbst Laien warnen vor dem Unsinn, den weltlichen Gewohnheiten zu folgen.

König Bun[32] fragte einst seinen Berater [den Fischer Bō][33]: *«Wie kommt es, dass, selbst wenn ein Herrscher sich intensiv bemüht, weise Berater in seinen Dienst zu stellen, er doch keinen Vorteil davon hat, die Gesellschaft immer unruhiger und [das Land] zunehmend gefährdet wird?»*

Der Fischer sagte: *«Er stellt zwar weise Berater in seinen Dienst, aber er lernt nicht von ihnen. Obwohl er weise Berater mit großen Namen einstellt, benutzt er ihre Weisheit nicht zum eigenen Vorteil.»*

König Bun fragte: *«Wo liegt der Fehler?»*

Der Fischer sagte: *«Der Fehler liegt darin, dass [die Herrscher] es lieben, den Menschen zuzuhören, die von der Welt hoch gelobt werden, anstelle den Rat der wirklichen Weisen selbst einzuholen.»*

König Bun sagte: *«Was bedeutet es, dass die Herrscher es lieben, den Menschen zuzuhören, die von der Welt hoch gelobt werden?»*

Der Fischer sagte: *«Den Menschen zuzuhören, die von der Welt gelobt werden, bedeutet, die Nicht-Weisen für weise, die Nicht-Intelligenten für intelligent, die Nicht-Treuen für treu und die Nicht-Vertrauenswürdigen für vertrauenswürdig zu halten. Wenn der Herrscher die Menschen, die von der Welt gelobt werden, als weise und intelligent, und die anderen, die von der Welt verschmäht werden, als wertlos ansieht, werden die Gelobten, die viele Freunde haben, vorwärtskommen, während die anderen, die wenige Freunde haben, verschwinden. Wenn also die Unrechten sich zusammentun und den Weisen den Weg versperren, sterben treue Gefolgsmänner zu Unrecht und die falschen Gefolgsmänner nutzen ihre nichtssagenden Triumphe, um am Hof aufzusteigen. Deshalb gerät die Gesellschaft immer mehr in Unordnung und das Land kann der großen Gefahr nicht entkommen.»*[34]

Selbst Weltmenschen beklagen, dass ihr Land und ihre Wertmaßstäbe in Gefahr sind. Wenn der Buddha-Dharma und die Buddha-Wahrheit gefährdet sind, sollten Buddhas Schüler dies auf jeden Fall beklagen. Der Grund für die Gefahr ist die willkürliche Anpassung an weltliche Gepflogenheiten. Wenn wir den Menschen zuhören, die von der Welt gelobt werden, finden wir keine wirklichen Weisen. Wenn wir sie finden wollen, müssen wir eine Vorgehensweise auf der Grundlage der Weisheit entwickeln, die die Vergangenheit durchschaut und klar in die Zukunft blickt. Menschen, die von der Welt gelobt werden, sind nicht immer weise und heilig, und Menschen, die von der Welt verschmäht werden, sind auch nicht immer weise und heilig. Auch wenn wir drei verschiedene Fälle vor unseren Augen haben, bei denen die Weisen verschmäht und die Unrechten gelobt werden, dürfen uns diese nicht verwirren. Es ist ein großer Nachteil für das Land, wenn es seine Weisen nicht einsetzt, und ein Land ist wirklich zu bedauern, wenn die Unwürdigen eingesetzt werden.

Da die Welt so in Verwirrung geraten ist, wurden die Namen der fünf verschiedenen Schulen eingeführt. Viele Menschen folgen den weltlichen Gewohnheiten, aber nur wenige verstehen das Weltliche als das Weltliche. Ihr solltet diejenigen, die die Welt verändern, als Heilige ansehen, denn es ist wohl eine große Dummheit, der Welt nur zu folgen. Wie könnten die Menschen, die der Welt nur folgen, Buddhas wahren Dharma erkennen? Wie könnten sie Buddhas und Meister werden? Seit den sieben Buddhas wurde [der Dharma nur] von einem rechtmäßigen Nachfolger zum anderen weitergegeben: Wie könnte diese persönliche Weitergabe den fünf verschiedenen Versionen der Ordensregeln[35] gleichen, die in Indien eingeführt wurden und deren Verständnis nur auf Worten beruhte?

Deshalb solltet ihr wissen, dass die alten Meister, die das wahre Leben des Buddha-Dharmas zu ihrem eigenen wahren Leben machten, niemals gesagt haben, es gäbe fünf Schulen. Wer gelernt hat, dass es in der Buddha-Wahrheit fünf Schulen gäbe, ist kein rechtmäßiger Nachfolger der sieben Buddhas.

Mein einstiger Meister sagte vor einer Versammlung: «*In der neueren Zeit ist die Wahrheit unserer Vorfahren verfallen. Viele Gruppen von Dämonen und Tieren sind erschienen. Häufig reden sie von den Linien und Bräuchen der fünf Schulen. Dies ist wirklich sehr unglücklich und bedrückend.*»

Daran könnt ihr ganz klar erkennen, dass die achtundzwanzig Meister in Indien und die zweiundzwanzig Vorfahren in China niemals gelehrt haben, dass es fünf verschiedene Schulen gäbe. Die alten Meister, die man wirklich als Meister bezeichnen kann, haben alle so gesprochen. Wer die Namen der fünf Schulen aufrechterhält und behauptet, jede Schule habe ihre eigenen Grundprinzipien, verdreht Buddhas Wahrheit und täuscht die Menschen dieser Welt. Solche Menschen wissen nur wenig und haben ein ärmliches Verständnis [des Dharmas]. Wie hätte der Buddha-Weg bis zum heutigen Tag überliefert werden können, wenn jeder seine eigene Wahrheit entwickeln würde? Dann hätte Mahākāśyapa seine eigene und auch Ānanda seine eigene Wahrheit entwickelt und begründet. Wenn das Prinzip der individuellen Einführung der wahre Weg wäre, wäre der Buddha-Dharma in Indien schon sehr früh ausgestorben. Aber wer könnte Prinzipien unterstützen, die von einzelnen Individuen aufgestellt wurden? Wer könnte bei den Prinzipien dieser Individuen entscheiden, welche die richtigen und welche die falschen sind? Wer könnte auch nur bei einem Prinzip erkennen, ob es zum Buddha-Dharma gehört oder nicht, wenn man nicht zwischen richtig und falsch unterscheiden kann? Solange dies nicht geklärt ist, ist es schwierig, irgendetwas «Buddhas Wahrheit» zu nennen. Die Namen der fünf Schulen wurden nicht zu Lebzeiten der Meister und Vorfahren eingeführt. Seit dem Tod der alten Meister, die man heute als die Vorfahren der fünf Schulen bezeichnet, haben unverständige Menschen diese Namen eingeführt, ohne ihre Väter zu fragen und im Widerspruch zu ihren Vorfahren. Sie waren nur mittelmäßige Schüler ihrer Linien, und ihre Augen waren nicht klar und sie konnten keinen Schritt alleine gehen. Diese Wahrheit ist offenkundig und jeder sollte sie kennen.

Zen-Meister Isan Reiyū[36] vom großen Berg I[37] war ein Schüler von Hyakujō Daichi.[38] Zu Lebzeiten des Hyakujō wirkte er als der Meister vom Berg I, aber er selbst nannte den Buddha-Dharma niemals «Igyō-Schule».[39] Auch Hyakujō sagte nicht zu Isan, dieser solle von der Zeit an, als er als Meister des Klosters auf dem Berg I wirkte, den Namen «Igyō-Schule» verwenden. Weder Isan noch Meister Hyakujō haben diesen Namen jemals verwendet. Deshalb solltet ihr wissen, dass es ein falscher Name ist. Selbst wenn die Menschen sich erlauben, die Bezeichnung «Igyō» willkürlich als Name für eine Schule zu verwenden, sollten sie sich nicht erdreisten, [Isans Schüler] Kyōzan [im zweiten Teil des Namens] zu erwähnen.[40] Hätten [Isan und Kyōzan] ihre Namen [als Namen für eine Schule] benutzen wollen, dann hätten sie das getan; nachdem dies aber nicht geschehen ist, wurde ein solcher Name zu ihren Lebzeiten nicht verwendet und er wird auch heute nicht verwendet. Wir sprechen zum Beispiel nicht von einer Sōkei-Schule, einer Nangaku-Schule, einer Kōzei-Schule oder einer Hyakujō-Schule.[41] Für Isan war es unmöglich, sich zu Sōkeis Lebzeiten von ihm abzusetzen. Er konnte Sōkei weder übertreffen noch konnte er ihm ebenbürtig sein. Manches Wort oder manch halber Satz von Isan waren auch nicht immer im Einklang[42] mit den Aussagen seines Schülers Kyōzan.[43] Selbst wenn man annimmt, dass man damals den Namen einer Schule eingeführt hätte, hätte man sie Isan- oder Dai-i-Schule nennen können, aber es gab keinen Grund, sie Igyō-Schule zu nennen. Wenn es angebracht gewesen wäre, den Namen «Igyō-Schule» zu benutzen, wäre dies zu Lebzeiten der zwei verehrungswürdigen Vorfahren geschehen. Was hinderte sie daran, einen Namen zu verwenden, den sie zu ihren Lebzeiten hätten benutzen können? Wer also gegen den Buddha-Weg von Isan und Kyōzan verstößt und den Namen Igyō-Schule benutzt, der nicht einmal zu ihren Lebzeiten verwendet wurde, ist nicht ihr Kind und Enkel. Dieser Name war weder der ursprüngliche Wunsch von Meister Isan noch die Absicht des alten Kyōzan; er wurde nicht authentisch von einem wahren Meister weitergegeben und offensichtlich ist es der falsche Name einer falschen Gruppe. In der ganzen Welt der zehn Richtungen solltet ihr ihn niemals hören lassen.

Meister Rinzai Gigen[44] verließ eine Schule für Sūtra-Vorträge und wurde Schüler von Ōbaku.[45] Drei Mal bekam er Ōbakus Stock zu spüren und erhielt insgesamt sechzig Stockschläge. Er verwirklichte das Erwachen, während er im Orden von Daigu[46] praktizierte. In der [folgenden] Geschichte lebte er als der Meister des Klosters Rinzai in Chinshū. Selbst wenn er Ōbakus Geist nicht ganz verwirklicht hat, erwähnte er nicht mit einem oder auch nur einem halben Satz, dass der Buddha-Dharma, der ihm weitergegeben wurde, «Rinzai-Schule» genannt werden solle. Er offenbarte dies weder in seinem Handeln noch in seiner Lehre. Dennoch führten einige minderwertige Schüler seines Ordens, die weder dem Handeln ihres Vaters treu geblieben sind noch den Buddha-Dharma bewahrt haben, bald den Namen «Rinzai-Schule» ein. Wäre dies zu Lebzeiten von Meister Rinzai geschehen, hätte man darüber gesprochen, wie man diesen Namen vermeiden könne, denn er richtet sich ganz klar gegen die Lehre des alten Meisters selbst. Außerdem vertraute Rinzai, als im Sterben lag, Zen-Meister Sanshō E-nen[47] [den Dharma] mit den Worten an: *«Zerstöre die Schatzkammer meines wahren Dharma-Auges nicht nach meinem Tod!»*

E-nen sagte: *«Wie könnte ich es wagen, die Schatzkammer des wahren Dharma-Auges des Meisters zu zerstören?»*

Rinzai sagte: *«Was wirst du antworten, wenn jemand dich plötzlich [nach dem Dharma] fragt?»*

E-nen stieß sogleich einen [Katsu-]Schrei aus. Dann sagte Rinzai: *«Wer weiß, ob die Schatzkammer meines wahren Dharma-Auges, die ich diesem blinden Esel weitergegeben habe, nicht zerstört wird, wenn ich tot bin.»*[48]

Dies waren die Worte von Meister und Schüler. Rinzai sagte nicht, dass [E-nen] seine «Zen-Schule», seine «Rinzai-Schule» oder «seine Schule» nicht zerstören solle, sondern nur, dass sein Schüler die Schatzkammer seines wahren Dharma-Auges nicht zerstören solle. Ihr solltet klar erkennen, dass die große Wahrheit, die authentisch von Buddha zu Buddha weitergegeben wurde, nicht «Zen-Schule» und auch nicht «Rinzai-Schule» genannt werden darf. Nicht einmal im Traum solltet ihr sie «Zen-Schule» nennen. Selbst wenn die Zerstörung[49] [die Auflösung der Begriffe] ein natürliches Phänomen der Schatzkammer des wahren Dharma-Auges ist, wird sie auf diese Weise weitergegeben. [Rinzais Bemerkung, dass sein Dharma-Auge nach seinem Tod] nicht von einem blinden Esel zerstört werden soll, [ist ironisch gemeint;] sie ist in Wirklichkeit die authentische Weitergabe des Dharmas, die man auch als «Wer-weiß-schon!»[50] bezeichnet. In Rinzais Linie gab es nur den Nachfolger [E-nen] Sanshō. Ihr solltet ihn nicht mit seinen älteren und jüngeren Dharma-Brüdern verwechseln. In Wahrheit ist sein Platz unter einem hellen Fenster[51], [denn er war hervorragend]. Die Geschichte von Rinzai und Sanshō gehört zu denen der Buddhas und Vorfahren. Die Weitergabe [von Meister] Rinzai bis heute ist die [gleiche wie] die vom Geiergipfel aus jenen alten Tagen. Daraus geht klar hervor, dass wir den Namen «Rinzai-Schule» nicht benutzen sollten.

Meister Unmon[52] praktizierte früher unter dem ehrwürdigen Chin[53], und so könnte er ein Nachkomme von Ōbaku gewesen sein. Er war ein Nachfolger von Seppō. Auch Unmon sagte nicht, seine Schatzkammer des wahren Dharma-Auges solle

«Unmon-Schule» genannt werden. Aber die Anhänger seiner Linie, die nicht wissen, dass die Namen «Igyō-Schule» und «Rinzai-Schule» falsche Namen sind, haben daher den neuen Namen «Unmon-Schule» eingeführt. Wenn es Unmons Absicht gewesen wäre, einen Namen zur Gründung einer Schule festzulegen, dann könnte man kaum sagen, dass er den Körper und Geist des Buddha-Dharmas gehabt hätte. Wenn die Menschen heute den Namen dieser Schule aussprechen, ist es so, als würden sie den Kaiser einen Bauern[54] nennen.

Zen-Meister Hōgen[55] vom Kloster Seiryō war der rechtmäßige Nachfolger [von Meister Rakan Keichin] vom Kloster Jizō[56] und ein Dharma-Enkel [von Meister Gensa Shibi] vom Kloster Gensa.[57] Er hatte das Wesentliche der Lehre ohne Fehl erfasst. «Dai Hōgen» war der Meistertitel, den er verwendete, wenn er mit seinem Namen unterzeichnete. Nicht mit einem einzigen Wort von tausend Worten und nicht mit einem Satz unter zehntausenden Sätzen empfahl der Meister seinen Schülern, den Namen «Hōgen-Schule» zu benutzen, indem er seinen eigenen Namen als die Schatzkammer des wahren Dharma-Auges ausgegeben hätte. Dennoch haben die Anhänger seiner Linie die Bezeichnung «Hōgen-Schule» eingeführt. Wenn Hōgen die Gegenwart beeinflussen könnte, würde er die heutige falsche Benennung «Hōgen-Schule» auslöschen. Aber seit Zen-Meister Hōgen gegangen ist, gibt es niemanden, der diese Krankheit [der Namen] heilen kann. Selbst tausend oder zehntausend Jahre später sollten die treuen Schüler des Meisters es ablehnen, diese Bezeichnung als den Namen einer Schule anzusehen. Dies bedeutet, dass sie dem Zen-Meister Dai Hōgen wirklich treu sind. Im Allgemeinen sind die Anhänger des Unmon und des Hōgen die entfernten Nachkommen des großen Vorfahren Seigen; ihnen wurden die Knochen der Wahrheit und das Mark des Dharmas übertragen.[58]

Unser großer Vorfahre, der große Meister Tōzan[59], war der Dharma-Nachfolger von Ungan.[60] Ungan war der rechtmäßige Nachfolger des großen Meisters Yakusan.[61] Yakusan war seinerseits der rechtmäßige Nachfolger des großen Meisters Sekitō.[62] Der große Meister Sekitō war der einzige Dharma-Sohn unseres großen Vorfahren Seigen. Es gab keinen zweiten oder dritten, der ihm gleichkam, denn die Wahrheit und das Handeln wurde nur ihm authentisch weitergegeben. Es ist dem großen Meister Sekitō zu verdanken, dass das wahre Leben der Buddha-Wahrheit sich im östlichen Land [China] entwickeln und verbreiten konnte, denn ihm wurde die authentische Übertragung unverfälscht weitergegeben.

Unser großer Vorfahre Seigen verbreitete zur selben Zeit wie der ewige Buddha Sōkei dessen Lehren [auf dem Berg] Seigen. Dass [Sōkei] noch zu seinen Lebzeiten [seinen Schüler Seigen] aufforderte zu lehren, und dass Seigen dies in derselben Generation wie Sōkei tat, bedeutet, dass [Seigen] der rechtmäßige Nachfolger vor [allen anderen] rechtmäßigen Nachfolgern sein musste und dass er der größte von unseren großen Vorfahren gewesen ist. Es ist nicht so, [wie viele meinen,] dass es besser wäre, unter einem Lehrer zu lernen und zu praktizieren, und weniger gut, selbst der Meister eines Klosters zu werden. Die heutigen Schüler sollten allerdings wissen, dass die mittelmäßigen Lehrer jener Zeit heute als hervorragend angesehen würden.

Als der ewige Buddha Sōkei kurz vor seinem Tod noch die Menschen und Götter lehrte, so heißt es in einer Geschichte, erhob sich Sekitō von seinem Sitz in den hinteren Reihen[63] und fragte, welchem Lehrer er sich [nach Sōkeis Tod] anvertrauen sollte. Der ewige Buddha sagte ihm, er solle Seigen [Gyō-]Shi aufsuchen. Er sagte nicht, er solle zu Nangaku [E-]Jō gehen. Deshalb wurde die Schatzkammer des wahren Dharma-Auges des ewigen Buddha Sōkei nur an Seigen authentisch weitergegeben. Obwohl wir natürlich auch die [anderen] hervorragenden Schüler in Sōkeis Ordens anerkennen, die die Wahrheit gemeinsam mit ihm erlangten, war unser großer Vorfahre [Seigen] doch wirklich der hervorragendste.[64] Der ewige Buddha Sōkei machte sein eigenes Dharma-Kind [Sekitō] zu Seigens Dharma-Kind. Sekitō wiederum erlangte zweifellos das Mark der Wahrheit und war der rechtmäßige Nachfolger der alten Meister. Er war der Dharma-Vater [von Meister Yakusan Igen], der wiederum der Vater von [Ungan Donjō] war, und dieser war der Vater von [Tōzan Ryōkai].

Dem großen Meister Tōzan, Seigens legitimem Erben in der vierten Generation, wurde die Schatzkammer des wahren Dharma-Auges authentisch weitergegeben und sein Auge öffnete sich dem wunderbaren Geist des Nirvāṇas. Abgesehen von dieser Weitergabe gibt es keine besondere Weitergabe oder spezielle Schule. Zu jener Zeit erhob der große Meister [Tōzan] auch nicht seine Faust vor den Versammelten oder deutete durch ein Zeichen an, dass [für seine Linie] der Name «Sōtō-Schule» verwendet werden sollte. Auch gab es keine Wankelmütigen unter seinen Schülern, die den Namen «Tōzan-Schule» benutzt hätten, wie viel weniger hätten sie von einer «Sōtō-Schule» sprechen können?

Der Name «Sōtō-Schule» könnte so entstanden sein, dass man den Namen von [Meister] Sōzan[65] mit einbezog. Aber in diesem Fall hätten Ungo[66] und Dō-an[67] auch mit einbezogen werden müssen. Ungo war ein Führer und Meister der Menschen und des Himmels, und er war verehrungswürdiger als Sōzan. Was den Namen «Sōtō» betrifft, solltet ihr endlich klar erkennen, dass irgendein stinkender Hautsack, der einer Seitenlinie angehörte und der sich selbst auf eine Stufe mit [Tōzan] stellen wollte, sich diesen Namen ausgedacht hat. Selbst wenn es wahr ist, dass die helle Sonne weithin strahlt, scheint es, als würden tiefer ziehende Wolken sie verdunkeln.

Mein früherer Meister sagte: «*Heute gibt es viele, die im ganzen Land auf den Sitz des Löwen steigen und sich als Lehrer von Menschen und Göttern ausgeben, aber nicht einer von ihnen kennt die Wahrheit des Buddha-Dharmas.*»

Deshalb sind die Menschen, die sich ereifern und lauthals eine der fünf Schulen verkünden, und die zu Unrecht an einem einzigen von vielen Worten kleben, in Wahrheit die Feinde der Buddhas und der Vorfahren. Einmal hat man eine Schule nach dem Zen-Meister [E-]Nan vom [Berg] Ōryū[68] benannt und man begann sie als «Ōryū-Schule» zu bezeichnen, aber bald wird auch diese Schule ihren Irrtum erkennen. Zu Lebzeiten des Weltgeehrten gab es keine Namen [wie] «Buddha-Schule» oder «Geiergipfel-Schule»; man sprach auch niemals von einer «Jetavana-Park-Schule» noch von einer «Mein-Geist-Schule» oder einer «Buddha-Geist-Schule». In welchem von Buddhas Worten kommt der Name «Buddha-Schule» vor? Weshalb verwenden die Menschen heute den Namen «Buddha-Geist-Schule»? Aus welchem Grund sollte der Weltgeehrte unbedingt eine Schule nach dem Geist benannt haben? Und weshalb sollte eine Schule sich unbedingt auf den Geist beziehen? Angenommen, es gäbe eine Buddha-Geist-Schule, dann müsste es auch eine Buddha-Körper-, Buddha-Augen-, Buddha-Ohren-, Buddha-Nasen-, Buddha-Zungen-Schule usw. geben. Es müsste auch eine Buddha-Mark-, Buddha-Knochen-, Buddha-Fuß- und eine Buddha-Land-Schule usw. geben. Gegenwärtig gibt es solche Bezeichnungen nicht. Denkt immer daran, dass der Name «Buddha-Geist-Schule» ein falscher Name ist.

Śākyamuni Buddha lehrte die wirkliche Form aller Dharmas in den Buddha-Ländern der zehn Richtungen. Als er die Buddha-Länder der zehn Richtungen darlegte, sagte er nicht, dass er in all diesen Ländern eine eigene Schule eingeführt oder gegründet habe. Wenn das Benennen von speziellen Schulen eine Methode der Buddhas und Vorfahren gewesen wäre, hätte sie bereits in den Buddha-Ländern existiert. Wenn es dort Schulen gegeben hätte, hätte der Buddha von ihnen gesprochen. Aber Buddha hat solche Dinge nicht gelehrt. Ihr solltet wissen, dass [Schulen] keine Werkzeuge in den Buddha-Ländern waren, und unsere Vorfahren sprachen nicht davon. Es ist offensichtlich, dass sie auch kein Werkzeug im Wirkungsbereich der Vorfahren waren. [Wenn ihr dies aber glaubt,] könntet ihr nicht nur von anderen Menschen ausgelacht, sondern auch den Buddhas abgelehnt und sogar von euch selbst ausgelacht werden. Ich bitte euch, gebt den Schulen keine Namen und sagt niemals, dass es im Buddha-Dharma fünf Schulen oder Häuser gäbe.

In neuerer Zeit gibt es einen Mann namens Chisō[69], der einem Kind gleicht. Er hat jeweils ein oder zwei Aussagen der alten Meister ausgewählt und damit die fünf Schulen beschrieben. Diese Aufzeichnungen nennt er «die Augen der Menschen und Götter».[70] Die gewöhnlichen Menschen sind unfähig zu unterscheiden, [was wertvoll ist;] die Anfänger und diejenigen, die später zum Buddha-Dharma gekommen sind, halten dieses Werk für wertvoll und wahr, und es gibt sogar einige, die es in ihrer Kleidung versteckt halten. Diese Sammlung hat nicht die Dharma-Augen von Menschen und Göttern, sondern das Buch verdunkelt die Augen der Menschen und Götter. Wie könnte es die Tugend haben, dass sogar die Schatzkammer des wahren Dharma-Auges überschritten wird?

Solche [unbrauchbaren] Augen der Menschen und Götter wurden von dem alten Mönch Chisō vom Kloster Man-nen auf dem Berg Tendai[71] etwa im zwölften Mondmonat der Ära Junki[72] herausgegeben. Selbst ein Buch, das später erschienen ist, sollte anerkannt werden, wenn die Worte darin wahr sind. Aber dieses Buch ist verwirrend und dumm, es hat nicht das Auge der Erfahrung und des Studiums [des Dharmas]; es hat nicht einmal eine Sicht, die über die Entfernung der Fußreise eines Tages hinausgeht. Wie viel weniger könnte es Augen haben, die den Buddhas und Vorfahren begegnet sind? Ihr solltet dieses Buch nicht lesen. [Sein Autor] sollte nicht Chisō[73], sondern Gumō[74] heißen. Hier hat ein Mensch, der nicht fähig ist, einen wahren Menschen zu erkennen, und der niemals einem solchen Menschen begegnet ist, Worte und Sätze gesammelt, ohne dabei die Worte und Sätze der wahren Menschen einzubeziehen. Man kann sagen, dass er unfähig ist, einen wahren Menschen zu erkennen.[75]

Der Grund, warum die Menschen, die in China Buddhas Lehre übernommen haben, die Namen von verschiedenen Schulen verwendet haben, liegt darin, dass es dort [Meister] gab, die sich solchen verschiedenen [Schulen] angehörig fühlten und miteinander im Wettstreit lagen. Nunmehr wird die Schatzkammer des wahren Dharma-Auges der Buddhas und Vorfahren [in unserem Land] von einem rechtmäßigen Nachfolger zum nächsten übertragen, und diese Schatzkammer liegt mit niemandem im Wettstreit. Ihr solltet sie nicht auf die gleiche Ebene [mit diesen so genannten Schulen] stellen oder sie mit ihnen vermischen.

Dennoch verwenden auch ältere Praktizierende, denen man aber nicht vertrauen darf, heute dauernd die Namen von diesen Schulen. Sie vertreten aber nur ihre eigenen Interessen und haben keine Achtung vor der Buddha-Wahrheit und sie schätzen sie nicht. Die Buddha-Wahrheit ist nicht euer persönlicher Besitz, sondern die Buddha-Wahrheit der Buddhas und Vorfahren, und sie ist die Buddha-Wahrheit der Buddha-Wahrheit.

Ein Fischer sagte einst zu dem König Bun: «*Das ganze Land ist nicht das persönliche Land eines einzigen Menschen, sondern es ist das ganze Land des ganzen Landes.*»[76]

Sogar ein Laie war so weise und sagte dies. Die Kinder des Hauses der Buddhas und Vorfahren dürfen es nicht erlauben, dass die große Wahrheit der Buddhas und Vorfahren den Dummen und Blinden folgt, indem sie sich selbst den Namen einer Schule geben. Dies ist ein großes Vergehen, und wer es verübt, ist kein Mensch der Buddha-Wahrheit. Der Weltgeehrte hätte selbst die Namen der Schulen gelehrt, wenn er dies für notwendig gehalten hätte. Weshalb sollten wir, seine Nachfolger, solche Namen nach seinem Tod verwenden, da der Weltgeehrte dies nicht tat? Wer könnte erfahrener gewesen sein als der Weltgeehrte? Wie könnten diejenigen, die unerfahren sind, für uns von Nutzen sein? Ich wiederhole: Da die Buddhas und Vorfahren nicht gegen die altehrwürdige Wahrheit verstoßen haben und keine eigenen Schulen gründeten, stellt sich die Frage, welche der Kinder und Enkel ihre eigene Schule als eine besondere Schule ansehen dürfen. Ihr solltet erfahren und erforschen, wie man die Vergangenheit durchschaut und über das Jetzt der Gegenwart nachdenkt. Seid nicht unbesonnen.

Als der Weltgeehrte noch in der Welt weilte, war es die Hoffnung der Schüler, sich nicht um eine Haaresbreite von seiner Lehre zu entfernen. Für die zurückgelassenen Schüler gibt es nur das Bedauern, die Lehre nicht erlangt, oder die Freude, sie wirklich erlangt zu haben. Es bleibt ihnen nur der Wunsch, sich keinesfalls, und sei es auch nur um Haaresbreite, [von Buddhas Lehre] zu entfernen. Deshalb solltet ihr geloben, Buddhas Wahrheit zu finden und ihr viele Leben lang zu dienen, und ihr solltet euch danach sehnen, dem Buddha viele Leben lang zu begegnen und den Dharma zu hören. Wer willentlich gegen die Lehre des Weltgeehrten verstoßen hatte, als er in dieser Welt weilte, und wer seither die Namen von Schulen eingeführt hat, ist weder der Schüler des Tathāgata noch der Nachkomme der alten Meister. Dies zu tun, wiegt schwerer als ein schweres Verbrechen.[77] Indem sie des Tathāgata höchste Wahrheit auf die leichte Schulter nehmen und nur die Interessen ihrer eigenen Schulen vertreten, missachten solche Menschen ihre Vorfahren und wenden sich gegen sie. Man kann auch sagen, dass sie ihre Vorfahren nicht kennen und nicht an die Tugenden glauben, die es zu Lebzeiten des Weltgeehrten gab. Der Buddha-Dharma kann nicht in ihrem Haus weilen.

Kurz: Ihr solltet die Namen von Schulen weder sehen noch hören, wenn ihr das Handeln auf dem Weg eines [wahren] Schülers von Buddha wirklich authentisch empfangen und weitergeben wollt. Alle Buddhas und Vorfahren haben die Schatzkammer des wahren Dharma-Auges und die unübertreffliche Wahrheit Buddhas rechtmäßig empfangen und weitergegeben. Der Dharma, den die Buddhas und Vorfahren besaßen, wurde in ganzem Umfang durch die Buddhas weitergegeben, und es gibt nichts Neues, was dem Dharma hinzugefügt werden müsste. Dieser Grundsatz ist nichts anderes als die Knochen des Dharmas und das Mark der Wahrheit.

SHŌBŌGENZŌ BUTSUDŌ

Dargelegt vor einer Versammlung im Kloster Kippō im Bezirk Yoshida der Präfektur Fukui am 16. Tag des neunten Mondmonats im ersten Jahr der Ära Kangen [1243].

Anmerkungen

1   Meister Daikan Enō (638–713) war ein Nachfolger von Meister Daiman Kōnin. Er war der dreiunddreißigste Vorfahre in Indien und der sechste Vorfahre in China.

2   Frei wiedergegeben aus dem *Rokuso dankyō* («Plattform-Sūtra»), das Meister Daikan Enō zugeschrieben wird.

3   Kāśyapa Buddha war der sechste der sieben alten Buddhas. Der siebte war Śākyamuni Buddha. Siehe Kap. 15, *Busso*.

4   *Zenna su* 禅和子. *Zenna* 禅和 ist die phonetische Wiedergabe von sanskr. *dhyāna*, wörtl. «Meditation» oder «Versenkung». *Su* 子 ist wörtl. «Kind» oder «Schüler».

5   Das *Sekimon rinkan roku* («Sekimons Wald-Aufzeichnungen») ist ein Werk in zwei Bänden, das erstmals 1107 herauskam. Es wurde von Meister Kakuhan Ekō (1071–1128) zusammengestellt; «Sekimon» war der Name der Provinz, in dem sein Kloster lag.

6   Diese Passage wird in ähnlicher Form auch in Kap. 30, *Gyōji*, zitiert.

7   Das große Gewand. Die verschiedenen Gewänder werden in Kap. 12, *Kesa kudoku*, eingehend erklärt.

8   Zitiert aus dem *Nen-ge* («Das Emporhalten der Blüte»). Dies ist ein Kapitel des *Daibonten ō monbutsu ketsugi kyō*. Siehe auch *Shinji shōbōgenzō*, Teil 3, Nr. 54, und *Shōbōgenzō*, Kap. 68, *Udonge*.

9   *Hō-in* 法印, «das Dharma-Siegel», gibt die Bedeutung von sanskr. *dharmoddāna* oder *dharma-uddāna* wieder. Manchmal werden drei Siegel erwähnt, nämlich das Ergründen der Wirklichkeit als *anitya* («unbeständig», «vergänglich»), als *an-ātman* («ohne Selbst», «ohne Entität») und als *nirvāṇa* («erloschen», «bar jeder Illusion»). Eine Lehre, die nicht diese drei Siegel enthält, wird nicht als der Buddha-Dharma angesehen.

10 *Shinsen shingo* 身先身後, wörtl. «vor dem Körper und nach dem Körper». Der Ausdruck beschreibt die Kontinuität der Anstrengungen im Dharma, die sowohl augenblicklich als auch ewig sind.

11 *Shinjō shinge* 心上心外, frei übersetzt: «auf der Grundlage des [universellen] Geistes und außerhalb des [nur denkenden] Geistes».

12 Meister Seigen Gyōshi (660?–740) und Meister Nangaku Ejō (677–744) waren beides Schüler von Meister Daikan Enō, dem sechsten Vorfahren in China. Meister Dōgens Linie geht von Meister Seigen und die Rinzai-Linie von Meister Nangaku aus.

13 Meister Sekitō Kisen (700–790), Nachfolger von Meister Seigen Gyōshi. Im Text wird er unter seinem posthumen Namen «großer Meister Musai» erwähnt.

14 *Hōmon* 法門, «das Tor zum Dharma», bedeutet die Art, den Dharma zu lehren. Im *Fukan zazengi* beschreibt Meister Dōgen Zazen als *anraku [no] hōmon* 安楽法門, «das Dharma-Tor des Friedens und der Freude».

15 *Zenjō shōjin* 禅定精進, «Ausdauer beim Zen». *Zenjō* 禅定 ist die japanische Aussprache der Kanji, mit denen sanskr. *dhyāna* ins Chinesische übertragen wurde. *Zenjō* 禅定 steht für den Zustand des Gleichgewichts beim Zazen oder die Praxis des Zazen selbst. *Shōjin* 精進 ist die Wiedergabe von sanskr. *virya*. *Dhyāna* und *virya* sind zwei der sechs Pāramitās: 1. *dāna* (Freigebigkeit), 2. *śīla* (ethisches Verhalten), 3. *kṣānti* (Kraft), 4. *virya* (Ausdauer), 5. *dhyāna* (Gleichgewicht in der Meditation) und 6. *prajñā* (intuitive Weisheit).

16 *Keitoku dentō roku*, Kap. 14.

17 *Go-u shōbōgenzō fuzoku* 吾有正法眼藏付属, «Ich besitze die Schatzkammer des wahren Dharma-Auges ... und ich gebe sie ... weiter.»

18 *Gozui* 吾髓, wörtl. «mein Mark», bezieht sich auf die Worte von Meister Bodhidharma an Meister Taiso Eka: *nyotoku gozui* 汝得吾髓, «du hast mein Mark erlangt». Siehe Kap. 46, *Kattō*.

19 *Fuzoku* 付属, wörtl. «ich gebe sie weiter», bezieht sich auf die Dharma-Weitergabe von Buddha auf Meister Mahākāśyapa. Meister Dōgen sagt hier, dass die Weitergabe seitens Buddhas, Meister Bodhidharmas und Meister Sekitōs genau dieselbe ist.

20 *Nyotoku* 汝得. Meister Bodhidharmas Worte *nyotoku gozui* 汝得吾髓, «du hast mein Mark erlangt», symbolisiert die Einheit von Subjekt und Objekt, von Meister und Schüler in der Dharma-Weitergabe.

21 Im Text «der große Meister Musai». Dies war der posthume Titel von Meister Sekisō.

22 Meister Daikan Enō starb 713, als Meister Sekitō erst 13 oder 14 Jahre alt war. Danach wurde Meister Sekitō Schüler von Meister Seigen, der Meister Daikan Enōs Nachfolger war.

23 Meister Baso Dō-itsu (709–788) war der Nachfolger von Meister Nangaku Ejō und Zeitgenosse von Meister Sekitō. Die Rinzai-Linie führt über Meister Baso. Im Text steht sein anderer Name, «Daijaku von Kōzei».

24 *Sangen* 三玄, «die drei Tiefgründigkeiten», finden wir im *Rinzai Eshō Zenji goroku* («Aufzeichnung der Worte und Handlungen von Zen-Meister Rinzai»).

25 *Sanyō* 三要, «die drei Angelpunkte», kommen ebenfalls im *Rinzai Eshō Zenji goroku* vor.

26 *Shiryōken* 四料簡, «die vier Sichtweisen» bei Rinzai sind: 1. Es gibt kein Subjekt ohne Objekt, 2. die ganze Welt ist nur die Reflexion des eigenen Bewusstseins, 3. man kann die Dualität von Subjekt und Objekt überschreiten, und 4. letztlich gibt es weder Subjekt noch Objekt. Die vier Sichtweisen finden wir im *Rinzai Eshō Zenji goroku*.

27 *Shishōyō* 四照用, «die vier Beziehungen zwischen Denken und Tun», ist eine andere Lehre von Meister Rinzai: 1. Erst denken, dann handeln, 2. erst handeln, dann denken, 3. gleichzeitig denken und handeln, 4. denken und handeln jenseits der Gleichzeitigkeit.

28 *Kyūtai* 九帯, wörtl. «neun Gürtel», sind die neun von Meister Fuzan Hō-en (991–1067) aufgestellten Kriterien, einen Schüler zu prüfen und ihn zu führen.

29 *Sanku* 三句, «drei Leitsätze». In der Unmon-Schule wurden für die Schulung der Mönche drei kurze, von Meister Unmon verfasste Sätze benutzt.

30 *Go-i* 五位. Die «fünf Positionen» beschreiben die Beziehungen zwischen der einen Wahrheit und den vielfältigen Dingen und Phänomenen. Sie wurden von Meister Tōzan gelehrt und von Meister Sōzan verändert. Siehe Kap. 66, *Shunju*, vgl. auch das *Hōkyō zanmai* von Meister Tōzan.

31 *Jūdōshinchi* 十同真智, «die zehn Arten wahrer Weisheit», die Meister Fun-yō Zenshō lehrte.

32 König Bun war ein Herrscher der Chou-Dynastie, die 1122 v. u. Z. begann und 867 Jahre lang die Geschicke Chinas lenkte.

33 Im Text *Taikō* 太公, eine Umschreibung von *taikōbō* 太公望, «Fischer». Es handelt sich hier um einen Mann, der anfänglich wohl Fischer, aber offenbar so weise war, dass ihn König Bun in seinen Dienst stellte und sich in wichtigen Angelegenheiten von ihm beraten ließ.

34 Aus dem daoistischen Text *Rikutō* («Die sechs Strategien»).

35 *Ritsu no gobu* 律の五部. Es heißt, dass es zu Lebzeiten von Meister Upagupta (dem vierten Vorfahren in Indien) bereits fünf verschiedene Versionen des Vinayas, d. h., der Or-

densregeln, gab: 1. den Vinaya der Dharmaguptakas; 2. den Vinaya der Sarvāstivādins; 3. den Vinaya der Mahīsāsakas; 4. das Prātimokṣa-Sūtra der Kāśyapīyas und 5. den Vinaya der Vāsīputrīyas.

36 Meister Isan Reiyū (771–853) war ein Nachfolger von Meister Hyakujō Ekai. Im Text wird er unter seinem posthumen Titel «Zen-Meister Dai-en» erwähnt. An dieser Stelle muss gesagt werden, dass Meister Dōgen die Bezeichnung «Zen-Meister» als posthumen Titel, der vom Kaiser verliehen wurde, nicht infrage stellt, sondern nur den Namen «Zen» für eine Schule.

37 *Dai-isan* 大潙山, «großer Berg I». In seinem Kommentar bezieht sich Meister Dōgen auf Meister Isan entweder mit dem Namen Isan oder Dai-i.

38 Meister Hyakujō Ekai (749–814) war ein Nachfolger von Meister Baso Dō-itsu. «Zen-Meister Dai-chi» ist sein posthumer Titel.

39 *Igyō* 潙仰 ist eine Kombination der Namen von Meister Isan Reiyū und seinem Schüler Meister Kyōzan Ejaku. Das *I* 潙 wird von Isan 潙山, und das *Kyō* 仰 (hier *gyō* gelesen) von *Kyōzan* 仰山 genommen.

40 Siehe die Zusammensetzung des Namens «Igyō» in Anm. 39.

41 Diese vier Namen gehören zu der Linie, die von Meister Daikan Enō, der auf dem Berg Sōkei lebte, bis zu Meister Nangaku Ejō, Meister Baso Dō-itsu, der im Bezirk Kōzei lebte, und zu Meister Hyakujō Ekai führt. Meister Isan Reiyū, der ein Nachfolger von Meister Hyakujō Ekai war, ist daher ein Nachfolger von Meister Daikan Enō in der vierten Generation.

42 In den Klöstern war es beispielsweise üblich, für schwere Wassereimer ein Tragholz zu verwenden, das mit den beiden Enden auf den Schultern zweier Mönche auflag. Meister Dōgen benutzt dies hier als Symbol der Übereinstimmung zwischen zwei Menschen.

43 Meister Dōgen drückt hier offenbar aus, dass Meister Isan und Meister Kyōzan wohl nicht immer einer Meinung in Bezug auf den Dharma waren.

44 Meister Rinzai Gigen (815?–867) war ein Nachfolger von Meister Ōbaku Ki-un. Im Text wird er unter seinem posthumen Titel «großer Meister Eshō» erwähnt.

45 Meister Ōbaku Ki-un (starb zwischen 855 und 859) war wie Meister Isan Reiyū ein Nachfolger von Meister Hyakujō Ekai.

46 Meister Kōan Daigu (Daten unbekannt), Nachfolger von Meister Kisū Chijō. Siehe *Shinji shōbōgenzō*, Buch 1, Nr. 27.

47 Meister Sanshō E-nen (Daten unbekannt), der Nachfolger von Meister Rinzai.

48 Siehe *Gotō egen*, Kap. 9.

49 *Mekkyaku* 滅却, «zerstören». *Metsu* 滅 findet sich auch in *shōmetsu* 生滅, «erscheinen und vergehen». Hier könnte es die Auflösung aller Ideen und Vorstellungen oder die Vergänglichkeit bzw. die Augenblicklichkeit aller Dinge im Universum bedeuten.

50 Obwohl Rinzai seinen Nachfolger als einen blinden Esel bezeichnet, ist dies nach Meister Dōgen dennoch die authentische Weitergabe des Dharmas.

51 Unter einem hellen Fenster ist ein passender Platz, um die Sūtren zu lesen. Ein Meister könnte diese Worte zu einem Mönch gesagt haben, in dem er die Begabung eines ausgezeichneten Schülers erkannte. Die Quelle dieses Zitats ist unbekannt.

52 Meister Unmon Bun-en (864–949) war ein Nachfolger von Meister Seppō Gison. Im Text «der große Meister Kyōshin vom Berg Unmon». Dies ist sein posthumer Titel.

53 «Der ehrwürdige Chin» war Meister Bokushū Dōmyō (Daten unbekannt), ein Nachfolger von Meister Ōbaku Ki-un.

54 *Hippu* 匹夫, wörtl. «einziger Mann», das heißt, ein Mann, der der Ehemann einer einzigen Frau ist. Im alten China stand *hippu* für einen Mann niedrigen Standes.

55 Meister Hōgen Bun-eki (885–958), Nachfolger von Meister Rakan Keichin. Er erhielt den Titel «Zen-Meister Dai Hōgen» zu Lebzeiten durch einen kaiserlichen Erlass.

56 *Jizō-in* war das Kloster von Meister Rakan Keichin (867–928). Er war ein Nachfolger von Meister Gensa Shibi. Sein posthumer Titel ist «großer Meister Shin-ō von Jizō-in».

57 *Gensa-in* war das Kloster von Meister Gensa Shibi (835–929), der ein Nachfolger von Meister Seppō Gison war.

58 Die Linien der Meister Isan und Rinzai gehen von Meister Nangaku Ejō aus, während die der Meister Unmon und Hōgen von Meister Seigen Gyōshi ausgehen. Meister Dōgens Linie geht ebenfalls von Meister Seigen Gyōshi aus, aber über Meister Tōzan Ryōkai.

59 Meister Tōzan Ryōkai (807–869).

60 Meister Ungan Donjō (782–841).

61 Meister Yakusan Igen (745–828).

62 Meister Sekitō Kisen (700–790). Er war ein Nachfolger von Meister Seigen Gyōshi.

63 Kurz vor Meister Daikan Enōs Tod war Meister Sekitō noch sehr jung und saß deshalb weit vom Sitz des Meisters entfernt.

64 *Shōjinsoku no doppo nari* 正神足の独歩なり, wörtl. «Er ist der unabhängige Schritt eines wahren mystischen Fußes.» Dies ist ein Wortspiel mit den Schriftzeichen *jinsoku* 神足, «mystischer Fuß» (sanskr. *ṛddipāda*), das benutzt wurde, um einen hervorragenden Schüler eines buddhistischen Ordens zu bezeichnen.

65 Meister Sōzan Honjaku (840–901). Das erste Schriftzeichen von *Sōtō* 曹洞 ist das *Sō* von Meister Sōzan und das zweite das *Tō* von Meister Tōzan. Meister Sōzan war ein Nachfolger von Meister Tōzan. Meister Dōgens Linie geht jedoch über Meister Ungo Dōyō, der ein anderer Nachfolger von Meister Tōzan war.

66 Meister Ungo Dōyō (835?–902).

67 Meister Dō-an Dōfu, dessen Daten unbekannt sind, war ein Nachfolger von Meister Ungo Dōyō.

68 Meister Ōryū E-nan (1002–1069) war ein Nachfolger von Meister Jimyō So-en.

69 Chisō ist auch unter dem Namen Zen-Meister Kaigen Chishō bekannt.

70 *Ninden [no] ganmoku* 人天眼目 sind drei Bücher, die 1188 herausgegeben wurden. Die ersten zwei sind ein Abriss der so genannten fünf chinesischen Häuser oder Schulen. Die Worte der alten Meister sind eingeteilt nach ihrer Zugehörigkeit zu diesen Schulen.

71 Ein Berg in der Provinz Zhejiang, wo Meister Tendai Chigi (538–597) das ursprüngliche Schulungszentrum der Tendai-Schule gründete.

72 1188.

73 Wörtl. «weise und klar».

74 Wörtl. «dumm und blind».

75 *Hito o shiru* 人をしる, «einen Menschen erkennen», beschreibt ein bestimmtes Gespür, durch das man intuitiv erkennen kann, ob ein Mensch die Wahrheit kennt oder nicht.

76 Das Land gehört nicht einem Menschen, sondern dem Land selbst. Aus dem *Rikutō* («Die sechs Strategien»).

77 *Jūgyaku* 重逆 ist die Kurzform für die zwei Begriffe, 1. *jūjūzai* 十重罪, wörtl. «die zehn schweren Vergehen», und 2. *gogyakuzai* 五逆罪, wörtl. «die fünf Todsünden». Die zehn schweren Vergehen sind: Töten, Stehlen, Ehebruch, Lügen, Schmeichelei, Beleidigungen, Heuchelei, Gier, Wut und falsche Ansichten. Die fünf Todsünden sind: seine Mutter töten, seinen Vater töten, einen Heiligen töten, zu verursachen, dass das Blut eines Buddhas vergossen wird, und den Sangha spalten.

50

諸法実相

Shohō jissō

Die wirkliche Form aller Dharmas

SHO bedeutet «vielfältig» oder «alle», HŌ «die Dharmas». Die Dharmas sind die vielfältigen Erscheinungen dieser Welt, d. h., sowohl die materiellen Dinge als auch die geistigen Phänomene, aus denen diese Welt besteht. JITSU bedeutet «wirklich» oder «wahr» und SŌ «Form», wobei hier nicht nur die äußere Form der Erscheinungen gemeint ist, sondern auch ihre Natur, ihr Sinn und Inhalt. Das Wort «Form» steht hier für die wahre und nicht erfassbare Natur der Wirklichkeit. SHOHŌ JISSŌ bedeutet also «die wirkliche Form aller Dharmas», oder freier übersetzt: «Alle Erscheinungen dieser Welt offenbaren die wahre Wirklichkeit.» Im Allgemeinen nehmen wir Menschen die Erscheinungen dieser Welt jedoch nicht so wahr, wie sie wirklich sind. Die wirkliche Form dieser Welt wahrzunehmen bedeutet, sie in ihrem Sosein, d. h., ohne vorgefasste Meinungen und Vorstellungen, ohne Wünsche und Erwartungen zu sehen.

In diesem Kapitel führt Meister Dōgen aus, dass nur die Buddhas die wirkliche Form aller Erscheinungen vollständig ergründen, denn nur wenn man bis zum Grund der Form vordringt, bilden die Form, ihre Natur, ihr Wirken und der gegenwärtige Augenblick eine vollkommene Einheit. Nach Meister Dōgen ist dies Buddhas Lehre im Lotos-Sūtra. Wir Menschen hingegen tendieren vor allem zu zwei, jeweils eingeschränkten Sichtweisen der wirklichen Form der Erscheinungen: die idealistische Sicht betrachtet die Erscheinungen der Welt nur als ein geistig-spirituelles Ganzes, und deshalb zweifelt man daran, dass die wahrgenommene materielle Welt, an der man leidet, wirklich ist. Von einem materialistischen Standpunkt aus befasst man sich demgegenüber nur mit den einzelnen materiellen Dingen und Zusammenhängen, analysiert sie, ohne ihren Geist einzubeziehen, und verliert dabei den Sinn und Wert des Ganzen. Die einen sehen also nur den Geist und die anderen nur die Materie. Da Inhalt und Form, Geist und Materie im Buddha-Dharma eine vollkommene Einheit bilden, erläutert Meister Dōgen in diesem wichtigen Kapitel die Bedeutung der wirklichen Form der Erscheinungen dieser Welt.

Die Buddhas und Vorfahren haben die wirkliche Form aller Erscheinungen vollständig ergründet: Dies ist ihre Verwirklichung. Die wirkliche Form [der Erscheinungen dieser Welt] sind die Dharmas selbst. «Alle Dharmas» sind die Form und der Inhalt, wie sie sind, und sie sind der Körper und der Geist, wie sie sind. «Alle Dharmas» sind die Welt, wie sie ist; sie sind die Wolken und der Regen, wie sie sind; sie sind Gehen,

Stehen, Sitzen und Liegen, wie sie sind; sie sind die Traurigkeit und Freude, die Bewegung und Stille, wie sie sind, und sie sind ein Stock und ein Wedel, wie sie sind. «Alle Dharmas» sind die Blüte, die [Gautama Buddha] emporhielt, und [Mahākāśyapas] Lächeln, wie sie sind, und sie sind die Dharma-Übertragung und Bestätigung, wie sie sind. «Alle Dharmas» sind das Erlernen, das Erfahren und Bemühen um die Wahrheit, wie sie sind, und sie sind die Beständigkeit der Kiefer und die Reinheit des Bambus, wie sie sind.

Śākyamuni Buddha sagte: «*Nur die Buddhas zusammen mit den Buddhas können die wirkliche Form aller Dharmas unmittelbar und vollständig ergründen.* «*Alle Dharmas*» *sind die Form [der Erscheinungen], wie sie ist, ihre Natur, wie sie ist, ihre Verkörperung, wie sie ist, ihre Kraft, wie sie ist, ihr Wirken, wie es ist, ihre direkten Ursachen, wie sie sind, ihre indirekten Ursachen und Umstände, wie sie sind, ihre direkten Wirkungen, wie sie sind, ihre indirekten Wirkungen, wie sie sind, und das eine vollkommene Gleichgewicht des Ganzen und aller Teile, wie es ist.*»[1]

Das eine vollkommene Gleichgewicht des Ganzen und aller Teile, von dem der Tathāgata hier spricht, ist die wirkliche Form aller Dharmas, die sich selbst offenbart. Es ist [der Zustand des Gleichgewichts] der erfahrenen Praktizierenden, die sich selbst offenbaren, und es ist das Erfahren und Erforschen des vollkommenen Gleichgewichts selbst.

Da ein solches Erfahren und Erforschen im vollkommenen Gleichgewicht selbst stattfindet, sind nur die Buddhas zusammen mit den Buddhas [eins mit] der wirklichen Form aller Dharmas, und die wirkliche Form aller Dharmas sind nur die Buddhas zusammen mit den Buddhas. Nur die Buddhas sind [eins mit] der wirklichen Form und nur die Buddhas sind [eins mit] allen Dharmas. Wenn ihr die Worte «alle Dharmas» hört, dürft ihr sie nicht so verstehen, dass hier ein einziger Dharma oder viele Dharmas beschrieben werden. Wenn ihr die Worte «wirkliche Form» hört, solltet ihr einerseits lernen, dass diese Form nicht leer und formlos[2] ist, [sondern wirklich,] sie andererseits auch nicht so verstehen, als besäße sie keine Natur [d. h., Sinn und Inhalt].[3] «Wirklich» sind nur die Buddhas, und «die Form» existiert zusammen mit den Buddhas. Nur die Buddhas haben dieses «unmittelbare Können», und deshalb existiert «das vollständige Ergründen» zusammen mit den Buddhas. «Alle Dharmas» sind nur die Buddhas, und «die wirkliche Form» existiert zusammen mit den Buddhas. Der Ausdruck «nur die Buddhas» bedeutet, dass alle Dharmas wirklich alle Dharmas sind, und der Ausdruck «zusammen mit den Buddhas» bedeutet, dass alle Dharmas tatsächlich wirkliche Form sind. Daher gibt es die Form, wie sie ist, und es gibt die Natur, wie sie ist, durch die alle Dharmas auf natürliche Weise alle Dharmas sind. Daher gibt es die Form, wie sie ist, und es gibt die Natur, wie sie ist, und durch die die wirkliche Form erst die wirkliche Form ist.

Dass nur die Buddhas zusammen mit den Buddhas in der Welt erscheinen, ist die Lehre, die Praxis und die Erfahrung der wirklichen Form aller Dharmas. Es ist diese Lehre, dass [die Buddhas alle Erscheinungen dieser Welt] unmittelbar und vollständig ergründen können. Das Ergründen umfasst zwar das Ganze, aber um dies tun zu können, muss es eine Fähigkeit geben, im gegenwärtigen Augenblick[4] zu sein. Weil eine solche Fähigkeit keinen Anfang, keine Mitte und kein Ende hat, ist sie die Form und die Natur aller Dharmas, wie sie sind, und daher sagen wir, dass sie recht am Anfang, in der Mitte und am Ende ist.[5] Die Fähigkeit, hier und jetzt [alle Erscheinungen dieser Welt] vollständig zu ergründen, ist daher selbst die wirkliche Form der Dharmas.

Die wirkliche Form aller Dharmas ist die Form [aller Erscheinungen], wie sie ist. «Die Form, wie sie ist» bedeutet, dass man hier und jetzt auch die Natur [der Form] in ihrem Sosein vollständig ergründen kann.[6] «Die Natur, wie sie ist» bedeutet, dass man hier und jetzt auch vollständig ergründen kann, wie sie sich in ihrem Sosein verkörpert. «Die Verkörperung, wie sie ist» bedeutet, dass man hier und jetzt auch die Kraft in ihrem Sosein vollständig ergründen kann. «Die Kraft, wie sie ist» bedeutet, dass man hier und jetzt auch das Wirken in seinem Sosein vollständig ergründen kann. «Das Wirken, wie es ist» bedeutet, dass man hier und jetzt auch die direkten Ursachen [des Wirkens] in ihrem Sosein vollständig ergründen kann. «Die direkten Ursachen, wie sie sind» bedeutet, dass man hier und jetzt auch die indirekten Ursachen und Umstände in ihrem Sosein vollständig ergründen kann. «Die indirekten Ursachen und Umstände, wie sie sind» bedeutet, dass man hier und jetzt auch die direkten Wirkungen in ihrem Sosein vollständig ergründen kann. «Die direkten Wirkungen, wie sie sind» bedeutet, dass man hier und jetzt auch die indirekten Wirkungen in ihrem Sosein vollständig ergründen kann. «Die indirekten Wirkungen, wie sie sind» bedeutet, dass man hier und jetzt auch das vollkommene Gleichgewicht des Ganzen und aller Teile, so wie es ist, vollständig ergründen kann.

Wenn wir vom vollkommenen Gleichgewicht des Ganzen und aller Teile sprechen, bedeutet dies nichts anderes als die Verwirklichung der Wirklichkeit selbst.[7] Die Wirkungen [dieser Wirklichkeit] sind aber real und nicht [abstrakt wie die so genannten] Ursachen und Wirkungen.[8] Deshalb sind die Wirkungen der realen Ursachen und Wirkungen die Wirkungen der Wirklichkeit selbst. Da diese realen Wirkungen mit der Form, der Natur, der Verkörperung und der Kraft [des ganzen Universums] verbunden sind[9] [und daher aufeinander einwirken], sind die Form, die Natur, die Verkörperung, die Kraft usw. aller Dharmas nichts anderes als die wirkliche Form [aller Dharmas], wie unermesslich und grenzenlos sie auch sein mögen. Da diese realen Wirkungen [aber auch] nicht mit der Form, der Natur, der Verkörperung, der Kraft usw. verbunden [und daher frei] sind, sind die Form, die Natur, die Verkörperung und die Kraft aller Dharmas nichts anderes als die wirkliche Form [aller Dharmas].[10] Wenn wir sagen, dass diese Form, Natur, Verkörperung, Kraft usw. mit diesen Wirkungen, Ursachen und Umständen verbunden sind, dann drücken wir achtzig oder neunzig [Prozent] der Wahrheit aus. Wenn wir aber sagen, dass diese Form, Natur, Körper, Kraft usw. nicht mit diesen Wirkungen, Ursachen, Umständen usw. verbunden sind, dann drücken wir hundert [Prozent, d. h., die ganze] Wahrheit aus.

Was wir «die Form, wie sie ist»[11] nennen, ist nichts anderes als das unermessliche, grenzenlose, unsagbare und nicht erfassbare Sosein der Wirklichkeit und nicht eine einzige Form oder ein einheitliches Sosein. Für dieses Sosein solltet ihr das Maß aller

Dharmas und das Maß der wirklichen Form verwenden und nicht Zahlen wie hundert oder tausend. Daher können nur die Buddhas zusammen mit den Buddhas die wirkliche Form aller Dharmas unmittelbar und vollständig ergründen. Nur die Buddhas zusammen mit den Buddhas können die wirkliche Natur aller Dharmas unmittelbar und vollständig ergründen; nur die Buddhas zusammen mit den Buddhas können die wirkliche Verkörperung aller Dharmas unmittelbar und vollständig ergründen; nur die Buddhas zusammen mit den Buddhas können die wirkliche Kraft aller Dharmas unmittelbar und vollständig ergründen; nur die Buddhas zusammen mit den Buddhas können das wahre Wirken aller Dharmas unmittelbar und vollständig ergründen; nur die Buddhas zusammen mit den Buddhas können die wirklichen Ursachen aller Dharmas unmittelbar und vollständig ergründen; nur die Buddhas zusammen mit den Buddhas können die wirklichen Umstände aller Dharmas unmittelbar und vollständig ergründen; nur die Buddhas zusammen mit den Buddhas können die wahren direkten Wirkungen aller Dharmas unmittelbar und vollständig ergründen; nur die Buddhas zusammen mit den Buddhas können die wahren indirekten Wirkungen unmittelbar und vollständig ergründen; und nur die Buddhas zusammen mit den Buddhas können das wirkliche und vollkommene Gleichgewicht des Ganzen und aller Teile unmittelbar und vollständig ergründen.

Weil dies die Wahrheit ist, sind die Buddha-Länder des ganzen Universums[12] nur die Buddhas zusammen mit den Buddhas. Im ganzen Universum gibt es nicht ein oder ein halbes [Ding], das etwas anderes als die Buddhas zusammen mit den Buddhas wäre. Die Worte «nur» und «zusammen» bedeuten beispielsweise, dass ein Körper ein Körper und eine Form eine Form ist. Sie bedeuten darüber hinaus, dass die Natur [der Form] durch ihre wirkende Funktion als Natur existiert.[13] Deshalb sagte [der Buddha]: «Nur ich und die Buddhas der zehn Richtungen können diese Dinge unmittelbar erkennen.»[14] Deshalb ist der Augenblick, in dem man diese Dinge vollständig ergründen und unmittelbar erkennen kann, jeweils ein Augenblick der wirklichen Sein-Zeit. Wie wäre es möglich, die obigen Worte, «die Buddhas der zehn Richtungen», zu verwirklichen, wenn «ich» mich von den Buddhas der zehn Richtungen unterscheiden würde? Die zehn Richtungen [und damit das ganze Universum] sind dieser Ort hier, gerade weil dieser Ort hier nicht [die Vorstellung] der zehn Richtungen ist. Deshalb bedeutet die Aussage, dass die wirkliche Form mit allen Dharmas zusammentrifft, dass der Frühling in die Blumen hineingeht, dass ein Mensch dem Frühling begegnet, dass der Mond den Mond erhellt und dass der Mensch sich selbst begegnet. Wenn ein Mensch in das Wasser blickt, ist dies ebenfalls eine wirkliche und wechselseitige Begegnung.[15] Deshalb betrachten wir das Erfahren und das Erforschen der wirklichen Form durch die wirkliche Form als die Dharma-Übertragung der Buddhas und Vorfahren durch die Buddhas und Vorfahren. Letztlich ist sie die Bestätigung der Wirklichkeit durch die Wirklichkeit selbst.[16]

Nur die Buddhas allein geben den Dharma an die Buddhas weiter. Alle Buddhas zusammen geben den Dharma an alle Buddhas zusammen weiter. Weil dies so ist, gibt es Leben und Sterben, Kommen und Gehen. Und daher gibt es auch das Erkennen des

[Bodhi-]Geistes, gibt es die Schulung und gibt es das Erwachen und das Nirvāṇa. Weil wir den Geist, die Schulung, Bodhi und Nirvāṇa benutzen, erforschen und erfahren wir Menschen, dass Leben und Sterben, Kommen und Gehen unser wahrer Körper ist. Wir greifen [Dinge] auf und lassen sie wieder los. Dies ist der Puls des Lebens, der die Blüten öffnet und die Früchte hervorbringt, und es sind die Knochen und das Mark des Lebens von Mahākāśyapa und Ānanda.

Dies vollständig zu verwirklichen, ist nichts anderes als die wirkliche Form des Windes, des Regens, des Wassers und des Feuers, so wie sie ist. Dies vollständig zu verwirklichen, ist genau die wirkliche Natur [der Farben] Blau, Gelb, Rot oder Weiß, so wie sie ist. Durch diese Kraft und Energie wird Gewöhnliches in Heiliges umgewandelt. Durch diese direkten und indirekten Wirkungen ist es möglich, über die Buddhas und Vorfahren hinauszugehen. Durch diese direkten und indirekten Ursachen und Umstände ist es möglich, aus einer Handvoll Erde Gold zu machen. Durch diese direkten und indirekten Wirkungen existieren die Dharma-Übertragung und die Weitergabe des Gewandes.

Der Tathāgata spricht davon, dass er den Menschen das Siegel der wirklichen Form lehrt.[17] Dies bedeutet, dass er für sie das Siegel der wirklichen Form praktiziert, dass er für sie das Siegel der wirklichen Natur hört und dass er für sie das Siegel der wirklichen Verkörperung erfährt. Ihr solltet [seine Worte] auf diese Weise erfahren und erforschen, und ihr solltet sie auf diese Weise vollständig verwirklichen. Der Sinn seiner Worte ist zum Beispiel [die Einheit von Subjekt und Objekt], so wie eine Perle, die in einem Gefäß rollt, und wie ein Gefäß, das um eine Perle rollt.[18]

Der Buddha, der heller leuchtet als Sonne und Mond[19], sagte: «*Die Wahrheit, dass alle Dharmas wirkliche Formen sind, ist euch allen gelehrt worden.*»[20]

Wenn ihr diese Worte erfahrt und erforscht, könnt ihr erfahren, dass die Buddhas und Vorfahren immer die Wahrheit der wirklichen Form als die eine große Sache[21] gelehrt haben. Die Buddhas und Vorfahren verkünden die Wahrheit der wirklichen Form in allen achtzehn Sinneswelten.[22] Sie lehren die wirkliche Form, Natur, Verkörperung, Kraft usw. vor und nach [dem Augenblick von] Körper und Geist, und sie lehren sie im Augenblick von Körper und Geist. Die Menschen, die die wirkliche Form nicht vollständig ergründet haben, sie nicht lehren, nicht verstehen und nicht über das [abstrakte] Verständnis der wirklichen Form hinausgehen, sind keine Buddhas und keine Nachfolger, sie sind Dämonen und Tiere.

Śākyamuni Buddha sagte: «*Das höchste und vollkommene Erwachen [Anuttarā-samyak-saṃbodhi] aller Bodhisattvas ist ganz mit diesem [Lotos-]Sūtra verbunden. Dieses Sūtra öffnet das Tor der geschickten Mittel und offenbart die wirkliche Form.*»[23]

«Alle Bodhisattvas» bedeutet alle Buddhas. Buddhas und Bodhisattvas sind nicht verschieden und unterscheiden sich nicht in ihrer Reife und Vortrefflichkeit. Dieser Bodhisattva und jener Bodhisattva sind nicht zwei verschiedene Menschen[24]; sie überschreiten [die Unterscheidung] zwischen uns selbst und den anderen und sie sind keine Wesen der [gedachten] Vergangenheit, Gegenwart oder Zukunft. Dass sie Buddha werden, bedeutet, dass sie in der Wirklichkeit [im Dharma] handeln, und dies ist die Praxis des Bodhisattva-Weges. Sie verwirklichen Buddha bei ihrem ersten Erkennen des Bodhi-Geistes und sie verwirklichen Buddha auf der höchsten Ebene.[25] Es gibt Bodhisattvas, die hunderte, tausende, zehntausende, Millionen und unzählige Zeitalter lang Buddha geworden sind. Wer sagt, dass die Praxis beendet sei und es nichts mehr zu tun gäbe, wenn man Buddha geworden ist, ist nur ein gewöhnlicher Mensch, der den Weg der Buddhas und Vorfahren nicht verstanden hat.

Was wir hier «alle Bodhisattvas» genannt haben, sind die ursprünglichen Vorfahren aller Buddhas, und alle Buddhas sind die ursprünglichen Meister aller Bodhisattvas. Diese höchste Wahrheit aller Buddhas ist am Anfang, in der Mitte und am Ende immer mit diesem Sūtra verbunden, unabhängig davon, ob die Bodhisattvas dieses Sūtra in der Vergangenheit, Gegenwart oder Zukunft praktiziert und erfahren haben oder ob sie es [im Augenblick] vor dem Körper oder nach dem Geist praktizieren und erfahren. Subjekt und Objekt sind gleichermaßen mit diesem Sūtra verbunden. Jetzt in diesem Augenblick erfährt «dieses Sūtra»[26] alle Bodhisattvas.

Dieses Sūtra ist weder empfindend noch nicht empfindend, und es ist nicht das Ergebnis von Tun oder Nicht-Tun. Obwohl dies so ist, ist das Tor der geschickten Mittel weit offen, wenn das Sūtra Bodhi offenbart, wenn es den Menschen offenbart, die wirkliche Form offenbart und sich selbst offenbart. Das Tor der geschickten Mittel ist die unübertreffliche Tugend der Frucht eines Buddhas, es ist der Dharma, der an seinem Platz im Dharma bleibt, und es ist die Gestalt der Welt, die beständig ist.[27] Das Tor der geschickten Mittel ist kein vorläufiger Kunstgriff; es ist das Erfahren und Erforschen des ganzen Universums der zehn Richtungen, und es ist ein Erfahren und Erforschen, das sich der wirklichen Form aller Dharmas bedient. Obwohl sich dieses Tor der geschickten Mittel so klar zeigt, dass es das ganze Universum zusammen mit dem ganzen Universum enthält, können jene, die nicht Bodhisattvas sind, nicht durch dieses Tor gehen.

Seppō[28] sagte: «*Die ganze Erde ist das Tor der Befreiung, aber die Menschen wollen nicht hineingehen, selbst wenn man sie an den Haaren herbeizieht.*»[29]

Denkt daran, dass es nicht einfach ist, durch das Tor hinein- und hinauszugehen, selbst wenn es die ganze Erde und die ganze Welt umfasst; es gibt nicht viele Lebewesen, die durch dieses Tor hinein- und hinausgehen. Diejenigen, die man an den Haaren herbeizieht, gehen weder hinein noch hinaus, und diejenigen, die man nicht an den Haaren herbeizieht, gehen auch nicht hinein und hinaus. Zu aktive, tätige Menschen machen Fehler und zu passive, nicht tätige Menschen kommen nicht vom Fleck. Was gibt es da noch zu sagen? Wenn man die Menschen greifen kann und sie zwingt, in das Tor hinein- und hinauszugehen, entfernt sich das Tor immer mehr. Wenn man aber das Tor selbst greifen kann[30] und es an die Menschen heranträgt, dann ist es für die Menschen möglich, hinein- und hinauszugehen.

Das Tor der geschickten Mittel zu öffnen bedeutet, die wirkliche Form [der Erscheinungen dieser Welt] zu zeigen. Diese wirkliche Form zu zeigen, ist das Ganze der Zeit und [gleichzeitig] die für sich allein bestehenden Augenblicke, die einen Anfang, eine Mitte und ein Ende haben. Es gibt die Grundwahrheit bei diesem Öffnen des

Tores der geschickten Mittel, dass es sich jetzt in diesem Augenblick im ganzen Universum öffnet. Wenn ihr jetzt in diesem Augenblick einen flüchtigen Blick auf das ganze Universum werft, ist dies etwas, was ihr noch nie erfahren habt. Das heißt, dass ihr das ganze Universum ein oder zwei Mal abstrakt [denkend] erfasst und dass ihr es gleichzeitig drei oder vier Mal konkret [handelnd] erfahrt, und in diesem Tun bringt ihr das Universum dazu, das Tor der geschickten Mittel zu öffnen. Demnach könnte es so erscheinen, als sei [das Universum] identisch mit dem Öffnen des Tores der geschickten Mittel. Aber mir scheint es, als würden die unendlich vielen Universen ihr Gesicht [schon] verwirklichen, wenn sie auch nur einen ganz kleinen Teil der Öffnung des Tores der geschickten Mittel dazu heranziehen. Dieser natürliche Lauf der Dinge entsteht vollkommen durch die Kraft, die mit diesem Sūtra verbunden ist.

Die wirkliche Form zu offenbaren bedeutet, dass die Worte «die wirkliche Form aller Dharmas» weithin durch das ganze Universum hörbar sind und dass der [Buddha-]Weg mit dem ganzen Universum verwirklicht wird. Es bedeutet, dass die Wahrheit der wirklichen Form für alle Menschen sichtbar und durch alle Dharmas offenkundig wird.

Deshalb ist die höchste Wahrheit der vierzig Buddhas[31] und der vierzig Vorfahren vollkommen mit diesem Sūtra verbunden. Sie gehört zu diesem Sūtra und dieses Sūtra gehört zu ihr. Das höchste und vollkommene Erwachen auf einem runden [Zazen-]Kissen und einem [Za]zen-Brett[32] ist ganz mit diesem Sūtra verbunden. [Gautama Buddhas] Emporhalten der Blüte und [Mahākāśyapas] Lächeln, [Meister Ekas] Niederwerfung und sein Erlangen des Marks der Wahrheit sind mit diesem Sūtra verbunden, das das Tor der geschickten Mittel öffnet und die wirkliche Form zeigt.

Da es im großen Königreich der Song aber Menschen gibt, die den Ort der Ruhe und Befreiung nicht kennen und auch den Ort der Schatzkammer [des wahren Dharma-Auges] nie gesehen haben, betrachten sie die Worte «die wirkliche Form» als vollkommen inhaltslos. Daher studieren sie die Schriften von Laozi[33] und Zhuangzi[34] und sagen, dass diese der großen Wahrheit der Buddhas und Vorfahren gleichkämen. Außerdem sagen sie, dass die drei Lehren [des Buddha, des Laozi und des Kongzi[35]] zu denselben Schlussfolgerungen kämen. Oder sie sagen, dass die drei Lehren einem Dreifuß glichen, der umkippen würde, wenn ein Fuß fehlte. Es gibt nichts, was einer solch großen Dummheit gleichkommt.

Ihr solltet niemals annehmen, dass Menschen, die dies sagen, jemals vom Buddha-Dharma gehört hätten. Weshalb? Weil der Buddha-Dharma seinen Ursprung im westlichen Himmel [in Indien] hatte. [Der Buddha] lebte achtzig Jahre und lehrte davon fünfzig Jahre lang den Dharma. Er lehrte die Menschen und Götter mit seiner ganzen Kraft und er veränderte die Lebewesen, sodass sie den Buddha-Weg gingen. Danach wurde [der Dharma] rechtmäßig an die achtundzwanzig Vorfahren [in Indien] weitergegeben. Wir betrachten diese Weitergabe als wunderbar, subtil und höchst verehrungswürdig. Die Dämonen des Himmels und die Feinde des Dharmas wurden letztlich besiegt. Niemand kennt die große Zahl der Menschen und Götter, die seither die Buddhaschaft verwirklicht haben und Dharma-Nachfolger wurden. Keiner von ihnen sagte jemals, dass der Buddha-Weg unzureichend und es notwendig sei, die Lehren des Kongzi und des Laozi zu studieren.

Wenn die drei Lehren zu genau denselben Schlussfolgerungen gekommen wären, hätten die Lehren des Kongzi und des Laozi zur gleichen Zeit wie der Buddha-Dharma in Indien erscheinen müssen. Aber im Buddha-Dharma heißt es, dass im Himmel und auf der Erde der Buddha allein verehrungswürdig ist. Ihr solltet euch an die Tatsachen jener Zeit erinnern und nicht den Fehler begehen, sie zu vergessen. Das Gerede von den drei Lehren, die angeblich zu denselben Schlussfolgerungen führen, kommt nicht einmal dem Geplapper kleiner Kinder gleich. Solche Menschen setzen den Buddha-Dharma herab, und heute gibt es viele derartige Menschen. Manche von ihnen treten als Lehrer und Führer der Menschen und Götter auf, andere sind sogar die Lehrmeister von Kaisern und Königen geworden. Dies ist die Zeit des Niedergangs des Buddha-Dharmas im großen Reich der Song. Mein früherer Meister, der ewige Buddha, warnte eindringlich vor dieser Entwicklung.

Solche Menschen sind die Schüler der zwei Fahrzeuge und der Feinde des Buddha-Dharmas. Schon seit zwei- oder dreihundert Jahren wissen solche Menschen nicht, dass es die wirkliche Form des Dharmas geben könnte. Sie geben vor, den authentischen Dharma der Buddhas und Vorfahren zu erfahren und zu erforschen, sind aber nur darauf aus, dem Kreislauf von Leben und Sterben zu entkommen. Viele von ihnen wissen nicht einmal, was es bedeutet, den wahren Dharma der Buddhas und Vorfahren zu erforschen und zu erfahren. Sie glauben den Alten nachzueifern, wenn sie immer nur in einem Kloster leben. Es ist wirklich bedauerlich, dass die Wahrheit unserer Vorfahren zerstört wurde. Verehrungswürdige Meister, die selbst in der Wahrheit leben, beklagen außerordentlich, dass es dazu gekommen ist. Ihr solltet den Aussagen der Menschen, die ich zuvor beschrieben habe, kein Gehör schenken, sondern sie bedauern.

Zen-Meister Engo[36] sagte: «*Leben und Sterben, Kommen und Gehen sind der wahre Körper des Menschen.*» Ihr solltet euch diese Worte zu Eigen machen, euch selbst erkennen und den Buddha-Dharma bedenken.

[Meister] Chōsa[37] sagte: «*Das ganze Universum in den zehn Richtungen ist der wahre Körper des Menschen. In eurer eigenen strahlenden Klarheit existiert das ganze Universum der zehn Richtungen.*»[38] Selbst erfahrene Lehrer im ganzen Königreich der Song wissen heute im Allgemeinen noch nicht einmal, dass diese Worte eine Wahrheit enthalten, die sie erfahren und erforschen sollten; wie viel weniger noch könnten sie sich diese Wahrheit zu Eigen machen? Wenn ihr ihnen dieses sagen würdet, wären sie sprachlos und bekämen einen roten Kopf.

Mein früherer Meister, der ewige Buddha, sagte: «*[Sogar] die erfahrenen Lehrer im ganzen Land haben heute keine Klarheit mehr über die Vergangenheit und die Gegenwart erlangt. Sie machen sich die Grundwahrheiten des Buddha-Dharmas nicht zu Eigen. Die ganze Welt der zehn Richtungen usw. offenbart sich auf diese Weise! Wie wäre es möglich, [die Wahrheit mit dem Verstand] zu verstehen? Es scheint, als habe man in anderen Orden noch nie davon gehört.*» Nachdem ich diese Worte gehört hatte, befragte ich erfahrene Lehrer im ganzen Land, und tatsächlich haben nur ganz wenige sie gehört. Es ist bedauerlich, dass sie ihre Positionen, die ihnen zu Unrecht übertragen wurden, missbrauchen.

Zen-Meister Ō-an Donge[39] lehrte eines Tages den ehrwürdigen Mönch Tokki mit den Worten: «*Wenn du leicht verstehen willst, sieh dir einfach vierundzwanzig Stunden lang an, wie der Geist erscheint und die Gedanken sich bewegen. Während du der Bewegung dieser Gedanken folgst und plötzlich Einsicht gewinnst, ist das Ungreifbare so weit wie der leere Raum. In diesem Bereich gibt es keine Formen und Abgrenzungen im Raum mehr. Innen und Außen sind eine Einheit. Sowohl das Wissen als auch die Gegenstände verschwinden. Tiefgründigkeit und Klarheit sind vergessen. Die drei Zeiten sind im Gleichgewicht. In diesem Bereich anzukommen bedeutet, ‹ein Mensch zu sein, der in der Wahrheit zu Hause ist, der aufgehört hat zu lernen und frei im Tun ist›.*»[40]

Dies sind die Worte des alten Ō-an, in die er seine ganze Kraft gelegt hat, um die Wahrheit auszudrücken. Es scheint aber, dass er nur dem Schatten der Wahrheit nachläuft und nichts von der Ruhe weiß. Ist der Buddha-Dharma verschwunden, wenn man nicht in dem Zustand ist, in dem Innen und Außen eine Einheit sind? Was ist dieses Innen und Außen? Ferner sagen die Buddhas und Vorfahren, dass es im leeren Raum [auch] Formen und Abgrenzungen gibt. Was versteht [Ō-an] unter dem «leeren Raum»? Man kann annehmen, dass Ō-an den Raum niemals gekannt, gesehen, ergriffen oder wirklich erlebt hat.

Er spricht davon, dass der Geist erscheint und die Gedanken sich bewegen, aber es gibt [auch] die Wahrheit, dass der Geist sich niemals bewegt hat. Wie könnte der Geist in den vierundzwanzig Stunden erscheinen? Es ist unmöglich, dass der Geist kommen und in die Wirklichkeit der vierundzwanzig Stunden[41] hineingehen kann. Es ist unmöglich, dass die Wirklichkeit des Geistes in der [Sein-]Zeit der vierundzwanzig Stunden in die [gewöhnliche] Zeit der vierundzwanzig Stunden kommen kann. Wie viel weniger könnte der Geist erscheinen? Was sind Gedanken, die sich bewegen? Bewegen sich die Gedanken oder bewegen sie sich nicht? Sind sie Bewegung oder Nicht-Bewegung? Was bewegt sich eigentlich und was bewegt sich eigentlich nicht? Was bezeichnet er überhaupt als Gedanken? Existieren die Gedanken in der Wirklichkeit der vierundzwanzig Stunden und gibt es die vierundzwanzig Stunden innerhalb der Gedanken? Wäre es möglich, dass es etwas gibt, was über diese beiden Begriffe [Gedanken und Geist] hinausgeht?

«Wenn du leicht verstehen willst, sieh dir einfach vierundzwanzig Stunden lang an, [wie der Geist erscheint und die Gedanken sich bewegen].» Was mag es wohl sein, was leicht zu verstehen ist? Beziehen sich die Worte «leicht zu verstehen» auf den Weg der Buddhas und Vorfahren? Wenn es so ist, ist der Buddha-Weg bestimmt weder leicht noch schwer zu verstehen. Deshalb folgten Nangaku und Kōzei ihren Meistern eine lange Zeit und unternahmen viele Anstrengungen auf dem [Buddha-]Weg.

[Ō-an] spricht davon, dass man plötzlich Einsicht in das Ungreifbare gewinnt. Aber er hat die Wahrheit der Buddhas und Vorfahren nicht einmal im Traum gesehen. Wie könnte jemand mit solchen Fähigkeiten hoffen, leicht verstehen zu können? Ihr solltet klar erkennen, dass Ō-an die große Wahrheit der Buddhas und Vorfahren noch nicht ergründet und erfahren hatte. Wie hätte der Buddha-Dharma uns bis heute übermittelt werden können, wenn er solcherart wäre? Nun hat dies sogar Ō-an gesagt; wenn wir aber unter den erfahrenen Lehrern in den Bergklöstern heute nach einem Menschen wie Ō-an suchen würden, würde es sehr, sehr lange dauern, einem solchen zu begegnen. Selbst wenn wir so lange suchen würden, bis die Augen alt und müde werden, könnten wir [heute] keinen einzigen erfahrenen Lehrer wie Ō-an finden. Heute gibt es viele Menschen, die Ō-an sehr schätzen, aber es ist nicht leicht zu erkennen, ob er die Ebene des Buddha-Dharmas erreicht hat. Man könnte sagen, dass er wohl den Sitzplatz eines Novizen in einem Kloster [einnehmen könnte] und dass er zum Durchschnitt gehöre. Weshalb? Weil Ō-an die Fähigkeit hatte, einen Menschen zu erkennen. Die heutigen Menschen sind nicht einmal dazu in der Lage, weil sie sich selbst nicht kennen. Selbst wenn Ō-an nicht [auf die höchste Ebene] gekommen ist, hat er die Wahrheit erforscht. Die heutigen erfahrenen Lehrer erforschen nicht einmal mehr den Weg [der Wahrheit]. Ō-an hatte gute Lehren gehört, nur gingen sie nicht in seine Ohren hinein und er sah sie nicht mit seinen Ohren. Sie gingen nicht in seine Augen hinein und er hörte sie nicht mit seinen Augen.[42] Obwohl Ō-an damals auf diesem Stand war, hätte er sich heute wohl durch seine eigenen Anstrengungen verwirklicht. Die heutigen Praktizierenden in den Bergklöstern des großen Königreichs der Song haben noch nicht einmal von Ō-ans Innen und Außen gehört; was sie sagen und wie sie sich verhalten, erreicht in keiner Weise seine Ebene. Solche Menschen können nicht einmal erkennen, ob die wirkliche Form [des Universums], von der die Buddhas und Vorfahren sprechen, die Wahrheit der Buddhas und Vorfahren ist oder nicht. Deshalb haben die erfahrenen Lehrer und andere Menschen, denen man nicht vertrauen sollte, in den vergangenen zwei- oder dreihundert Jahren die wirkliche Form weder gesehen noch haben sie jemals davon gesprochen.

Mein früherer Meister Tendō, der ewige Buddha, lehrte eines Nachts in seinem Raum:

> *Heute Nacht weiden die Kälber*[43] *auf dem Berg Tendō.*
> *Gautamas goldenes Antlitz offenbart die wirkliche Form.*
> *Wie könnten wir ihren unermesslichen Wert begleichen, wollten wir sie erwerben?*
> *Über einer einsamen Wolke ruft ein Kuckuck.*

Weil es so ist, sprechen [nur] jene von der wirklichen Form, die den Buddha-Weg der ehrwürdigen Dharma-Vorfahren verwirklicht haben. Wer den Buddha-Dharma nicht kennt und den Buddha-Weg nicht erfahren und erforscht hat, spricht nicht von der wirklichen Form.

Diese Worte wurden eines Nachts im dritten Mondmonat im Frühling des zweiten Jahres der Ära Hōgyō[44] im großen Königreich der Song gesprochen. Gegen ein Uhr nachts, als die vierte Nachtwache[45] sich gerade näherte, erklangen von oben [aus dem Gebäude des Abtes][46] drei Trommelschläge. Ich legte mein Gewand[47] an, nahm mein Tuch für die Niederwerfungen und verließ die Wolken-Halle durch den vorderen Eingang. Draußen hing das Zeichen, dass man den Raum [des Abtes] betreten dürfe.

Ich folgte den anderen Mönchen und erreichte die Dharma-Halle. An ihrer westlichen Mauer stieg ich die Treppe zur Halle des friedvollen Lichtes[48] hinauf. Ich ging an der Halle des friedvollen Lichtes vorbei und stieg dann die West-Treppe zur Schatzkammer der großen Klarheit[49] hinauf. Dies war der Raum des Abtes. Im vorderen Teil des Raums befand sich eine Zwischenwand mit einem Tisch für das Räucherwerk. Dort verbrannte ich Räucherstäbchen und warf mich nieder. Ich hatte angenommen, dass dort bereits [einige Mönche] warten würden, um in den Raum [des Meisters] zu gehen, aber ich konnte niemanden sehen. Die erhöhte Plattform [im Raum des Abtes] war durch Bambus-Matten abgeschirmt. Die Stimme des Abtes, unseres großen Meisters, der den Dharma lehrte, war sehr leise zu hören. Dann betrat der Mönchsoberste Sokon aus Saisen[50] den Raum, verbrannte auch Räucherwerk und warf sich nieder. Als wir vorsichtig zur erhöhten Plattform[51] hinüberblickten, [sahen wir] dort auf beiden Seiten dicht gedrängt viele Mönche stehen. Die Lehrrede hatte bereits begonnen und wir stellten uns hinter die anderen Mönche und lauschten im Stehen.

Der Abt sprach gerade von der Geschichte des Zen-Meisters Hōjō vom [Berg] Daibai.[52] Als der Abt sagte, dass der Meister sich in Lotosblätter kleidete und als Nahrung Kiefernkerne aß[53], kamen vielen der versammelten Mönche die Tränen. Dann erläuterte der Meister die Geschichte von Śākyamuni Buddhas Sommer-Training[54] auf dem Geiergipfel in allen Einzelheiten. Vielen, die sie hörten, kamen wieder die Tränen.

[Der Meister sagte:] «*Wir nähern uns der Übungsperiode auf dem Berg Tendō. Jetzt ist es Frühling und es ist weder kalt noch heiß – eine wunderbare Zeit, um Zazen zu praktizieren. Meine Brüder, wie könnten wir jetzt nicht Zazen praktizieren?*» Das [obige] Gedicht wurde bei einer solchen spontanen Lehrrede vorgetragen. Danach schlug [der Meister] ein Mal mit der Hand auf die rechte Seite seines Zazen-Stuhls und sagte: «*Ihr dürft vortreten.*»[55] Als dann ein Mönch vortrat, sagte der Meister: «*Ein Kuckuck ruft und auf dem Berg spalten sich die Bambusrohre.*» Dies sagte der Meister, als der Mönch vor ihn trat. Anderes wurde nicht gesprochen. Obwohl viele Mönche anwesend waren, sprach keiner von ihnen ein Wort, und sie standen dort ruhig und ehrerbietig.

Diese Form des persönlichen Lehrgesprächs mit dem Meister in seinem Raum gab es in keinem anderen Bezirk [in China], nur mein früherer Meister Tendō, der ewige Buddha, praktizierte sie. Während der spontanen Lehrgespräche war der Stuhl des Meisters durch leinenbespannte Schirme abgeteilt, und eine große Gruppe von Mönchen war stehend darum herum versammelt. Während des Lehrgesprächs des Meisters mit dem Mönch, der gerade vorgetreten war, warteten die anderen Mönche stehend. Nach dem Lehrgespräch verließen die Mönche den Raum des Meisters wie gewöhnlich durch die Ausgänge des Abtsgebäudes. Diejenigen, die dort standen und [auf ihr Gespräch] warteten, konnten daher alles sehen und hören: das würdevolle Kommen und

Gehen der Mönche, die zum Gespräch vor den Meister traten und wieder zurückgingen, die Haltung des ehrwürdigen Abtes und die Worte, die er sprach. Diese Form [des Lehrgesprächs] hat es in anderen Bezirken [Chinas] nie gegeben. Selbst erfahrene Lehrer konnten sie wohl nicht verwirklichen. [In anderen Klöstern] wollte jeder der Mönche als Erster den Raum des Meisters betreten. Bei [Meister Tendō] wollten sie nach den anderen eintreten, [weil sie die Lehrgespräche der anderen mit anhören wollten]. Ihr solltet nicht vergessen, dass es bei den Menschen Unterschiede im Geist und [in der Form] des Buddha-Weges gibt.

Seit jener Zeit sind bis heute, in diesem ersten Jahr der Ära Kangen[56] in Japan, achtzehn Jahre schnell und in strahlender Klarheit vergangen. Die wunderbaren Lehren und Worte [meines Meisters] sind die wirkliche Form [des Dharmas], die sich tief in meinen Körper, meinen Geist, meine Knochen und mein Mark eingeprägt haben. Dabei weiß ich nicht, wie viele Berge und Flüsse zwischen dem Berg Tendō und diesem Berg hier liegen. Diese spontanen Lehrgespräche dieser Nacht im Raum des Meisters sind wohl für die meisten der damals anwesenden Mönche unvergesslich geblieben. In jener Nacht ging die schmale Mondsichel langsam hinter dem hohen Gebäuden des Klosters auf. Viele Male rief der Kuckuck, und doch war die Nacht still.

Während der große Meister Gensa[57] des Klosters Gensa eine spontane Lehrrede[58] hielt, hörte er das Gezwitscher der jungen Schwalben. Der Meister sagte: «*Dies ist die lebendige und tiefe Sprache der wirklichen Form, und sie lehrt hervorragend die Natur des Dharmas.*» Danach stieg der Meister von seinem Sitz herab.

Ein Mönch, der später um Unterweisung bat, sagte: «*Ich verstehe dies nicht.*» Der Meister sagte: «*Geh weg! Niemand glaubt dir!*»[59]

In Bezug auf die lebendige und tiefe Sprache der wirklichen Form könntet ihr Gensas Worte so verstehen, dass allein das Gezwitscher der Schwalben die lebendige und tiefe Sprache der wirklichen Form sei. Dies ist aber nicht der Fall, denn der tiefgründige Ausdruck der wirklichen Form ist nichts anderes als die Unmöglichkeit, den gegenwärtigen Augenblick zu erfassen. Während der spontanen Rede [Gensas] zwitscherten einfach die jungen Schwalben, aber die lebendige und tiefe Sprache der wirklichen Form erschöpft sich nicht im Gezwitscher der Schwalben, nicht in Gensas Worten und auch nicht in deren Verbindung. Ihr solltet diese Geschichte eine Weile erfahren und erforschen. Hier geht es einfach um die Tatsache, dass eine spontane Rede gehalten wurde, dass das Gezwitscher junger Schwalben zu hören war, dass gesagt wurde, die lebendige und tiefe Sprache der wirklichen Form würde die Natur des Dharmas hervorragend lehren, und dass der Meister danach von seinem Sitz herabstieg. Ferner sagte danach ein Mönch, der um Unterweisung bat, dass er den Meister nicht verstanden hätte. Der Meister sagte dann, dass er weggehen solle, weil niemand ihm glauben würde.

Die Worte «ich verstehe dies nicht» müssen nicht unbedingt eine Bitte um Unterweisung über die wirkliche Form gewesen sein, sondern «Nicht-Verstehen» ist der Lebenspuls der Buddhas und Vorfahren, und es sind die Knochen und das Mark der Schatzkammer des wahren Dharma-Auges.

Denkt daran, dass selbst wenn der Mönch, der um Unterweisung bat, gesagt hätte, dass er [Gensas Worte] verstanden hätte oder es mit eigenen Worten ausdrücken könne, Gensa ihm in jedem Fall hätte sagen müssen: «Geh weg! Niemand glaubt dir!» Der Grund, warum er dies sagte, ist nicht, dass [der Mönch] zwar verstanden hat, aber um eine weitere Unterweisung bat, so als hätte er nicht verstanden. Gensa musste auf jeden Fall sagen: «Geh weg! Niemand glaubt dir!», weil die wirkliche Form der Erscheinungen sich [nur] an dem Ort und in dem Augenblick offenbart, wenn jemand direkt zum Herzblut der Buddhas und Vorfahren gelangt. [Nur] auf diese Weise[60] ist die wirkliche Form die Wirklichkeit. Dasselbe gilt für die wirkliche Form aller [anderen] Dharmas, und es gilt nicht nur für den Mönch, sondern [für alle Menschen,] sei es der dritte Sohn des Chang oder der vierte Sohn des Li. In Seigens Orden[61] hat sich dies bereits verwirklicht. Denkt daran, dass die wirkliche Form aller Dharmas nichts anderes als das Herzblut der rechtmäßigen Dharma-Nachfolger ist, das von einem zum anderen weitergegeben wurde.

Alle Dharmas werden nur von den Buddhas zusammen mit den Buddhas erforscht und vollständig ergründet. Nur die Buddhas zusammen mit den Buddhas erfassen die Schönheit der Formen [dieser Welt] so, wie sie wirklich sind.

SHŌBŌGENZŌ SHOHŌ JISSŌ

Dargelegt vor einer Versammlung im Kloster Kippō in Esshū,[62] Japan, an einem Tag im 9. Mondmonat des ersten Jahres der Ära Kangen [1243].

Anmerkungen

1   Dies ist ein Zitat aus dem Lotos-Sūtra, Kap. 2, «Geschicklichkeit». Vgl. Borsig, S. 58.

2   *Kyo* 虚, wörtl. «leer», steht hier im Gegensatz zu *jitsu* 実, «wirklich», von *jissō* 実相, «die wirkliche Form».

3   *Shō* 性, «die Natur», «das Wesen», steht hier im Gegensatz zu *sō* 相, «die Form», von *jissō* 実相, «die wirkliche Form». «Die Natur» bezieht sich hier auf den Sinn und Wert der Dinge und Phänomene. In diesem Satz kritisiert Meister Dōgen offenbar die zwei üblichen Interpretationen der Erscheinungen dieser Welt: sie entweder nur als leere Formen (als Geist) zu betrachten – dies wäre die idealistische Deutung – oder sie nur als materielle Form (als Materie) ohne Sinn und Wert zu sehen – dies wäre die materialistische Deutung.

4   *Nainō* 乃能 wird hier mit «der Fähigkeit, im gegenwärtigen Augenblick zu sein» übertragen. In dem Zitat am Anfang dieses Kapitels haben wir *nainō* 乃能 mit «... können unmittelbar ...» übersetzt. *Nai* (oder *sunawachi*) 乃 hat zwei Bedeutungen: 1. eine Betonung wie «eben gerade» oder «genau», und 2. eine Abfolge in der Zeit: «danach» oder «hierauf». Meister Dōgen geht über die beiden Bedeutungen hinaus und interpretiert *nai* oder *sunawachi* 乃 als die Fähigkeit, im gegenwärtigen Augenblick zu sein.

5   *Shochūko zen* 初中後善, «recht am Anfang, in der Mitte und am Ende». Dies ist eine Formulierung, die sehr oft im Lotos-Sūtra und in anderen Buddha-Reden vorkommt.

6   Das Sosein der Form, der Natur etc. und die Fähigkeit sie zu ergründen sind ein einziger, untrennbarer Zustand.

7   *Nyoze* 如是, «das Sosein der «Wirklichkeit selbst», ist ein Ausdruck, den Meister Dōgen auch in Kap. 17, *Hokke ten hokke*, verwendet. Siehe dort, S. 234.

8   *Kaka no ka wa inga no ka ni arazu* 果果の果は因果の果にあらず, wörtl. «die Wirkungen, die reale Wirkungen sind, sind nicht die Wirkungen der ‹Ursachen und Wirkungen›». Das Wesentliche ist hier so zu verstehen, dass es einerseits die Theorie von Ursache und Wirkung gibt, die ein grundlegender Bestandteil der Buddha-Lehre ist, es andererseits aber die realen Ursachen und Wirkungen in der Wirklichkeit selbst gibt. Nach Meister Dōgen dürfen diese realen Wirkungen nicht mit der Theorie verwechselt werden.

9   *Keige suru* 罣礙する, wörtl. «eingeschränkt sein». Hier interpretieren wir den Ausdruck, der sehr oft im *Shōbōgenzō* vorkommt, im Sinn von «verbunden sein», denn wenn etwas mit etwas anderem verbunden ist, wird es durch ebendiese Verbindung auch eingeschränkt.

10   In beiden Fällen, wenn sie verbunden, d. h., eingeschränkt, oder nicht verbunden, d. h., im gegenwärtigen Augenblick völlig frei sind, sind sie nichts anderes als die wirkliche Form der Erscheinungen dieser Welt.

11   *Nyoze sō* 如是相, «die Form, so wie sie wirklich ist» oder «die Form in ihrem Sosein».

12   *Juppō butsudo* 十方仏土, wörtl. «die Buddhaländer der zehn Richtungen». Dies ist eine Formulierung, die sich des Öfteren im Lotos-Sūtra wiederfindet.

13   *Shō* 性 bedeutet «Natur» oder «Essenz». In Meister Dōgens Lehre bedeutet *shō* 性 jedoch nicht nur eine abstrakte «Essenz», sondern die natürliche Funktion aller Dinge, die den Inhalt und seine Funktion im Wirken umfasst. Siehe Kap. 22, *Busshō*.

14   *Gagyū juppō butsu, nai nōchi ze ji* 我及十方仏,乃能知是事. Dies ist ein Zitat aus dem

Lotos-Sūtra, Kap. 2, «Geschicklichkeit». Vgl. Borsig, S. 59.

15 Diese Sätze beschreiben die wechselseitige Beziehung zwischen Subjekt und Objekt. Ein Mensch blickt ins Wasser und das Wasser reflektiert den Menschen.

16 Wörtl. «die Bestätigung aller Dharmas durch alle Dharmas».

17 *Jissō-in* 実相印, «das Siegel der wirklichen Form», von sanskr. *dharma-svabhāva-mudrā*, wörtl. «das Siegel der Wirklichkeit». Der Ausdruck «das Siegel» bedeutet etwas Konkretes im Gegensatz zu etwas Gedachtem. Siehe Lotos-Sūtra, Kap. 2, «Geschicklichkeit». Vgl. Borsig, S. 72.

18 Dies sind die Worte von Meister Engo Kokugon, die auch in Kap. 66, *Shunjū*, zitiert werden. Das Bild einer Perle, die in einem runden Gefäß rollt, und das Gefäß, das um die Perle rollt, beschreibt die vielschichtigen Beziehungen zwischen Subjekt und Objekt.

19 *Jitsugetsu tōmyō butsu* 日月燈明仏, «der Buddha, der heller leuchtet als Sonne und Mond», sanskr. *Candra-sūrya-pradīpa-buddha*.

20 Aus dem Lotos-Sūtra, Kap. 1, «Einleitung». Vgl. Borsig, S. 53.

21 *Ichi daiji* 一大事, «die eine große Sache». Wir finden diesen Ausdruck im Lotos-Sūtra, Kap. 2, «Geschicklichkeit». Vgl. Borsig, S. 66.

22 Die achtzehn Sinneswelten sind die sechs Sinnesorgane, ihre sechs Objekte und ihre sechs Funktionen. Vgl. Kap. 2, *Makahannya haramitsu*, Anm. 9.

23 Ein Zitat aus dem Lotos-Sūtra, Kap. 10, «Der Gesetzesmeister», Borsig, S. 215.

24 Sie haben die gleiche Verfassung von Körper und Geist.

25 *Myōkaku-chi* 妙覚地, wörtl. «der Bereich des wunderbaren Gewahrseins». Dies ist die höchste Ebene eines Bodhisattvas.

26 Die Worte «dieses Sūtra» betonen die Tatsache, dass das Lotos-Sūtra für Meister Dōgen die Wirklichkeit des ganzen Universums repräsentiert, d.h., alle Existenz ist mit diesem Sūtra verbunden. In diesem Sūtra offenbart der Buddha die Wirklichkeit, so wie sie ist. Siehe auch Kap. 52, *Bukkyō*.

27 Siehe Lotos-Sūtra, Kap. 2, «Geschicklichkeit». Vgl. Borsig, S. 77.

28 Meister Seppō Gison (822–907), Nachfolger von Meister Tokuzan Senkan.

29 Siehe *Rentō eyō*, Kap. 21.

30 *Mon o ko shite* 門を挙して, «das Tor selbst greifen», bedeutet, dass man alle Umstände und Gegebenheiten dieser Welt (das Tor) als geschicktes Mittel nimmt, um die Menschen zu befreien.

31 Die Zahl Vierzig verweist auf die sieben Alten Buddhas plus die dreiunddreißig Vorfahren bis zu Meister Daikan Enō.

32 *Zenpan* 禅版. Es handelt sich um ein Brett, das beim Zazen bei Müdigkeit als Stütze benutzt wird. In einigen Klöstern legen die Praktizierenden das Brett flach im rechten Winkel auf die Zazen-Bank und benutzen das Loch im Brett als Anhaltspunkt für die Augen.

33 Laozi (geboren etwa 604 v. u. Z.) wird als der Begründer des Daoismus angesehen.

34 Zhuangzi. Ein großer daoistischer Weiser, der viele Schriften verfasst haben soll.

35 Im Westen oft latinisierend als «Konfuzius» wiedergegeben.

36 Meister Engo Kokugon (1063–1135), Nachfolger von Meister Goso Hō-en.

37 Meister Chōsa Keishin (starb 868), Nachfolger von Meister Nansen Fugan. Siehe Kap. 60, *Juppō*.

38 Dies ist ein Zitat aus Kap. 36, *Kōmyō*.

39 Meister Ō-an Donge (starb 1163) war ein Nachfolger von Meister Kokyū Shōryū.

40 *Zetsugaku mui [no] kandō nin* 絶学無為閑道人. Im *Shōdōka* sagt Meister Yōka Genkaku: «*Siehst du nicht jenen gelassenen Menschen des Dao, jenseits von Lernen und Streben?*»

41   In Kap. 18 und 19, *Shin fukatoku*, erläutert Meister Dōgen eingehend seine Lehre des Geistes. Ō-an hat demgegenüber eine vereinfachte und verstandesmäßige Sicht des Geistes.

42   «Mit den Ohren sehen und mit den Augen hören» bedeutet intuitives ganzheitliches Wahrnehmen und Verstehen.

43   «Die Kälber» symbolisieren die Praktizierenden, die mit sich im Frieden sind.

44   1226.

45   In den Klöstern in China und Japan wurde die Nacht von 19 Uhr bis fünf Uhr früh in fünf «Wachen» oder Perioden von jeweils zwei Stunden eingeteilt.

46   Die Abtsgebäude befanden sich im Allgemeinen am höchstgelegenen Ort des Klosters. Siehe «Klostergrundriss» in Band 1, Anhang 4.

47   Das *o-kesa*. Über die Bedeutung dieses Gewands vgl. Kap. 12, *Kesa kudoku*, und Kap. 13, *Den-e*.

48   *Jakkō-dō* 寂光堂 ist der Eigenname der Halle.

49   *Dai kōmyōzō* 大光明藏 ist der Eigenname des Raums.

50   Eine Region der Provinz Sichuan im Südwesten Chinas.

51   *Myōkōdai* 妙高台, wörtl. «die wunderbare hohe Plattform». Der Raum des Abtes war vermutlich durch Bambus-Matten abgeteilt, hinter denen sich eine erhöhte Plattform für das persönliche Gespräch mit dem Abt befand. In einen anderen abgeteilten Bereich warteten die Mönche und konnten Räucherwerk verbrennen.

52   Zen-Meister Daibai Hōjō (752–839), Nachfolger von Meister Baso Dō-itsu. Meister Dōgen beschreibt seine Lebensgeschichte in Kap. 30, *Gyōji (1)*.

53   Meister Daibais Gedicht lautet so:
Niemals werde ich die Lotos-Blätter des Teiches abtragen.
Ein paar Kiefernkerne sind mehr als eine Mahlzeit.
Jetzt, wo meine Bleibe von den Weltmenschen entdeckt wurde,
Werde ich meine Hütte noch tiefer in der Abgeschiedenheit bauen.
Siehe Kap. 30, *Gyōji (1)*.

54   *Ango* 安居, «Sommer-Training». Zu Lebzeiten des Buddha versammelten sich alle Mönche im Sommer zur Regenzeit, um intensiv zu üben und die Lehrreden des Meisters zu hören. Siehe Kap. 79. *Ango*.

55   *Nyūshitsu* 入室, wörtl. «in den Raum eintreten», bedeutet ein persönliches Gespräch mit dem Meister eines Klosters. In diesem Fall standen die Mönche bereits auf der erhöhten Plattform mit Meister Tendō. Hier bedeutet *nyūshitsu*, dass einer nach dem anderen direkt vor den Meister tritt.

56   1243.

57   Meister Gensa Shibi (835–907), Nachfolger von Meister Seppō Gison. Im Text wird er unter seinem posthumen Titel «großer Meister Shū-itsu» erwähnt.

58   *San* 參 ist die Kurzform von *shōsan* 小參. Dies ist eine spontane Lehrrede, die im Allgemeinen im Raum des Meisters stattfindet.

59   Siehe *Rentō eyō*, Kap. 23, und *Shinji shōbōgenzō*, Buch 3, Nr. 42.

60   Die wirkliche Form der Erscheinungen ist intuitiv, d. h., im Nicht-Verstehen zu erfassen, denn sie offenbart sich im gegenwärtigen Augenblick.

61   Meister Gensa war ein Nachfolger der siebten Generation nach Meister Seigen Gyōshi. Meister Dōgen gehört auch zu der Linie von Meister Seigen.

62   Die heutige Präfektur Fukui.

51

密語

Mitsugo

Die verborgene Sprache

MITSU bedeutet «verborgen», «verschlüsselt», oder auch «geheim». Die Bedeutung umfasst also etwas, was für die Sinne nicht wahrnehmbar und mit dem Verstand nicht erkennbar ist. Go bedeutet «Worte», «Sprache» oder «Rede». Daher bedeutet MITSU-GO «die verborgene Sprache» oder «das für die Sprache Verborgene». Es ist offensichtlich, dass die tiefgründige Lehre des Buddha nicht vollständig mit den Worten und Begriffen der Sprache ausgedrückt werden kann. Was uns mit Worten überliefert wurde, ist daher nicht alles. Es gibt viele Dinge in der Wirklichkeit, die verborgen sind und nicht mit dem gewöhnlichen Denken oder den Sinnen erfasst werden können. Der Buddha und die großen Meister haben die Wahrheit mit Worten, aber auch mit wortlosen Gesten oder einer verborgenen Sprache gelehrt. Das Unausgesprochene spielt im Buddha-Dharma eine große Rolle, aber nach Meister Dōgen ist Buddhas verborgene Sprache keine Geheimlehre, die nur für Eingeweihte verständlich wäre. Vielmehr ist die Verborgenheit Teil unseres Lebens. Es gibt ein intuitives, über den Verstand und die Sprache hinausgehendes Verstehen, das alle Menschen besitzen und das sich darüber hinaus durch eine regelmäßige Praxis weiterentwickelt. In diesem Kapitel erklärt Meister Dōgen, wie die Meister der Vergangenheit das für die Sprache und für sie selbst Verborgene erfahren und erforscht haben.

Wenn die große Wahrheit, die alle Buddhas bewahrt und beherzigt haben, sich mit dem ganzen Universum verwirklicht, bedeutet dies, dass die Worte «du bist so und ich bin auch so»[1] und «du musst sie gut bewahren und behüten»[2] unmittelbar im Jetzt erfahren werden.

Einst erhielt der große Meister Ungo[3] ein Geschenk von einem Regierungsbeamten, und dieser fragte ihn: *«Es heißt, der Weltgeehrte [Buddha] hätte eine verborgene Sprache gehabt, während es für Mahākāśyapa nicht Verborgenes gab. Was ist die verborgene Sprache des Weltgeehrten?»*

[Als Antwort] rief der große Meister aus: *«Beamter!»*

Der Beamte antwortete: *«Ja.»*

Dann fragte der große Meister: *«Verstehst du, oder nicht?»*

Der Beamte antwortete: *«Ich verstehe nicht.»*

Der große Meister sagte: «*Wenn du nicht verstehst, ist das die verborgene Sprache des Weltgeehrten, und wenn du verstehst, ist es [wie bei] Mahākāśyapa, für den es nichts Verborgenes gab.*»[4]

Der große Meister [Ungo], der sich als der rechtmäßige Nachfolger in der fünften Generation von [Meister] Seigen[5] offenbart hat, war ein Meister für die Menschen und Götter und ein großer und guter Lehrer des ganzen Universums. Er veränderte sowohl die empfindenden als auch die nicht empfindenden Wesen. Er war der sechsundvierzigste Buddha in der authentischen Nachfolge der Buddhas[6] und lehrte die Buddhas und Vorfahren den Dharma. Als er in seiner Einsiedelei auf dem Berg Sanpō lebte, beschenkten ihn die himmlischen Wesen mit Gaben aus ihrer Küche. Nachdem ihm der Dharma weitergegeben worden war und er die Wahrheit verwirklicht hatte, ging er jedoch weit über den Bereich hinaus, in dem man solche Gaben erhält.[7]

Die obige Aussage: «Es heißt, der Weltgeehrte hätte eine verborgene Sprache gehabt, während es für Mahākāśyapa nicht Verborgenes gab» ist das Vermächtnis der sechsundvierzig Buddhas. Und doch ist das ursprüngliche Gesicht der sechsundvierzig Buddhas [etwas Wirkliches], was man nicht von anderen erhalten kann, was nicht von außerhalb kommt, was nicht angeboren und niemals etwas Neues ist.[8]

In Bezug auf die Verwirklichung dieser einen großen Sache der verborgenen Sprache [kann man sagen], dass nicht nur Śākyamuni Buddha, sondern alle Buddhas und Vorfahren eine solche Sprache hatten. Ein Weltgeehrter hat immer eine verborgene Sprache, und wer diese verborgene Sprache hat, ist zweifellos wie Mahākāśyapa, für den es nichts Verborgenes gab. Wenn es hundert oder tausend Weltgeehrte gibt, gibt es auch hundert oder tausend Mahākāśyapas. Diese Grundwahrheit solltet ihr nicht vergessen, und ihr solltet sie erfahren und erforschen. Sie zu erfahren und zu erforschen bedeutet, dass ihr nicht versucht [das Verborgene] sofort zu verstehen, sondern es sehr, sehr viele Male gründlich und in allen Einzelheiten untersucht und erforscht, so als müsstet ihr einen harten Gegenstand durchschneiden. Ihr solltet nicht meinen, dass ihr sofort alles verstehen könnt, was ein Mensch zu sagen hat. Es könnte sein, dass [Meister] Ungo jetzt schon ein Weltgeehrter geworden ist, der die verborgene Sprache verwendet, und dass er wie Mahākāśyapa ist, für den es nichts Verborgenes gab. Versteht es nicht so, dass sein Ausruf «Beamter!» und die Reaktion des Beamten, [der nur Ja sagt,] schon die ganze verborgene Sprache wäre.

In der obigen Geschichte sagte der große Meister: «Wenn du nicht verstehst, ist das die verborgene Sprache des Weltgeehrten, und wenn du verstehst, ist es [wie bei] Mahākāśyapa, für den es nichts Verborgenes gab.» Ihr solltet den Sinn dieser Aussage in vielen Zeitaltern erforschen und euch dabei anstrengen. [Der Meister sagte, dass] das Nicht-Verstehen [des Beamten] die verborgene Sprache des Weltgeehrten ist; er sagte nicht, dass dieses Nicht-Verstehen bedeute, in diesem Augenblick sprachlos zu sein, und er sagte auch nicht, dass Nicht-Verstehen bedeute, unwissend zu sein. Die Grundwahrheit dieses Nicht-Verstehens sollte euch motivieren, es in der Stille durch eure Anstrengungen bei der Praxis zu erfahren und zu erlernen. Wenn der Meister sagte:

«Wenn du verstehst», dann meinte er nicht, dass jetzt gerade etwas [mit dem Verstand] begriffen würde.

Es gibt viele Wege, den Buddha-Dharma zu erfahren und zu erforschen. Dazu gehören die wesentlichen Grundwahrheiten, dass man den Buddha-Dharma versteht und dass man ihn nicht versteht. Wer keinem wahren Lehrer begegnet ist, weiß nicht einmal, dass es diese Grundwahrheiten gibt. Solche Menschen irren sich, wenn sie meinen, dass [Buddhas] verborgene Sprache etwas mit den Augen und Ohren [der Zuhörer] zu tun habe, die nicht sehen und hören können.[9] [Meister Ungo sagte] nicht, dass man nur deshalb verstehe, weil man [wie] Mahākāśyapa sei, für den es nichts Verborgenes gab. Es kann auch vorkommen, dass man nicht versteht, auch wenn nichts verborgen ist. Ihr solltet die Aussage, dass es nichts Verborgenes gibt, nicht so verstehen, dass es einen Menschen gäbe, der [etwas Verborgenes] sehen und hören könnte. Vielmehr ist das Nicht-Verborgene schon jetzt da, [oder] das Nicht-Verborgene mag nirgendwo sein, [denn das Jetzt übersteigt jede Vorstellung von verborgen und nicht-verborgen]. Ihr solltet versuchen, dies genau in diesem Augenblick zu erfahren und gründlich zu erforschen.

Deshalb haben wir [Buddhas] verborgene Sprache niemals als eine uns unbekannte Sprache erlernt. Genau in dem Augenblick, wenn wir den Buddha-Dharma nicht verstehen, ist dies ein wichtiger Teil der verborgenen Sprache. Diese Sprache ist zweifellos die Eigenart des Weltgeehrten und sie ist die ihm eigene Sprache.

Die Menschen jedoch, die nie die Lehre eines wahren Lehrers gehört haben, haben diese Grundwahrheit noch nicht einmal im Traum gesehen, selbst wenn sie auf dem Löwensitz[10] [des Buddha] sitzen. Sie sagen ohne Sinn und Verstand, die verborgene Sprache des Weltgeehrten beziehe sich auf [den Augenblick], als er vor einer großen Versammlung auf dem Geiergipfel eine Blüte emporhielt und ein Zeichen mit den Augen gab. Deshalb sei Buddhas Lehre in der Form von Sprache und Worten oberflächlich und offenbar nur mit Buchstaben und Namen beschäftigt. Dagegen seien das wortlose Emporhalten der Blüte und das Zeichen mit den Augen der Moment gewesen, in dem [Buddhas] geheime Lehre ihren Anfang nahm. Da die vielen hundert oder tausend Anwesenden dieser Versammlung seine geheime Sprache nicht verstehen konnten, sei diese für sie «verborgen» gewesen.[11] Mahākāśyapa habe gelächelt, weil er schon vorher wissen konnte, dass der Weltgeehrte eine Blüte emporhalten und ein Zeichen mit dem Auge geben würde, und dies bedeute, dass es für Mahākāśyapa nichts Verborgenes gegeben habe. Weil es für Mahākāśyapa nichts Verborgenes gegeben habe, sei dies der wahre Kern der Lehre, die von einem [Buddha] zum anderen weitergegeben und empfangen wurde.

Die Menschen, die dies hören und für wahr halten, sind so [zahlreich] wie die Pflanzen von Reis, Flachs, Bambus und Schilf. Sie sind in den Klöstern der neun Provinzen [Chinas] in der Mehrzahl. Dies ist sehr bedauerlich und der Grund dafür, dass die Wahrheit der Buddhas und Vorfahren so heruntergekommen ist. Ein Mensch mit klarem Blick sollte [solche Ansichten] eine nach der anderen leicht als falsch entlarven. Wenn man die Lehre des Weltgeehrten, die er in Worten formuliert hat, als oberflächlich ansieht, wäre auch das Emporhalten der Blüte und das Zeichen mit dem Auge oberflächlich. Wenn jemand die Lehre des Weltgeehrten nur als Buchstaben und Namen versteht, ist er kein Schüler des Buddha-Dharmas. Ein solcher Mensch weiß zwar, dass der Weltgeehrte sich in seinen Reden der Buchstaben und Namen bedient, er weiß aber nicht, dass der Weltgeehrte Buchstaben und Namen weit übersteigt, und er muss sich noch von den Gefühlen der gewöhnlichen Menschen befreien. Die Befreiung, die Dharma-Lehre und eine Lehre, die aus Worten besteht, drehen das Dharma-Rad und durchdringen den Körper und Geist aller Buddhas und Vorfahren. Diese Lehre in Worten kommt vielen Menschen zugute, wenn sie sie hören und sehen. Wo die Buddhas und Vorfahren anwesend sind, kommt die Wohltat dieser Worte allen Menschen zugute, die eine Glaubens- oder eine Dharma-Praxis[12] ausüben. Aber auch dort, wo die Buddhas und Vorfahren nicht anwesend sind, können die Menschen [an dieser in Worte gefassten Lehre] teilhaben.

Wie hätten die hundert oder tausend Versammelten das Emporhalten der Blüte und das Zeichen mit den Augen [des Weltgeehrten] nicht als ein Emporhalten der Blüte und ein Zeichen mit den Augen erkennen und bezeugen können? Es könnte sein, dass [die Versammelten] auf derselben Ebene wie Mahākāśyapa waren und dasselbe Leben wie der Weltgeehrte hatten. Es könnte sein, dass hundert oder tausend Versammelte dasselbe erfahren haben, dass sie zur selben Zeit den Bodhi-Geist erweckten und dass sie in derselben Wahrheit und im selben Land gelebt haben. Sie begegneten alle dem Buddha und hörten den Dharma sowohl mit ihrer wissenden Weisheit als auch mit ihrer nicht-wissenden Weisheit. Nachdem sie Buddha ein Mal begegnet waren, gingen sie weiter und begegneten so vielen Buddhas, wie es Sandkörner am Ganges gibt. Es könnte sein, dass hundert Millionen Wesen an jeder der Versammlungen der Buddhas teilgenommen haben. Wenn jeder Buddha eine Blüte emporhält und ein Zeichen mit den Augen gibt, wird dies wohl im selben Augenblick von allen Wesen gesehen und gehört. Unsere Augen sind nicht blind und unsere Ohren hören genau. Wir haben geistige und körperliche Augen und geistige und körperliche Ohren.

Wie verstehen nun jene engstirnigen Menschen Mahākāśyapas Lächeln? Versucht etwas zu sagen! Wenn es so wäre, wie sie sagen, müsste Mahākāśyapas Lächeln auch eine «geheime Sprache» genannt werden. Aber sie sagen, dass es [für Mahākāśyapa] nichts Verborgenes gäbe. Damit fügen sie noch eine weitere Dummheit hinzu. Danach sagte der Weltgeehrte: «Ich besitze die Schatzkammer des wahren Dharma-Auges und den wunderbaren Geist des Nirvāṇas. Ich gebe sie an Mahākāśyapa weiter.» Ist dies eine Aussage mit Worten oder ohne Worte? Wenn der Weltgeehrte die Worte missachtet und das Emporhalten der Blüte höher geschätzt hätte, hätte er danach noch einmal eine Blüte emporgehalten [anstatt zu sprechen]. Wie wäre es möglich, dass Mahākāśyapa die Worte des Weltgeehrten nicht verstanden und die Versammelten sie nicht gehört hätten? Ihr solltet euch nicht auf die Reden und Lehren solcher [engstirnigen] Menschen einlassen.

Im Allgemeinen spricht der Weltgeehrte eine verborgene Sprache, handelt im Verborgenen und erfährt das Verborgene. Die beschränkten Menschen denken, das Wort «verborgen» bedeute, dass die anderen Menschen nicht verstehen, was man selbst versteht, und sie meinen, dass manche Menschen eingeweiht seien und andere nicht. Wer so redet und denkt, hat den Buddha-Weg nie erfahren und erforscht, und zwar nicht in der Vergangenheit, nicht in der Gegenwart, nicht in Indien und nicht in China. Denn wenn es so wäre, müsste es bei den ungebildeten Laien und Mönchen sehr viel Verborgenes geben, während es bei den gebildeten Laien und Mönchen wenig Verborgenes gäbe. Gibt es denn für diejenigen, die umfassend gebildet sind, nichts Verborgenes mehr? Wie viel mehr würde dies für diejenigen gelten, die Götter-Augen und -Ohren, Dharma-Augen und -Ohren, Buddha-Augen und -Ohren usw. haben? Wir müssten sagen, dass es für sie gar keine verborgene Sprache und gar keinen verborgenen Sinn mehr gäbe.

Die verborgene Sprache, der verborgene Sinn und das verborgene Handeln im Buddha-Dharma sind jedoch völlig jenseits solcher Argumente. In dem Augenblick, wenn ihr einem Menschen begegnet, hört ihr die Sprache des Verborgenen, und ihr sprecht die Sprache des Verborgenen. Wenn ihr euch selbst erkennt, erkennt ihr das verborgene Handeln. Wie viel mehr können die Buddhas und Vorfahren in den verborgenen Sinn der verborgenen Sprache, die wir hier beschrieben haben, eindringen?

Denkt daran, dass in dem Augenblick, wenn ein Buddha-Vorfahre verborgene Worte spricht und im Verborgenen handelt, seine Worte und sein Handeln miteinander wetteifern, um sich zu verwirklichen. Was hier «verborgen» genannt wird, ist genau diese Grundwahrheit, dass ein Mensch tief vertraut mit dem Verborgenen ist[13] und kein Haar zwischen ihn und das Verborgene passt. Dieses innige Vertrautsein mit dem Verborgenen schließt alles in sich ein[14]: die Buddhas und Vorfahren, euch, mich, das Handeln, die Zeitalter, die Tugenden und das Verborgene selbst. Sogar Buddha-Augen können keinen flüchtigen Blick darauf werfen, wenn die verborgene Sprache mit dem Verborgenen im Menschen zusammenkommt. Das verborgene Handeln überschreitet unser eigenes Wissen und das der anderen. Nur das in uns Verborgene kann es erkennen, und die jeweiligen anderen Wesen in ihrer Verborgenheit verstehen es nicht. Alles beruht auf diesem Verborgenen, sei es ein halbes oder ein ganzes Ding, weil ihr ganz und gar von diesem Verborgenen umgeben seid.

Ihr solltet solche Grundwahrheiten klar erkennen, sie erfahren und gründlich erforschen. Letztlich haben alle Buddhas und Vorfahren authentisch weitergegeben, dass jeder Ort, wo die Menschen belehrt werden, und jeder Augenblick, in dem [Menschen die Lehre] hören und annehmen, immer die Offenbarung dieses Verborgenen ist. Was ist der gegenwärtige Augenblick?[15] Weil er nicht erfassbar ist, verbirgt er sich vor euch, vor den anderen, vor den Buddhas und Vorfahren und vor fremden Wesen. Deshalb verbirgt sich diese Verborgenheit immer wieder neu im Verborgenen. Weil eine solche Lehre, ein solches Handeln und eine solche Erfahrung [das Leben] der Buddhas und Vorfahren sind, klären und durchdringen die Buddhas und Vorfahren das in ihnen Verborgene, und damit klären und durchdringen sie das Verborgene selbst.

Meister Setchō[16], der der Meister meines Meisters war, lehrte vor einer Versammlung:

Der Weltgeehrte spricht eine verborgene Sprache.
Für Mahākāśyapa gibt es nichts Verborgenes.
Ein Regen herunterfallender Blüten in der Nacht,
Die ganze Stadt ist erfüllt vom Wohlgeruch fließenden Wassers.[17]

Setchōs Zeilen: «Ein Regen herunterfallender Blüten in der Nacht, die ganze Stadt ist erfüllt vom Wohlgeruch fließenden Wassers» sind hier der Ausdruck seiner tiefen Vertrautheit mit dem Verborgenen. Wenn ihr seine Worte aufgreift, müsst ihr genau die Sicht und das Leben der Buddhas und Vorfahren erforschen. Seine Worte gehen über Rinzai und Tokuzan hinaus. Ihr solltet eure Augen und Ohren mit großer Intuition und Klarheit benutzen.[18] Wo sonst könnt ihr die Einheit von Körper und Geist verwirklichen als in euren Ohren, in eurer Nase und in euren Augen, die weder alt noch neu sind? Dass die Welt durch einen Blütenregen entsteht[19], ist eine Grundwahrheit.

In den Worten des alten Meisters: «Die ganze Stadt ist erfüllt vom Wohlgeruch fließenden Wassers» verbirgt sich sein ganzer Körper, und doch zeigt sich seine Gestalt immer deutlicher.[20] Deshalb erforschen und durchdringen wir im Haus der Buddhas und der Vorfahren tagtäglich [die Wahrheit], dass der Weltgeehrte eine verborgene Sprache hat und dass es für Mahākāśyapa nichts Verborgenes gibt. Die sieben von der Welt geehrten Buddhas haben dies in derselben Weise erforscht und erfahren wie [wir] jetzt. Mahākāśyapa und Śākyamuni haben dies ebenso ergründet und erforscht wie [wir] jetzt.

SHŌBŌGENZŌ MITSUGO

Dargelegt vor einer Versammlung im alten Kloster Kippō im Bezirk Yoshida von Esshū am 20. Tag des neunten Mondmonats im ersten Jahr der Ära Kangen [1243].

Anmerkungen

1 Meister Daikan Enō sagte zu Meister Nangaku Ejō: *«Ebendieses Nicht-Beflecken ist es, was die Buddhas immer bewahrt und beherzigt haben. Du bist auch so, ich bin so, und die alten Meister in Indien waren ebenso.»* Shinji shōbōgenzō, Buch 2, Nr. 1, und *Keitoku dentō roku*, Kap. 5. Siehe auch *Shōbōgenzō*, Kap. 7, *Senjō*, und Kap. 23, *Gyōbutsu yuigi*.

2 *Zenji goji* 善自護持. Meister Bodhidharma sprach diese Worte zu Meister Taiso Eka: *«Dies ist genau die Essenz des Geistes, den die Buddhas und Vorfahren der Vergangenheit weitergegeben haben. Jetzt hast du sie und musst sie gut bewahren und behüten.»* Siehe Kap. 48, *Sesshin sesshō*.

3 Meister Ungo Dōyō (835?–902) war ein Nachfolger von Meister Tōzan Ryōkai. Im Text wird er «der große Meister Kōkaku vom Berg Ungo» genannt.

4 Siehe *Shinji shōbōgenzō*, Buch 1, Nr. 34.

5 Meister Seigen Gyōshi (660?–740), ein Nachfolger von Meister Daikan Enō.

6 Meister Ungo war der sechsundvierzigste Buddha in der Linie Meister Dōgens, wenn man von Vipaśyin Buddha ausgeht, der der erste der sieben alten Buddhas war. Siehe Kap. 15, *Busso*.

7 Dies bezieht sich auf eine buddhistische Legende, wonach die himmlischen Wesen den Praktizierenden auf dem Buddha-Weg die Mahlzeiten geben.

8 Meister Dōgen widerlegt hier alle abstrakten Interpretationen von Meister Ungos Worten. Die vier Aussagen werden im Text in Chinesisch zitiert, aber die Quelle ist unbekannt.

9 Manche halten Buddhas nonverbale Lehren für eine Art Geheimsprache, die nur Eingeweihten zugänglich sei.

10 *Shishi-za* 獅子座, «der Sitz des Löwen», beschreibt Buddhas Sitz, wenn er lehrte, oder allgemein den Sitz eines Meisters.

11 Nach Meister Dōgen haben diese Menschen den Ausdruck *mitsugo* 密語 falsch interpretiert, d.h., im Sinn von «geheim», «esoterisch» oder «nur für Eingeweihte verständlich».

12 *Shingyō* 信行, «eine Glaubenspraxis», bezieht sich zum Beispiel auf die Praxis der Schulen des Reinen Landes, und *hōgyō* 法行, «eine Dharma-Praxis», auf die Praxis der so genannten Zen-Schulen.

13 *Shinmitsu* 親密. *Shin* 親 bedeutet «nahe» oder «vertraut», *mitsu* 密 «das Verborgene» und *shinmitsu* 親密 «die Nähe» oder «die Vertrautheit». Nur beim Zazen können wir erfahren, was diese Vertrautheit mit dem Verborgenen tatsächlich ist.

14 *Gai* 蓋 bedeutet als Substantiv einen «Deckel», der genau auf einen Topf passt, und als Verb bedeutet es «ganz bedecken» oder im weiteren Sinn «alles in sich einschließen».

15 *Nan no jisetsu* 麼の時節, wörtl. «ein Augenblick des Was?»

16 Meister Setchō Chikan (1105–1192), Nachfolger von Meister Tendō Sōkaku. *Shi-ō* 師翁, wörtl. «der ältere Meister», ist ein respektvoller Ausdruck für den Meister des eigenen Meisters. Meister Setchō war der Meister von Meister Tendō Nyojō.

17 Siehe *Katai futō roku*, Kap. 17.

18 Wörtl. «Ihr müsst die Nasenlöcher in den Augen öffnen und erfahren und eure Nasenspitze in den Ohren schärfen.»

19   *Ke-u sekai-ki* 華雨世界起. Die traditionelle Formulierung ist *Kekai sekai-ki* 華開世界起,
      «wenn die Blüten sich öffnen, entsteht die Welt». Meister Dōgen setzt an die Stelle von
      kai 開, «sich öffnen», das Zeichen *u* 雨, «Regen».

20   *Mi [o] zō[shite] kage iyo-iyo ara[waru nari]* 蔵身影弥露. Ein ähnliches Bild findet sich
      in Kap. 28, *Butsu kōjō no ji:* «...Warum sage ich das? Weil Dōyō ... plötzlich ‹vom Gehirn
      in seinen Körper› gesprungen ist und sich dort verbirgt. Obwohl er sich dort verbirgt,
      zeigt sich seine Gestalt kristallklar.»

52

仏経

Bukkyō

Buddhas Sūtren

Butsu bedeutet «Buddha» und kyō «Sūtra» oder «Schriften». So bedeutet bukkyō «Buddhas Sūtren». Das Kapitel 24 des Shōbōgenzō hat ebenfalls den Titel «Bukkyō», aber dort hat kyō die Bedeutung von «Lehre». Buddhas Lehre, die uns durch unzählige Schriften oder Sūtren überliefert wurde, besteht aus einem sehr breiten und vielschichtigen Spektrum von Erkenntnissen, die der Buddha sowohl durch rationale Analyse als auch durch meditative Einsicht gewann. Nach seinem Tod entwickelten sich verschiedene Schulen, die sich zwar alle auf Buddhas Lehre berufen, den Akzent aber jeweils auf das eine oder andere Element seiner Lehre setzen. Manche betonen die meditative Praxis des Zazen so ausschließlich, dass sie das Studium der Schriften völlig ablehnen und ihm auch nicht den geringsten Wert beimessen. Sie sagen, dass die rationale Auseinandersetzung mit den Schriften nutzlos und sogar hinderlich auf dem Weg zur Wahrheit sei und es genüge, nur Zazen zu praktizieren. Meister Dōgen wendet sich in diesem Kapitel gegen dieses einseitige Verständnis der Buddha-Lehre. Aus seiner Sicht hat es einen sehr großen Wert, die überlieferten Schriften zu lesen, und dies sei sogar notwendig, um die Buddha-Wahrheit in ihrer ganzen Breite und Tiefe zu erfassen. In diesem Kapitel erläutert Meister Dōgen daher eingehend den Wert des Sūtra-Lesens. Wie er bereits ausführlich in Kapitel 17, «Hokke ten hokke», dargelegt hat, sind Buddhas Sūtren für ihn nicht nur aus der Vergangenheit überlieferte Worte, sondern die konkrete Offenbarung des ganzen Universums, das hier und jetzt die wahre Wirklichkeit ist.

In Buddhas Sūtren wird eine Methode, die Bodhisattvas zu unterweisen,[1] angeführt und eine Methode, die Buddhas zu unterweisen. Beide sind gleichermaßen die Werkzeuge der großen Wahrheit. Diese Werkzeuge begleiten den Lehrer und er verwendet sie. Aus diesem Grund haben sich alle Buddhas und Dharma-Vorfahren in Indien und China zweifellos einerseits auf einen guten Lehrer[2] und andererseits auf die Sūtren gestützt. Deshalb gibt es genau in dem Augenblick, wenn wir manchmal einem guten Lehrer und manchmal den Sūtren folgen, nicht die geringste Trennung zwischen der Erweckung des Willens [zur Wahrheit], der Schulung und der Erfahrung der Wirkung. Den Willen [zur Wahrheit] zu erwecken stützt sich auf die Sūtren und auf einen guten Lehrer; die Schulung stützt sich auf die Sūtren und auf einen guten Lehrer, und die Erfahrung der Wirkung ist das völlige Vertrautsein mit den Sūtren und dem Lehrer. Der Augenblick davor und die Worte danach[3] umfassen dieselbe Erfahrung wie die der

Sūtren und des Lehrers, und der gegenwärtige Augenblick und der Inhalt der Worte[4] umfassen dieselbe Erfahrung wie die der Sūtren und des Lehrers.[5]

Gute Lehrer haben alle ein tiefes Verständnis der Sūtren. Ein tiefes Verständnis haben bedeutet, dass sie die Sūtren als ihren Lebensbereich und ihren Körper und Geist ansehen. Sie entwickeln die Sūtren zu einem Werkzeug, um anderen die Lehre darzulegen, sie verwenden die Sūtren, um zu sitzen, zu liegen und zu gehen, und sie machen die Sūtren zu ihrem Vater, ihrer Mutter, ihren Kindern und Enkeln. Gute Lehrer haben die Sūtren an sich selbst erfahren und erforscht, weil sie sie zu ihrer Praxis und zu ihrem Verstehen [der Welt und des Lebens] gemacht haben. Das Gesicht zu waschen und Tee zu trinken[6] ist das ewige Sūtra eines guten Lehrers.

Die Aussage, dass die Sūtren gute Lehrer hervorbringen, beinhaltet, wie Ōbaku mit sechzig Stockschlägen seine Kinder und Enkel [im Dharma] geformt hat[7], und sie beschreibt die drei Schläge [mit dem Stößel zum Reisstampfen] auf dem Berg Ōbai, die zur Weitergabe des Gewandes und des Dharmas [an Daikan Enō] führten.[8] Aber sie beinhaltet nicht nur das, denn viele Menschen wurden durch die Sūtren [der Natur] zu guten Lehrern: [Gautama Buddha,] der erwachte und die Wahrheit erkannte, als er den Morgenstern erblickte, [Meister Reiun Shigon,] der erwachte, als er Pfirsichblüten sah, [Meister Kyōgen Chikan,] der die Wahrheit verwirklichte, als er einen Kieselstein hörte, der auf ein Bambusrohr traf.[9] Dies alles sind Beispiele dafür, wie die Sūtren gute Lehrer hervorbringen. Es gab Hautsäcke, die im Handeln den klaren Blick[10] erlangten und [dann] die Sūtren verstehen konnten, und es gab lange und hart Praktizierende[11], die die Sūtren verstehen konnten und [dann] den klaren Blick erlangten.

Was ich hier «die Sūtren» nenne, ist das ganze Universum der zehn Richtungen, denn wie könnte es irgendeine Zeit oder irgendeinen Ort geben, die nicht dasselbe wären wie die Sūtren? Diese Sūtren benutzen Buchstaben und Worte, um die universelle Wahrheit und die weltlichen Sichtweisen zu beschreiben. Manchmal benutzen diese Sūtren die Buchstaben und Worte des Himmels und der Welt der Menschen, manchmal die der Welt der Tiere und der Dämonen[12], und manchmal benutzen diese Sūtren die Buchstaben und Worte der konkreten hundert Grashalme und der zehntausend Bäume. Daher sind die wörtlichen Lehren und konkreten Offenbarungen dieser Sūtren nichts anderes als die langen, kurzen, eckigen, runden, blauen, gelben, roten und weißen [Wesen, Dinge und Phänomene], die es in unendlich großer Zahl und Dichte im ganzen Universum der zehn Richtungen gibt. Deshalb betrachten wir diese Sūtren als ein Werkzeug der großen Wahrheit und sehen sie als Buddhas Sūtren an.

Diese Sūtren haben die Fähigkeit, das Ganze der Zeit zu umfassen und sich in allen Ländern der Erde zu verbreiten. Sie öffnen das Tor, um die Menschen zu unterweisen, und schließen dabei keinen einzigen Menschen und keine einzige Familie auf der ganzen Erde davon aus. Sie öffnen das Tor, um die Dinge zu unterweisen, und befreien alle lebenden Wesen auf der ganzen Erde. Diese Sūtren unterweisen die Buddhas und Bodhisattvas, und dabei werden sie selbst zur ganzen Erde und zur ganzen Welt. Sie öffnen das Tor der geschickten Mittel[13] und das Tor, durch welches alle Dinge ihren Platz [im Dharma] einnehmen. Sie offenbaren die wahre und wirkliche Form, ohne auch nur einen oder einen halben Menschen davon auszuschließen. Diese Sūtren jetzt mit dem Denken und der Wahrnehmung oder mit dem Nicht-Denken und der Nicht-Wahrnehmung der Buddhas und Bodhisattvas zu erfassen, ist die große Sehnsucht eines jeden Menschen, selbst wenn der Einzelne dies nicht willentlich erreichen kann.

Wenn ihr diese Sūtren durch und durch erfasst und verwirklicht, sind sie weder Vergangenheit noch Gegenwart. Da die Vergangenheit und Gegenwart selbst nichts anderes als die Augenblicke des Verwirklichung dieser Sūtren sind, offenbart sich das ganze Universum der zehn Richtungen vor euch, wenn ihr sie verwirklicht. Diese Sūtren zu lesen, sie zu rezitieren und im Leben anzuwenden bedeutet, dass die Buddha-Weisheit, die natürliche Weisheit und die nicht angelernte Weisheit[14] sich verwirklichen, und dies schon vor dem Denken und dem [Handeln des] Körpers. Zu diesem Zeitpunkt gibt es keinen Zweifel, dass [diese wirkliche Weisheit] ein neuer und besonderer Bereich ist. Diese Sūtren zu empfangen, zu bewahren, zu lesen und zu rezitieren bedeutet, dass sie euch ganz in sich aufnehmen und euch völlig verzehren. Wenn ihr in den Schriftlinien und Sätzen auf und ab geht, vor einem Satz [innehaltet] oder hinter einem Wort [über seinen Sinn nachdenkt], seid ihr wie jemand, der aus [vielen] ausgestreuten Blüten einen Kranz flicht.

Dieses Sūtra [des Universums] nennen wir den Dharma, und in ihm sind alle vierundachtzigtausend Dharma-Lehren enthalten. In diesem Sūtra gibt es Buchstaben und Worte, die die Verwirklichung des ausgeglichenen wahren Erwachens der Buddhas sind. Darin gibt es Buchstaben und Worte, die die Buddhas sind, die jetzt in dieser Welt leben, und darin gibt es Buchstaben und Worte, die die Buddhas sind, die schon ins Parinirvāṇa eingegangen sind. Das Kommen und das Gehen der Wirklichkeit sind jeweils Buchstaben in diesem Sūtra, und es sind die Sätze des Dharmas über den Dharma. Als [Gautama Buddha wortlos] eine Blüte emporhielt und ein Zeichen mit den Augen gab, lächelte [Mahākāśyapa]; dies war das ewige Sūtra, das die sieben Buddhas authentisch weitergegeben haben. Als [Meister Eka] im tiefen Schnee stand, sich den Arm abtrennte, sich [vor Meister Bodhidharma] niederwarf und das Mark erlangte, war dies das ewige Sūtra, das von dem Meister auf den Schüler weitergegeben wurde. Die darauf folgende Weitergabe des Dharmas und des Gewandes war nichts anderes als der Augenblick, als alle Bände der weiten und großen Buchstaben dieses Sūtras den Lebewesen anvertraut wurden. Als [Meister Daiman] drei Mal mit dem Stößel zum Reisstampfen schlug und [Meister Daikan Enō den Reis] drei Mal durch das Sieb laufen ließ[15], reichte ein Sūtra dem anderen Sūtra die Hand, und ein Sūtra folgte dem anderen Sūtra nach.

[Meister Daikan Enōs Frage:] «Was ist das, was so gekommen ist?» ist dasselbe wie tausend Sūtren, die die Buddhas lehren, und die zehntausend Sūtren, die die Bodhisattvas lehren. [Meister Nangakus Aussage:] «Etwas mit Worten zu erklären, trifft nicht den Kern der Sache» lehrt hervorragend die achtzigtausend Komponenten [dieses Universums] und sie beschreibt die zwölf Lehrweisen.[16] Ferner sind eine Faust, eine Ferse, ein Stock und ein Fliegenwedel das ewige und das neue Sūtra, das Sūtra der Existenz und das Sūtra der Leerheit. Sich mit anderen Praktizierenden um die Wahrheit zu bemühen und sich beim Zazen anzustrengen war seit alten Zeiten das Sūtra, das am Anfang und am Ende recht ist. Es ist das Sūtra, das auf die Blätter des Bodhi-Baums und in den leeren Raum geschrieben wird.

Wenn die Buddhas und Vorfahren sich ein Mal bewegen und zwei Mal innehalten, wenn sie aktiv handeln oder [die Dinge] geschehen lassen, öffnen und schließen sie auf natürliche Weise dieses Sūtra. Da ihr selbst erfahrt und erforscht, dass das Universum, aus der höchsten Sichtweise betrachtet, grenzenlos ist, atmet ihr das Sūtra durch eure Nasenlöcher ein und wieder aus, und ihr atmet das Sūtra durch eure Fußspitzen ein und wieder aus, [so wie] dieses Sūtra vor der Geburt unserer Eltern und vor der Zeit des Königs der majestätischen Stimme[17] ein- und ausgeatmet wurde. Wir empfangen und lehren dieses Sūtra durch die Berge, die Flüsse und die große Erde, und wir empfangen und lehren dieses Sūtra durch die Sonne, den Mond und die Sterne. Manchmal bewahren und übermitteln wir dieses Sūtra mit dem Selbst, das vor den Weltzeitaltern der Leerheit da war, und manchmal bewahren und übermitteln wir es mit dem Körper und Geist, die vor unserem [heutigen] Gesicht und den Augen da waren. Damit dieses Sūtra tatsächlich Wirklichkeit werden und sich [in der Welt] offenbaren kann, befreien wir uns [von allen Ideen und Vorstellungen über] die physische Welt und die Dharma-Welt.

Der siebenundzwanzigste Vorfahre, der ehrwürdige Prajñātara sagte:

Mein Ausatmen folgt nicht den Umständen.
Das Einatmen bleibt nicht in der Welt der Skandhas.
So rezitiere ich täglich Hunderte, Tausende und Millionen von Sūtren,
So wie sie sind, und nicht nur eines oder zwei.[18]

Wenn ihr diese Worte eines alten Meisters hört, solltet ihr erfahren und erlernen, dass die Sūtren beim Ein- und Ausatmen rezitiert werden. Wenn ihr wisst, wie man die Sūtren auf diese Art rezitiert, kennt ihr auch den Ort, wo die Sūtren sind. Da die Sūtren sowohl der Rezitierende als auch das Rezitierte sind und das Rezitieren der Sūtren auch die Offenbarung der Sūtren ist, könnte es sein, dass ihr das ganze [Universum] seht und versteht, wenn ihr die Sūtren rezitiert.

Mein früherer Meister sagte immer: «*In meinem Orden ist es nicht [immer] nötig, Räucherwerk zu verbrennen, sich zu Boden zu werfen, Buddhas Namen zu rezitieren, zu bekennen oder die Sūtren zu lesen. Ihr solltet einfach nur sitzen, euch um die Wahrheit bemühen und Körper und Geist fallen lassen.*»

Es gibt nur wenige Menschen, die Klarheit über diese Worte erlangt haben. Warum? Weil wir die Sūtren herabsetzen, wenn wir sie lesen und dies nur «das Lesen der Sūtren» nennen, und weil wir uns völlig widersprechen, wenn wir die Sūtren lesen, dies aber nicht «das Lesen der Sūtren» nennen. Ihr solltet nichts sagen und ihr solltet aber auch nicht stumm sein. Schnell, sagt etwas! Schnell, sagt etwas!

Diese Wahrheit müsst ihr erfahren und erforschen. Weil [das Sūtra-Lesen] diesem Grundprinzip folgt, sagte ein alter Meister[19]: «Um die Sūtren zu lesen, muss man

Augen haben, die die Sūtren lesen können.» Denkt daran, dass er dies nicht hätte sagen können, wenn es von der frühen Vergangenheit bis heute keine Sūtren gegeben hätte. Ihr solltet also selbst erfahren und erforschen, dass es ein Lesen der Sūtren gibt, das befreit, und dass es ein Lesen der Sūtren gibt, das unnötig ist.[20]

Deshalb wird jeder ganze oder halbe Mensch, der praktiziert und Buddhas Sūtren empfängt und sie bewahrt, zweifellos Buddhas Schüler. Ihr solltet nicht die falsche Sicht derjenigen Menschen haben, die außerhalb des Buddha-Weges stehen. Da die Schatzkammer des wahren Dharma-Auges, die sich jetzt verwirklicht, nichts anderes als Buddhas Sūtren ist, ist alles, was jetzt als Buddhas Sūtren existiert, die Schatzkammer des wahren Dharma-Auges. Dies geht über [Begriffe wie] Einheit und Verschiedenheit, wir und die anderen hinaus. Denkt daran, dass die Schatzkammer des wahren Dharma-Auges überall gegenwärtig ist, und doch werdet ihr sie nie vollständig erfassen können. Auch wenn dies so ist, offenbart ihr selbst die Schatzkammer des wahren Dharma-Auges, und ihr könnt gar nicht anders, als ihr zu vertrauen.

Dasselbe gilt für Buddhas Sūtren: Sie sind überall gegenwärtig, und deshalb solltet ihr sie achten, auf sie vertrauen und einen Vers oder einen Satz daraus im Alltag umsetzen. Es ist unmöglich, alle achtzigtausend Sūtren zu verstehen. Die Menschen, die Buddhas Sūtren nicht vollständig durchdrungen haben, sollten aber nicht unbesonnen behaupten, die Sūtren seien nicht der Buddha-Dharma. Selbst wenn sie[21] damit prahlen, dass sie selbst die Knochen und das Mark der Buddhas und Vorfahren seien, sind sie, wenn ihr sie mit rechten Augen betrachtet, doch nur Menschen, die spät zum Buddha-Dharma gekommen sind und immer noch an Worten kleben. Manche mögen vielleicht jenen gleichen, die einen Satz oder einen Vers [aus den Sūtren] angenommen und bewahrt haben, andere mögen aber nicht einmal jenen gleichkommen, die einen Satz oder einen Vers angenommen und bewahrt haben. Ihr solltet Buddhas wahren Dharma nicht herabsetzen, indem ihr euch auf das oberflächliche Verständnis solcher Menschen verlasst. Nichts besitzt mehr Tugenden als Buddhas Sūtren, die nichts anderes als Klang und Form sind. Der Klang und die Form der Sūtren verwirren [nur] diejenigen, die sie nicht verstehen und [Buddhas Lehren] doch so sehr begehren; aber [in Wirklichkeit] werden sie nicht durch Buddhas Sūtren verwirrt, [sondern durch sich selbst]. Wer Buddhas Sūtren nicht vertraut, sollte sie aber auch nicht herabsetzen.

Dennoch gab es in den letzten ein-, zweihundert Jahren im großen Königreich der Song einige nicht vertrauenswürdige menschliche Hautsäcke, die sagten, dass wir nicht einmal die Worte der alten Meister im Gedächtnis behalten sollten, und wie viel weniger wäre es daher angebracht, die Sūtren zu lesen oder darauf aufzubauen. Ihrer Meinung nach ginge es einzig darum, Körper und Geist zu kahlen Bäumen und toter Asche zu machen und so hart zu praktizieren, dass wir zerbrochenen Holzschöpfern oder bodenlosen Eimern[22] gleichen würden. Menschen, die so reden, haben ohne Grund die Buddha-Lehre verlassen oder sind zu Dämonen des Himmels geworden. Sie verlassen sich auf [Lehren], auf die sie sich besser nicht verlassen sollten. Deshalb haben sie den Dharma der Buddhas und Vorfahren zu einer unsinnigen, von ihnen entstellten Lehre verdreht. Dies ist traurig und bedauerlich.

Sogar eine harte Praxis gleich zerbrochenen Holzschöpfern oder bodenlosen Eimern ist nichts anderes als das ewige Sūtra der Buddhas und Vorfahren. Nur wenige Buddhas und Vorfahren haben die vielen Bände dieses ewigen Sūtras eingehend durchforscht. Wer sagt, Buddhas Sūtren seien nicht der Buddha-Dharma, hat niemals die Gelegenheiten erforscht, wenn die Buddhas und Vorfahren die Sūtren benutzen, hat niemals den Augenblick erfahren und erlernt, wenn die Buddhas und Vorfahren sich offenbaren, indem sie sich auf die Sūtren stützen, und er hat niemals erkannt, wie tief vertraut die Buddhas und Vorfahren mit den Sūtren sind.

Solche nicht vertrauenswürdigen Menschen gibt es [so zahlreich] wie Reis, Flachs, Bambus und Schilf. Dennoch steigen sie auf den Löwensitz, gründen Klöster im ganzen Land und werden die Lehrer der Menschen und Götter. Weil diese nicht vertrauenswürdigen Menschen nur von ihresgleichen gelernt haben, kennen sie keine andere Wahrheit als die von ebenfalls nicht vertrauenswürdigen Menschen. Da sie [die Wahrheit] nicht kennen, sehnen sie sich nicht nach der Wahrheit und tappen von einer Dunkelheit in die andere. Dies ist bedauerlich. Solche Menschen hatten von Anfang an nicht den Körper und Geist des Buddha-Dharmas, und woher sollten sie wissen, wie der Körper handeln und der Geist wirken sollte? Weil sie keine Klarheit über die Grundsätze von Existenz und Nicht-Existenz erlangt haben, heben sie einfach ihre Faust hoch, wenn jemand ihnen eine Frage stellt, aber sie kennen den Sinn dieser Geste nicht. Da sie den richtigen und den falschen Weg nicht klar unterscheiden, heben sie zwar ihren Fliegenwedel hoch, wenn jemand ihnen eine Frage stellt, aber sie kennen auch den Sinn dieser Geste nicht. Wenn solche Leute hoffen, anderen die Hand reichen zu können, um sie zu führen, zitieren sie aus Rinzais vier Sichtweisen und den vier Beziehungen zwischen Denken und Tun; sie zitieren aus Unmons drei Sätzen oder aus Tōzans drei Wegen und fünf Positionen[23] usw. und machen [solche Theorien] zum Maßstab für das Erlernen der Wahrheit.

Mein früherer Lehrer Tendō lachte über solche Leute und sagte: «*Wie könnte man auf diese Weise den Zustand eines Buddhas erlernen? Wir lassen die große Wahrheit, die die Buddhas und Vorfahren authentisch weitergegeben haben, viele Male unseren Geist und unseren Körper durchdringen. Wenn wir dies erfahren und erlernen und uns bemühen es zu meistern, verschwenden wir unsere Zeit nicht [für unnütze Ziele]. Wer hätte die Zeit, sich mit den Worten und Sätzen der späteren Generationen zu befassen? Ihr solltet wirklich wissen, dass selbst die erfahrenen Praktizierenden in ganz China nicht den Geist der Wahrheit haben. Es ist offensichtlich, dass sie nicht den Körper und Geist des Buddha-Dharmas erfahren und erforschen.*»

Dies lehrte mein früherer Meister. In Wirklichkeit war Rinzai erst kurze Zeit[24] in Ōbakus Orden gewesen, als er die sechzig Schläge mit dem Stock erhielt. Schließlich besuchte er Daigu[25] und hatte mit ihm das [berühmte] Gespräch über das Herz einer Großmutter.[26] Daraufhin überdachte er sein früheres Handeln und ging zurück zu Ōbaku. Weil diese Begebenheit sich wie ein Donner verbreitete, dachten die Menschen, der Dharma sei von Ōbaku nur an Rinzai weitergegeben worden. Außerdem meinten manche, [Rinzai] sei sogar noch hervorragender als Ōbaku. Dies ist aber nicht der Fall.

Rinzai war nur kurze Zeit in Ōbakus Orden und er folgte nur den anderen Mönchen. Es heißt, dass Rinzai, als der ehrwürdige Meister Chin[27] ihm riet [Ōbaku eine Frage zu stellen], nicht wusste, was er fragen sollte. Wie könnte jemand, der dem Dharma eifrig zugehört[28] und ihn tiefgründig erfahren und erforscht hat, so sprachlos sein, auch wenn er die große Sache noch nicht geklärt hat? Ihr sollt wissen, dass [Rinzai] keine wirklich außerordentliche Begabung hatte, und sein Wille zur Wahrheit war auch nicht stärker als der seines Meisters.

Niemand hat gehört, [Rinzai habe mit seinen Aussagen] die seines Meisters übertroffen. Demgegenüber sprach Ōbaku wie ein hervorragender Meister, und er besaß große Weisheit[29], die [sogar] die seines Meisters [Hyakujō] übertraf. Ōbaku hat Wahrheiten in Worte gefasst wie noch kein anderer Buddha [vor ihm] und er hat den Dharma tiefer verstanden als mancher seiner Vorfahren. Ōbaku ist ein ewiger Buddha, der die Vergangenheit und Gegenwart überstrahlt. Er ist höher als Hyakujō zu stellen und ein noch größeres geistiges Genie [im Dharma] als Baso. Rinzai hatte niemals eine solche überragende geistige Begabung. Weshalb? Rinzai hat nicht eine einzige Dharma-Aussage neu formuliert, die nicht schon bekannt war, nicht einmal im Traum. Er hat nur viele konkrete Einzelheiten verstanden, und dabei das eine umfassende Ganze vergessen, oder aber er hat das eine umfassende Ganze verwirklicht und vergaß dabei die vielen konkreten Einzelheiten. Wie könnten wir [Rinzais] vier Sichtweisen usw. als einen Richtungsweiser[30] für das Erlernen des Dharmas ansehen, so als hätten sie den Geschmack der Wahrheit?

Unmon war ein Schüler von Seppō.[31] Obwohl er fähig war, als großer Lehrer für die Menschen und Götter zu wirken, muss gesagt werden, dass er immer noch auf der Ebene des Lernens und des Studiums[32] war. Wie könnten wir sagen, dass [Rinzai und Unmon] bis zur Wurzel des Buddha-Dharmas vorgedrungen wären? Es könnte sein, dass sie nur bedauernswerte Nachkommen [unserer großen Vorfahren] waren. Man kann sich fragen, worauf sich die Buddhas und Vorfahren als Maßstab für die Wahrheit gestützt haben, bevor Rinzai gekommen und Unmon erschienen war. Deshalb sollet ihr wissen, dass die Wahrheit des Handelns der Familie der Buddhas in den Linien [von Rinzai und Unmon] nicht weitergegeben wird. Weil [solche Menschen] nichts haben, worauf sie sich verlassen können, lehren sie ohne Grund solche fremdartigen und verwirrenden Theorien. Sie machen die Lehre Buddhas wirklich lächerlich, und ihr sollet ihnen nicht folgen. Wenn ihr schon Buddhas Sūtren ablehnt, sollet ihr aber auch Rinzai und Unmon ablehnen. Wenn ihr euch nicht auf Buddhas Sūtren verlassen wollt, ist das dasselbe, wie wenn ihr kein Wasser zum Trinken und keinen Löffel zum Schöpfen hättet.

Davon abgesehen sind die drei Wege und die fünf Positionen unseres großen Vorfahren [Tōzan] die Kernsätze, die jenseits des Bereiches sind, den solche nicht vertrauenswürdigen Menschen erkennen können. [Tōzan] hat das Wesentliche des Dharmas authentisch empfangen und weitergegeben, und er verweist direkt auf das Handeln eines Buddhas. Die anderen Linien kommen ihm nicht gleich.

Außerdem behaupten solche nicht vertrauenswürdigen Menschen, die Lehren des Laozi, des Kongzi[33] und des Śākyamuni würden zu denselben Erkenntnissen kommen und sich nur durch die Art und Weise unterscheiden, wie man in das Tor hineingeht. Manche vergleichen die drei Lehren mit einem Kessel, der drei Füße besitzt. Diese Theorie ist Gegenstand beliebter Diskussionen vieler Mönche im großen Königreich der Song. Wenn solche Mönche dies behaupten, ist der wahre Buddha-Dharma für sie bereits vom Erdboden verschwunden. Außerdem muss gesagt werden, dass nicht einmal so wenig wie ein Staubkorn des Buddha-Dharmas zu ihnen gelangt ist. [Dennoch] geben solche Menschen vor, sie hätten Einsicht in den Buddha-Dharma. Sie sagen fälschlicherweise, Buddhas Sūtren seien nutzlos, und in der Linie unseres großen Vorfahren [Bodhidharma] gäbe es eine besondere Lehre, die außerhalb [der Schriften] weitergegeben wurde.[34] Sie sind deshalb so engstirnig, weil sie die grenzenlose Buddha-Wahrheit nicht erfahren haben.

Sie sagen, dass man sich nicht auf die Sūtren stützen solle: Wenn sie die Sūtren unseres großen Vorfahren [Bodhidharma] hätten, würden sie sie annehmen, oder nicht? Es gibt viele Dharmas in der Wahrheit unseres Vorfahren, die in den Sūtren beschrieben werden: Sollten wir sie annehmen oder sie verwerfen? Wer könnte Bodhidharmas Wahrheit vertrauen, wenn man behauptet, seine Wahrheit sei außerhalb von Buddhas Wahrheit? Unser Vorfahre und Meister [Bodhidharma] ist für uns deshalb ein Vorfahre und Meister, weil ihm die Buddha-Wahrheit authentisch weitergegeben wurde. Wer könnte Bodhidharma einen Vorfahren nennen, wenn ihm die Buddha-Wahrheit nicht authentisch weitergegeben worden wäre?

Wir verehren den ersten Vorfahren in China eben deshalb, weil er der achtundzwanzigste Nachfolger [in Indien] war. Wenn wir von Bodhidharmas Wahrheit als etwas sprechen würden, was außerhalb der Buddha-Wahrheit ist, könnte es kaum zehn oder zwanzig Vorfahren geben. Wir verehren den ersten Vorfahren in China gerade deshalb, weil die Buddha-Wahrheit für uns das Wichtigste ist und Bodhidharma sie von den rechtmäßigen Nachfolgern des Buddha empfangen und weitergegeben hat. Wie könnte ein Dharma-Nachfolger den Menschen und Göttern gegenübertreten, dem Buddhas Wahrheit nicht authentisch weitergegeben worden wäre? Noch schwieriger wäre es, wenn wir den festen Entschluss aufgeben müssten, Buddha zu verehren, um einem neuen Dharma-Vorfahren zu folgen, der nicht der Buddha-Wahrheit angehören würde.

Dass die unverständigen und nicht vertrauenswürdigen Menschen von heute die Buddha-Wahrheit gering schätzen, liegt daran, dass sie nicht entscheiden können, welche Dharmas zur Buddha-Wahrheit gehören und welche nicht. Die Lehre des Laozi und des Kongzi auch nur einen Moment lang mit der Lehre des Buddha zu vergleichen, ist nicht nur bedauernswert und dumm, sondern auch die Ursache und Bedingung für falsches Handeln. Es ist der Niedergang der Länder und Nationen, da die drei Kostbarkeiten[35] damit untergraben werden.

Die Wahrheit des Kongzi und des Laozi[36] kann niemals die eines Arhats[37] sein. Wie viel weniger noch könnten sie dem ausgeglichenen oder dem wunderbaren Erwachen [eines Bodhisattvas][38] gleichkommen? In den Lehren des Kongzi und des Laozi mag es wohl möglich sein, die Sicht und das Verständnis der Heiligen in den astronomischen Phänomenen des Himmels und der Erde zu deuten, aber es ist schwer, in einem oder auch in vielen Leben Klarheit über die Ursachen und Wirkungen zu erlangen, die der große Heilige [Buddha] gelehrt hat. Selbst wenn es in diesen Lehren möglich ist, durch das nicht-willentliche Tun ein wenig die Bewegung und Stille von Körper und Geist zu erkennen, ist es unmöglich, die Wirklichkeit des ganzen Universums auf der Grundlage der Grenzenlosigkeit des gegenwärtigen Augenblicks[39] zu klären. Über die Unterlegenheit der Lehren des Kongzi und des Laozi im Vergleich zu der Lehre des Buddha braucht man nicht zu diskutieren, diese Lehren sind so weit voneinander entfernt wie Himmel und Erde. Die Menschen, die wahllos von ein und derselben Lehre sprechen, setzen den Buddha-Dharma herab und verleumden damit gleichzeitig Kongzi und Laozi. Sicherlich gibt es einige Feinheiten in ihren Lehren, aber wie könnten die erfahrenen Praktizierenden der heutigen Zeit auch nur einen winzigen Teil davon verstehen, geschweige denn sie als das Wesentliche zu betrachten, das zehntausend Zeitalter lang Geltung hat?

Auch bei Kongzi und Laozi gibt es Lehren und eine konkrete Schulung, die die heutigen oberflächlichen Menschen nicht mühelos praktizieren könnten. Niemand würde auch nur den Versuch machen, diese Lehren zu praktizieren. Kein Staubkorn gleicht einem anderen, wie viel weniger könnten die Menschen heute, die erst spät zur Buddha-Lehre gekommen sind, bestimmen, wie tiefgründig und wunderbar Buddhas Sūtren sind? Sie verstehen weder Buddhas Lehre noch die anderen Lehren, sondern erfinden ohne Grund fremdartige Theorien und sprechen verwirrende Worte über ihre angebliche Gleichheit.

Im heutigen großen Königreich der Song zeichnen solche Menschen mit dem Titel eines Meisters und nehmen die Stellung von Klosteräbten ein. Schamlos vor der Vergangenheit und Gegenwart sind sie töricht genug, die Buddha-Wahrheit lächerlich zu machen. Es ist schwer zu erkennen, dass der Buddha-Dharma in ihnen gegenwärtig wäre. Solche [so genannten] erfahrenen Praktizierenden, vom ersten bis zum letzten, sagen, dass nicht die Sūtren die ursprüngliche Absicht der Buddha-Wahrheit seien, sondern die Weitergabe unseres Vorfahren [Bodhidharma]. In Bodhidharmas Weitergabe sei das Geheimnisvolle, Besondere, Tiefgründige und Wunderbare [von Buddhas Lehre] übermittelt worden. Solche Worte zeugen von einer undenkbaren Dummheit, und sie entstammen der Sprache von Verrückten. Niemals hat es etwas Geheimnisvolles und Besonderes in Bodhidharmas authentischer Weitergabe gegeben, was sich von Buddhas Sūtren oder von einem einzigen Wort oder einem halben Wort darin unterscheiden würde. Buddhas Sūtren und Bodhidharmas Wahrheit wurden authentisch von Śākyamuni Buddha weitergegeben und haben sich verbreitet. Was Bodhidharma weitergegeben hat, wurde nur von seinen rechtmäßigen Nachfolgern empfangen und weitergegeben. Wie wäre es also möglich, dass [diese rechtmäßigen Nachfolger] die Sūtren nicht gekannt, geklärt, gelesen und rezitiert hätten?

Ein alter Meister sagte: «*Du könntest dich in Bezug auf die Sūtren täuschen, aber die Sūtren täuschen dich nicht!*»[40]

Es gibt viele Geschichten von früheren Meistern, die die Sūtren gelesen und studiert haben. Jenen nicht vertrauenswürdigen Menschen möchte ich Folgendes sagen: Wenn es so ist, wie ihr sagt, dass man Buddhas Sūtren ablehnen müsse, muss man auch Buddhas Geist und Körper ablehnen. Wenn man Buddhas Körper und Geist verwirft, muss man auch Buddhas Schüler verwerfen. Buddhas Schüler zu verwerfen bedeutet, Buddhas Wahrheit zu verwerfen. Wenn man Buddhas Wahrheit verwirft, wie könnte man dann nicht auch Bodhidharmas Wahrheit verwerfen? Wenn ihr sowohl Buddhas Wahrheit als auch Bodhidharmas Wahrheit verwerft, könntet ihr jemand sein, der sinnlos mit einem rasierten Kopf unter hundert gewöhnlichen Menschen lebt. Wer könnte daran zweifeln, dass solche Mönche es verdienen, den Stock zu spüren? Sie müssen nicht nur dem leisesten Wink von Königen und Gefolgsmännern gehorchen, sondern auch dem König des Totenreichs[41] Frage und Antwort stehen.

Die erfahrenen Praktizierenden der heutigen Zeit, die nur eine Bescheinigung von einem König oder einem Minister haben[42], machen sich zu Meistern buddhistischer Klöster und führen derartig absurde Reden wie die genannten. Es gibt niemanden, der das Richtige vom Falschen unterscheiden kann. Mein früherer Meister war der einzige, der über diese Leute lachte, während die erfahrenen Praktizierenden anderer Klöster dies völlig ignorierten.

Grundsätzlich solltet ihr nicht annehmen, dass Mönche, nur weil sie aus einem fremden Land kommen, unbedingt die Wahrheit geklärt hätten. Ihr solltet nicht denken, dass Mönche, nur weil sie den Kaiser eines großen Landes belehren, sicherlich etwas erlangt hätten. Die Lebewesen fremder Länder haben nicht immer die Anlagen von Mönchen. Die guten sind gute [Mönche] und die schlechten schlechte. Es könnte sein, dass die Lebewesen in der großen dreifachen Welt des Universums auch nicht anders sind.

Außerdem werden diejenigen, die die Wahrheit erlangt haben, nicht immer auserwählt, um den Kaiser eines großen Landes zu lehren. Es ist schwer für einen Kaiser, zu wissen, wer die Wahrheit erlangt hat. Er wählt nur auf der Grundlage dessen, was ihm seine Gefolgsmänner raten. Früher und heute gab es solche, die die Wahrheit hatten und die Kaiser unterwiesen, und viele andere, die sie nicht hatten und trotzdem die Kaiser unterwiesen. In einer Zeit des Niedergangs werden Menschen auserwählt, die die Wahrheit haben, und auch solche, die sie nicht haben. Weshalb ist das so? Weil ein [wahrer] Mensch manchmal erkannt wird[43] und manchmal nicht.

Ihr solltet das Beispiel Jinshūs[44] auf dem Berg Ōbai nicht vergessen. Jinshū unterwies den Kaiser, hielt Dharma-Vorträge beim Kaiser hinter herabgelassenen Bambusmarkisen und lehrte den Dharma hinter Bambusrollladen.[45] Zudem war er der Ranghöchste der siebenhundert edlen Mönche. Ihr solltet auch dem alten Beispiel des Arbeiters Ro[46] auf dem Berg Ōbai vertrauen. Ro hatte seine Arbeit als Holzsammler mit der eines Klosterarbeiters vertauscht; damit entging er zwar dem Schleppen von Feuerholz, aber nun war es seine Arbeit, den Reis für die Mönche zu stampfen. Es war zwar bedauerlich, dass seine Stellung im Kloster so niedrig war, aber dadurch, dass er das weltliche Leben aufgab und Mönch wurde, den Dharma erlangte und das Gewand empfing, gab er uns seit der alten Zeit bis heute ein Vorbild, das es nicht einmal in Indien gab. Es war eine seltene und erhabene Handlung, die nur aus dem östlichen Land [China] überliefert wurde. Selbst die siebenhundert edlen Mönche [des Klosters] konnten es ihm nicht gleichtun, und die Drachen und Elefanten [also die besten Schüler] im ganzen Land konnten seinen Spuren nicht folgen. Er war Buddhas rechtmäßiger Nachfolger und nimmt den Platz des dreiunddreißigsten Dharma-Vorfahren[47] in der Reihe der Meister [seit Indien] ein. Wäre der fünfte Vorfahre in China [Meister Kōnin] nicht ein ausgezeichneter Lehrer gewesen, der fähig war, die großen Qualitäten eines Menschen wie des Arbeiters Ro zu erkennen, wie hätte dies geschehen können?

Über diese Wahrheit solltet ihr in Ruhe nachdenken. Seid ohne Hast. Ihr solltet erhoffen die Kraft zu bekommen, einen Menschen wirklich zu erkennen. Die Fähigkeiten eines Menschen nicht zu erkennen, ist ein großes Unglück für euch selbst, für die anderen und für ein ganzes Land. Dazu braucht ihr weder ein umfangreiches Studium noch große Geschicklichkeit in wichtigen Angelegenheiten, sondern ihr solltet euch umgehend darum bemühen, den Blick und die Fähigkeit zu bekommen, einen [wahren] Menschen zu erkennen. Ohne diese Fähigkeit werdet ihr viele Zeitalter lang Not und Elend ertragen müssen.

Deshalb solltet ihr unbedingt wissen, dass es auf dem Buddha-Weg Buddhas Sūtren gibt. Ihr solltet ihre großen und weiten Buchstaben und ihren tiefen Sinn wie die Berge und Ozeane erfahren und erforschen, und sie als Richtlinien für euer Bemühen um die Wahrheit ansehen.

SHŌBŌGENZŌ BUKKYŌ

Dargelegt vor einer Versammlung während eines Aufenthalts im Kloster Kippō im Bezirk Yoshida von Esshū[48] im neunten Mondmonat des Herbstes des ersten Jahres der Ära Kangen [1243].

Anmerkungen

1   *Kyō bosatsu hō* 教菩薩法 bezieht sich direkt auf das Lotos-Sūtra. Siehe auch Kap. 17, *Hokke ten hokke*.

2   *Chishiki* 知識 ist die Abkürzung von *zen chishiki* 善知識, wörtl. «ein guter Freund». Der Ausdruck steht für sanskr. *kalyāna-mitra* und wird oft mit «ein spiritueller Lehrer» übersetzt. Aus Meister Dōgens Sicht hat das Wort *zen* 善, «gut», jedoch eine mehr praktische als eine spirituelle Bedeutung. In Kap. 10, *Shoaku makusa*, ist «der gute Lehrer» jemand, der durch sein Beispiel zeigt, wie man die Wahrheiten des Buddha-Dharmas konkret im täglichen Leben umsetzt.

3   *Kisen kugo* 機先句後, wörtl. «vor dem Augenblick, nach dem Wort», beschreibt den Augenblick des Handelns, d. h., die Intuition vor dem Handeln und die Überlegung danach.

4   *Kichū kuri* 機中句裏, «im Kern des Augenblicks und im Inneren des Wortes».

5   Die Wirklichkeit ist in jedem Augenblick identisch mit Buddhas Sūtren und der Lehre des Meisters.

6   *Senmen kissa* 洗面喫茶, «das Gesicht waschen und Tee trinken», bezieht sich auf eine Geschichte über Meister Isan Reiyū und seine zwei Schüler. Siehe Kap. 25, *Jinzū*, und *Shinji shōbōgenzō*, Buch 1, Nr. 61.

7   Dies bezieht sich auf die Weitergabe zwischen Meister Ōbaku Ki-un und seinen Schülern Rinzai Gigen und Bokushū Dōmyō etc.

8   Dies bezieht sich auf die Dharma-Weitergabe zwischen dem fünften Vorfahren, Meister Daiman Kōnin und dem sechsten, Meister Daikan Enō, die z. B. in Kap. 29, *Inmo*, beschrieben wird.

9   Die Geschichte des Erwachens der beiden Meister wird eingehend in Kap. 9, *Keisei sanshiki*, beschrieben.

10   Wörtl. «das Auge», das heißt, die buddhistische Sichtweise.

11   Wörtl. «Holzschöpflöffel und Lackeimer».

12   Die Welten der Tiere und Asuras (zornige Dämonen) sind zwei der sechs Welten oder Bereiche (*rokudō* 六道), die lebende Wesen gemäß der buddhistischen Lehre durchlaufen. Es handelt sich dabei um die Stufen: Götter, menschliche Wesen, Asuras, Tiere, hungrige Geister und Wesen in der Hölle.

13   Siehe Lotos-Sūtra, Kap. 10, «Der Gesetzesmeister»: «*Dieses Sūtra öffnet die Lehre des geschickten Mittels und zeigt die wahre Natur.*» Borsig, S. 215.

14   *Mushi-chi* 無師智, wörtl. «nicht [von einem] Meister [vermittelte] Weisheit».

15   Dies bezieht sich auf die Dharma-Übertragung zwischen Meister Daiman Kōnin und Meister Daikan Enō. Siehe Anm. 8 und Kap. 29, *Inmo*.

16   *Jūnibu* 十二部, die «zwölf Lehrweisen» oder «Teile» der Sūtren, werden eingehend in Kap. 24, *Bukkyō*, erläutert.

17   *I-on-ō* 威音王 ist der Name eines sehr alten Buddhas, der in Sanskrit Bhīṣmagarjitasvara heißt. Im Lotos-Sūtra, Kap. 20, «Der Bodhisattva Sadāparibhūta», heißt es: «*In alter, lange vergangener Zeit von unermesslichen, unbegrenzten, unvorstellbaren Asamkhyeya-Kalpas gab es einen Buddha. Sein Name war Tathāgata Bhīṣmagarjitasvara-rāja (König majestätischer Stimme)...*» Borsig, S. 326.

18   Ein Gedicht aus dem *Wanshi juko* («Wanshis Lobreden auf die alten Meister»), das auch in Kap. 21, *Kankin*, zitiert wird.

19 Meister Unmon Bun-en (864–949), Nachfolger von Meister Seppō Gison. Der Satz stammt aus Band 3 des *Unmon Kyōshin Zenji kōroku* («Umfassende Aufzeichnungen von Zen-Meister Unmon Kyōshin»).

20 Der Ausdruck *fuyō* 不用 bedeutet im Allgemeinen «unnötig». Er kommt auch in Meister Tendōs Zitat vor. Hier beschreibt *fuyō* 不用 einen noch konkreteren augenblicklichen Zustand, der jenseits des so genannten «Sūtra-Lesens» ist. «Unnötig» bedeutet nicht, dass es nicht nützlich wäre, die Sūtren zu lesen, sondern dass jeder Augenblick des Handelns im Alltag eine Form ist, die Sūtren der Wirklichkeit zu lesen. Eine ähnliche Interpretation von *fuyō* 不用 findet sich in Kap. 24, *Bukkyō*.

21 *Nandachi* なんだち wörtl. «sie», bezieht sich hier auf diejenigen, die zwar Bodhidharmas Zazen annehmen, aber das Studium der Sūtren ablehnen, ohne dass sie sich über die Beziehung zwischen Zazen und den Sūtren im Klaren sind.

22 Zerbrochene Holzschöpfer und bodenlose Eimer sind Symbole für Menschen, die sehr hart praktizieren.

23 Diese verschiedenen Theorien werden eingehend in Kap. 49, *Butsudō*, erläutert.

24 *Goshō* 後生. Diesen Ausdruck finden wir auch in der Geschichte von Meister Rinzais Praxis unter den Meistern Ōbaku und Daigu, die im *Shinji shōbōgenzō*, Buch 1, Nr. 27, beschrieben sind. Siehe auch *Shōbōgenzō*, Kap. 30, *Gyōji*.

25 Meister Kō-an Daigu (Daten unbekannt), Nachfolger von Meister Kisū Chijō. Wie Meister Ōbaku war er ein Nachfolger von Meister Baso Dō-itsu in der zweiten Generation.

26 Meister Daigu sagte zu Rinzai, dass Ōbaku ihm deshalb sechzig Stockschläge gegeben hatte, weil dessen Herz so gütig wie das einer Großmutter gewesen sei.

27 Meister Bokushū Dōmyō (780?–877), Nachfolger von Meister Ōbaku. Sein weltlicher Name war Chin und sein Spitzname «der ehrwürdige Chin».

28 *Ritsu-chi chōbō* 立地聴法, «am Boden stehen und den Dharma hören», beschreibt die Haltung der Schüler, die Buddhas Lehre auf dem Geiergipfel begierig zuhörten.

29 «*Dai-chi*» 大智, «große Weisheit», ist der posthume Titel von Meister Hyakujō Ekai (749–814), der Ōbakus Meister war.

30 *Shi'nan* 指南, wörtl. «nach Süden zeigend». Das *shi'nansha* 指南車 war ein altes chinesisches Militärfahrzeug, auf dem eine Holzstatue angebracht war, deren Arm beweglich war und durch einen Magneten wie ein Kompass immer nach Süden zeigte.

31 Meister Seppō Gison (822–907), Nachfolger von Meister Tokuzan Senkan.

32 *Gaku-chi* 学地, «die Ebene des Studiums», steht im Gegensatz zu *mugaku* 無学, «jenseits des Studiums», das ein Synonym für die Arhatschaft ist.

33 Latinisierend auch oft «Konfuzius» genannt.

34 *Betsuden* 別伝 bezieht sich auf den Ausdruck *kyōge betsuden* 教外別伝, «Weitergabe außerhalb der Schriften». Meister Dōgen kritisiert diese Idee sehr scharf in Kap. 24, *Bukkyō*.

35 Buddha, Dharma und Sangha.

36 Ein chinesischer Philosoph des 6. Jahrhunderts, der als der Begründer des Daoismus angesehen wird.

37 Der Zustand der höchsten Verwirklichung im Buddhismus. Siehe Kap. 34, *Arakan*.

38 Die vorletzte und letzte Verwirklichung eines Bodhisattvas.

39 *Mujin saidan* 無尽際断, wörtl. «grenzenlose Trennung», beschreibt den gegenwärtigen Augenblick, der unabhängig von dem vergangenen und dem zukünftigen Augenblick ist.

40 Dies bezieht sich möglicherweise auf das Gespräch zwischen Meister Daikan Enō und dem Mönch Hotatsu. Siehe Kap. 17, *Hokke ten hokke*.

41 Yama-rāja (jap. Enma), der Gott, der nach den indischen Legenden über die Geister der Totenwelt herrscht.

42 Damals wurde ein Praktizierender wohl durch einen kaiserlichen Erlass zum Abt eines Klosters ernannt.

43 *Chijin* 知人, «einen Menschen erkennen», beschreibt die intuitive Fähigkeit, zu erkennen, ob ein Mensch die Wahrheit kennt oder dies nur vorgibt.

44 Jinshū (starb 706) war ein Nachfolger von Meister Daiman Kōnin. Er war der intelligenteste der 700 Mönche im Orden von Meister Daiman Kōnin auf dem Berg Ōbai. Trotzdem reichte er nicht an Meister Daikan Enōs Qualitäten heran, obwohl der nur ein Arbeiter im Kloster war.

45 Jinshū war der Lehrer von Kaiser Chūsō der Tang-Dynastie und der Kaiserin Wu Zetian, die sich 684 Chūsōs Thron bemächtigte. Er wurde von beiden sehr verehrt. Bambusmarkisen und Rollläden sollten den Kaiser vor den Blicken Fremder bewahren.

46 *Ro-anja* 廬行者. *Ro* 廬 war der Familienname von Meister Daikan Enō. *Anja* 行者, «Novize» oder «Bediensteter des Klosters», beschreibt jemanden, der im Kloster arbeitet, sei es, um seinen Lebensunterhalt zu verdienen, sei es, um sich auf den Mönchsstand vorzubereiten.

47 Meister Daikan Enō war der sechste Vorfahre in China und der dreiunddreißigste Vorfahre, wenn man von Meister Mahākāśyapa ausgeht und die indischen Meister mitzählt.

48 Entspricht der heutigen Präfektur Fukui.

53

無情説法

Mujō seppō

Das Nicht-Empfindende lehrt den Dharma

Mujō bedeutet «nicht-empfindend», «leidenschaftslos», «neutral». Seppō bedeutet «den Dharma lehren». Ursprünglich wurde der Begriff Mujō *im Buddha-Dharma für die wortlosen Lehren der nicht-empfindenden Natur, d. h., für die Bäume, Blumen und Steine verwendet. Es gibt viele Geschichten von Mönchen, die die Wahrheit in dem Augenblick verwirklicht haben, als sie plötzlich etwas Bestimmtes in der Natur gesehen oder gehört haben. In diesem Sinn bedeutet* Mujō seppō: *«Das Nicht-Empfindende der Natur lehrt den Dharma.» Meister Dōgen befasst sich in diesem Kapitel vertieft mit der Frage, was es bedeute, den Dharma zu hören und ihn zu lehren, und in welcher Verfassung die Buddhas und Vorfahren den Dharma lehrten. Er verwendet den Begriff* Mujō seppō *also in einem weiter gefassten Sinn, der das Ganze der Natur, also auch die Menschen, einschließt. Dōgen erläutert in diesem Kapitel, dass nur «nicht-empfindende» Wesen den Dharma lehren können, d. h., Menschen, die nicht von ihren Stimmungen und subjektiven Gefühlen bestimmt werden. Wenn Körper und Geist wie beim Zazen im Gleichgewicht sind, wird diese Verfassung mujō genannt. Ein Mensch, der in einer solchen Verfassung ist, lehrt den Dharma auf natürliche Weise, ohne dass er sich dessen bewusst ist. Und so beeendet Meister Dōgen das Kapitel mit der Aussage, dass das «Nicht-Empfindende» im Menschen oder in der Natur nichts anderes ist als die Dharma-Lehre oder die Wirklichkeit selbst.*

Den Dharma in der Wirklichkeit des Dharmas zu lehren, ist das verwirklichte Universum, das die früheren Buddhas und Vorfahren an die nachfolgenden weitergegeben haben. Den Dharma auf diese Weise zu lehren, ist die Dharma-Lehre selbst. Diese ist weder empfindend[1] noch nicht-empfindend[2], sie ist weder Tun noch Nicht-Tun. Sie ist nicht ursächlich mit dem Tun oder Nicht-Tun verbunden und entsteht auch nicht durch äußere Umstände. Gleichzeitig folgt sie nicht dem Weg der Vögel. Der nicht-empfindende Dharma offenbart sich, wenn die Buddhas sich versammeln. Wenn sich die große Wahrheit vollkommen verwirklicht, verwirklicht sich vollkommen das Lehren des Dharmas. Wenn die Schatzkammer des Dharmas weitergegeben wird, dann wird übermittelt, wie man den Dharma lehrt. Als [Buddha] die Blüte emporhielt und sie [zwischen seinen Fingern] drehte, hielt er das Lehren des Dharmas empor, und als er das Gewand weitergab, gab er das Lehren des Dharmas weiter. Deshalb haben alle Buddhas und Vorfahren diesem Lehren des Dharmas gleichermaßen ihre Ehrerbietung erwiesen, und dies schon vor der Zeit des [legendären] Königs der majestätischen Stimme.³ Seitdem es Buddhas gibt, haben sie dieses Lehren des Dharmas als ihre ursprüngliche Übung praktiziert. Ihr solltet nicht denken, das Lehren des Dharmas verwirkliche sich nur durch die Buddhas und Vorfahren, sondern die Buddhas und Vorfahren verwirklichen sich durch dieses Lehren. Es beschränkt sich nicht nur auf die vierundachtzigtausend Dharma-Tore, sondern es umfasst alle Elemente der Dharma-Lehre, die niemand zählen kann und die grenzenlos sind. Ihr solltet nicht meinen, die späteren Buddhas lehrten den Dharma in der gleichen Weise wie die früheren. Die früheren Buddhas sind anders als die späteren Buddhas, und dies gilt auch für das Lehren des Dharmas: Der Dharma wird in einer späteren Zeit anders gelehrt als in einer früheren Zeit.

Deshalb sagte Śākyamuni Buddha: «*In derselben Weise, wie die Buddhas der drei Zeiten den Dharma lehrten, so lehre auch ich jetzt den Dharma, der jenseits des gewöhnlichen Denkens ist.*»⁴

Alle Buddhas benutzen das Lehren des Dharmas, und in derselben Weise benutzt das Lehren des Dharmas die Buddhas. Allen Buddhas wurde das Lehren des Dharmas authentisch weitergegeben, und sie geben es in derselben Weise authentisch weiter. Deshalb gibt es das nicht-empfindende Lehren des Dharmas, das von den ewigen Buddhas bis zu den sieben Buddhas und von den sieben Buddhas bis heute authentisch weitergegeben wurde. In diesem nicht-empfindenden Lehren sind alle Buddhas und alle Vorfahren gegenwärtig. Ihr solltet nicht meinen, [Buddhas Worte] «so lehre auch ich jetzt den Dharma» sei eine neue Lehre, die von der authentischen Überlieferung abweichen würde, und ihr solltet die altehrwürdige Tradition nicht so auslegen, als wäre sie ein altes Nest [von Vorurteilen] in der Höhle eines Dämonen.

Der Landesmeister Daishō⁵ [Meister Nan-yō Echū] vom Kloster Kōtaku der westlichen Hauptstadt⁶ im großen Königreich der Tang wurde einst von einem Mönch gefragt: «Kann das Nicht-Empfindende den Dharma lehren, oder nicht?»

Der Landesmeister antwortete: «Es lehrt den Dharma immer kraftvoll und ohne Unterbrechung.»

Der Mönch fragte: «Warum höre ich es nicht?»

Der Landesmeister sagte: «Ob du es hörst oder nicht, du solltest andere nicht stören, die es hören.»

Der Mönch sagte: «Ich frage mich, was für ein Mensch es hören kann.»

Der Landesmeister sagte: «Die Heiligen können es hören.»

Der Mönch fragte: «Hört der Meister es, oder nicht?»

Der Landesmeister antwortete: «Ich höre es nicht.»

Der Mönch sagte: «Wenn der Meister selbst es nicht hört, woher weiß er, dass das Nicht-Empfindende den Dharma lehrt?»

Der Landesmeister antwortete: «Es ist gut, dass ich es nicht höre, denn wenn ich es hören würde, lebte ich in der Welt der Heiligen, und in diesem Fall könntest du nicht hören, wenn ich den Dharma lehre.»

Der Mönch sagte: «Wenn es so ist, sind die gewöhnlichen Menschen nicht fähig zu hören.»

Der Landesmeister sagte: «Ich lehre doch die gewöhnlichen Menschen und nicht die Heiligen.»

Der Mönch sagte: «Wie sind die Menschen beschaffen, nachdem sie das Nicht-Empfindende gehört haben?»

Der Landesmeister sagte: «Sie sind nicht wie die gewöhnlichen Menschen.»[7]

Die Anfänger und jene, die spät zum Buddha-Dharma gekommen sind, sollten sich gleich sehr gründlich mit dieser Geschichte des Landesmeisters befassen, wenn sie das nicht-empfindende Lehren des Dharmas erfahren und erforschen wollen.

[Der Landesmeister sagte:] «Das Nicht-Empfindende lehrt den Dharma immer kraftvoll und ohne Unterbrechung.» Das «immer» besteht aus vielen einzelnen Augenblicken, und «ohne Unterbrechung» bedeutet, dass sein Lehren bereits die Wirklichkeit offenbart und es daher zwangsläufig ohne Unterbrechung lehrt. Ihr solltet nicht lernen, dass die Art, wie das Nicht-Empfindende [in der Natur] den Dharma lehrt, unbedingt so sein muss wie die der Empfindenden.[8]

Es ist nicht der Buddha-Weg, [zu denken, die Art, wie die nicht-empfindende Natur den Dharma lehrt,] gleiche den Klängen und Stimmen, mit denen die empfindenden Wesen den Dharma lehren. Denn dies wäre so, als würde man die Klänge und Stimmen der Welt der empfindenden Wesen entreißen und sie der der nicht-empfindenden Natur überstülpen. Wenn das Nicht-Empfindende [in der Natur] den Dharma lehrt, könnte es sein, dass ihr seine Stimme nicht immer mit den Ohren hört. In der gleichen Weise besteht die Stimme eines Nicht-Empfindenden, der den Dharma lehrt, nicht [nur] aus hörbaren Tönen.[9] Nun strengt euch für eine Weile an, euch selbst und andere zu fragen, was «empfindend» und was «nicht-empfindend» bedeutet. Dabei müsst ihr eure ganze Geisteskraft benutzen, um bis in alle Einzelheiten zu erforschen, wie es sich anhört, wenn das Nicht-Empfindende den Dharma lehrt.

Die beschränkten Menschen denken, das Nicht-Empfindende würde den Dharma durch das Rauschen der Bäume im Wald oder durch das Öffnen der Blüten und das Herunterfallen der Blätter lehren, aber solche Menschen lernen nicht den Buddha-Dharma. Wenn es nämlich so wäre, wer könnte da nicht hören und erkennen, wie die nicht-empfindende Natur den Dharma lehrt? Denkt einmal darüber nach, ob es so genannte Gräser, Bäume oder Wälder in der Welt des Nicht-Empfindenden gibt oder nicht. Dringt die Welt der Empfindenden in die Welt der Nicht-Empfindenden ein, oder nicht? [Lediglich] zu erkennen, dass die Gräser, Bäume, Ziegel und Kieselsteine nicht-empfindend sind, bedeutet also, dass euer Studium nicht umfassend genug ist.

Wer in den Gräsern, Bäumen, Ziegeln und Kieselsteinen [nur] das Nicht-Empfindende sieht, hat nicht die [wahre] Zufriedenheit erfahren. Die Gräser und Bäume usw. sind nämlich vollständig jenseits [der Vorstellungen] der gewöhnlichen Menschen, die sie als nicht-empfindend ansehen, auch wenn wir uns jetzt mit den Gräsern, Bäumen usw. befassen, die wir sehen und erkennen können. Daher sind die Wälder über uns im Himmel und in der menschlichen Welt keinesfalls gleich. Die Pflanzen eines kultivierten Landes sind nicht dieselben wie die eines weit [von der Kultur] entfernten Landes. Die Gräser und Bäume im Ozean sind völlig anders als die in den Bergen. Wie viel mehr gilt dies für die Bäume, die im leeren Raum und in den Wolken wachsen? Bei den unzählbaren Gräsern und Bäumen, die im Wind, im Feuer usw. wachsen, sehen wir manche als empfindend und andere als nicht-empfindend an, und es gibt Gräser und Bäume, die Menschen oder Tieren gleichen. Es ist also unmöglich, klar zu unterscheiden, was empfindend und was nicht-empfindend ist. Dies wird besonders deutlich, wenn wir die Familie der Bäume, der Steine, der Blüten, der Früchte, der heißen Quellen und kühlen Wasser usw. eines Eremiten sehen. Wenn wir sie sehen, sind sie über alle Zweifel erhaben, aber wie könnten wir dies auf einfache Weise erklären? Ihr solltet nicht darüber reden oder nachdenken, ob die Gräser und Bäume im weiten Universum sich gleichen. Wenn ihr die Gräser und Bäume in China nur ein wenig gesehen habt oder sie euch in Japan vertraut sind, solltet ihr nicht denken, dass sie auch im großen und weiten Universum auf dieselbe Weise existieren.

Der Landesmeister [Daishō] sagte, dass die Heiligen das Lehren des Nicht-Empfindenden hören können. Das bedeutet, dass die Heiligen in den Orden, wo der nicht-empfindende Dharma gelehrt wird, auf der Erde stehen und den Dharma hören.[10] Die Heiligen und das Nicht-Empfindende verwirklichen das Hören und das Lehren. Deshalb lehrt das Nicht-Empfindende den Heiligen den Dharma. Aber ist dies wirklich heilig[11], oder ist es gewöhnlich? Mit anderen Worten: Wenn ihr Klarheit darüber erlangen wollt, was das nicht-empfindende Lehren des Dharmas ist, müsst ihr es mit dem Körper verwirklichen, [denn] die Heiligen hören das, was so ist, wie es ist. Dies tatsächlich mit dem ganzen Körper zu erfahren und zu verwirklichen bedeutet, dass ihr die Welt der Heiligen erahnen könnt. Ferner solltet ihr auch ihr Handeln erfahren und erforschen, denn es gleicht einer hell erleuchteten Straße in der Nacht und geht weit über das Gewöhnliche und Heilige hinaus.

Der Landesmeister sagte weiter, dass er selbst das Nicht-Empfindende nicht höre. Ihr solltet nicht glauben, dass auch nur diese Worte leicht zu verstehen seien. Hört er sie deshalb nicht, weil er bereits über das Gewöhnliche und Heilige hinausgegangen ist oder weil er die Nester und Begriffshöhlen des Gewöhnlichen und Heiligen zerstört hat? Ihr solltet die Worte [des Meisters] in diesem Sinn erforschen und sie verwirklichen.

Der Landesmeister sagte: «Es ist gut, dass ich das Nicht-Empfindende nicht höre, denn wenn ich es hören würde, lebte ich in der Welt der Heiligen.» Diese Aussage drückt nicht nur eine oder zwei Wahrheiten aus.[12] Das gute [mitfühlende] Ich [des Meisters] übersteigt das Gewöhnliche und Heilige. Könnte es wohl ein Buddha-Vorfahre sein? Da die Buddhas und Vorfahren über das Gewöhnliche und das Heilige hinausgehen, mag das, was sie hören, nicht dasselbe sein wie das, was die Heiligen hören.

Der Landesmeister sagte, dass [der Mönch] in diesem Fall nicht hören könne, wenn er den Dharma lehrt. Dies zu untersuchen bedeutet, dass ihr über die Wahrheit der Buddhas und der Heiligen nachdenkt. Das Wesentliche ist daher Folgendes: Wenn das Nicht-Empfindende den Dharma lehrt, können die Heiligen es hören, und wenn der Landesmeister den Dharma lehrt, kann dieser Mönch ihn genau hier an diesem Ort hören. Bemüht euch, diese Grundwahrheit viele Tage und Monate lang immer wieder zu erfahren und zu erforschen. Man sollte dem Landesmeister jetzt eine Frage stellen, und sie lautet nicht, wie die Menschen sind, nachdem sie das nicht-empfindende Lehren des Dharmas gehört haben, sondern was mit ihnen in dem Augenblick geschieht, wenn sie die Lehren [des Landesmeisters] hören.

Als unser großer Vorfahre, der große Meister Tōzan Gohon[13] noch unter seinem früheren Meister, dem großen Meister Ungan, lernte, fragte er ihn: «Was für ein Mensch kann das nicht-empfindende Lehren des Dharmas hören?»

Meister Ungan antwortete: «Das Nicht-Empfindende selbst kann das nicht-empfindende Lehren des Dharmas hören».

Meister Tōzan fragte: «Kann der Meister es hören, oder nicht?»

Meister Ungan sagte: «Wenn ich es hören würde, könntest du nicht hören, wenn ich den Dharma lehre.»

Meister Tōzan sagte: «Wenn das so ist, werde ich die Dharma-Lehren des Meisters [lieber] nicht hören.»

Meister Ungan sagte: «Du hörst sogar mich nicht, wenn ich den Dharma lehre, wie könntest du das nicht-empfindende Lehren des Dharmas hören?»

Daraufhin verfasste Meister Tōzan die folgenden Verse und trug sie dem alten Meister Ungan vor:

Wie großartig und wunderbar! Wie großartig und wunderbar!
Welch ein Geheimnis ist das nicht-empfindende Lehren des Dharmas.
Wenn wir es mit den Ohren hören, ist es letztlich schwer, es zu verstehen.
Wenn wir seine Stimme aber mit den Augen hören,
*   Können wir es genau erkennen.[14]*

Ihr solltet die Wahrheit, die unser großer Vorfahre [Tōzan] hier [mit der Frage] ausdrückt: «Was für ein Mensch[15] kann das nicht-empfindende Lehren des Dharmas hören?», gründlich untersuchen und euch ein Leben lang oder in vielen Leben darum bemühen. Diese Frage ist in Wirklichkeit eine klärende Aussage mit Verdienst und Tugend, und sie ist [Tōzans] Haut, Fleisch, Knochen und Mark, und nicht nur die [Idee der] Weitergabe von Geist zu Geist.[16] Nur die Anfänger und jene, die erst später zum Buddha-Dharma gekommen sind, bemühen sich um eine solche [abstrakte] Weitergabe von Geist zu Geist. Das Wesentliche wird nämlich authentisch durch das Gewand und den Dharma weitergegeben. Wie könnten die heutigen Menschen erhoffen, dieses Höchste zu verwirklichen, wenn sie [nur] drei oder vier Monate lang praktizieren?

Obwohl Meister Tōzan bereits vollständig den Sinn der Worte erfahren hat, dass die Heiligen das nicht-empfindende Lehren des Dharmas hören können, geht er noch einen Schritt weiter und fragt, was für ein Mensch das nicht-empfindende Lehren des Dharmas hören kann. Sollten wir dies so verstehen, dass [Tōzan] den Sinn der Worte des Landesmeisters Daishō bestätigt, oder nicht? [Dieser hatte gesagt, dass die Heiligen das nicht-empfindende Lehren des Dharmas hören können.] Stellt [Tōzan hier] eine Frage oder macht er eine Aussage? Wie hätte er diese weitergehende Frage stellen können, wenn er dem Landesmeister Daishō nicht voll zustimmen würde?[17] Wie hätte er solche Worte überhaupt verstehen können, wenn er der Aussage des Landesmeisters nicht voll und ganz zugestimmt hätte?[18]

Der alte Vorfahre Ungan sagte: «Das Nicht-Empfindende selbst kann das nicht-empfindende Lehren des Dharmas hören.» Dies ist das Herzblut der wahren Überlieferung und es bedeutet, dass man wirklich erfahren und erforscht hat, Körper und Geist fallen zu lassen. Zu sagen, dass das Nicht-Empfindende selbst die nicht-empfindende Lehre des Dharmas hören kann, mag im Wesen und in der Form die Fähigkeit derjenigen Buddhas beschreiben, die die Dharma-Lehre der Buddhas hören können. Wenn [Menschen] sich versammeln und das nicht-empfindende Lehren des Dharmas hören, mögen sie selbst das Nicht-Empfindende sein, ganz gleich, ob es sich um empfindende oder nicht-empfindende, gewöhnliche, weise oder heilige Wesen handelt. Aufgrund eines solchen Wesens und einer derartigen Form könnt ihr das Unechte bei [den Meistern] der Vergangenheit und Gegenwart vom Echten unterscheiden. Ihr solltet euch nicht auf einen Lehrer verlassen, der keine authentische Übertragung erhalten hat, selbst wenn er aus Indien kommt. Es ist schwer, jemandem nachzufolgen, der nicht selbst ein rechtmäßiger Nachfolger in der authentischen Überlieferung ist, selbst wenn er tausend oder zehntausend Jahre lang gelernt und sich geschult hätte. Heute ist die authentische Überlieferung bereits im östlichen Land [China] weit verbreitet und man kann daher leicht erkennen, was echt und was unecht ist. Vielleicht erlangt ihr schon die Knochen und das Mark der Buddhas und Vorfahren, wenn ihr die Aussage hört, dass die Lebewesen den Dharma wirklich hören können, wenn [andere] Lebewesen ihn lehren. Wenn ihr die Aussagen des alten Vorfahren Ungan und des Landesmeisters Daishō hört und sie zusammenfügt, könnte es sein, dass die Heiligen bei Daishō das Nicht-Empfindende selbst sind, und er drückt dies so aus: «Die Heiligen können es hören.» Und aus demselben Verständnis heraus sagt [Ungan], dass das Nicht-Empfindende die Heiligen sind, und er drückt dies so aus: «Das Nicht-Empfindende selbst kann es hören.» Was das Nicht-Empfindende lehrt, ist jenseits von Empfindungen und Gefühlen. Es ist so, weil das Nicht-Empfindende, das den Dharma lehrt, das Nicht-Empfindende selbst ist. Daher lehrt das Nicht-Empfindende den Dharma, und die Dharma-Lehre ist selbst das Nicht-Empfindende.

Unser Vorfahre [Tōzan] sagte [zu Meister Ungan]: «Wenn das so ist, werde ich die Dharma-Lehren des Meisters [lieber] nicht hören.» Die ersten Worte dieses Satzes, «wenn das so ist», die ihr gerade gehört habt, beziehen sich auf den Sinn von [Ungans vorheriger Aussage]: «Das Nicht-Empfindende selbst kann das nicht-empfindende Lehren des Dharmas hören.» Im Einklang mit der Wahrheit, dass [nur] das Nicht-Empfindende selbst das nicht-empfindende Lehren des Dharmas hören kann, [sagte Tōzan,] dass er die Dharma-Lehren seines Meisters [lieber] nicht hören werde.[19] Als er dies sagte, hörte unser Gründer-Vorfahre [Tozan] die nicht-empfindende Dharma-Lehre [seines Meisters] nicht nur [wie jemand, der] in den hinteren Reihen [der Dharma-Halle] sitzt, sondern hier zeigt sich sein Wille, selbst den nicht-empfindenden Dharma zu lehren, und ein solcher Wille durchstößt den Himmel. Tōzan hat nicht nur körperlich erfahren und verwirklicht, dass das Nicht-Empfindende den Dharma lehrt, er hat auch das Höchste erfahren, nämlich, dass das Nicht-Empfindende den Dharma jenseits von Hören und Nicht-Hören lehrt. Des Weiteren hat er mit dem Körper erfahren, dass das Nicht-Empfindende den Dharma jenseits von Lehren und Nicht-Lehren lehrt, indem es einfach die Vergangenheit, die Gegenwart oder das gerade Gekommene lehrt. Und noch darüber hinaus hat er die Tatsache geklärt, dass man beim Lehren des Dharmas zwischen Empfinden und Nicht-Empfinden unterscheiden kann, ganz gleich, ob dieses Lehren gehört oder nicht gehört wird.

Grundsätzlich beschränkt sich das Hören des Dharmas nicht allein auf die Fähigkeit zu hören oder das denkende Bewusstsein beim Hören. Ihr hört den Dharma mit eurer ganzen Kraft, dem ganzen Geist, dem ganzen Körper und der ganzen Wahrheit, schon bevor eure Eltern geboren wurden und schon vor der Zeit des [legendären] Königs der majestätischen Stimme. Ihr hört den Dharma außerdem bis an die Grenzen der Zukunft und noch über die grenzenlose Zukunft hinaus. Ihr hört den Dharma [immer und überall] vor dem Körper und nach dem Geist. In allen diesen Fällen ist es wunderbar, den Dharma zu hören, und es kommt euch zugute. Ihr solltet niemals sagen, dass es euch nicht zugutekommen würde, den Dharma zu hören, wenn das denkende Bewusstsein dabei nicht angesprochen wird. Sowohl den Menschen, deren Geist [müde ist und] sich verflüchtigt hat und deren Körper zusammengesunken ist[20], als auch jenen, die [schon] jenseits von Geist und Körper sind[21], kommt es immer zugute, dass sie den Dharma hören. Die Buddhas und Vorfahren haben alle solche Augenblicke erlebt und wurden dabei Buddhas und Nachfolger. Wie könnte das gewöhnliche Denken das Wirken des Dharmas erkennen, bei dem Körper und Geist sich verbinden? Niemand kann die Grenzen von Körper und Geist klar erkennen. Wenn die Tugend, den Dharma zu hören, als Samen auf den fruchtbaren Boden von Körper und Geist fallen, gibt es keinen Augenblick, in dem man wieder zurückfällt. Früher oder später werden diese Samen wachsen, gedeihen und schließlich Früchte tragen.

Die beschränkten Menschen fragen jedoch, welchen Wert es haben soll, den Dharma zu hören, wenn man auf dem Weg nicht vorankommt und kein gutes Gedächtnis hat, und dies, selbst wenn man sich unermüdlich darum bemüht. Sie sagen, dass es das Wichtigste in dieser Welt der Menschen und im Himmel sei, Körper und Geist anzustrengen, um sich ein umfassendes Wissen anzueignen. Sie fragen sich daher, welchen Wert und Nutzen es haben soll, den Dharma zu hören, wenn man [das meiste] gleich wieder vergisst und seinen Sitzplatz [nach der Lehrrede] unwissend verlässt und nichts mitnimmt.

Aber die Menschen, die so etwas sagen, sind niemals einem wahren Lehrer begegnet, sie haben niemals einen Menschen der Wahrheit gesehen. Wir nennen einen solchen Menschen, dem [der Dharma] nicht von Angesicht zu Angesicht weitergegeben wurde, keinen wahren Lehrer. Einem wahren Lehrer wurde [der Dharma] authentisch, von einem Buddha zum anderen, weitergegeben. Jene beschränkten Menschen meinen, dass [nach dem Hören] der Dharma nur für kurze Zeit haften bleibe und dass er nur den Verstand anspreche. Es handelt sich dabei jedoch um den Augenblick, in dem die Tugend des Hörens zweifellos den ganzen Geist und das ganze Bewusstsein erfasst.

Gerade in diesem Augenblick ist eine Tugend gegenwärtig, die den Körper erfüllt, die den Augenblick vor dem Körper erfüllt, die den Geist erfüllt und die den Augenblick vor und nach dem Geist erfüllt. Diese Tugend des Hörens umfasst in diesem Augenblick auch alle Ursachen, Umstände, Wirkungen, Handlungen, alle Form, Natur, Materie und Kraft. Sie umfasst die Buddhas und Vorfahren, euch selbst und die anderen, die Haut, das Fleisch, die Knochen und das Mark usw. Diese Tugend verwirklicht sich beim Sprechen und beim Lehren, beim [täglichen] Sitzen und Liegen, und sie umfasst die ganze Erde und den ganzen Himmel. Es mag in der Tat nicht leicht sein zu erkennen, dass das Hören des Dharmas eine derartige Tugend und ein solches Verdienst hat. Und doch gibt es nicht einen Augenblick, in dem uns nicht die Kraft der Dharma-Lehren führt, wenn wir in den großen Orden eines Buddhas und Dharma-Nachfolgers kommen und seine Haut, sein Fleisch, seine Knochen und sein Mark erfahren und erforschen. Und es gibt keinen Ort, wo die Kraft des Dharmas sich nicht verbreitet, wenn wir den Dharma hören. Auf diese Weise verstehen wir, dass Augenblicke und Weltzeitalter plötzlich und allmählich vergehen, und wir sehen, wie sich die Früchte [des Hörens] verwirklichen. Andererseits ist es auch nicht nötig, dass wir es ablehnen, uns ein umfassendes Wissen anzueignen, wir sollten es aber auch nicht als das einzig Wesentliche betrachten. Dies sollten die Praktizierenden wissen, und unser Vorfahre [Tōzan] hat es mit dem ganzen Körper verwirklicht.

In der Geschichte sagte der alte Vorfahre [Ungan]: «Du hörst sogar mich nicht, wenn ich den Dharma lehre. Wie könntest du das nicht-empfindende Lehren des Dharmas hören?» Hier öffnet der alte Ungan wirklich sein Innerstes, [denn] er bestätigt Tōzans Erfahrung mit dem Siegel der [wirklichen] Erfahrung, das die Knochen und das Mark unserer Väter und Vorfahren ist. [Ungan sagte also:] «Du hörst sogar mich nicht [im gewöhnlichen Sinn], wenn ich lehre!» Damit will er nicht sagen, dass Tōzan seinen Lehren kein Gehör schenken würde. Vielmehr bestätigt Ungan damit nur, dass es nicht nötig ist, das nicht-empfindende Lehren des Dharmas mit dem denkenden Bewusstsein zu hören. Dies gilt, selbst wenn ein solches Lehren unendlich vielfältig ist. Was es in diesem Augenblick vermittelt und weitergibt, ist tatsächlich tiefgründig und wesentlich. Für die gewöhnlichen oder heiligen Menschen mag es nicht leicht sein, dies zu erfahren oder auch nur einen flüchtigen Blick auf diese Art des Dharma-Lehrens zu werfen.

Daraufhin verfasste unser großer Vorfahre [Tōzan] ein Gedicht und trug es seinem Meister vor. Darin beschreibt er, wie großartig, wunderbar und geheimnisvoll[22] das nicht-empfindende Lehren des Dharmas ist. Deshalb ist das nicht-empfindende Lehren des Dharmas schwer mit dem gewöhnlichen Denken zu verstehen.[23] Was ist aus unserer Sicht das Nicht-Empfindende, das hier beschrieben wird? Ihr solltet erfahren und erforschen, dass es weder gewöhnlich noch heilig, weder empfindend noch nicht-empfindend ist, denn [Vorstellungen wie] das Gewöhnliche, das Heilige, das Empfindende und das Nicht-Empfindende gehören immer zum Bereich des unterscheidenden Denkens, und dies unabhängig davon, ob gelehrt oder nicht gelehrt wird. Demgegenüber ist das obige [Nicht-Empfindende] geheimnisvoll, es ist großartig und wunderbar, es ist wahrhaftig großartig und wunderbar. Es geht weit über die Weisheit und den denkenden Geist der gewöhnlichen, klugen und heiligen Menschen hinaus, und es hat nichts mit den Anschauungen der Menschen und himmlischen Wesen zu tun.

«Wenn wir es mit den Ohren hören, ist es letztlich schwer, es zu verstehen.» Selbst wenn wir uns bemühen, [das nicht-empfindende Lehren] mit himmlischen Ohren oder sogar mit dem Ohr des Universums zu hören, die die ganze Erde und die ganze Zeit umfassen, ist es letztlich schwer, es zu verstehen. Selbst wenn wir ihm mit dem Ohr an der Wand oder mithilfe eines Stabes[24] lauschen, können wir dieses nicht-empfindende Lehren des Dharmas nicht verstehen, denn seine Stimme ist nicht körperlich hörbar. Selbst wenn ihr es mit den Ohren hören könntet und ihr euch Hunderte oder Tausende von Weltzeitaltern lang bemühen würdet, könntet ihr es letztlich nicht verstehen, denn es offenbart die Reinheit und Würde der einen Wahrheit, die von jeher jenseits von Klang und Form ist. Diese Wahrheit befindet sich nicht in den Nestern und Höhlen in der Nähe der gewöhnlichen oder heiligen Menschen.

«Wenn wir seine Stimme aber mit den Augen hören, können wir es genau erkennen.» Manche Menschen denken, der Ausdruck «seine Stimme mit den Augen hören» beschreibe das bewegte Leben der Gräser, Bäume, Blumen und Vögel, die wir mit unseren menschlichen Augen wahrnehmen können. Diese Sichtweise ist aber falsch und nicht der Buddha-Dharma. Eine solche Lehre gibt es nicht im Buddha-Dharma. Wenn ihr die Worte unseres großen Vorfahren vernehmt, dass man eine Stimme mit den Augen hören kann, und dies wirklich erfahrt und erforscht, sind die Augen der Ort, wo man die Stimme des Nicht-Empfindenden hört und verwirklicht. Ihr müsst diesen Ort des [wahren] Sehens [intuitiv und] im umfassenden Sinn erforschen und erfahren. [Im Bereich des Denkens] mag es dasselbe sein, ob man eine Stimme mit den Augen oder mit den Ohren hört, aber [in Wirklichkeit] ist es etwas völlig anderes, ob man sie mit den Augen oder mit den Ohren hört. Deshalb solltet ihr [keinen abstrakten Aussagen] Glauben schenken [wie z. B.], dass es Ohren in den Augen gebe, dass die Augen und die Ohren eins seien oder dass sich eine Stimme in den Augen verwirkliche.

Ein alter [Meister][25] sagte: *«Das ganze Universum der zehn Richtungen ist das eine Auge des Mönchs.»* Wenn dieses eine Auge Klänge hört, solltet ihr dies nicht verstandesmäßig mit der Aussage unseres großen Vorfahren [Tōzan] gleichsetzen, [der sagte,] dass Stimmen mit den Augen gehört werden. Selbst wenn ihr die Worte des alten Meisters, dass das ganze Universum der zehn Richtungen das eine Auge des Mönchs sei, untersucht, und das ganze Universum dann das eine Auge des Mönchs ist, gibt es darüber hinaus noch Tausende von Augen auf den Fingerspitzen, Tausende von Augen des wahren Dharmas, Tausende von Augen in den Ohren, auf der Zungenspitze, auf der Spitze des Geistes, im ganzen Geist, im ganzen Körper und auf der Spitze des Stocks. Es gibt Tausende von Augen [im Augenblick] vor dem Körper und [im Augenblick] vor dem Geist, tausend Augen des Todes im Tod, tausend lebendige Augen in der Lebendigkeit, tausend Augen in euch selbst, tausend Augen in der Welt, tausend Augen im Auge, tausend Augen der Erfahrung und des Forschens und tausend senkrechte und waagerechte Augen.

Deshalb lernen wir, dass die Summe aller Augen das ganze Universum ist, aber selbst dies [zu wissen,] ist noch nicht die körperliche Verwirklichung solcher Augen. Ihr solltet euch [also] umgehend an die Arbeit machen und erfahren und erforschen, wie man einfach nur mit den Augen das nicht-empfindende Lehren des Dharmas hört. Der Sinn der Worte unseres großen Vorfahren [Tōzan] ist, dass dieses Nicht-Empfindende, das den Dharma lehrt, für die Ohren schwer zu verstehen ist. Es sind die Augen, die seine Stimme hören. Wenn wir noch weiter gehen, gibt es das Hören durch den universellen Körper, und es gibt ein Hören, das den ganzen Körper durchdringt.[26] Ihr solltet daher mit dem ganzen Körper verwirklichen, dass das Nicht-Empfindende [in euch] selbst das nicht-empfindende Lehren hören kann, und ihr solltet sogar noch darüber hinausgehen. Dies gilt sogar, wenn ihr nicht mit dem Körper verwirklichen könnt, seine Stimme mit den Augen zu hören. Denn dies ist die Wahrheit, die uns weitergegeben wurde.

Mein früherer Meister Tendō, der ewige Buddha, sagte: *«Ein Kürbis ist durch seine Ranken mit den [anderen] Kürbissen verbunden.»*[27]

Solche Worte offenbaren die Dharma-Lehre des Nicht-Empfindenden[28]. Durch diese Art des Lehrens wurden die wahren Augen, die Knochen und das Mark unserer Vorfahren weitergegeben. Basierend auf der Grundwahrheit, dass die ganze Dharma-Lehre jenseits von Empfindung [im gewöhnlichen Sinn] ist, lehrt das Nicht-Empfindende den Dharma. Von jeher ist es also ein wichtiger Grundsatz, dass das Nicht-Empfindende den Dharma denjenigen lehrt, die selbst nicht-empfindend sind. Aber was nennen wir «nicht-empfindend»? Ihr solltet wissen, dass diejenigen nicht-empfindend sind, die das nicht-empfindende Lehren des Dharmas hören können. Und was nennen wir «das Lehren des Dharmas»? Seid euch klar darüber, dass es «Lehren» ist, wenn ihr selbst nicht wisst, dass eure Verfassung «nicht-empfindend» ist.

Der große Meister Tōsu Daidō[29] vom Berg Tōsu in Jōshū[30] (der ein Nachfolger von Zen-Meister Sui-bi Mugaku war und zu seinen Lebzeiten Daidō Myōkaku oder auch «der ewige Buddha Tōsu» genannt wurde)[31] wurde einst von einem Mönch gefragt: *«Was ist dieses Nicht-Empfindende, das den Dharma lehrt?»*

Der Meister antwortete: *«Nicht über andere herziehen!»*[32]

Was Tōsu hier ausdrückt, ist zweifellos ein ausgezeichnetes Beispiel für den Dharma der ewigen Buddhas und die goldene Regel unserer Vorfahren. «Nicht über andere herziehen» bedeutet: Dieses Nicht-Empfindende lehrt den Dharma, und es ist nichts anderes als die Dharma-Lehre des Nicht-Empfindenden. Denkt daran, dass das nicht-empfindende Lehren des Dharmas ein Privileg der Buddhas und Vorfahren ist. Die Anhänger von Rinzai und Tokuzan können dies nicht wissen. Nur die Buddhas und Vorfahren haben dies gründlich erfahren und erforscht.

Sʜōʙōɢᴇɴᴢō Mujō seppō

Dargelegt vor einer Versammlung im Kloster Kippō im Bezirk Yoshida von Esshū[33] am zweiten Tag des zehnten Mondmonats im ersten Jahr der Ära Kangen [1243].

Anmerkungen

1   *Ujō* 有情. *U* 有 bedeutet «haben» und *jō* 情 «Empfindung» oder «Gefühl». In der traditionellen Bedeutung wird *ujō* 有情 als «die fühlenden» oder «empfindenden Wesen» ausgelegt.

2   *Mujō* 無情. *Mu* 無 bedeutet «nicht». Im Gegensatz zu *ujō* 有情 bedeutet *mujō* 無情 «nicht-empfindend». Bäume, Felsen und Mauern empfinden anders als wir Menschen. Im Buddha-Dharma ist ein nicht-empfindender Mensch jemand, der nicht durch seine Empfindungen, Gefühle oder Leidenschaften bestimmt wird. Die Leidhaftigkeit der Gefühle ist eines der vier Bereiche der Bewusstheit im Buddha-Dharma, die Meister Dōgen in Kap. 73, *Sanjuchichibon bodai bunpō*, beschreibt.

3   Der Name eines Buddhas, der zu Anfang von Kap. 20 des Lotos-Sūtras, «Der Bodhisattva Sadāparibhūta», vollständig erwähnt wird. Siehe Borsig, S. 326.

4   *Mu funbetsu no hō* 無分別の法, wörtl. «der Dharma der Nicht-Unterscheidung». Dies bedeutet hier, dass der Buddha den Dharma lehrte, den man nicht mit dem gewöhnlichen Denken, das zwischen Subjekt und Objekt unterscheidet (*mu funbetsu* 無分別), erfassen kann. Dieser Ausdruck findet sich auch im Lotos-Sūtra, Kap. 2, «Geschicklichkeit». Vgl. Borsig, S. 81.

5   Meister Nan-yō Echū (starb 755) war ein Nachfolger von Meister Daikan Enō. Im Text wird er unter seinem posthumen Titel «Landesmeister Daishō» erwähnt.

6   *Seikyō* 西京. Zur Zeit der Tang-Dynastie gab es fünf Städte mit diesem Namen. Hier handelt es sich um eine Stadt, die heute Luoyang heißt und sich im Norden Henans im Osten Chinas befindet.

7   Eine etwas andere Version der Geschichte findet sich im *Keitoku dentō roku*, Kap. 28.

8   Da die empfindenden Wesen (*ujō* 有情) sich manchmal von ihren Gefühlen leiten lassen, während die nicht-empfindenden Wesen (*mujō* 無情) einen inneren Abstand von ihren eigenen Gefühlen bewahren, unterscheidet Meister Dōgen hier zwischen den beiden Bereichen.

9   Ein Dharma-Vortrag besteht z. B. nicht nur aus hörbaren Klängen, sondern wesentlich aus dem Sinn des Dharmas. In der gleichen Weise erzeugt ein Fluss in den Bergen nicht nur hörbare Klänge, sondern er offenbart Buddhas Lehre im umfassenden Sinn. Siehe Kap. 14, *Sansui gyō*.

10   *Ritsu chi chō* 立地聴, «auf der Erde stehen und zuhören», bedeutet den Dharma ehrerbietig anzuhören. Meister Seppō sagte: «*Die Buddhas der drei Zeiten sind in der Flamme [des Ofens] hier und drehen das große Dharma-Rad.*» Meister Gensa sagte: «*Die Flamme verkündet den Dharma für die Buddhas der drei Zeiten, und die Buddhas der drei Zeiten stehen auf der Erde und hören den Dharma.*» Siehe Kap. 23, *Gyōbutsu yuigi*.

11   *Shō* 聖 als Substantiv bedeutet «ein Heiliger» oder «ein heiliges Wesen», wie in den Worten des Landesmeisters. Hier verwendet Dōgen *shō* 聖 als Adjektiv, das «heilig» bedeutet.

12   Diese Aussage umfasst die ganze Wahrheit des Landesmeisters, der sich nicht starr an irgendwelche Regeln hält, sondern so lehrt, dass seine jeweiligen Zuhörer ihn verstehen.

13   Meister Tōzan Ryōkai (807–869) war ein Nachfolger von Meister Ungan Donjō. «Großer Meister Tōzan Gohon» ist sein posthumer Name.

14 In der Buddha-Lehre steht das Ohr im Allgemeinen für das verstandesmäßige Verstehen, während das Auge die intuitive Weisheit oder die wirkliche Erfahrung aus dem Inneren heraus beschreibt. Die Geschichte ist im *Shinji shōbōgenzō*, Buch 2, Nr. 48, und im *Keitoku dentō roku*, Kap. 15, aufgezeichnet.

15 *Shimo nin* 什麼人, wörtl. «was für ein Mensch», bedeutet einen Menschen, dessen Zustand unbeschreibbar und nicht erfassbar ist.

16 *Ishin denshin* 以心伝心, «die Weitergabe von Geist zu Geist», beschreibt zwar im Allgemeinen die intuitive Kommunikation zwischen Meister und Schüler, hier sind aber die Gedanken oder die Vorstellungen davon gemeint.

17 Meister Tōzan stimmt den Worten des Landesmeisters vollständig zu, trotzdem möchte er dessen Worte noch gründlicher untersuchen.

18 Meister Tōzan stimmt den Worten des Landesmeisters zu, aber er versteht sie nicht nur mit dem Verstand, sondern mit seinem ganzen Körper und Geist.

19 *Fumon* 不聞, «[lieber] nicht hören», könnte den Eindruck erwecken, dass Meister Tōzan die Darlegungen seines Meisters (Ungan) nicht hören wollte, aber dies wäre ein Missverständnis. Meister Dōgen interpretiert *fumon* 不聞 in dem Sinn, dass Meister Tōzan selbst schon das Nicht-Empfindende verkörpert und die Lehrrede seines Meisters nicht verstandesmäßig, sondern intuitiv erfassen möchte.

20 *Shinmetsu shinmotsu no mono* 心滅身没のもの, wörtl. «geistaufgelöste und körpereingesunkene Menschen». Hier könnte es sich um Praktizierende handeln, die zu schläftig sind, um einer Dharma-Rede zu folgen.

21 *Mushin mushin no mono* 無心無身のもの, wörtl. «Menschen [im Zustand von] Nicht-Geist und Nicht-Körper». Dies sind wohl Praktizierende, die im Gleichgewicht von Körper und Geist sind.

22 *Fushigi* 不思議 setzt sich aus drei Schriftzeichen zusammen: *fu* 不 «nicht», *shi* 思 «denken» und *gi* 議 «diskutieren» oder «mit dem Verstand erfassen». Als Kompositum bedeutet bedeutet *fushigi* 不思議 «Geheimnis», «Wunder» oder «Mysterium». Der Ausdruck findet sich auch im Lotos-Sūtra.

23 *Shigi su* 思議す. Siehe Anm. 21.

24 Durch einen solchen Stab wird der Schall besser übertragen.

25 Meister Chōsa Keishin (starb 868). Er war ein Nachfolger von Meister Nansen Fugan. Siehe Kap. 60, *Juppō*.

26 Die beiden Ausdrücke *tsūshin* 通身, «der universelle Körper», und *henshin* 遍身, «den ganzen Körper durchdringen», finden sich auch in Kap. 33, *Kannon*. Siehe dort Anm. 6 und 7. Sie beschreiben den Körper des Bodhisattva Avalokiteśvara, der unendlich viele Hände und Augen hat, um die Rufe der Lebewesen zu hören und ihnen zu helfen.

27 Dieses Zitat findet sich auch in Kap. 46, *Kattō*.

28 *Seppō mujō* 説法無情. Dieser Ausdruck findet sich hier zum ersten Mal in diesem Kapitel. Er bedeutet «die Dharma-Lehre des Nicht-Empfindenden». Bis zu dieser Stelle benutzt Meister Dōgen die Schriftzeichen in der umgekehrten Folge, also in der Form *mujō seppō* 無情説法, und dies bedeutet: «Das Nicht-Empfindende lehrt den Dharma.» Diese neue Formulierung ist daher besonders aussagekräftig.

29 Meister Tōsu Daidō (819–914) war ein Nachfolger von Meister Sui-bi Mugaku. «Großer Meister Jisai» ist sein posthumer Titel.

30 Jōshū entspricht der heutigen Provinz Anhui im Osten Chinas.

31 Die Erklärung in der Klammer, die im Text in einer kleineren Schrift wiedergegeben ist, wurde von einem anderen Herausgeber und nicht von Meister Dōgen selbst hinzugefügt.

32 *Akku na[shi]* 莫惡口, wörtl. «keine üble Rede» oder «nicht über andere herziehen». In einer Version der Geschichte, die im *Keitoku dentō roku*, Kap. 15, wiedergegeben ist, antwortet der Meister nur: «*Aku* 惡» – «übel» oder «schlecht». Dies könnte auch ein Fehler in der Wiedergabe durch den Herausgeber des *Keitoku dentō roku* sein.

33 Dies entspricht der heutigen Präfektur Fukui.

54

法性

Hosshō

Die Dharma-Natur

*Hō bedeutet «Dharma», «Buddhas Lehre» oder «die Wirklichkeit hier und jetzt».
Shō bedeutet «Essenz» oder «Natur». Also bedeutet* HOSSHŌ *«die Dharma-Natur»
oder «die Natur der Wirklichkeit hier und jetzt». Wir Menschen leben und handeln
im Hier und Jetzt, und wir nennen dies in der Wirklichkeit zu leben und zu handeln.
Die Wirklichkeit ist aber nur der Name für eine Erfahrung, die nicht mit Worten dargestellt werden kann, weil Worte einfach nicht das gleiche wie die Erfahrung selbst sind.
Das Wort oder der Begriff «Dharma-Natur» ist also nur ein Hinweis auf die wirkliche
Natur dieses Universums. Dennoch mag es wichtig sein, zumindest annähernd zu verstehen, in welcher Wirklichkeit wir leben. Manche Menschen sagen, die Wirklichkeit sei
etwas Geistig-Spirituelles, andere wiederum, sie bestünde nur aus Materie. Vom buddhistischen Standpunkt aus gesehen ist diese Wirklichkeit oder das ganze Universum weder
rein spirituell noch rein materiell. In diesem Kapitel versucht Meister Dōgen uns die
Natur dieses wunderbaren Universums zu beschreiben, in dem wir leben und handeln.*

Es gibt ein Erwachen aus euch selbst heraus, das unabhängig von einem Meister ist[1],
wenn ihr [euch selbst] erfahrt und erforscht und manchmal einem guten Lehrer und
manchmal den Sūtren folgt. Dieses unabhängige Erwachen aus euch selbst heraus ist
nichts anderes als das Wirken der Dharma-Natur. Selbst wenn ihr dies schon auf natürliche Weise wisst[2], solltet ihr unbedingt einen Meister aufsuchen und diese Wahrheit
gründlich erforschen. Auch wenn ihr dies von Natur aus nicht wisst, solltet ihr euch
unbedingt anstrengen, um den Buddha-Weg zu verwirklichen. Gibt es denn ein
Wesen, das nicht von Natur aus weiß?[3] Alle Wesen folgen guten Lehrern und den
Sūtren, bis sie die Buddha-Wirkung erfahren und die Wahrheit erlangen.

 Denkt daran, dass ihr den Samādhi der Dharma-Natur[4] durch die Begegnung mit
einem guten Lehrer und den Sūtren erlangt und dass ihr den Samādhi der Dharma-
Natur durch die Begegnung mit dem Samādhi der Dharma-Natur selbst erlangt. Dies
nennen wir «von Natur aus wissen». Wissen bedeutet, dass ihr eine schon lange vor-
handene Weisheit erlangt, dass ihr die drei Arten von Wissen[5] erlangt und dass ihr
Anuttara-samyak-sambodhi[6] erfahrt. Es bedeutet, dass ihr die euch angeborene Weisheit durch die Begegnung mit der euch angeborenen Weisheit erlernt. Es bedeutet, dass
euch eure angeborene und natürliche Weisheit durch die Begegnung mit eurer angeborenen und natürlichen Weisheit weitergegeben wird.

Wenn ihr dieses angeborene und natürliche Wissen nicht hättet, wäre es unmöglich, die Dharma-Natur zu hören und sie zu erfahren, selbst wenn ihr einem guten Lehrer und den Sūtren folgen würdet. Die große Wahrheit ist nicht dasselbe wie das Prinzip [der Sinneswahrnehmung], wonach jemand, der Wasser trinkt, weiß, ob das Wasser kalt oder warm ist. Durch die Kraft ihres eigenen Wissens verwirklichen alle Buddhas, Bodhisattvas und alle Lebewesen die große Wahrheit der alles umfassenden Dharma-Natur. Wenn ihr die große Wahrheit der Dharma-Natur verwirklicht, indem ihr einem guten Lehrer und den Sūtren folgt, nennen wir dies die Dharma-Natur aus sich selbst heraus verwirklichen. Die Sūtren sind die Dharma-Natur, und sie sind ihr selbst. Ein guter Lehrer ist die Dharma-Natur, und er ist ihr selbst. Die Dharma-Natur ist ein guter Lehrer, und sie ist ihr selbst. Weil ihr selbst die Dharma-Natur seid, hat sie nichts mit der falschen Sicht des Selbst der Menschen zu tun, die Dämonen und außerhalb des Buddha-Weges sind. In der Dharma-Natur gibt es keine Menschen, die außerhalb des Weges sind, und es gibt in ihr auch keine Dämonen, sondern die Dharma-Natur ist dasselbe wie zum Frühstück zu kommen, zu Mittag zu essen und Tee zu trinken.

Trotzdem gibt es Menschen, die zehn, zwanzig oder dreißig Jahre lang üben und sich erfahrene Praktizierende nennen, die aber ein Leben lang sprachlos herumgestolpert sind [und staunen], wenn sie von der Dharma-Natur hören. Sie steigen auf den Meistersitz und geben vor, dass das Klosterleben sie befriedige, aber wenn sie das Wort «Dharma-Natur» hören oder einen flüchtigen Blick auf die Form und die Farbe der Dharma-Natur werfen, fallen ihr Körper und Geist [und ihre Idee von] Subjekt und Objekt sogleich in einen Abgrund der Verwirrung. Der Grund dafür ist, dass sie fälschlicherweise meinen, die Dharma-Natur würde sich erst dann zeigen, wenn die drei Welten und die Welt der zehn Richtungen, in denen wir jetzt leben, plötzlich verschwunden sind. Ihre Dharma-Natur entsteht aus der falschen Sicht, dass alle Wesen, Dinge und Phänomene des Jetzt nicht wirklich existieren würden. Dies kann aber nicht die Wahrheit der Dharma-Natur sein, [denn] alle Wesen, Dinge und Phänomene, und die Dharma-Natur selbst, gehen weit über Diskussionen und Begriffe wie Gleichheit, Verschiedenheit, Trennung oder Einheit hinaus. Gerade weil sie jenseits von Vergangenheit, Gegenwart und Zukunft existieren, weil sie weder nicht-existent noch ewig[7] sind und weil sie jenseits von Form, Wahrnehmung, Denken, Handeln und Bewusstsein existieren, sind sie die Dharma-Natur.

Zen-Meister Baso Dō-itsu[8] aus Kōzei in Kōshū sagte: «*Seit unzähligen Weltzeitaltern haben alle Lebewesen den Samādhi der Dharma-Natur nicht verlassen. Sie leben immer in der Wirklichkeit dieses Samādhis der Dharma-Natur, ganz gleich, ob sie sich ankleiden, essen, reden oder sich unterhalten. Das Wirken der sechs Sinne und alles Handeln sind vollständig die Dharma-Natur.*»[9]

Basos Dharma-Natur ist die Dharma-Natur, die sich selbst zum Ausdruck bringt. Die Dharma-Natur erfährt dasselbe wie Baso und Baso dasselbe wie die Dharma-Natur. Ihr habt es gehört: Warum sagt ihr nichts dazu? Die Dharma-Natur reitet auf dem Pferde-Meister [Baso].[10] Der Mensch isst die Mahlzeiten und die Mahlzeiten essen ihn. Seit dem Anfang der Dharma-Natur hat der Mensch den Samādhi der Dharma-

Natur nicht verlassen. Nach der Dharma-Natur wird der Mensch die Dharma-Natur nicht verlassen. Und vor der Dharma-Natur hat der Mensch die Dharma-Natur nicht verlassen. Sowohl die Dharma-Natur als auch unzählige Weltzeitalter sind nichts anderes als der Samādhi der Dharma-Natur, und deshalb nennen wir die Dharma-Natur auch «unzählige Weltzeitalter».

Weil es so ist, ist dieser Ort hier und jetzt die Dharma-Natur, und die Dharma-Natur ist genau dieser Ort hier und jetzt. Sich anzukleiden und zu essen ist der Samādhi der Dharma-Natur, der sich ankleidet und isst. Die Dharma-Natur verwirklicht sich als Kleider und als Essen, und sie verwirklicht sich beim Ankleiden und beim Essen. Sich nicht anzukleiden, nicht zu essen, nicht zu reden und sich nicht zu unterhalten, die sechs Sinne nicht zu gebrauchen und alle Handlungen des täglichen Lebens nicht durchzuführen, würde bedeuten, dass der Samādhi der Dharma-Natur nicht existiert und wir nicht in ihn eingegangen sind.

[Basos] Worte hier und jetzt zu verwirklichen, wurde uns von allen Buddhas und Vorfahren bis hin zu Śākyamuni Buddha überliefert, und es wurde authentisch von allen alten Meistern bis hin zu Baso weitergegeben. Dies hier und jetzt zu verwirklichen, wurde uns rechtmäßig von einem Buddha zum anderen und von einem Vorfahren zum anderen weitergegeben, und es wurde dem Samādhi der Dharma-Natur selbst weitergegeben. Die Buddhas und Vorfahren gehen nicht in die Dharma-Natur ein, und doch bewirken sie, dass die Dharma-Natur kraftvoll und lebendig ist.

Obwohl die theoretischen Dharma-Lehrer das Wort «Dharma-Natur» verwenden, ist das nicht die Dharma-Natur, von der Baso spricht. Die Tatkraft der Lebewesen, die die Dharma-Natur nicht verlassen haben, ist nichts anderes als drei oder vier unverbrauchte Augenblicke oder Beispiele der Dharma-Natur. Diese Lebewesen denken aber, sie könnten nicht die Dharma-Natur sein, selbst wenn sie [durch diese Kraft] etwas erreichen. Es könnte sogar sein, dass es in Wirklichkeit die Dharma-Natur ist, zu reden, sich zu unterhalten, zu arbeiten und zu handeln, selbst wenn wir denken, dass dies nicht die Dharma-Natur sein könne.

Die Sonne und der Mond unzähliger Weltzeitalter sind eine Kette voneinander unabhängiger Augenblicke[11] der Dharma-Natur. Dies gilt für das Jetzt und auch für die Zukunft. Wenn ihr die Ansammlung von Körper und Geist [nur] als eine Ansammlung von Körper und Geist anseht und deshalb denkt, sie sei weit entfernt von der Dharma-Natur, ist dieser Gedanke selbst auch die Dharma-Natur. Wenn ihr [andererseits] diese Ansammlung von Körper und Geist nicht als eine Ansammlung von Körper und Geist anseht und deshalb auch nicht denkt, dass sie die Dharma-Natur sein könne, ist dieser Gedanke ebenfalls die Dharma-Natur. Zu denken und nicht zu denken ist beides die Dharma-Natur. Es ist unbuddhistisch, zu meinen, das Wasser könne nicht fließen und die Bäume könnten nicht blühen und kahl werden, wenn man sie nur als «Natur» bezeichnet.

[Im Lotos-Sūtra] sprach Śākyamuni Buddha von der wirklichen Form [der Erscheinungen] und von ihrer Natur.[12] Deshalb ist es die wirkliche [Dharma-]Natur, wenn die Blüten sich öffnen und die Blätter herabfallen. Es gibt aber unverständige

Menschen, die denken, dass es in der Welt der Dharma-Natur keine blühenden Bäume und keine herabfallenden Blätter geben könne.[13] Diesbezüglich solltet ihr nicht andere befragen, sondern euch, eure Fragen und Zweifel betreffend, eine eigene Meinung bilden. Oder ihr behandelt sie als die Aussagen eines anderen und untersucht sie drei Mal und immer wieder von Neuem, und die Fragen werden sich dann von selbst auflösen.

Der obige Gedanke [zur Dharma-Natur] ist nicht abwegig, er ist nur ein Gedanke, der kommt, wenn man noch nicht klar sehen kann. Wenn man klar sieht, ist es leicht, ihn aufzulösen. Wenn die Blüten sich öffnen und die Blätter herabfallen, sind sie auf natürliche Weise sich öffnende Blüten und herabfallende Blätter. Auch der Gedanke, dass es in der Dharma-Natur keine Blüten und Blätter geben könne, ist die Dharma-Natur. Es gibt aber ein Denken, das sich von Begriffen und Vorstellungen befreit hat und deshalb so ist wie die Dharma-Natur selbst. Das alles umfassende Denken im Denken über die Dharma-Natur ist solcherart.

Selbst wenn in Basos Aussage die Dharma-Natur all dies[14] umfasst und seine Worte wahrhaftig achtzig oder neunzig [Prozent der Wahrheit] ausdrücken, gibt es noch sehr viel, was Baso nicht gesagt hat. Zum Beispiel sagte er nicht, dass die ganze Dharma-Natur die Dharma-Natur nicht verlassen kann. Er sagte nicht, dass die ganze Dharma-Natur das Ganze der Dharma-Natur ist, und er sagte nicht, dass alle Lebewesen sich selbst als Lebewesen nicht verlassen können. Er sagte nicht, dass alle Lebewesen in einem kleinen Teil der Dharma-Natur sind, er sagte nicht, dass alle Lebewesen in einem kleinen Teil der Lebewesen sind, und er sagte nicht, dass die ganze Dharma-Natur in einem kleinen Teil der Lebewesen enthalten ist. Er sagte nicht, dass ein konkretes Lebewesen genauso konkret ist wie die Dharma-Natur, und er sagte nicht, dass das Nicht-Sein der Lebewesen die Dharma-Natur selbst ist. Er sagte nicht, dass die Dharma-Natur jenseits [der Vorstellung von] «Lebewesen» ist. Er sagte nicht, dass die Dharma-Natur frei von der [so genannten] «Dharma-Natur» ist, und er sagte auch nicht, dass die Lebewesen sich von [der Vorstellung] eines «Lebewesens» befreien können.

[Von Baso] können wir nur hören, dass die Lebewesen den Samādhi der Dharma-Natur nicht verlassen haben, aber nicht, dass die Dharma-Natur den Samādhi der Lebewesen niemals verlassen hat. [Baso] sagte auch nicht, dass der Samādhi der Dharma-Natur in den Samādhi der Lebewesen eingeht und ihn wieder verlässt. Wie viel weniger noch hören wir von ihm, dass die Dharma-Natur Buddha wird, dass die Lebewesen die Dharma-Natur erfahren und dass die Dharma-Natur die Dharma-Natur erfährt? [Baso] sagte auch nicht, dass auch die nicht-empfindenden Wesen die Dharma-Natur nicht verlassen können.

Nun würde ich Baso gerne fragen: Was nennst du «alle Lebewesen»? Wenn du die Dharma-Natur als «alle Lebewesen» bezeichnest, ist sie [wie die Frage]: «Was ist es, das so gekommen ist?»[15] Wenn du die Lebewesen als «alle Lebewesen» bezeichnest, ist dies [wie die Aussage]: «Etwas mit Worten zu erklären, trifft nicht den Kern der Sache.»[16] Antworte mir sofort!

SHŌBŌGENZŌ HOSSHŌ

Dargelegt vor einer Versammlung im Kloster Kippō in Esshū[17] am Anfang des Winters[18] im ersten Jahr der japanischen Ära Kangen [1243].

Anmerkungen

1   *Mushi dokugo* 無師独悟. Der Ausdruck wird auch in Kap. 16, *Shisho*, benutzt (vgl. dort Anm. 2).

2   *Shōchi* 生知. Meister Dōgen verwendet den Ausdruck auch in Kap. 26, *Daigo* (vgl. dort Anm. 2).

3   Meister Dōgen vertritt hier den optimistischen Standpunkt der Buddha-Lehre, wonach alle Wesen von Natur aus wissend sind und Wahrheit suchen wollen.

4   *Hosshō zanmai* 法性三昧. *Zanmai* 三昧 ist die phonetische Wiedergabe von sanskr. *samādhi*, das die Einheit von Körper und Geist beim Zazen beschreibt. Das Wort *Samādhi* (bzw. *Zanmai*) findet sich im Titel von drei Kapiteln des *Shōbōgenzō*: Kap. 31, *Kai-in zanmai*, Kap. 72, *Zanmai ō zanmai*, und Kap. 75, *Jishō zanmai*.

5   *Sanmyō* 三明, «die drei Arten von Wissen», sanskr. *tisro vidyāḥ*. Dies bedeutet traditionell: 1. das Wissen über vergangene Leben, 2. die Einsicht in das Übernatürliche und 3. das Ende aller Hindernisse.

6   *Anuttarā-samyak-sambodhi* (sanskr.) bedeutet «die höchste wahre Weisheit» oder «das Erkennen und Erfahren der höchsten Weisheit», siehe Kap. 1, *Bendōwa*, Anm. 2.

7   *Danjō* 断常 beschreibt die beiden extremen Sichtweisen des Materialismus und des Idealismus. *Danken* 断見, «die Sicht der Trennung», steht für eine Sicht, die alle Dinge als voneinander isoliert in Zeit und Raum sieht, und bedeutet also Materialismus. *Jōken* 常見, «die Sicht der Beständigkeit» oder der Ewigkeitsglaube, bezeichnet den Idealismus.

8   Meister Baso Dō-itsu (704–788) war ein Nachfolger von Meister Nangaku Ejō. Im Text wird er «Zen-Meister Daijaku» genannt.

9   Siehe *Kosonshuku goroku*, Kap. 1.

10 *Baso* 馬祖 bedeutet wörtl. «Pferde-Meister».

11 Siehe Kap. 11, *Uji*, dort Anm. 18.

12 *Nyoze sō, nyoze shō* 如是相, 如是性, wörtl. «die Form, wie sie ist, und die Natur, wie sie ist». Diese Worte kommen im Lotos-Sūtra, Kap. 2, «Geschicklichkeit», vor. Vgl. Borsig, S. 58.

13 *Kaike yoraku* 開華葉落, «Blüten öffnen sich und Blätter fallen ab», beschreibt die sich ständig verändernde Welt. Demgegenüber denken manche Menschen, die Dharma-Natur sei eine dauerhafte Essenz des Universums.

14 *Jinze hosshō* 尽是法性, wörtl. «all dies [ist] die Dharma-Natur». Der Ausdruck ist Meister Dōgens Variante der Schriftzeichen in Basos Zitat. Dort werden sie *kotogotoku kore hosshō* gelesen: «... sind vollständig die Dharma-Natur».

15 Meister Daikan Enō sprach diese Worte, als er seinem Schüler Nangaku Ejō zum ersten Mal begegnete. Siehe *Shinji shōbōgenzō*, Buch 2, Nr. 1, und *Shōbōgenzō*, Kap. 29, *Inmo*.

16 Dies ist Meister Nangaku Ejōs Antwort auf die Frage, die ihm Meister Daikan Enō stellte: «Was ist es, das so gekommen ist?», und die er acht Jahre lang umfassend erforscht hat. Siehe Kap. 62, *Hensan*.

17 Entspricht der heutigen Präfektur Fukui.

18 Das heißt, im 10. Monat des Mondkalenders.

55

陀羅尼

Darani

Die Dhāraṇīs

Die chinesischen Schriftzeichen, die DARANI *ausgesprochen werden, sind die phonetische Wiedergabe von (sanskr.) «Dhāraṇī». Die ursprüngliche Bedeutung von Dhāraṇī ist «die Trägerin», und damit sind traditionell «mystische Silben» oder «magische Formeln» mit symbolischem Gehalt gemeint, die das spirituelle Leben des Menschen, der sie rezitiert, tragen. Diesen Silben oder Formeln wird eine magische Wirkung zugeschrieben, wenn man sie rezitiert, und sie werden besonders im esoterischen Buddhismus verwendet. Manchmal ist die Dhāraṇī auch die Essenz eines Sūtras, wie z. B. die Worte* GYATEI, GYATEI, HARAGYATEI *am Ende des Herz-Sūtras, die einem Mantra ähneln. Meister Dōgen schätzte vor allem die großen Dhāraṇīs, die in den Sūtren beschrieben werden, wie z. B. die Dhāraṇīs des vollkommenen Erwachens und der Schatzkammer des wahren Dharma-Auges. In diesem Kapitel erläutert Meister Dōgen auf sehr konkrete Weise die Dhāraṇīs der Niederwerfungen, welche die Mönche und Nonnen als Ausdruck der Verehrung für ihren Meister ausführen. Die Dhāraṇīs der Niederwerfungen und des Kesa waren für Meister Dōgen von unschätzbarem Wert.*

Ein Mensch, der [den Dharma] mit einem klaren Blick erfährt und erforscht, ist sich im Klaren über das wahre Dharma-Auge. Weil er sich im Klaren über das wahre Dharma-Auge ist, kann er es mit einem klaren Blick erfahren und erforschen. Dies wurde uns authentisch als das Wesentliche weitergegeben und es ergibt sich unumgänglich aus der Hingabe und Verehrung für einen großen und guten Lehrer. Hingabe und Verehrung sind selbst eine große Dhāraṇī und die große Sache [des Buddha-Dharmas]. Ein großer und guter Lehrer ist ein Buddha-Vorfahre, dem ihr aufrichtig im Alltag[1] dienen solltet.

Deshalb werden die übernatürlichen Kräfte und die wesentliche Geisteshaltung verwirklicht, wenn ihr den Tee bereitet[2] und ihn dem Meister bringt.[3] Eine Schüssel mit Wasser zu bringen oder das Wasser auszuschütten[4] bedeutet, die Gegebenheiten nicht zu verändern und alles [intuitiv] von nebenan zu sehen und zu verstehen. Es bedeutet nicht nur, dass wir die wesentliche Geisteshaltung eines Buddha-Vorfahren erfahren und erforschen, sondern auch, dass wir direkt der Geisteshaltung von einem oder zwei Buddha-Vorfahren begegnen. Es bedeutet nicht nur, dass wir die übernatürlichen Kräfte aller Buddhas und Vorfahren erhalten und benutzen, sondern auch, dass wir die übernatürlichen Kräfte von sieben oder acht [leibhaftigen] Buddha-Vorfahren erlangen. Auf dieser Grundlage werden die übernatürlichen Kräfte aller Buddhas und Vorfahren zusammen verwirklicht. In diesem einen Dienen wird die wesentliche Geisteshaltung der Buddhas und Vorfahren vollkommen verwirklicht. Deshalb seid ihr wirklich die Kinder und Enkel der Buddhas und Vorfahren, wenn ihr ihnen ehrerbietig dient, sie verehrt und sie mit einer Dhāraṇī im Samādhi beschenkt, selbst wenn es auch nicht falsch ist, ihnen himmlische Blumen und Räucherwerk darzubringen.

Was ich hier «die große Dhāraṇī» genannt habe, ist eure persönliche Ehrenbezeigung. Weil diese persönliche Ehrenbezeigung[5] die große Dhāraṇī ist, begegnen sich [Meister und Schüler] in der Verwirklichung dieser Ehrenbezeigung. Das Wort *ninji* gibt die chinesische Aussprache eines Wortes wieder, das schon seit Langem im weltlichen Bereich bekannt ist, aber [die Form der Ehrenbezeigung selbst] wurde nicht vom Brahma-Himmel und auch nicht vom westlichen Himmel [Indien] überliefert, sondern sie wurde rechtmäßig von den Buddhas und Vorfahren weitergegeben. Sie ist jenseits der begrenzten Welt von Klang und Form, und ihr solltet auch nicht sagen, dass sie vor oder nach dem «Buddha-König des majestätischen Klangs» gewesen sei.

Die persönliche Ehrenbezeigung, von der ich hier spreche, bedeutet, dass ihr Räucherstäbchen anzündet und euch ehrerbietig vor eurem Meister niederwerft. Dies gilt für eure ursprünglichen Meister: den Meister, der euch als Mönch oder Nonne ordiniert hat, und den Meister, der euch den Dharma weitergegeben hat. Manchmal ist der Meister, der euch den Dharma weitergegeben hat, derselbe, der euch ordiniert hat.[6] Das Vertrauen, das ihr euren ursprünglichen Meistern entgegenbringt, und die Verehrung, die ihr ihnen erweist, sind eine Dhāraṇī, die sich auf ihre Unterweisungen bezieht. Ihr solltet bei diesen Meistern lernen und ihnen ehrerbietig dienen, ohne auch nur einen Augenblick [für anderes] zu verschwenden.

Am Anfang und am Ende des Sommer-Trainings, bei der Winter-Sonnenwende und am Anfang und in der Mitte des Monats solltet ihr es nicht versäumen, Räucherstäbchen anzuzünden und euch vor eurem Meister niederzuwerfen. Es ist die [traditionelle] Methode, dass wir uns zur festgelegten Zeit entweder vor dem Frühstück oder gleich nach dem Frühstück würdevoll kleiden und den Meister in seinem Wohnraum aufsuchen. Sich würdevoll zu kleiden bedeutet, dass wir das Kesa[7] anlegen, die Fußbekleidung aus festem Leinenstoff[8] anziehen und das Zagu[9] mitnehmen. So bekleidet gehen wir [zum Wohnraum des Meisters] und nehmen ein Räucherstäbchen aus Aloe, Sandelholz oder dergleichen mit. Wenn wir vor den Meister treten, verbeugen wir uns mit zusammengelegten Händen.[10] Dann bereitet der bedienstete Mönch das Gefäß für die Räucherstäbchen vor und stellt eine Kerze auf. Wenn der Meister sich auf seinem Sitz befindet, können wir sogleich das Räucherstäbchen anzünden. Wenn der Meister sich hinter dem Vorhang befindet[11], können wir ebenfalls sogleich die Räucherstäbchen anzünden, und wenn der Meister sich niedergelegt hat, isst oder etwas anderes tut, ist dies auch möglich. Wenn der Meister steht, sollten wir uns mit zusammengelegten Händen verbeugen und ihn bitten, sich zu setzen, oder wir sollten ihn bitten, es sich bequem zu machen. Es gibt viele Arten, den Meister zu bitten, sich zu setzen. Nachdem wir den Meister gebeten haben, sich zu setzen, verbeugen wir uns tief und auf korrekte

Weise mit zusammengelegten Händen. Nach dieser Begrüßung gehen wir vor den Tisch, auf dem das Räuchergefäß steht, und stecken das Räucherstäbchen, das wir mitgebracht haben, in das Gefäß.

Das Räucherstäbchen, das wir verwenden, kann in den Kragen, in die Seitentasche oder in den Ärmel des Gewandes gesteckt werden, so wie es uns angenehm ist. Wir entnehmen das Räucherstäbchen nach der Begrüßungsverbeugung. Wenn es in Papier gewickelt ist, drehen wir uns mit der Schulter nach rechts und entfernen das Papier. Dann heben wir das Räucherstäbchen mit beiden Händen empor und stecken es in das Gefäß. Es muss gerade und aufrecht stehen und darf nicht zu einer Seite hin geneigt sein. Danach legen wir die Hände in Shashu zusammen und wenden uns nach rechts. Wenn wir vor dem Meister stehen, verbeugen wir uns auf korrekte Weise tief, breiten das Zagu auf dem Boden aus und werfen uns nieder. Wir werfen uns neun oder auch zwölf Mal nieder. Danach heben wir das Zagu auf, falten es wieder zusammen und verneigen uns mit zusammengelegten Händen. Manchmal überbringen wir unsere guten Wünsche für die Jahreszeit[12], indem wir das Zagu ein Mal ausbreiten und uns drei Mal niederwerfen. Bei den [zuvor beschriebenen] neun Niederwerfungen breiten wir [das Zagu] nur ein Mal aus und führen drei Runden von jeweils drei Niederwerfungen aus, ohne unsere guten Wünsche für die Jahreszeit zu überbringen. Diese Form der Niederwerfung wurde uns seit der fernen Vergangenheit von den sieben Buddhas überliefert, und wir praktizieren sie, weil sie uns authentisch als die wesentliche Lehre weitergegeben wurde. Wenn die Zeit gekommen ist, werfen wir uns ohne zu zögern auf diese Weise nieder.

Ferner werfen wir uns immer dann nieder, wenn der Meister uns die Wohltaten der Lehre[13] zuteilwerden lässt. Wir werfen uns auch nieder, wenn wir [den Meister] bitten, uns über ein Kōan[14] zu belehren. Als der zweite Vorfahre in China [Meister Eka] dem ersten Vorfahren [Meister Bodhidharma] ehrerbietig seine Sicht [des Dharmas] darlegte[15], [sagte er nichts und] warf sich drei Mal nieder. Wir werfen uns auch drei Mal nieder, wenn [der Meister] die Schatzkammer des wahren Dharma-Auges darlegt. Denkt daran, dass diese Niederwerfungen selbst die Schatzkammer des wahren Dharma-Auges und eine große Dhāraṇī sind.

Heute machen viele [nur] eine einzige Niederwerfung, bei der der Kopf deutlich den Boden berührt[16], wenn sie den Meister um eine Darlegung bitten, aber die uns überlieferte Form sind drei Niederwerfungen. Als Dank für eine Darlegung werfen wir uns nicht immer neun oder zwölf Mal nieder, wir können uns auch drei oder sechs Mal niederwerfen, und dabei berühren wir das gefaltete Zagu mit dem Kopf, ohne es auszubreiten.[17] Bei allen diesen Niederwerfungen berührt die Stirn den Boden und die beiden Handflächen zeigen nach oben.[18] In Indien wird diese Form der Niederwerfung «der Ausdruck der höchsten Verehrung» genannt. Es gibt auch die sechs Niederwerfungen, bei denen wir mit dem Kopf kräftig den Boden berühren, und dies bedeutet, dass wir mit der Stirn auf den Boden schlagen, sogar bis wir bluten. Auch für diese Art der Niederwerfung wird das Zagu ganz ausgebreitet. Bei diesen Niederwerfungen schlagen wir immer mit der Stirn auf den Boden, ganz gleich, ob wir uns ein Mal, drei

Mal oder sechs Mal niederwerfen. Dies wird manchmal «einen Kotau machen» genannt.

Diese Art der Niederwerfung gibt es auch im weltlichen Bereich, in dem es neun Arten von Niederwerfungen gibt. Es gibt auch die nie endenden Niederwerfungen, wenn wir [den Meister] um eine Unterweisung bitten. Sie haben kein Ende, und es können bis zu hundert oder tausend Niederwerfungen sein. Alle diese Niederwerfungen wurden in den Orden der Buddhas und Vorfahren praktiziert. In der Regel solltet ihr die Niederwerfungen genau und nach den Anweisungen des Meisters ausführen. Im Allgemeinen gilt: Wenn die Niederwerfungen sich in der Welt offenbaren, wird der Buddha-Dharma in der Welt leben, und wenn sie in der Welt verschwinden, wird auch der Buddha-Dharma verschwinden.

Wenn wir uns vor dem Meister niederwerfen, der uns den Dharma weitergegeben hat, wählen wir keine [bestimmte] Zeit aus und sorgen uns nicht wegen des Ortes, sondern wir werfen uns einfach nieder. Manchmal werfen wir uns nieder, wenn der Meister sich niedergelegt hat oder isst, und manchmal sogar, wenn er zur Toilette geht. Manchmal werfen wir uns weit entfernt [vom Meister] nieder und die Hecken und Mauern, Berge und Flüsse liegen zwischen uns, und manchmal werfen wir uns nieder und ganze Weltzeitalter liegen zwischen uns. Manchmal werfen wir uns nieder und Kommen und Gehen, Leben und Sterben liegen zwischen dem Meister und uns, und manchmal werfen wir uns nieder und Bodhi und Nirvāṇa liegen zwischen uns.

Während der Schüler sich auf alle diese Arten und Weisen niederwirft, erwidert der Meister die Niederwerfung nicht, sondern legt nur seine Hände [in Gasshō] zusammen.[19] Es mag sein, dass der Meister sich gelegentlich selbst niederwirft, aber dies ist in der Regel nicht der Fall. Bei allen diesen Niederwerfungen sollten wir uns immer in Richtung Norden niederwerfen, während der Meister in südliche Richtung sitzt. Der Schüler steht daher nach Norden gewandt und wirft sich vor dem Meister nieder, der ihm gegenübersitzt. Dies ist die überlieferte Form. Es wurde uns auch weitergegeben, dass wir uns als Erstes in Richtung Norden niederwerfen, wenn wir das rechte Vertrauen und die Zuflucht [zu Buddha] in uns erweckt haben.

Deshalb war es zu Lebzeiten des Weltgeehrten üblich, dass die Menschen, Götter und Drachen, die sich dem Buddha anvertrauen wollten, sich alle in Richtung Norden aufstellten und sich ehrerbietig vor dem Weltgeehrten niederwarfen. Nachdem der Tathāgata die Wahrheit verwirklicht hatte, begegnete er seinen [früheren] fünf Freunden[20], Ājñāta-Kauṇḍinya[21], Aśvajit, Mahānāma, Bhadrika und Bāṣpa.[22] Unwillkürlich stellten sie sich vor dem Tathāgata auf und warfen sich ehrerbietig in Richtung Norden nieder. Wenn Menschen außerhalb des Buddha-Weges oder Gruppen von Dämonen ihre falschen Sichtweisen losgelassen und sich dem Buddha anvertraut haben, warfen sie sich immer in Richtung Norden nieder, selbst wenn sie nicht von sich oder von anderen dazu aufgefordert wurden.

Seit dieser Zeit haben die Menschen, die in den Orden der achtundzwanzig Vorfahren in Indien und den vielen Generationen von Meistern in China Zuflucht zum wahren Dharma nahmen, sich immer auf natürliche Weise in Richtung Norden niedergeworfen. Dies bedeutet, dass sie den wahren Dharma angenommen haben, und dies geschieht jenseits der Absichten von Meister und Schüler. Dies ist nichts anderes als die große Dhāraṇī selbst.

«*Es gibt eine große Dhāraṇī, die ‹das vollkommene Erwachen›* [23] *genannt wird. Es gibt eine große Dhāraṇī, die ‹die persönliche Ehrenbezeigung› genannt wird. Es gibt eine große Dhāraṇī, die ‹die verwirklichte Niederwerfung› ist. Es gibt eine große Dhāraṇī, die ‹das Kesa› genannt wird, und es gibt eine große Dhāraṇī, die ‹die Schatzkammer des wahren Dharma-Auges› genannt wird.*» [24]

Durch die Kraft dieser [großen] Dhāraṇīs wurde die ganze Erde befriedet und bewahrt, das ganze Universum der zehn Richtungen begründet und befriedet, der ganze Bereich der Zeit befriedet und offenbart, die ganze Buddha-Welt errichtet und befriedet und das Innere und das Äußere der Wohnstätten befriedet und verwirklicht. Ihr solltet erfahren, erforschen, verstehen und erkennen, dass die großen Dhāraṇīs eine solche [Kraft] haben. Alle Dhāraṇīs sehen die [obigen] großen Dhāraṇīs als ihre Mutter an. Alle Dhāraṇīs verwirklichen sich als die Verwandten dieser großen Dhāraṇīs. Alle Buddhas und Vorfahren gehen durch dieses Tor der Dhāraṇīs, wenn sie den [Bodhi-]Geist erkennen und erfahren, sich schulen, die Wahrheit verwirklichen und das Dharma-Rad drehen. Deshalb solltet ihr diese Dhāraṇīs gründlich erfahren und erforschen, denn ihr seid jetzt schon die Kinder und Enkel der Buddhas und Vorfahren.

Letztlich ist das Gewand, das Śākyamuni Buddhas [Körper] bedeckt hat, das Gewand der Buddhas und Vorfahren des ganzen Universums. Dieses Gewand ist das Kesa. Das Kesa ist das Banner des buddhistischen Sanghas. Es ist schwer, dies zu verstehen und [dem Kesa] zu begegnen. Dadurch, dass wir die guten Wurzeln und die Kraft einer lang angesammelten Dhāraṇī erhalten haben, wurden wir geboren, um Śākyamuni Buddhas Dharma zu begegnen, obwohl wir unverständig sind und es selten ist, einen menschlichen Körper in diesem entlegenen Land [Japan] zu erhalten. Selbst wenn ihr euch mitten in den zehntausend Dingen und Phänomenen vor den Buddha-Vorfahren niederwerft, die sich selbst und die Welt verwirklicht haben, ist dies genau Śākyamuni Buddhas Verwirklichung der Wahrheit, Śākyamuni Buddhas Bemühen um die Wahrheit, und es ist die mystische Verwandlung einer Dhāraṇī.

Selbst wenn ihr euch Millionen Weltzeitalter lang vor den früheren Buddhas niederwerft und euch vor den heutigen Buddhas niederwerft, ist dies [wie] ein Augenblick, in dem Śākyamuni Buddha [euch] mit dem Gewand bedeckt, [denn] euren menschlichen Körper nur ein Mal mit dem Kesa zu bedecken bedeutet, dass ihr bereits Śākyamuni Buddhas Körper und Fleisch, seine Hände und Füße, sein Kopf und seine Augen, sein Mark und sein Gehirn, seine strahlende Klarheit und das Drehen des Dharma-Rades erlangt habt. Auf diese Weise tragen wir das Kesa und verwirklichen die Verdienste, die durch das Tragen des Kesa entstehen. Wir vertrauen uns dem Kesa an, wir lieben und genießen es, wir bewahren und beschützen es ein Leben lang. Wir tragen das Kesa, wenn wir uns ehrerbietig vor Śākyamuni Buddha niederwerfen und ihm unsere Verehrung und Gaben darbringen. Damit bezeugen und verwirklichen wir vollkommen die Schulung und Praxis der drei Weltzeitalter. [25] Sich ehrerbietig vor Śākyamuni

Buddha niederzuwerfen und ihm unsere Verehrung und Gaben darzubringen bedeutet manchmal, sich vor dem Meister niederzuwerfen, der uns den Dharma weitergegeben hat, und ihm unsere Verehrung und Gaben darzubringen, und es bedeutet manchmal, sich vor dem Meister niederzuwerfen, der uns ordiniert hat, und ihm unsere Verehrung und Gaben darzubringen.

Es bedeutet, dass wir Śākyamuni Buddha begegnen und ihm dienen, indem wir ihm etwas Konkretes darbringen, und es bedeutet, dass wir ihm unsere Verehrung durch eine Dhāraṇī ausdrücken. Mein früherer Meister Tendō, der ein ewiger Buddha war, lehrte einst: «Ein hervorragendes Beispiel [der Dhāraṇī ist Eka, der] durch den tiefen Schnee ging, um sich niederzuwerfen[26], und [Enō, der] sich mitten in der Reis-[arbeit] niederwarf.[27] Dies sind die Spuren unserer Vorfahren, und sie sind eine große Dhāraṇī.»

SHŌBŌGENZŌ DARANI

Dargelegt vor einer Versammlung im Kloster Kippō in Esshū, im ersten Jahr der Ära Kangen [1243].

Anmerkungen

1   *Kinbyō* 巾瓶, wörtl. «Handtuch und Flasche reichen». Das Handtuch und die Flasche zum Trinken sind zwei der traditionellen Gebrauchsgegenstände eines Mönchs. Siehe Kap. 56, *Senmen*. Das Handtuch und die Flasche zu reichen bedeutet, dem Meister im Alltag zu dienen.

2   Die Worte *tensa rai* 点茶来, wörtl. «Tee bereiten», *jinzū* 神通, «die übernatürlichen Kräfte», *kansui rai* 盥水来, «eine Schüssel mit Wasser bringen», und *kamen ryōchi* 下面 了知, «nebenan sein und alles verstehen», beziehen sich auf eine Geschichte über Meister Isan Reiyū und seine Schüler, Meister Kyōgen Chikan und Meister Kyōzan Ejaku, die Meister Dōgen in Kap. 25, *Jinzū*, zitiert und kommentiert. Siehe auch *Shinji shōbōgenzō*, Buch 1, Nr. 61.

3   *Keisa rai* 擎茶来, wörtl. «kommen und den Tee emporheben», und *shin-yō* 心要, «die wesentliche Geisteshaltung», beziehen sich auf eine Unterhaltung zwischen Meister Ryūtan Sōshin und seinem Meister Tennō Dōgo: Eines Tages fragte [Sōshin]: «*Seitdem ich hier bin, habt ihr mir noch nicht die wesentliche Geisteshaltung gezeigt.*» [Dō-]Go sagte: «*Seitdem du hier bist, habe ich nichts anderes getan, als dir die wesentliche Geisteshaltung zu zeigen.*» Der Meister [Sōshin] sagte: «*Wo habt Ihr sie mir gezeigt?*» [Dō-]Go sagte: «*Du hast mir Tee gebracht und ich habe ihn für dich entgegengenommen. Du hast mir Essen serviert und ich habe es für dich angenommen. Als du deine Verehrung ausgedrückt hast, habe ich mich verbeugt. Wo habe ich dir die wesentliche Geisteshaltung nicht gezeigt?*» Da verbeugte sich Meister [Sōshin]. Siehe *Keitoku dentō roku*, Kap. 14. Eine etwas andere Fassung findet sich im *Shinji shōbōgenzō*, Buch 2, Nr. 6.

4   *Shasuirai* 瀉水来, «Wasser ausschütten», und *fudō jakukyō* 不動著鏡, «die Gegebenheiten nicht verändern», bezieht sich auf eine Geschichte über Meister Nansen Fugan und Meister Godai Inpō: Eines Tages sah Nansen, wie Inpō sich ihm näherte. Er zeigte auf einen Krug mit reinem Wasser und sagte: «*Dieser Wasserkrug gehört zur Welt der Gegebenheiten. Im Krug ist Wasser. Bring diesem alten Mönch das Wasser, ohne die Gegebenheiten zu verändern.*» Inpō nahm den Wasserkrug schüttete das Wasser vor ihm aus. Nansen sagte nichts. Die Geschichte findet sich im *Shinji shōbōgenzō*, Buch 1, Nr. 64, und in Kap. 81 des *Shōbōgenzō*, *Ōsaku sendaba*.

5   *Ninji* 人事 ist die persönliche Ehrenbezeigung eines Mönchs oder einer Nonne für den Meister, die dadurch ausgedrückt wird, dass er oder sie ein Räucherstäbchen anzündet und sich vor ihm niederwirft.

6   In der Tradition der Sōtō-Schule hat ein Mönch oder eine Nonne im Allgemeinen zwei Meister: den *hon-shi*, der ihnen die Ordination gibt, und den *sangaku-shi*, der ihnen die Dharma-Übertragung gibt.

7   Das Kesa ist das Gewand des Mönchs. Die Verdienste und die Bedeutung des Kesa erläutert Meister Dōgen ausführlich in Kap. 12, *Kesa kudoku*, und Kap. 13, *Den-e*.

8   Das Kesa, das Tuch für die Niederwerfungen und die weiße Fußbekleidung aus festem Leinenstoff gehören heute noch zur formellen Kleidung der Mönche und Nonnen in Japan.

9   Das Tuch für die Niederwerfungen.

10   *Monjin* 問訊, «den Meister fragen [wie es ihm geht] oder sich [nach seiner Gesundheit] erkundigen», in Sanskrit *prati-sammodana*. Konkret bedeutet *monjin* 問訊, sich mit zu-

sammengelegten Händen (*gasshō monjin* 合掌問訊) oder mit den Händen in Shashu (*shashu monjin* 叉手問訊) zu verbeugen. Beim *shashu* 叉手 wird die linke Hand zu einer Faust geformt, indem die Finger den Daumen umhüllen, und mit dem Handrücken nach vorn vor die Brust gelegt. Die rechte, offene Hand liegt auf dem Handrücken der linken Faust.

11 Der Raum des Meisters war manchmal durch einen durchsichtigen Vorhang in zwei Teile getrennt.

12 *Kanken o noboru koto* 寒喧をのぼること bedeutet, dass der Schüler sich erkundigt, wie es dem Meister in der heißen und kalten Jahreszeit im Sommer oder Winter geht. Auch heute ist es in Japan noch üblich, dem Meister seine guten Wünsche für die Jahreszeit zu überbringen.

13 *Hō-eki* 法益, «Dharma-Wohltat», bedeutet die Dharma-Lehre eines Meisters.

14 *Innen* 因縁, «Ursachen und Bedingungen». Ursprünglich hatte der Ausdruck die Bedeutung von konkreten Fallbeispielen spezifischer Übertretungen der Gebote. Später wurde er im weiteren Sinn für eine Geschichte oder einen Dialog zwischen Meister und Schüler verwendet. Meister Dōgen hat 301 solcher Kōan im *Shinji shōbōgenzō* aufgezeichnet.

15 Siehe Kap. 46, *Kattō*.

16 *Ton ippai* 頓一拝. *Ton* 頓 beschreibt eine Niederwerfung, bei der der Kopf deutlich den Boden berührt. *Ippai* 一拝 bedeutet «eine Niederwerfung».

17 *Sokurai ippai* 触礼一拝. *Soku* 触 bedeutet «berühren», *rai* 礼 «sich niederwerfen». In dieser Form der Niederwerfung wird das Zagu nicht ausgebreitet, sondern vier Mal gefaltet auf den Boden gelegt und die Stirn berührt das Tuch. *Sokurai* 触礼, wörtl. «Berührungs-Niederwerfung», steht im Gegensatz zu *Tenpai* 展拝, wörtl. «ausgebreitete Niederwerfung», d.h., die formelle Niederwerfung, bei der das Zagu vollständig ausgebreitet wird.

18 *Keishu hai* 稽首拝. *Kei* 稽 bedeutet «schlagen» oder «klopfen». *Shu* 首 bedeutet «Kopf» oder «Hals». *Keishu* 稽首 steht für sanskr. *vandana*, «Verehrung». Bei dieser Art der Niederwerfung schlägt man mit der Stirn auf den Boden und die beiden Handflächen werden nach oben gerichtet, so als würde man die Füße des Meisters, den man verehrt, mit den Händen emporheben.

19 *Gasshō* 合掌. Hierbei werden die Handflächen vor dem Körper zusammengelegt, wobei die Fingerspitzen sich etwa in Höhe der Nasenspitze befinden.

20 Dies sind die fünf Asketen, mit denen der Prinz Śākyamuni die Zeit seiner asketischen Übungen verbrachte. Es heißt, dass sie ihn als einen Abtrünnigen betrachteten, als er sie und die Askese verließ, um die Wahrheit auf einem anderen Weg zu suchen. Als er nach einigen Jahren als der erwachte Buddha zu seinen früheren Freunden kam, waren sie von seinem würdevollen Auftreten so beeindruckt, dass sie sich unwillkürlich in Richtung Norden aufstellten und vor ihm niederwarfen. Dann lehrte der Buddha die vier edlen Wahrheiten und die Asketen wurden die ersten Mitglieder des Sanghas.

21 *A-nya kyō jin-nyo* 阿若憍陳如 ist die Wiedergabe des Namens Ājñāta-Kauṇḍinya in chinesischen Schriftzeichen. Weil er der erste war, der die Bedeutung von Buddhas erster Lehrrede erkannte, wurde seinem ursprünglichen Namen Kauṇḍinya das Präfix Ājñāta, das «wissen» bedeutet, hinzugefügt. Im Urtext stehen fünf klein gedruckte Anmerkungen neben den Namen der fünf Asketen. Diese Anmerkungen sind Abkürzungen der Sanskrit-Namen der fünf Asketen in der chinesischen Schreibung. In diesem Fall ist die Abkürzung *Kōrin* 拘隣.

22 *Bafu* 婆敷 ist die Umschreibung des Sanskrit-Namens Bāṣpa. In der klein gedruckten Anmerkung steht jedoch *Riki-kashō* 力迦葉, das für *Jūriki kashō* 十力迦葉 steht, wörtl. «Kā-śyapa der zehn Kräfte», d.h., Daśabala-kāśyapa.

23   *Udai darani, myō-i engaku* 有大陀羅尼，名為円覚 bezieht sich auf eine Stelle im *Daihō-kō engaku shūtara ryōgi kyō* («Das Sūtra des großen universellen und vollkommenen Er-wachens»), in dem es heißt: «*Mujō hō-ō u darani mon, myō-i engaku* 無上法王有陀羅尼門，名為円覚 – *Der höchste Dharma-König besitzt das Tor zu der Dhāraṇī, die ‹das voll-kommene Erwachen› genannt wird.*»

24   Diese Passage steht im Urtext in rein chinesischer Schrift.

25   Weltzeitalter (*kalpas* in Sanskrit) sind die Grundlage der buddhistischen Zeitrechnung. Sie bezeichnen unendlich lange Zeiträume, in denen die Welt und das menschliche Le-ben erscheinen und vergehen. In der indischen Kosmologie unterscheidet man drei Ar-ten: kleine, mittlere und große Weltzeitalter.

26   Es heißt, dass Meister Taiso Eka durch den tiefen Schnee gehen musste, um Meister Bo-dhidharma zum ersten Mal im Kloster Shōrin zu begegnen.

27   Meister Daikan Enō war ursprünglich ein einfacher Arbeiter im Kloster von Meister Kōnin, dessen Arbeit darin bestand, den Reis für die Mönche zu stampfen.

56

洗面

Senmen

Das Gesicht waschen

Sen bedeutet «waschen» und MEN *«das Gesicht». In diesem Kapitel lehrt Meister Dōgen, wie man sich badet, das Gesicht wäscht und die Zähne reinigt. In den Religionen, die überwiegend auf geistigen oder spirituellen Werten basieren, achtet man aus buddhistischer Sicht zu einseitig auf die spirituelle Seite dieser Welt. Alltägliches Handeln, wie zu essen, sich anzukleiden, das Gesicht zu waschen oder ein Bad zu nehmen, wird dann nicht als eine religiöse Praxis angesehen und geschätzt. Der Buddha-Dharma hat jedoch seine Wurzeln in der Wirklichkeit des täglichen Lebens, sodass solche Tätigkeiten als eine wichtige religiöse Praxis auf dem Buddha-Weg betrachtet werden. Deshalb antwortete ein chinesischer Meister auf die Frage seines Schülers, was das Wichtigste im Buddha-Dharma sei, mit den Worten: «Sich anziehen und seine Mahlzeiten essen.» Meister Dōgen gab der Praxis, das Gesicht zu waschen, eine ganz besondere Bedeutung, und erklärt in diesem Kapitel den Sinn derartiger alltäglicher Handlungen.*

Im Sūtra der Blume des Dharmas steht:

> *[Ein Bodhisattva] befeuchtet seinen Körper mit Öl*
> *Und wäscht Staub und Schmutz ab.*
> *Er legt ein neues und reines Gewand an*
> *Und ist innen und außen rein.*[1]

Dies sind die Dharmas, die der Tathāgata im Orden der Dharma-Blume den Praktizierenden der vier friedvollen und freudigen Handlungen lehrte.[2] Sie gleichen nicht denen anderer Orden und anderer Sūtren. Daher ist es im Buddha-Dharma von höchster Wichtigkeit, dass man seinen Körper und Geist wäscht und badet, Staub und Schmutz beseitigt und sich mit wohlriechendem Öl einreibt. Es ist auch eine Art der Reinigung, wenn man ein neues und sauberes Gewand anzieht. Wenn ihr Staub und Schmutz wegwascht und euch mit wohlriechenden Ölen einreibt, wird euer Inneres und Äußeres vollkommen rein. Wenn euer Inneres und Äußeres vollkommen rein ist, seid ihr und eure Umgebung rein und sauber.

Trotzdem sagen manche beschränkte Menschen, die den Buddha-Dharma nicht gehört und den Buddha-Weg nicht erfahren haben, dass beim Baden nur die Haut des

Körpers gewaschen werde, aber dass es im Körper noch die fünf Organe[3] und die sechs Eingeweide[4] gäbe. Wenn man diese nicht jeweils für sich reinigen würde, könne man nicht wirklich rein sein. Deshalb sei es nicht unbedingt nötig, die Oberfläche des Körpers zu reinigen. Die Menschen, die so etwas sagen, haben den Buddha-Dharma nie gehört und sind niemals einem wahren Lehrer oder einem Kind oder Enkel der Buddhas und Vorfahren begegnet.

Ihr solltet euch sogleich von der falschen Sichtweise solcher Menschen befreien und den wahren Dharma der Buddhas und Vorfahren erfahren und erforschen. Die Grenzen der mannigfaltigen Dharmas waren niemals festgelegt; das Innere und das Äußere der verschiedenartigen Daseinselemente[5] ist nicht erfassbar. Daher ist es unmöglich, das Innen und Außen von Körper und Geist vollständig zu erfassen. Dennoch, wenn ein Bodhisattva mit seinem letzten Körper[6] auf dem Bodhi-Sitz weilt und die Wahrheit verwirklicht, wäscht er zuerst sein Gewand[7] und reinigt dann seinen Körper und Geist. Dies ist das reine und würdevolle Handeln aller Buddhas der zehn Richtungen und der drei Zeiten. Die Bodhisattvas des letzten Körpers unterscheiden sich in jeder Beziehung von anderen Wesen. Ihre Verdienste, ihre Weisheit und die strahlende Schönheit ihres Körpers und Geistes sind verehrungswürdig und erhaben. Dies mag auch für ihre Methode des Badens und Waschens gelten. Ferner unterscheiden sich Körper und Geist der Menschen, und die jeweiligen Grenzen ihrer Körper und ihres Geistes sind abhängig von der Zeit. Es heißt, dass die dreitausend Welten alle während eines einzigen Sitzens abgeschnitten werden. Dass wir selbst und die anderen dies nicht erfassen können, ist eine Tugend des Buddha-Dharmas, obwohl [das Sitzen] zu diesem Zeitpunkt wirklich so beschaffen ist. Die Dimension von Körper und Geist ist jenseits von [Maßeinheiten wie] fünf oder sechs Fuß[8], weil die fünf oder sechs Fuß [von Körper und Geist] nicht die fünf oder sechs Fuß sind, die [die Menschen als Maß] festgelegt haben. Der Ort, wo Körper und Geist sich befinden, liegt völlig jenseits der existierenden oder nicht-existierenden Bereiche, die wir «diese Welt», «die Außenwelt», «die ganze Welt» oder «das ganze Universum» usw. nennen. [Deshalb sagte Meister Fuke:] «Hier ist der Ort, wo etwas Unerklärliches existiert: Grob oder fein, bezeichne es, wie du willst.»[9] Die Dimension des Geistes kann nicht durch Denken und Unterscheidung erfasst und auch nicht durch Nicht-Denken oder Nicht-Unterscheidung ergründet werden. Gerade weil die Dimension von Körper und Geist so beschaffen ist, gilt dies auch für die des Badens und Waschens. Diesen [nicht zu erfassenden] Ort wirklich zu erfassen, ihn zu erfahren und zu praktizieren, ist das, was alle Buddhas und Vorfahren bewahrt und beherzigt haben. Ihr solltet eure Auffassung vom Ich nicht als das Höchste und das Wirkliche ansehen. Deshalb verwirklicht ihr beim Baden und Waschen vollkommen die Dimension von Körper und Geist und lasst sie rein und sauber werden. Ganz gleich, ob [Körper und Geist] aus den vier Elementen[10], den fünf Komponenten[11] oder einer ewigen Essenz bestehen, ist es möglich, sie vollkommen sauber und rein zu machen, wenn ihr sie wascht und badet. Dies bedeutet nicht, dass ihr euch nur dann als sauber und rein ansehen solltet, wenn ihr Wasser geholt und euch gewaschen habt. Denn wie könnte das Wasser ursprünglich rein oder unrein sein? Selbst wenn es ursprünglich rein oder unrein wäre, sagen wir nicht, das Wasser mache den Ort, wohin wir es bringen, rein oder unrein. Es ist einfach so, dass das Handeln der Buddhas und Vorfahren, Wasser zum Waschen und Baden zu verwenden, dann weitergegeben wird, wenn ihr genau ihre Praxis und Erfahrung bewahrt. Wenn ihr das Waschen und Baden auf dieser Grundlage praktiziert und erfahrt, geht ihr weit über die Reinheit und Unreinheit hinaus und befreit euch gleichzeitig von [allen Vorstellungen über] Unreinheit und Nicht-Unreinheit. Deshalb bewahren nur die Buddhas und Vorfahren die Art und Weise solchen Badens und Waschens. Wir bewahren sie, obwohl wir niemals verunreinigt waren und bereits vollständig rein und sauber sind. Die Menschen außerhalb des Buddha-Weges können dies nicht verstehen.

Wenn es so wäre, wie diese beschränkten Menschen sagen, und wir die fünf Organe und sechs Eingeweide zu so feinem Staub wie die Luft zermahlen und die Wasser des großen Ozeans hernehmen würden, um sie zu waschen: Wie könnten wir sie rein und sauber machen, wenn wir nicht das Innere jedes einzelnen Staubkorns waschen würden? Wie wäre es möglich, Innen und Außen sauber zu machen, wenn wir nicht auch das Innere des Leeren[12] waschen würden? Solche beschränkten Menschen können niemals die Art und Weise verstehen, wie wir das Leere waschen und baden. Wir benutzen das Leere, um das Leere selbst zu waschen und zu baden, und wir benutzen das Leere, um den Körper und Geist zu waschen und zu baden. Wer an das Baden als den wahren Dharma glaubt, bewahrt und stützt sich auf die Praxis und Erfahrung der Buddhas und Vorfahren. Im wahren Dharma, der authentisch von einem Buddha und von einem Vorfahren zum anderen und von einem rechtmäßigen Nachfolger zum anderen weitergegeben wurde, praktizieren wir das Baden und Waschen, welches das Innen und Außen von Körper und Geist sogleich rein und sauber macht.

Wir praktizieren das Baden und Waschen, welches die fünf Organe und die sechs Eingeweide, das Subjekt und Objekt, das Innen, das Außen und die Mitte der Dharma-Welt und des leeren Raumes zugleich rein und sauber macht. Wenn wir das Räucherwerk und die Blumen zur Reinigung verwenden, werden die Vergangenheit, Gegenwart und Zukunft, die Ursachen und Gegebenheiten und die Praxis sogleich rein und sauber.

Der Buddha sagte:

Sich drei Mal baden und drei Mal Räucherwerk verbreiten
Macht Körper und Geist sauber und rein.[13]

Deshalb ist die Methode, wie wir Körper und Geist reinigen, immer die, dass wir uns ein Mal baden und ein Mal Räucherwerk bereiten, und wir tun dies noch weitere zwei Male. Das heißt, dass wir uns drei Mal baden und drei Mal Räucherwerk bereiten. Dann verbeugen wir uns vor dem Buddha, rezitieren die Sūtren und sitzen in Zazen und praktizieren Kinhin.[14] Es heißt, dass ihr euch nach dem Gehen unbedingt die Füße waschen solltet, wenn ihr noch einmal Zazen praktiziert. Selbst wenn die Füße sauber sind, ist dies die Art und Weise der Buddhas und Vorfahren.

Die Worte «sich drei Mal baden und drei Mal Räucherwerk bereiten» bedeuten, ein Mal ein Bad zu nehmen[15] und dabei den ganzen Körper zu waschen. Danach solltet ihr euch wie gewöhnlich ankleiden. Dann verbrennt ihr feines Räucherwerk in einem kleinen Gefäß, wobei der Rockaufschlag [des Koromo], das Kesa und der Platz, wo ihr [beim Zazen] sitzt usw. auf natürliche Weise mit dem Rauch in Berührung kommen. Danach nehmt ihr wieder ein Bad und beräuchert euch noch einmal. Dies drei Mal zu tun, entspricht dem Dharma. Zu diesem Zeitpunkt ist die Tugend der Reinheit und Sauberkeit anwesend und offenbart sich vor euch, selbst wenn die sechs Sinne und ihre sechs Sinnesobjekte sich nicht verändern. Ihr solltet an all dem nicht zweifeln. Es ist eine Tatsache im Buddha-Dharma, dass die Tugend der Reinheit und Sauberkeit sich direkt vor euch offenbart, selbst wenn ihr nicht beabsichtigt, die drei Gifte[16] und die vier Täuschungen[17] zu beseitigen. Wie könntet ihr dies mit dem gewöhnlichen Verstand erfassen? Welcher Mensch könnte diese Tugend mit seinen gewöhnlichen Augen erkennen?

Wenn ihr zum Beispiel Aloeholz[18] reinigt, solltet ihr es beim Waschen nicht in kleine Stücke brechen und auch nicht zu Puder zerreiben, sondern den Körper des Aloeholzes waschen und ihn rein und sauber machen.

Im Buddha-Dharma war es immer festgelegt, wie man sich wäscht. Wir waschen den Körper, den Geist, die Füße, das Gesicht, die Augen, den Mund, den Stuhl- und den Harnausgang. Wir waschen die Hände, die Ess-Schalen, das Kesa und den Kopf. All dies ist der wahre Dharma der Buddhas und Vorfahren in den drei Zeiten.

Wenn ihr dem Buddha, dem Dharma und dem Sangha Gaben darbringen wollt und dafür verschiedenes Räucherwerk mitnehmt, wascht euch zuerst beide Hände, spült den Mund, wascht das Gesicht und zieht saubere Kleidung an. Holt dann frisches Wasser in einem sauberen Krug und säubert das Räucherwerk. Erst danach könnt ihr dem Reich von Buddha, Dharma und Sangha eure Gaben darbringen. Ihr solltet erhoffen, den drei Juwelen Räucherwerk aus Sandelholz aus den Malaya-Bergen[19] darzubringen, das mit dem Wasser der acht Tugenden[20] aus dem Anavatapta-See gewaschen wurde.

Das Waschen des Gesichts wurde vom westlichen Himmel [Indien] überliefert und hat sich dann im östlichen Land [China] verbreitet. Obwohl [die Methode hierfür] in den verschiedenen Aufzeichnungen der Regeln [des Sanghas] klar niedergelegt ist, mag die Art und Weise, wie die Buddhas und Vorfahren das Waschen des Gesichts bewahrt und weitergegeben haben, die wahre Überlieferung sein. Wie das geschieht, wurde nicht nur von Hunderten von Generationen der Buddhas und Vorfahren praktiziert, es hat sich Tausende, Zehntausende und Millionen von Weltzeitaltern lang verbreitet. Es geht hier nicht nur darum, sich von Ruß und Fett zu befreien, sondern die Handlung [des Waschens] selbst ist das Blut und Leben der Buddhas und Vorfahren.

Es heißt, dass es ein Vergehen ist, eine Niederwerfung entgegenzunehmen oder sich vor anderen niederzuwerfen, wenn man sein Gesicht nicht gewaschen hat.

Mich selbst niederwerfen und mich vor dem anderen niederwerfen.
Bei der Niederwerfung bin ich selbst und der andere
Auf natürliche Weise leer und friedvoll.[21]
Das Natürliche ist, sich [von Körper und Geist] zu befreien.[22]

Deshalb solltet ihr unbedingt das Gesicht waschen. Die Zeit für das Waschen ist manchmal die fünfte Nachtwache[23] und manchmal im Morgengrauen. Als mein früherer Meister Abt des Klosters Tendō war, legte er die dritte Periode[24] der dritten Nachtwache für das Waschen des Gesichtes fest. Ihr solltet Rock[25] und Jacke[26] mit zum Waschstand nehmen. Das lange Handtuch[27] ist ein Stoffstreifen, dessen Länge etwa drei Meter beträgt.[28] Die Farbe darf nicht weiß sein, denn ein weißes Handtuch ist nicht erlaubt.

Im Sūtra der dreitausend würdevollen Formen heißt es:

«*Beim Gebrauch des langen Handtuchs sind fünf Punkte zu beachten: 1. Zum Abtrocknen darf nur das obere und das untere Ende benutzt werden. 2. Ein Ende ist für das Gesicht und das andere für die Hände. 3. Das Naseninnere darf nicht mit dem Handtuch abgewischt werden. 4. Wenn Fett und Schmutz mit dem Handtuch weggewischt wurden, muss es anschließend sofort gewaschen werden. 5. Das Handtuch darf nicht zum Abtrocknen des Körpers benutzt werden. Und wenn man ein Bad nimmt, muss jeder sein eigenes Handtuch benutzen.*»

Das lange Handtuch, das ihr mit euch tragt, wird folgendermaßen benutzt: Es wird in zwei Hälften gefaltet und über den linken Unterarm nahe dem Ellbogen gehängt. Die eine Hälfte ist für das Gesicht und die andere für die Hände. Das Naseninnere nicht [mit dem Handtuch] abzuwischen heißt, dass man es nicht dafür benutzt, um die Nase zu putzen oder den Nasenschleim abzuwischen. Benutzt das lange Handtuch nicht, um die Achselhöhle, den Rücken, den Bauch, den Nabel, die Ober- oder Unterschenkel abzutrocknen. Wascht das lange Handtuch, wenn es durch Schmutz und Fett verunreinigt ist. Trocknet es in der Nähe eines Feuers oder in der Sonne, wenn es nass oder feucht geworden ist. Benutzt es nicht, wenn ihr ein Bad nehmt.

Der Waschstand für die Zazen-Halle befindet sich bei den hinteren Toiletten.[29] Die hinteren Toiletten befinden sich westlich der Halle des Lichts[30] – dies ist der überlieferte Kloster-Grundriss. Die Waschstände für die Strohhütten innerhalb des Kloster-Bereichs und für die Einzelzimmer befinden sich an den geeigneten Stellen. Der Abt wäscht sich das Gesicht in seinem eigenen Raum. Die Orte für die älteren und zurückgezogen lebenden Mönche sind ebenfalls mit Waschständen ausgestattet. Wenn der Abt [während eines Sesshin] in der Zazen-Halle lebt, wäscht er sein Gesicht am Waschstand bei den hinteren Toiletten.

Wenn ihr beim Waschstand angekommen seid, legt das Mittelstück des langen Handtuchs um den Nacken und zieht das rechte und linke Ende über die Schultern nach vorn. Fasst dann mit der rechten und linken Hand das rechte und linke Ende des Tuchs und führt es unter den Achselhöhlen hindurch nach hinten zum Rücken. Überkreuzt die beiden Enden hinter dem Rücken und führt sie dann wieder nach vorn über die Brust, indem ihr das linke Ende nach rechts und das rechte Ende nach links zieht und vor der Brust verknotet. Auf diese Weise ist der Kragen der Jacke[31] mit dem Handtuch bedeckt und die beiden weiten Ärmel sind mit dem Handtuch über die Schultern gebunden, sodass die Unterarme und Hände frei sind. [Das Resultat] ist dasselbe wie bei den Tasuki-Bändern[32], die zum Halten der nach oben gestreiften Ärmel verwendet werden.

Wenn ihr euch das Gesicht im Waschstand [der hinteren Toiletten] wascht, nehmt eine Wasserschüssel und schöpft mit einer Holzschale das heiße Wasser aus dem großen Kessel. Geht dann zum Waschstand zurück und stellt die Schüssel auf den Waschstand. Wenn ihr euch das Gesicht an einem anderen Ort wascht, nehmt das heiße Wasser aus der großen Wanne und schüttet es in die Wasserschüssel.[33]

Danach solltet ihr einen dünnen Weidenzweig zum Reinigen der Zähne benutzen. Heute werden die Zähne in den Bergklöstern des großen Königreichs der Song nicht mehr nach der Methode mit dem Weidenzweig gereinigt. Diese wurde vor langer Zeit aufgegeben und nicht mehr überliefert. Deshalb gibt es [in diesen Klöstern] keinen Ort mehr, wo man den Weidenzweig kauen kann. Aber heute haben wir im Kloster Eihei auf dem Berg Kichijō[34] einen solchen Ort, wo die alte Methode wieder eingeführt wurde. Wenn ihr dort seid, solltet ihr zuerst den Weidenzweig kauen. Dazu nehmt ihr ihn in die rechte Hand und sprecht einen Dhāraṇī-Wunsch aus.

Im Girlanden-Sūtra, wo die reinen Verhaltensweisen beschrieben werden, heißt es:

Wenn ihr den Weidenzweig in die Hand nehmt,
Solltet ihr darum bitten, dass alle Lebewesen
Den Geist des wahren Dharmas erlangen
Und auf natürliche Weise rein und sauber werden.

Nachdem ihr diesen Vers rezitiert habt und bevor ihr anfangt den Weidenzweig zu kauen, sprecht ihr folgenden Vers:

Wenn ihr im Morgengrauen den Weidenzweig kaut,
Solltet ihr darum bitten, dass alle Lebewesen
Scharfe Zähne bekommen, [um die Dämonen] zu besiegen
Und die verschiedenen Leidenschaften zu zerbeißen.

Nach diesem Vers solltet ihr wieder den Weidenzweig kauen. Der Weidenzweig ist manchmal vier, manchmal acht, zwölf oder sechzehn Finger lang. Im Abschnitt 34 der Regeln für den Großen Sangha[35] heißt es: «*Für die Zähne verwendet einen Weidenzweig von passender Größe, d. h., maximal sechzehn Finger lang und minimal vier Finger kurz.*» Denkt also daran, dass er nicht kürzer als vier und nicht länger als sechzehn Finger lang sein darf. Er ist etwa so dick wie der kleine Finger, kann aber auch dünner sein. Der Weidenzweig hat die Form des kleinen Fingers: Ein Ende ist dünn und das andere dicker. Das dickere Ende wird in feine Fasern gekaut.

Im Sūtra der dreitausend würdevollen Formen heißt es: «*Das gekaute Ende darf drei Bu*[36] *Länge nicht überschreiten.*» Ihr solltet kräftig auf den Weidenzweig beißen, ihn kauen und damit die Zähne von vorn und hinten säubern und reiben, so als wolltet ihr sie polieren. Wascht und spült, reibt und poliert die Zähne mehrfach von Neuem. Wascht und reibt auch gründlich das Zahnfleisch und den Wurzelbereich der Zähne. Reibt und säubert auch vorsichtig zwischen den Zähnen. Wenn ihr den Mund mehrere Male gespült habt, werden [die Zähne] sauber. Danach solltet ihr die Zunge abreiben.

Im Sūtra der dreitausend würdevollen Formen heißt es: «*Beim Reiben der Zunge gibt es fünf wichtige Punkte zu beachten: 1. Reibt die Zunge nicht mehr als drei Mal. 2. Hört sofort auf, wenn Blut auf der Zunge erscheint. 3. Macht das Samghāṭī-Gewand*[37] *und die Füße nicht nass, indem ihr zu weit mit den Händen ausholt. 4. Werft den Weidenzweig nicht auf einen Weg, wo Menschen gehen. 5. Säubert euch hinter einem Schutzschirm oder einer Wand.*»

Die Zunge nicht mehr als drei Mal zu reiben bedeutet, dass ihr den Mund mit Wasser spült und dann die Zunge reibt. Dies solltet ihr drei Mal wiederholen. Es bedeutet nicht, dass ihr nur drei Mal reibt. Achtet darauf, sofort mit dem Reiben aufzuhören, wenn Blut kommt.

Über das gründliche Abreiben der Zunge heißt es im Sūtra der dreitausend würdevollen Formen: «*Den Mund zu säubern bedeutet, den Weidenzweig zu kauen, den Mund zu spülen und die Zunge abzureiben.*» Daher wurde der Weidenzweig von den Buddhas und Vorfahren und von ihren Kindern und Enkeln bewahrt und behütet.

Der Buddha lebte mit eintausendzweihundertfünfzig Mönchen im Veṇuvana-Park[38] *in der Nähe von Rājagṛha.*[39] *Es war der 1. Dezember, und an jenem Tag bereitete der König Prasenajit*[40] *eine Mahlzeit vor. Früh am Morgen brachte der König dem Buddha eigenhändig einen Weidenzweig [zum Zähneputzen]. Der Buddha nahm ihn an, und als er fertig gekaut hatte, warf er die Reste das Weidenzweiges auf den Boden. Sie fingen sogleich an zu wachsen. Sie wuchsen fünfhundert Yojanas*[41] *hoch, und unermesslich viele Wurzeln und Triebe kamen hervor. Ihre Zweige und Blätter breiteten sich wie eine Wolke aus. Ihr Umfang war ebenso groß. Nach und nach wuchsen auch Blumen und Blüten, die so groß wie die Räder eines Wagens waren. Schließlich trug [der Baum] auch Früchte, die so groß waren wie ein Krug von fünf Tō.*[42] *Die Wurzeln, Zweige, Ruten und Blätter [des Baumes] bestanden allein aus den sieben Kostbarkeiten, und die verschiedensten Farben strahlten in wunderbarer Schönheit. Die Leuchtkraft, die von den Farben ausging, war stärker als die der Sonne und des Mondes, und der Geschmack der Früchte war köstlicher als süßer Nektar. Ihr Duft erfüllte die vier [Buddha-]Länder, und die Herzen aller, die den Duft rochen, waren voller Freude. Dann kam eine wohlriechende Brise auf und die Zweige und Blätter bewegten sich und regten sich gegenseitig an, sie ließen melodische Klänge erklingen, die das Wesen des Dharmas verkündeten. Die Menschen, die die Klänge hörten, wurden niemals müde, ihnen zu lauschen. Die Verehrung und das Vertrauen der Menschen, die Zeuge der Verwandlung dieses Baumes waren, wurden immer tiefer und reiner. Dann lehrte der Buddha den*

Dharma, und die Menschen mit offenen Herzen wurden befreit. Sie strebten dem Buddha nach und erlangten alle die Früchte [des Dharmas], und sie wurden im Himmel geboren – ihre Zahl war sehr groß.[43]

Eine Art, dem Buddha und dem Sangha Gaben darzubringen, ist die, ihnen immer am frühen Morgen den Weidenzweig zu reichen. Erst danach werden die verschiedenen anderen Gaben vorbereitet. Es gibt viele Geschichten, in denen dem Buddha der Weidenzweig dargebracht wurde und er ihn benutzte. Jetzt habe ich nur die Geschichte des Königs Prasenajit zitiert, der dem Buddha den Weidenzweig eigenhändig reichte, und ich habe von dem großen Baum berichtet, denn beides ist es wert, erzählt zu werden.

«*Gerade an diesem Tag wurden die sechs nicht-buddhistischen Lehrer*[44] *vom Buddha überwunden; sie rannten voller Erstaunen und Ehrfurcht fort und stürzten sich schließlich alle im Morgengrauen in den Fluss und ertranken. Neunhundert Millionen ihrer Anhänger kamen zum Buddha und wollten seine Schüler werden. Der Buddha sagte: ‹Willkommen, ihr Mönche›, und ihre Bärte und Haare fielen auf natürliche Weise ab, ihre Körper kleideten sich mit dem Dharma-Gewand, und alle wurden Mönche. Der Buddha lehrte den Dharma und zeigte das Wesen [der Welt] auf. Sie befreiten sich von allem Überflüssigen, lösten alle Hindernisse auf und erlangten die Arhatschaft.*»[45]

Da der Tathāgata [zu jener Zeit] bereits den Weidenzweig benutzte, reichten ihm die Menschen und Götter den Weidenzweig ehrerbietig als Geschenk. Ihr solltet wissen, dass das Kauen des Weidenzweiges von den Buddhas, den Bodhisattvas und von Buddhas Schülern immer praktiziert und bewahrt wurde. Wenn ihr ihn nicht benutzt, wird diese Praxis verloren gehen. Wäre dies nicht bedauerlich?

Im Sūtra der Reinheitsgebote für die Bodhisattvas[46] heißt es: «*Ihr Schüler Buddhas! Ihr solltet in den zwei Perioden des Jahres unbedingt die asketischen Übungen*[47] *praktizieren, im Sommer und Winter Zazen praktizieren und das Sommer-Training*[48] *einhalten. [In dieser Zeit] solltet ihr täglich folgende Gebrauchsgegenstände mit euch führen: den Weidenzweig, Bohnenmehl zum Waschen, die drei Gewänder, die Wasserflasche, die Ess-Schalen, das Niederwerfungstuch, den Stock, ein Gefäß für das Räucherwerk, eine Tasche, um Wasser zu filtern, das lange Handtuch, ein Messer, einen Feuerstein, eine Pinzette, einen Hocker, die Sūtren, die Regeln, ein Buddha-Bild und eine Bodhisattva-Statue. Wenn die Bodhisattvas die asketischen Übungen praktizieren und wenn sie auf Reisen sind, sollten sie diese achtzehn Dinge immer mitführen, selbst wenn die Reise Hunderte oder Tausende von Meilen lang ist. Die asketischen Übungen dauern vom 15. Tag des 1. Mondmonats bis zum 15. Tag des 3. Mondmonats und vom 15. Tag des 8. Mondmonats zum 15. Tag des 10. Mondmonats. Während dieser zwei Perioden im Jahr solltet ihr diese achtzehn Dinge immer bei euch tragen. Sie sollten wie die Flügel eines Vogels sein.*»

Nicht einer dieser achtzehn Gegenstände darf fehlen. Wenn nur einer fehlt, wäre es so, wie wenn dem Vogel einer seiner Flügel fehlte. Selbst wenn noch ein Flügel bleibt, kann der Vogel nicht mehr fliegen. Der Vogel kann dann nicht seiner Flugbahn folgen. Das Gleiche gilt für die Bodhisattvas. Ohne die achtzehn Flügel können sie den Bodhisattva-Weg nicht praktizieren. Von den achtzehn Gegenständen ist der Weidenzweig der erste, der aufgeführt wird, denn mit ihm sollte man zuallererst ausgestattet sein. Wer Klarheit darüber erlangt hat, ob der Weidenzweig notwendig ist oder nicht, könnte gut ein Bodhisattva sein, der Klarheit über den Buddha-Dharma erlangt hat. Es ist wohl so, dass diejenigen, die darüber keine Klarheit haben, den Buddha-Dharma noch nicht einmal im Traum gesehen haben.

Deshalb bedeutet dem Weidenzweig zu begegnen, den Buddhas und Vorfahren zu begegnen. Wenn mich zum Beispiel jemand fragen würde, was ich damit meine, [so würde ich antworten]: «Du hast das Glück, dem alten Mönch von Eihei zu begegnen, der den Weidenzweig kaut.»

Die Buddhas und Bodhisattvas der Vergangenheit, Gegenwart und Zukunft haben alle ausnahmslos dieses Sūtra der Reinheitsgebote für die Bodhisattvas angenommen und bewahrt. Deshalb haben sie in der Vergangenheit, Gegenwart und Zukunft auch den Weidenzweig angenommen und bewahrt.

In den «reinen Regeln für Zen-Klöster»[49] steht: «*Lest, rezitiert und versteht von Grund auf die zehn Haupt- und auch die achtundvierzig Untergebote des Sūtras über die Reinheitsgebote des großen Fahrzeugs. Auf diese Weise könnt ihr verstehen, was es bedeutet, die Gebote zu halten oder sie zu übertreten, und was erlaubt und was nicht erlaubt ist. Ihr solltet nur diesen heiligen Worten aus [Buddhas] goldenem Mund vertrauen und nicht eigenmächtig den Gewohnheiten der gewöhnlichen Menschen folgen.*»

Dies solltet ihr wissen. Es sind die Grundregeln, die die Buddhas und Vorfahren authentisch weitergegeben haben. Was dagegen verstößt, ist nicht der Buddha-Weg, nicht der Buddha-Dharma und nicht der Weg unserer Vorfahren.

Dennoch kann man dem Weidenzweig im heutigen großen Königreich der Song nicht mehr begegnen. Als ich im vierten Mondmonat des sechzehnten Jahres der Ära Kajō[50] zum ersten Mal die Berge und Klöster der Song besuchte, begegnete ich keinem einzigen Mönch, der den Weidenzweig kannte. Im ganzen Land wusste keiner der Beamten des Kaisers, der gewöhnlichen Menschen in der Gesellschaft und auch nicht der Menschen hoher oder niedriger Abstammung etwas davon. Da die Mönche [den Weidenzweig zum Säubern der Zähne] überhaupt nicht kannten, wurden sie blass und verloren die Fassung, als ich sie nach der Methode des Weidenzweiges fragte. Es ist bedauerlich, dass solche reinen Dharmas verloren gegangen sind. Die Leute, die sich zumindest ein wenig den Mund reinigen wollen, behelfen sich heute folgendermaßen: Sie schneiden das Ende eines Ochsenhorns quadratisch zu, sechs bis sieben Sun lang[51] und drei auf drei Bu breit[52] und schlitzen das obere Ende auf eine Länge von zwei Sun seitlich auf. Dann nehmen sie die Haare vom Schwanz eines Pferdes, schneiden sie in Büschel von etwas mehr als einem Sun[53] Länge und stecken sie, der Mähne eines Pferdes ähnlich, in diesen Schlitz. Damit reinigen sie sich die Zähne. Dieser Gegenstand ist für die Mönche schwer zu gebrauchen und mag ein Instrument der Unreinheit sein, aber kein Gefäß des Buddha-Dharmas. Es ist wohl so, dass sogar fromme weltliche

Menschen es verachten. Solche Dinge werden von weltlichen Menschen und Mönchen dazu verwendet, um sich den Staub von den Schuhen abzuwischen oder die Haare zu bürsten. Es gibt davon verschiedene Größen, aber im Prinzip gleichen sie sich. Nur einer von zehntausend Menschen benutzt diesen Gegenstand [aber zum Säubern der Zähne].

Deshalb haben die Mönche und Laien im ganzen Land einen so üblen Mundgeruch. Sogar wenn man aus einer Entfernung von zwei oder drei Shaku[54] mit ihnen spricht, ist der Geruch aus ihrem Mund schwer zu ertragen. Sogar verehrungswürdige Meister, die von sich sagen, dass sie die Wahrheit hätten, und solche, die sich als führende Lehrer für die Menschen und Götter ausgeben, wissen nicht, dass es Methoden gibt, wie man sich den Mund spült, die Zunge abreibt und den Weidenzweig kaut. Daraus können wir schließen, dass niemand sich auch nur annähernd bewusst ist, wie sehr die große Wahrheit der Buddhas und Vorfahren heute bereits im Niedergang begriffen ist. Dieser unglückliche Umstand muss traurig stimmen, selbst wenn ihr auf der Suche nach der Wahrheit bereit seid, euer Leben, das einem Tautropfen gleicht, den zehntausend Meilen weiten Wellen [des Ozeans] zu opfern und die Berge und Flüsse fremder Länder zu überqueren. Wie viele reine Methoden [des Buddha-Dharmas] sind wohl schon verloren gegangen? Es ist sehr bedauerlich. Es ist wirklich sehr bedauerlich. Demgegenüber können die Mönche und Laien heute in ganz Japan den Weidenzweig sehen und von ihm hören. Es könnte sein, dass wir auf diese Weise Buddhas strahlende Klarheit erfahren, selbst wenn wir den Weidenzweig noch nicht kauen, wie es die Regel verlangt. Die Methode, wie man die Zunge sauber reibt, wurde uns nicht weitergegeben. Es könnte sein, dass wir in diesen Dingen unachtsam und zu hastig sind. Dennoch haben diejenigen, die wissen, dass sie den Weidenzweig benutzen sollen, auf natürliche Weise eine gute Methode erhalten, während die Menschen der Song-Dynastie [in China] den Weidenzweig überhaupt nicht kennen. Sogar Einsiedler in den Bergen[55] benutzen den Weidenzweig. Denkt daran, dass der Weidenzweig ein Gegenstand der Reinheit ist, der über den Staub der Welt hinausgeht.

Im Sūtra der dreitausend würdevollen Formen heißt es: «*Beim Benutzen des Weidenzweiges müssen fünf Dinge beachtet werden: 1. Er sollte im richtigen Maß zugeschnitten werden. 2. Er sollte in der richtigen Weise [in dünne Fasern] gespalten werden. 3. Das Ende, das zum Kauen verwendet wird, sollte drei Bu[56] Länge nicht überschreiten. 4. Wenn es Lücken zwischen den Zähnen gibt, sollte man den Weidenzweig auch zwischen den Zähnen benutzen und drei Mal darauf kauen.[57] 5. Der Speichel, der beim Kauen entsteht, sollte zum Spülen der Augen benutzt werden.*»

Dass wir heute das Wasser, mit dem wir den Mund spülen und den Weidenzweig kauen, mit der rechten Hand schöpfen und damit die Augen spülen, geht ursprünglich auf die Lehre des Sūtras der dreitausend würdevollen Formen zurück. Diese Methode ist noch heute in den japanischen Haushalten gebräuchlich.

Meister Eisai[58] brachte die Methode, wie man sich die Zunge säubert und abreibt, nach Japan. Bevor ihr den benutzten Weidenzweig wegwerft, fasst ihr ihn mit beiden Händen und spaltet ihn, von der gekauten Seite her, längs in zwei Teile. Legt die kantige Seite des gespaltenen Zweiges quer über die Zunge und reibt sie damit. Das heißt, ihr schöpft mit der rechten Hand das Wasser und führt es in den Mund, spült ihn und reibt dann die Zunge [mit dem gespaltenen Zweig]. Spült den Mund und reibt die Zunge mehrere Male nacheinander, indem ihr mit dem scharfen Ende des gespaltenen Zweiges die Zunge immer wieder von Neuem reibt, so als wolltet ihr Blut daraus entnehmen.

Während ihr euch den Mund spült, solltet ihr aus dem Goldglanz-Sūtra für euch selbst folgende Sätze rezitieren:

Wenn wir Mund und Zähne spülen und reinigen,
Erbitten wir, dass alle Lebewesen zum Tor des reinen Dharmas gelangen
Und die höchste Befreiung verwirklichen.

Nachdem ihr euch mehrere Male den Mund gespült habt, nehmt den Zeige-, Mittel- oder Ringfinger der rechten Hand und säubert euch auch unter der Ober- und Unterlippe, unter der Zunge bis zum Gaumen, so als würdet ihr diese Bereiche rein lecken. Nachdem ihr etwas Öliges gegessen habt, solltet ihr [den Mund] möglichst bald mit Akazienhülsen säubern. Wenn ihr mit dem Weidenzweig fertig seid, solltet ihr ihn an einem diskreten Ort wegwerfen. Danach schnippt ihr drei Mal mit den Fingern. Im hinteren Waschstand sollte ein Behälter für die benutzten Weidenzweige zur Verfügung stehen. Wenn ihr an einem anderen Ort seid, solltet ihr die Weidenzweig an einem diskreten Platz ablegen. Das Wasser, mit dem ihr euch den Mund gespült habt, solltet ihr nicht in die Wasserschüssel, sondern woanders ausspucken.

Danach wascht ihr das Gesicht. Ihr schöpft mit beiden Händen das heiße Wasser aus der Wasserschüssel und wascht damit das ganze Gesicht. Mit der Stirn beginnend, wascht ihr dann die Augenbrauen, die Augen, die Nasenlöcher und die Ohren. Ihr wascht die Wangenknochen und die Wangen. Erst solltet ihr das Gesicht gründlich mit heißem Wasser begießen und es danach waschen und reiben. Lasst keine Tränen, Speichel oder Schleim aus der Nase in das heiße Wasser der Schüssel tropfen. Verschüttet oder verspritzt nicht das heiße Wasser beim Waschen, sodass es zu früh aufgebraucht ist. Wascht euch so lange, bis ihr frei von Schmutz und Fett seid. Wascht auch das Innere der Ohren, denn sie kommen sonst nicht mit dem Wasser in Berührung. Wascht das Innere der Augen mit Wasser, denn sie können nicht mit Sand gereinigt werden. Manchmal waschen wir uns sogar bis zum Haaransatz oder bis zum Scheitel. Dies ist zweifellos das würdevolle Handeln [der Buddhas]. Wenn ihr das Gesicht gewaschen und das Wasser weggeschüttet habt, solltet ihr drei Mal mit den Fingern schnippen.

Als Nächstes trocknet das Gesicht mit dem einen Ende des langen Handtuchs. Danach legt ihr das Handtuch wieder weg, faltet es in zwei Hälften und hängt es über den linken Unterarm. Im Waschraum hinter der Zazen-Halle gibt es Handtücher, mit denen sich alle das Gesicht abtrocknen können; eine lange Stoffbahn[59] steht dort zu diesem Zweck zur Verfügung. Es gibt auch einen Ofen mit Holzkohle [zum Trocknen der Tücher]. Die Mönche brauchen sich [daher] keine Sorgen zu machen, ob es genügend [Handtücher] zum Abtrocknen des Gesichtes gibt. Man kann sich Kopf und

Gesicht mit dem gemeinsamen Handtuch oder auch mit dem eigenen Handtuch abtrocknen, beides ist möglich. Beim Waschen des Gesichts solltet ihr keinen Lärm machen, indem ihr mit dem Schöpfer gegen die Waschschüssel schlagt.

Macht den Waschplatz um euch herum nicht nass, indem ihr heißes oder kaltes Wasser verspritzt. Ihr solltet bedenken, dass das Gute, das ihr in der Vergangenheit geschaffen habt, sich nicht vermindert, selbst wenn ihr mehr als fünfhundert Jahre nach [Buddhas Tod][60] geboren seid und auf einer weit entfernten Insel [wie Japan] lebt. Vielmehr solltet ihr euch freuen und glücklich schätzen, dass euch das würdevolle Handeln der ewigen Buddhas authentisch weitergegeben wurde und ihr diese reine Praxis und Erfahrung nun genießen könnt. Ihr solltet leichtfüßig und lautlos auf dem Weg zurück zur Zazen-Halle gehen. Die Strohhütten für die älteren Mönche, die Verdienste angesammelt haben, sollten immer einen eigenen Waschstand haben. Es verstößt gegen den Dharma, sich das Gesicht nicht zu waschen. Beim Waschen gibt es [auch] eine Methode zur Pflege des Gesichts.

Kurz: Es ist der wahre Dharma der ewigen Buddhas, den Weidenzweig zu kauen und das Gesicht zu waschen. Die Menschen, die den Geist des Buddha-Weges besitzen und sich ernsthaft um die Wahrheit bemühen, sollten beides erfahren und praktizieren. Es ist [auch] eine alte Tradition und die Methode der alten Meister, kaltes Wasser zu verwenden, wenn kein heißes Wasser zur Verfügung steht. Wenn es weder heißes noch kaltes Wasser gibt, könnt ihr das Gesicht am frühen Morgen gründlich abreiben und mit wohlriechenden Kräutern, Puder aus Räucherwerk oder dergleichen einreiben. Erst danach solltet ihr euch vor dem Buddha niederwerfen, die Sūtren rezitieren, Räucherwerk verbrennen und Zazen praktizieren. Es ist nicht ehrerbietig, auch nur eine dieser Übungen vor dem Waschen des Gesichts auszuführen.

Shōbōgenzō Senmen

Dargelegt vor einer Versammlung im Kloster Kannondōri-kōshō-hōrin am dreiundzwanzigsten Tag des 10. Mondmonats im ersten Jahr der Ära En-ō [1239].

In Indien und China waschen sich alle das Gesicht: Könige, Prinzen, Minister und Beamte, Laien und Mönche, Männer und Frauen der Regierung und der Bevölkerung, die Bauern und das gewöhnliche Volk. In jedem Haushalt gibt es eine Waschschüssel, die manchmal aus Silber und manchmal aus Zinn ist. Auch in den Schreinen und in religiösen Bauten wäscht man sich jeden Morgen das Gesicht. Das Gesicht zu waschen, ist auch eine Gabe für die Stūpas der Buddhas und Vorfahren. Laien und Mönche verbeugen sich vor den Göttern, Geistern, vor ihren Vorfahren und Eltern, sie verbeugen sich vor ihren Lehrern, vor den drei Juwelen, vor den zehntausend Seelen der drei Welten und den Beschützern [des Dharmas], nachdem sie ihr Gesicht gewaschen und ihre Kleidung geordnet haben. Heutzutage vergessen sogar die Bauern und Feldarbeiter, die Fischer und Holzfäller nicht, sich das Gesicht zu waschen, aber sie benutzen nicht den Weidenzweig [für die Zähne]. Im heutigen Japan vergessen jedoch die

Könige und Minister, Alte und Junge, Regierung und Bevölkerung, Laien und Mönche von hohem und niedrigem Rang nicht den Weidenzweig und spülen sich den Mund. Aber sie waschen sich nicht das Gesicht. Wer also das eine tut, vergisst [leider] das andere. Heute bewahren wir [hier im Kloster] beides: Wir waschen uns das Gesicht und kauen den Weidenzweig. Es ist die strahlende Gegenwart der Buddhas und Vorfahren, das zu ergänzen, was bislang unvollständig war.

Dies wurde noch einmal vor einer Versammlung am zwanzigsten Tag des 10. Mondmonats im ersten Jahr der Ära Kangen [1243] im Kloster Kippō im Bezirk Yoshida von Esshū dargelegt.

Außerdem dargelegt vor einer Versammlung am elften Tag des 1. Mondmonats im zweiten Jahr der Ära Kenchō [1250] im Kloster Eihei auf dem Berg Kichijō im Bezirk Yoshida von Esshū.

Anmerkungen

1 Dies ist ein Zitat aus dem Lotos-Sūtra, Kap. 14, «Wandel in friedvoller Festigkeit und Freude». Vgl. Borsig, S. 257.

2 *Shi anraku gyō* 四安楽行, «die vier friedvollen und freudigen Handlungen» eines Bodhi-sattvas, der den Menschen das Lotos-Sūtra verkünden möchte, werden in dem oben zi-tierten Kapitel eingehend erläutert. Diese sind: 1. das friedvolle und freudige *Handeln durch den Körper*: nicht in enger Beziehung zu Königen, Prinzen, Ministern usw. zu ste-hen; den Dharma zu verkünden, ohne etwas zu erwarten; an einem ruhigen Ort bestän-dig und gerne Zazen zu praktizieren und alle Daseinselemente als leer anzusehen, d. h., als die Wirklichkeit, wie sie ist, 2. das friedvolle und freudige *Handeln durch die Rede*: nicht über das gute oder schlechte Verhalten, über Verdienste oder Nicht-Verdienste anderer Menschen zu reden, 3. das friedvolle und freudige *Handeln durch den Geist*: einfühlend, ausgeglichen und geduldig mit allen Lebewesen zu sein, und 4. das friedvolle und freudi-ge *Handeln durch das Gelübde*: «*Selbst wenn die Menschen dieses Sūtra weder hören noch daran glauben noch es verstehen, so will ich sie, wo immer ich bin, durch die übernatürliche Kraft und Weisheit führen und sie dazu bringen, in diesem Dharma zu leben, wenn ich das höchste vollkommene Erwachen erlangt habe.*» Lotos-Sūtra, Kap. 14, «Wandel in friedvoller Festigkeit und Freude». Vgl. Borsig, S. 260.

3 *Gozō* 五臓. Die Leber, das Herz, die Lunge, die Nieren und die Milz.

4 *Roppu* 六腑. Der Rachen, der Magen, der Dünn- und Dickdarm, die Gallenblase und die Galle.

5 *Shodai* 諸大. Beispielsweise die vier Elemente (*shidai* 四大), in Sanskrit *catvāri mahābhū-tāni*: die Erde, das Wasser, das Feuer und der Wind; die fünf Elemente (*godai* 五大), in Sanskrit *pañca mahābhūtāni*: die Erde, das Wasser, das Feuer, der Wind und der Raum; die sechs Elemente (*rokudai* 六大), in Sanskrit *ṣaḍ dhātavaḥ*: die Erde, das Wasser, das Feuer, der Wind, der Raum und das Bewusstsein.

6 *Saigoshin* 最後身, wörtl. «der letzte Körper». Dies ist der Körper eines Buddhas oder Ar-hats.

7 Das Kesa, das Gewand des Mönchs. Die Verdienste und die Bedeutung des Kesa erläutert Meister Dōgen ausführlich in Kap. 12, *Kesa kudoku*, und Kap. 13, *Den-e*.

8 Ein *shaku* 尺 oder «Fuß» sind 30,3 cm.

9 Diese Worte gehen auf eine Begebenheit zwischen Meister Rinzai und Meister Fuke zu-rück: Meister Fuke ging mit Meister Rinzai zum Mittagessen in das Haus eines Gönners. Meister Rinzai fragte: «*In den Sūtren heißt es, ein Haar verschlinge den großen Ozean und ein Mohnsamen schließe den Berg Sumeru ein. Handelt es sich hierbei um ‹übernatürliche Kräfte› oder ‹das wunderbare Tun›, oder bezieht sich dies auf die Wirklichkeit, wie sie ist?*» Meister Fuke stieß den vollen Esstisch um. Meister Rinzai sagte: «*So ein grober Mensch!*» Fuke sagte: «*Hier ist der Ort, wo etwas Unerklärliches existiert: Grob oder fein, bezeichne es, wie du willst!*» Siehe *Shinji shōbōgenzō*, Buch 1, Nr. 96.

10 *Shidai* 四大: die Erde, das Wasser, das Feuer und der Wind. Siehe Anm. 5.

11 *Go-un* 五蘊, die fünf Komponenten des Daseins oder Skandhas, in Sanskrit *pañca skan-dha* sind: Körperlichkeit oder Form (*rūpa*), Wahrnehmung (*vedanā*), Denken (*saṃ-jñā*), Wirken (*saṃskāra*) und Bewusstsein (*vijñāna*). Siehe Kap. 2, *Makahannya hara-mitsu*.

12 *Kūchū* 空中, wörtl. «das Innere des Leeren». *Kū* 空, «Leerheit» oder «das Nicht-Körperliche», drückt die geistige Seite der Wirklichkeit aus. Auch die Reinheit hat eine geistige und eine körperliche Seite.

13 Die Quelle dieses Zitats ist unbekannt.

14 *Kinhin* 経行, sanskr. *cankrama*, ist eine Form des meditativen Gehens.

15 Meister Dōgen erklärt das allgemeine Wort *moku* 沐, «waschen», im Gedicht mit dem spezifischen, aus zwei Zeichen bestehenden *mokuyoku* 沐浴, «baden» oder «ein Bad nehmen».

16 *Sandoku* 三毒, «die drei Gifte», sind: Gier, Hass und Dummheit.

17 *Shitendō* 四顛倒, «die vier Täuschungen», sind: 1. das Vergängliche als ewig anzusehen, 2. sich dem Leidvollen hinzugeben, als sei es etwas Freudiges, 3. das Unreine als rein anzusehen, und 4. das Nicht-Selbst als etwas anzusehen, was ein Selbst habe.

18 *Jinkō* 沈香, «das Aloeholz», war ein recht teures Räucherwerk. *Jin* 沈 bedeutet «sinken», denn das Räucherwerk wurde manchmal aus mit Wasser vollgesogenem Holz hergestellt.

19 Dies ist eine Bergkette im Süden Indiens, die berühmt ist für ihr Räucherwerk aus Sandelholz.

20 Das Wasser, das die acht Tugenden besitzt, ist süß, kalt, weich, leicht und klar, es ist kein Brackwasser und nicht schädlich für Hals und Magen.

21 Im *Hōgyō ki* («Aufzeichnungen aus der Ära Hōgyō»), Nr. 10, beschreibt Meister Dōgen seine Jahre in China: *«Eines Tages ließ mich der Meister [Tendō] kommen und lehrte mich: ‹Du hast ganz und gar die Art und das Wesen der alten Meister, obwohl du erst kürzlich [hierher] gekommen bist. Du solltest in einem abgelegenen Tal tief in den Bergen leben und den heiligen Schoß der Buddhas und Vorfahren hegen. Sicherlich wirst du den Zustand erlangen, den die alten Meister erfahren haben.› Danach stand ich auf und warf mich zu Füßen des Meisters nieder. Der Meister rief aus: ‹Deine Niederwerfung und mein Entgegennehmen ist auf natürliche Weise leer und friedvoll. Es ist schwer, über unsere tiefe Beziehung nachzudenken.› Dann lehrte mich der Meister das Handeln der Buddhas und Dharma-Vorfahren im westlichen Himmel [Indien] und im östlichen Land [China]. Zu jener Zeit benässten die Tränen der Dankbarkeit den Kragen meines Gewandes.»*

22 *Shō datsuraku* 性脱落. *Datsuraku* 脱落, «sich befreien» oder «fallen lassen», findet sich im Allgemeinen in dem Ausdruck *shinjin datsuraku* 身心脱落, «das Fallenlassen von Körper und Geist», der die Erfahrung beim Zazen beschreibt. *Shō* 性 bedeutet «die Natur» oder «das Natürliche».

23 Die Nacht war in fünf Wachen von jeweils zwei Stunden aufgeteilt. Deshalb war die fünfte Nachtwache die letzte vor dem Morgengrauen.

24 Jede Wache war wiederum in fünf Perioden aufgeteilt. Die dritte Periode der dritten Nachtwache war um Mitternacht.

25 *Kun* 裙, «Rock» oder «Saum», im Allgemeinen *kunzu* 裙子, «umsäumtes Ding», genannt, ist die Wiedergabe von sanskr. *nivāsana*, das «leben» und «wohnen» bedeutet. *Kunzu* 裙子 beschreibt also den schwarzen Rock, den die Mönche in China trugen.

26 *Hensan* 褊衫 ist eine lange schwarze Baumwolljacke. Zu Meister Dōgens Zeit kam es vor, dass Jacke und Rock zu einem Stück (*jikitotsu*) zusammengenäht waren. Siehe Kap. 7, *Senjō*, Anm. 20.

27 *Shukin* 手巾, «das lange Handtuch», wurde von den Mönchen zum Abtrocknen der Hände und des Gesichts benutzt, oder auch dazu, die langen Ärmel oben zu halten. Siehe Kap. 7, *Senjō*, Anm. 18.

28 *Ichijō nishaku* 一丈二尺, wörtl. «ein Jō und zwei Shaku». Ein Jō (etwa 3,03 Meter) ist zehn Shaku lang. Die Länge des Handtuchs war also etwa 3,64 Meter.

29 *Kōka* 後架, «die hinteren Toiletten», befinden sich hinter der Zazen-Halle und entspre-
    chen der Nr. 48 auf dem Klostergrundriss in Band 1, Anhang 4.

30 *Shōdō* 照堂, «die Halle des Lichts», ist der Vorraum zur Zazen-Halle. Ältere Mönche
    benutzten sie, um andere Mönche zu unterweisen, wenn der Abt des Klosters beschäf-
    tigt war. Die Halle des Lichts, die der Nr. 57 auf dem Klostergrundriss in Band 1, An-
    hang 4, entspricht, befindet sich genau zwischen dem Waschstand und der Zazen-Halle.

31 *Hensan* 編衫, vgl. Anm. 26.

32 *Tasuki* たすき〔襷〕. Das lange Handtuch (*shukin* 手巾) wird vor der Brust, das *tasuki* 襷
    hinter dem Nacken geknotet. Wahrscheinlich war die Methode, wie man die langen Är-
    mel mit dem *tasuki* 襷 oben hält, für die Zeitgenossen von Meister Dōgen vertrauter, und
    sie wird heute noch in Japan verwendet.

33 Wenn der Waschstand keinen Heißwasserkessel hatte, wurde eine Wanne verwendet, die
    mit heißem Wasser, z. B. aus der Küche, gefüllt wurde.

34 Nach den Aufzeichnungen am Ende dieses Kapitels wurde es zuerst 1239, dann 1243 dar-
    gelegt, also zu einer Zeit, als Meister Dōgen noch nicht im Kloster Eihei lebte. Das dritte
    Mal wurde dieses Kapitel im Jahr 1250 im Eihei-ji dargelegt. Möglicherweise fügte Meis-
    ter Dōgen diesen Satz seiner dritten Darlegung hinzu.

35 Das *Makasōgi ritsu* (siehe Bibliografie). In Kap. 7, *Senjō*, wird ebenfalls daraus zitiert.

36 *Sanbu* 三分, «drei Bu», etwa 9 Millimeter.

37 Das Kesa. Siehe Anm. 7.

38 *Chiku-on* 竹園, wörtl. «Bambuswald», in Sanskrit Venuvana. Dieser Park, den der König
    Bimbisāra dem Buddha gleich nach der Gründung des Ordens schenkte, befand sich am
    nördlichen Tor der Stadt Rājagṛha.

39 *Ōshajō* 王舍城, «die Stadt der königlichen Paläste», in Sanskrit Rājagṛha, die Hauptstadt
    des Königreichs Magadha. Sie war nach Sāvatthī, der Hauptstadt des Königreichs Kośala,
    die mächtigste Stadt im Norden Indiens.

40 Der König Prasenajit war der Herrscher des Königreichs Kośala. Siehe auch Kap. 59, *Baike*.

41 «Fünfhundert Yojanas» steht für eine unvorstellbare Höhe. Das altindische Längenmaß
    Yojana basiert auf der Entfernung, die eine Armee an einem Tag zurücklegen kann, d. h.,
    15 bis 20 Kilometer. Andere Angaben hierzu schwanken zwischen zwei Meilen und 64,
    120 und sogar 160 Kilometern.

42 *To* 斗 ist ein japanisches Hohlmaß, das sich im Lauf der Jahrhunderte ständig verändert
    hat. Heute sind es 18 Liter.

43 Ein Zitat aus einem Kapitel im 2. Band des *Kengu kyō* («Das Sūtra von den Weisen und
    den Toren»), in dem beschrieben wird, wie der Buddha die sechs Häretiker besiegte.

44 *Rokushi gedō* 六師外道, «die sechs nicht-buddhistischen Lehrer», waren: 1. Sañjaya-
    velaṭṭhiputa, ein Skeptiker, 2. Ajita-kesakambarin, ein Materialist, 3. Makkali-gosāla, ein
    Fatalist, 4. Pūraṇa-kassapa, der Recht und Unrecht negierte, 5. Pakuda-kaccāyana, der
    den Sinnesfreuden verfallen war, und 6. Nigaṇṭha-nātaputta, der die Relativität aller Din-
    ge lehrte.

45 Dies ist ebenfalls ein Zitat aus dem *Kengu kyō*.

46 *Bonmō kyō*, «das Sūtra vom reinen Netz», in Sanskrit *Brahmajala-sūtra*. Dieses Sūtra
    wird im Mahāyāna-Buddhismus sehr hoch geachtet, denn es enthält die Grundgebote der
    Reinheit und Disziplin für die Bodhisattvas.

47 *Zuda* 頭陀, «asketische Übungen», sanskr. *dhūta*, hat zwei Bedeutungen: 1. die zwölf
    asketischen Übungen, die in Kap. 30, *Gyōji*, aufgelistet sind, und 2. speziell die erste die-
    ser zwölf asketischen Übungen, nämlich keine Einladungen von Leuten anzunehmen,
    sondern jeden Tag für sein Essen zu betteln. Diese zweite ist hier gemeint.

48   *Ge-ango* 夏安居, «das Sommer-Training», sanskr. *vārṣika*, wörtl. «zur Regenzeit gehö-rend». Das Sommer-Training wird eingehend in Kap. 79, *Ango*, erläutert.

49   Das *Zen en shingi* wurde von Meister Chōro Sōsaku im Jahr 1103 fertiggestellt. Das Werk basiert auf den «Alten reinen Regeln» (*Ko shingi*) von Meister Hyakujō.

50   1223.

51   *Rokushichi sun* 六七寸, «sechs oder sieben Sun». Ein *sun* 寸 ist ein japanischer «Zoll» von 3,03 cm Länge. Sechs oder sieben *sun* 寸 entsprechen also etwa 18 Zentimetern.

52   *Bu* 分 ist ein altes Längenmaß und entspricht etwa 3,03 Millimeter. Drei *bu* 分 sind also knapp ein Zentimeter.

53   Ca. 3 cm. Siehe Anm. 51.

54   *Nisan shaku* 二三尺, «zwei bis drei Shaku». Ein *shaku* 尺 entspricht in etwa einem Fuß und misst 30,3 cm.

55   *Sennin* 仙人, «Berg-Eremit», ist die Idealgestalt eines daoistischen Weisen.

56   Siehe Anm. 52.

57   Bei größeren Zwischenräumen zwischen den Zähnen sollte der Weidenzweig genau in der Mitte angesetzt werden, sodass sich die Zähne nicht lockern oder verletzt werden.

58   *Sōjō Eisai* 僧正栄西. *Sōjō* 僧正, wörtl. «der Hauptverwalter der Mönche», war der Mönch mit dem höchsten Rang in der alten buddhistischen Hierarchie (*sōgō* 僧綱), die 624 nach dem chinesischen Modell in Japan eingeführt wurde. Sie wurde erst in der Mei-ji-Restauration 1868 aufgelöst. Meister Eisai (1141–1215) ging eine Generation früher als Meister Dōgen nach China und brachte die Lehre der Rinzai-Schule nach Japan.

59   *Ippiki* 一匹, «ein *hiki*», ein Maß für einen Stoffballen, dessen Länge etwa der Länge ent-spricht, die man zum Nähen eines Kimono braucht, das heißt, ungefähr 20 Meter.

60   Dies bezieht sich auf eine Theorie, nach der der wahre Dharma nur 500 Jahre nach Bud-dhas Tod aufblühen würde und danach eine lange Periode des Niedergangs käme.

57

面授

Menju

Die Übertragung von Angesicht zu Angesicht

MEN bedeutet «Gesicht» und JU «Übertragung». MENJU beschreibt die Tradition der persönlichen Übertragung des Buddha-Dharmas vom Meister auf den Schüler. Diese Übertragung findet nach Meister Dōgen immer von Angesicht zu Angesicht statt, d. h., unter vier Augen. Auf dem Buddha-Weg werden nicht nur die Lehren und Schriften weitergegeben, sondern es wird etwas sehr Wirkliches und Lebendiges vom Meister auf den Schüler übertragen, wie zum Beispiel die täglichen Handlungen, die körperliche Verfassung und die intuitive Weisheit. Dazu ist der tägliche lebendige Kontakt von Lehrer und Schüler unbedingt notwendig. Seit Gautama Buddhas Lebzeiten wurde der Dharma daher immer direkt von Mensch zu Mensch und von Angesicht zu Angesicht weitergegeben. Ohne die persönliche Begegnung und die tiefe Verbindung zwischen Meister und Schüler kann der Dharma also nicht weitergegeben werden. Eine solche Übertragung wurde bis in die Gegenwart in den authentischen Linien vollzogen, ohne dass es auch nur eine Unterbrechung gegeben hätte. Nach Meister Dōgen ist dies die Übertragung des Gesichtes von Gautama Buddha und die Einheit von Körper und Geist beim Zazen.

Vor einer Versammlung von tausenden Anwesenden auf dem Geiergipfel im westlichen Land Indien hielt Śākyamuni Buddha eine Uḍumbara-Blüte empor, bewegte sie [wortlos] mit seinen Fingern und machte ein Zeichen mit den Augen. Daraufhin lächelte der ehrwürdige Mahākāśyapa. Śākyamuni Buddha sagte: «Ich besitze die Schatzkammer des wahren Dharma-Auges und den wunderbaren Geist des Nirvāṇas. Ich übertrage sie an Mahākāśyapa.»[1]

Dies ist die Wahrheit der Übertragung der Schatzkammer des wahren Dharma-Auges von Angesicht zu Angesicht durch die Buddhas und Vorfahren. Sie wurde von den sieben Buddhas authentisch weitergegeben und erreichte den ehrwürdigen Mahākāśyapa. Ausgehend von dem ehrwürdigen Mahākāśyapa wurde sie achtundzwanzig Mal weitergegeben, bis sie den ehrwürdigen Bodhidharma erreichte. Der ehrwürdige Bodhidharma begab sich selbst in das Land China und übertrug den Dharma von Angesicht zu Angesicht an den großen Meister Shōshū Taiso Fukaku, den ehrwürdigen Eka.[2] Nach fünf weiteren Übertragungen erreichte der Dharma den großen Meister Daikan Enō vom Berg Sōkei. Nach siebzehn weiteren Übertragungen erreichte der Dharma meinen früheren Meister, den ewigen Buddha Tendō vom Berg Daibyaku-myō im Bezirk Keigen. Dies ereignete sich [in China] zur Zeit des großen Königreichs der Song.

Am ersten Tag des fünften Mondmonats im ersten Jahr der Ära Hōgyō[3] im großen Reich der Song verbrannte Dōgen zum ersten Mal Räucherwerk im Gebäude des Abtes und warf sich vor der erhöhten Plattform von Meister Tendō, dem ewigen Buddha, nieder; Meister [Tendō], der ewige Buddha, blickte Dōgen zuerst in die Augen. Zu jener Zeit, als Dōgen [von Meister Tendō] seine Unterweisung von Angesicht zu Angesicht erhielt, sagte [Tendō]: «Das Dharma-Tor, das die Buddhas und Vorfahren von Angesicht zu Angesicht und vom Meister auf den Schüler weitergegeben haben, hat sich verwirklicht.» Diese Begegnung [mit dem Meister] war [dasselbe wie] das Emporhalten der Blüte auf dem Geiergipfel und das Erlangen des Marks auf dem Berg Sū[4]; es war die Weitergabe des Gewandes auf dem Berg Ōbai[5] und die Übertragung von Angesicht zu Angesicht auf dem Berg Tō.[6] Es war die Übertragung der Schatzkammer des Auges der Buddhas und Vorfahren von Angesicht zu Angesicht. Es gab sie nur in unserer Linie, andere haben sie noch nicht einmal im Traum gesehen oder gehört.

Diese Wahrheit der Übertragung des Dharmas von Angesicht zu Angesicht ist das Gesicht der Buddhas und Vorfahren, weil sie Śākyamuni Buddha im Orden von Kāśyapa Buddha[7] von Angesicht zu Angesicht weitergegeben und [von den späteren Buddhas] bewahrt und behütet wurde. Wenn Buddhas Gesicht nicht von Angesicht zu Angesicht übertragen wird, gibt es keine Buddhas. Als Śākyamuni Buddha den ehrwürdigen [Mahā-]Kāśyapa von Angesicht zu Angesicht gesehen hat, war dies [ein Zeichen] ihrer unmittelbaren Verbundenheit. Sogar Ānanda [Buddhas Halbbruder] und Rāhula [sein Sohn] hatten nicht diese unmittelbare enge Verbindung wie [Mahā-]Kāśyapa und Śākyamuni Buddha. Selbst die großen Bodhisattvas hatten keine derartig enge Verbindung[8] und können nicht auf dem Sitz des ehrwürdigen Mahākāśyapa Platz nehmen. Der Weltgeehrte saß auf dem gleichen Sitz und kleidete sich in das gleiche Gewand wie Mahākāśyapa, und er machte dies zu dem Handeln eines Buddhas für alle Zeiten. Der ehrwürdige Mahākāśyapa erhielt die Übertragung von Angesicht zu Angesicht durch den Geist, den Körper und die Augen [seines Meisters]; er verehrte Śākyamuni Buddha, brachte ihm Gaben dar, warf sich vor ihm nieder und diente ihm. Er machte unendlich viele und enorme Anstrengungen[9], und niemand weiß, durch wie viele tausende und zehntausende Veränderungen er ging. Sein Gesicht und seine Augen waren nicht [mehr] sein [früheres] Gesicht und seine [früheren] Augen, denn der Tathāgata übertrug ihm unmittelbar sein Gesicht und seine Augen.

Śākyamuni Buddha blickte dem ehrwürdigen Mahākāśyapa wirklich in die Augen. Der ehrwürdige Mahākāśyapa blickte [seinem eigenen Nachfolger,] dem ehrwürdigen Ānanda, direkt in die Augen, und der ehrwürdige Ānanda warf sich seinerseits direkt vor dem Gesicht des ehrwürdigen Buddha Mahākāśyapa nieder. Dies ist die Übertragung von Angesicht zu Angesicht. Der ehrwürdige Ānanda lebte in dieser Übertragung, bewahrte sie und gab sie von Angesicht zu Angesicht an Śāṇavāsa[10] weiter, als er ihm begegnete. Der ehrwürdige Śāṇavāsa hatte dem ehrwürdigen Ānanda gedient, und er empfing den Dharma von Angesicht zu Angesicht von ihm, und dies geschah nur durch ein Gesicht zusammen mit einem [anderen] Gesicht.[11] Auf diese Weise haben die Vorfahren und Meister den Dharma von Angesicht zu Angesicht, von einer Generation zur anderen und von einem Nachfolger zum anderen weitergegeben. Bei dieser Übertragung hat der Schüler den Meister und der Meister den Schüler immer mit eigenen Augen gesehen. Wenn auch nur einer unserer Vorfahren, sei es ein Meister oder ein Schüler, die Übertragung nicht unter vier Augen empfangen und weitergegeben hätte, wären sie keine Buddhas und keine Vorfahren gewesen. [Bei dieser Übertragung von Angesicht zu Angesicht] sind die Wurzeln und ihre Zweige immer eine Einheit, selbst wenn sie sich tausend, zehntausend oder Millionen Mal ereignet. Genauso, wie die Lehre [des Buddha] wachsen und gedeihen kann, wenn man ihren Fluss in einen Kanal lenkt, oder wie das strahlende Licht einer Flamme zu etwas Ewigen wird, wenn man sie weitergibt. Andererseits besteht [die Übertragung selbst] aus vergänglichen Augenblicken eines Kükens und der Henne[12] [wenn das Küken sich aus der Eierschale befreit].

Weil dies so ist, haben wir Tage und Nächte einer ganzen Lebenszeit angesammelt, in denen wir Śākyamuni Buddha von Angesicht zu Angesicht begegnen durften, und wir haben Tage und Nächte einer ganzen Generation angehäuft, in denen wir von der strahlenden Gegenwart von Buddhas Gesicht erhellt wurden. Wer weiß, wie viele unzählige Male sich dies schon in der Vergangenheit und Gegenwart ereignet hat? Ihr solltet in Ruhe darüber nachdenken und euch deshalb glücklich schätzen. Es sind Buddhas Auge und Buddhas Angesicht selbst, die sich ehrerbietig vor Śākyamuni Buddhas Buddha-Gesicht niedergeworfen haben, es ist Śākyamuni Buddhas Buddha-Auge, das in unsere Augen übertragen wurde, und es sind unsere Augen, die in Śākyamuni Buddhas Buddha-Auge übertragen wurden. Dies ist die Übertragung des Dharmas von Angesicht zu Angesicht, die uns weitergegeben wurde und die uns heute erreicht hat, ohne dass sie auch nur für eine Generation unterbrochen wurde. Die zehn Generationen rechtmäßiger Dharma-Nachfolger bis heute sind jeweils einzelne Verkörperungen von Buddhas Gesicht, das die Nachfolger von Angesicht zu Angesicht von Buddhas ursprünglichem Gesicht empfangen haben. Vor dieser traditionellen Übertragung von Angesicht zu Angesicht werfen wir uns nieder, und damit werfen wir uns unfehlbar vor den sieben Buddhas und vor Śākyamuni Buddha nieder. Wir werfen uns vor den achtundzwanzig Buddhas und Dharma-Nachfolgern des ehrwürdigen Mahākāśyapa nieder und beschenken sie.

So sind die Augen und das Gesicht der Buddhas und Vorfahren beschaffen. Diesen Buddhas und Vorfahren ehrerbietig zu begegnen bedeutet, dass wir Śākyamuni Buddha und den anderen der sieben Buddhas begegnen. Es ist der Augenblick, wenn die Buddhas und Vorfahren [uns] mit ihrer eigenen Übertragung von Angesicht zu Angesicht beschenken, denn es sind die Buddhas der Übertragung von Angesicht zu Angesicht, die den Buddhas der Übertragung den Dharma von Angesicht zu Angesicht übertragen. Die Buddhas und Vorfahren benutzen die tiefgründige Verflechtung [der Dharma-Übertragung] und übertragen ihr den Dharma von Angesicht zu Angesicht. Dies geschieht ohne jede Unterbrechung. Sie öffnen ihre Augen, und sie geben und empfangen die Übertragung von Auge zu Auge mit ihren eigenen Augen. Sie zeigen ihr Angesicht, und sie geben und empfangen die Übertragung von Angesicht zu Angesicht durch ihr Angesicht. Wenn das Angesicht übertragen wird, wird es immer an dem Ort des Angesichts empfangen und weitergegeben. [Die Buddhas] benutzen den Geist und sie geben und empfangen die Übertragung von Geist zu Geist durch den Geist. Sie verwirklichen den Körper und sie geben und empfangen die Übertragung von Körper zu Körper durch den Körper. Auch andere Nationen und Länder sehen in dieser Übertragung ihre ursprünglichen Vorfahren. In den Ländern im Osten von China [Japan] jedoch gibt es die Übertragung und Weitergabe von Angesicht zu Angesicht nur in diesem Haus der authentischen Linie der Buddhas. Es ist offensichtlich, dass uns das wahre Auge weitergegeben wurde, mit dem wir den Tathāgata sehen und ihn verehren dürfen.

Wenn wir uns vor dem Angesicht des Śākyamuni Buddha niederwerfen, stehen die einundfünfzig Vorfahren[13] und die sieben Buddhas nicht nebeneinander und sie folgen einander auch nicht in einer zeitlichen Reihenfolge, sondern ihre Übertragungen von Angesicht zu Angesicht sind alle im gleichen Augenblick gegenwärtig. Wer in seinem Leben keinem Meister begegnet ist, ist kein Schüler, und wer keinem Schüler begegnet ist, ist kein Meister. Wenn [Meister und Schüler] sich tatsächlich begegnet sind und einer den anderen mit seinen eigenen Augen gesehen hat, wenn sie sich den Dharma von Angesicht zu Angesicht übertragen haben und einer dem anderen nachgefolgt ist, dann erst verwirklicht sich die Wahrheit an jenem Ort, an dem die Übertragung von Angesicht zu Angesicht unserer Vorfahren immer stattgefunden hat. Deshalb haben unsere Vorfahren die Klarheit des Angesichts des Tathāgata immer direkt und unmittelbar übernommen. Kurz: In dieser unmittelbaren Übertragung von Angesicht zu Angesicht erscheint Śākyamuni Buddhas wirkliches Angesicht und es verwirklicht sich Śākyamuni Buddhas Übertragung von Angesicht zu Angesicht. Dies gilt selbst [für die Übertragung] nach tausend oder zehntausend Jahren oder nach hundert oder unzähligen Weltzeitaltern.

Wenn sich [die Übertragung] der Buddhas und Vorfahren verwirklicht hat, verwirklicht sich die Gestalt des Weltgeehrten, des Mahākāśyapa, der einundfünfzig Vorfahren und der sieben Gründer-Vorfahren. In dieser Übertragung verwirklichen sich ihre Klarheit, ihr Körper und ihr Geist, und [sogar] ihre Fuß- und Nasenspitzen offenbaren sich vor uns. Noch bevor [der Schüler] ein einziges Wort erfasst oder einen halben Satz verstanden hat, ist die authentische Übertragung von Angesicht zu Angesicht gegenwärtig, wenn der Meister den Hinterkopf seines Schülers gesehen und der Schüler den Scheitel des Kopfes seines Meisters erblickt hat. Eine solche Übertragung von Angesicht zu Angesicht solltet ihr verehren.

Lediglich den Anschein zu erwecken, dass man eine Spur des Geistes im Bereich des Geistes offenbaren könne, mag nicht unbedingt eine Form des großen und wertvollen Lebens sein. [Demgegenüber] ist die Übertragung von Angesicht zu Angesicht gegenwärtig, wenn sich ein Gesichtsausdruck verändert[14] oder sich ein Kopf dreht; die Gesichtshaut mag drei Sun[15] oder ein Jō[16] dick sein, aber genau diese Gesichtshaut könnte der große runde Spiegel der Buddhas sein. Da wir den großen runden Spiegel als die konkrete Haut des Gesichtes betrachten, hat sie keinen trüben Fleck, nicht innen und nicht außen[17], und in diesem Fall hat der große runde Spiegel dem großen runden Spiegel den Dharma von Angesicht zu Angesicht übertragen.

Wer Śākyamuni Buddha von Angesicht zu Angesicht gesehen und den wahren Dharma authentisch weitergegeben hat, ist mit uns sogar noch enger verbunden als Śākyamuni Buddha selbst. Ein solcher Mensch hat die Fähigkeit, [viele] Śākyamuni Buddhas aus seinem Augenwinkel heraus erscheinen zu lassen, [die so konkret und wirklich sind wie] drei und drei vorn und drei und drei hinten.[18] Deshalb sollten diejenigen, die Śākyamuni Buddha verehren und ersehnen, diese authentische Übertragung von Angesicht zu Angesicht zutiefst verehren und sie hochhalten; sie sollten sich ehrerbietig vor ihr niederwerfen und sie verehren, denn es ist schwierig, sie anzutreffen oder ihr zu begegnen. Dies zu tun bedeutet, dass man sich vor dem Tathāgata niederwirft und seine Übertragung unmittelbar von Angesicht zu Angesicht empfängt. Ein Mensch, der die authentische Übertragung von Angesicht zu Angesicht des Tathāgata unmittelbar und ohne jeden Zweifel empfangen und sie erfahren und erforscht hat, sollte geliebt und beschützt werden, unabhängig davon, ob er das Selbst ist, das wir gewöhnlich als das unsere oder das eines anderen ansehen.

Im Haus [der Buddhas] gibt es eine authentische Tradition, wonach ein Mensch, der sich vor den acht Stūpas[19] niederwirft, sich von seinen unrechten Taten befreien und die Wirkung der Wahrheit spüren kann. Diese [Niederwerfung vor dem Stūpa] vergegenwärtigt Śākyamuni Buddhas Verwirklichung der Wahrheit, und dies geschieht genau an dem Ort, wo er geboren wurde[20], das Dharma-Rad drehte[21], die Wahrheit verwirklichte[22] und in das Nirvāṇa einging[23], und sie verwirklicht die große Erde und den großen Raum in den Überresten der Stadt Kanyākubja[24] und des Āmrapālivana-Waldes.[25] Durch diese Niederwerfung kann man die Wirkung der Wahrheit spüren und sich vergegenwärtigen, wie der Stūpa sich in den Klängen, Gerüchen, Geschmäcken, Empfindungen, Substanzen, Formen und anderen Dingen verwirklicht. Die Niederwerfung vor den acht Stūpas ist eine im ganzen westlichen Land [Indien] weit verbreitete traditionelle Praxis, bei der die Laien, Mönche und unzählige himmlische und menschliche Wesen sich gegenseitig in den Niederwerfungen und dem Darbringen von Gaben unterstützen. Dies ist nichts anderes als eine [konkrete] Rolle mit Sūtren, und solcherart sind Buddhas Sūtren.

Wie viel mehr werdet ihr Śākyamuni Buddhas Spuren der ewigen Praxis und Disziplin folgen und sie auf den allumfassenden Wegen der alten Meister verbreiten, wenn ihr den Dharma der siebenunddreißig Faktoren des Erwachens[26] übt und praktiziert und seine Früchte in jedem Augenblick des Lebens verwirklicht? Wir können den Weg verwirklichen, weil Śākyamuni Buddhas [Lehre] in Ewigkeit klar und unverkennbar ist. Denkt daran, dass die Bestandteile dieser acht Stūpas unendlich viele Frühlinge und Winter [überdauert haben], und obwohl die Winde und der Regen sie viele Male zu zerstören drohten, haben diese Stūpas ihre Spuren im Raum und in der Materie hinterlassen; ihre Verdienste und Tugenden, die sie den Menschen heute schenken, haben sich nicht verringert. Wenn ihr euch ganz diesen Wurzeln, Kräften, Weisheiten und dem edlen Pfad hingebt und sie jetzt praktiziert und erfahrt, erneuert sich ihre Kraft und Energie immer wieder, selbst wenn es [die den Geist trübenden] Leidenschaften[27] und Hemmungen[28] gibt.

Dies sind Śākyamuni Buddhas Verdienste und Tugenden. Die Übertragung von Angesicht zu Angesicht, von der ich jetzt spreche, kann nicht [mit Buddhas Tugenden] verglichen werden. Wir sehen die siebenunddreißig Faktoren des Erwachens als die eigentlichen Wurzeln von Buddhas Gesicht, Geist und Körper, Buddhas Wahrheit, Klarheit und Rede an. Die angesammelten Tugenden dieser acht Stūpas betrachten wir ebenfalls als den Ursprung und die Grundlage von Buddhas Gesicht, Geist usw.

Als Menschen, die heute den Buddha-Dharma erforschen und den kraftvollen Weg der Befreiung gehen wollen, solltet ihr in der Ruhe und im Frieden des Tages und der Nacht gründlich darüber nachdenken und euch von ganzem Herzen freuen, dass unser Land hervorragender als andere Länder ist und nichts unsere Wahrheit übertrifft. In anderen Regionen der Erde gibt es wenige Menschen, die uns gleichen. Ich sage, dass unser Land und unsere Wahrheit die höchsten und verehrungswürdigsten sind, weil die vielen auf dem Geiergipfel anwesenden Versammelten [den Dharma] zwar in den zehn Richtungen verbreitet haben, aber uns wurde die Übertragung von Angesicht zu Angesicht durch [Bodhidharma,] den großen Lehrer in China und rechtmäßigen Nachfolger vom Kloster Shaolin, und durch die Nachkommen von Sōkei bis heute weitergegeben. Jetzt ist eine gute Zeit, um den Buddha-Dharma neu und frisch in den Schlamm und das Wasser [eures Alltags] zu tauchen. Wenn ihr nicht jetzt seine Früchte erfahrt, wann solltet ihr sie dann erfahren? Wenn ihr euch nicht jetzt von euren Täuschungen befreit, wann solltet ihr es dann tun? Wenn ihr nicht jetzt Buddha werdet, wann solltet ihr es dann werden? Wenn ihr nicht jetzt als Buddha sitzt, wann solltet ihr dann handelnde Buddhas werden? Ihr solltet dies sehr gründlich überdenken.

Als Śākyamuni Buddha in seiner Güte dem ehrwürdigen Mahākāśyapa die Übertragung von Angesicht zu Angesicht gab, sagte er: «Ich besitze die Schatzkammer des wahren Dharma-Auges und gebe sie an Mahākāśyapa weiter.» Im Orden auf dem Berg Sū lehrte der ehrwürdige Bodhidharma den zweiten Vorfahren [Meister Eka] mit den Worten: «Du hast mein Mark erlangt.» Ihr solltet wissen, dass es einzig diese Übertragungen von Angesicht zu Angesicht waren, die die Schatzkammer des wahren Dharma-Auges und das Mark [der Wahrheit] von Angesicht zu Angesicht übertragen und weitergegeben haben. Gerade in dem Augenblick, wenn ihr eure gewöhnlichen Knochen und euer alltägliches Mark durchschaut und euch befreit, verwirklicht sich die Übertragung der Buddhas und Vorfahren von Angesicht zu Angesicht. Die Übertragung des großen Erwachens von Angesicht zu Angesicht und sogar die Übertragung des Geistsiegels [der Buddhas] von Angesicht zu Angesicht [sind nicht abstrakt, sondern] geschehen in der Wirklichkeit eines konkreten Ortes.[29] Auch wenn sie nicht das Ganze übertragen, untersuchen wir nicht, weshalb dieses Erwachen unzureichend sein sollte.

Letztlich ist die große Wahrheit der Buddhas und Vorfahren nichts anderes, als ein Gesicht zu geben und ein Gesicht zu empfangen; es ist das Geben und Empfangen eines Gesichts, dem nichts fehlt und dem nichts hinzugefügt wird. Ihr solltet euch glücklich schätzen, dieser Übertragung von Angesicht zu Angesicht begegnet zu sein, ihr solltet an sie glauben, sie annehmen und ihr ehrerbietig dienen, selbst wenn es euer eigenes Gesicht ist.

Am ersten Tag des fünften Mondmonats im ersten Jahr der Ära Hōgyō[30] im großen Königreich der Song warf ich [Dōgen] mich vor meinem Meister Tendō, dem ewigen Buddha, nieder. Damals empfing ich zum ersten Mal die Übertragung von Angesicht zu Angesicht und durfte eine Zeit lang in den innersten Kern [seines Dharmas] eintreten. Ich hatte Körper und Geist gerade ein wenig losgelassen, als ich in mein Heimatland [Japan] zurückkehrte, wo ich [den Dharma], den mir [mein Meister] von Angesicht zu Angesicht übertragen hatte, bewahre und beherzige.

SHŌBŌGENZŌ MENJU

Dargelegt vor einer Versammlung im Kloster Kippō im Bezirk Yoshida von Etsu, am zwanzigsten Tag des zehnten Mondmonats im ersten Jahr der Ära Kangen [1243].

Der sogenannte Zen-Meister Shōko vom Kloster Senpuku[31] lebte in der Ära Keiyū[32], unter der Herrschaft des großen Kaisers Jinsō im großen Königreich der Song. Er war einer von den Menschen, die niemals erfahren und erforscht haben, dass die Übertragung von Angesicht zu Angesicht der Buddhas und Vorfahren in dieser Weise [konkret] ist. Dieser Shōko lehrte eines Tages in der Dharma-Halle Folgendes: «*Der große Meister Unmon Kyōshin*[33] *ist jetzt hier anwesend. Könnt ihr ihn alle sehen, oder nicht? Wenn ihr ihn sehen könnt, seid ihr so wie dieser Bergmönch vor euch. Seht ihr ihn? Seht ihr ihn? Ihr solltet dieses Sehen direkt erfahren und zum ersten Mal [die Wahrheit] erlangen, dann werdet ihr euch nicht mehr selbst betrügen können. Denkt an Ōbaku, ein Beispiel aus alten Zeiten. Als er hörte, wie Meister Hyakujō die Geschichte von dem Katsu[-Schrei] des großen Meisters Ba[so]*[34] *zitierte, kam er zur tiefen Einsicht. Hyakujō fragte Ōbaku: «Mein Schüler, möchtest du nicht der Nachfolger des großen Meisters [Baso] werden?» Ōbaku antwortete: «[In der Geschichte] erkenne ich zwar den großen Meister, aber letztlich habe ich ihn nicht mit meinen eigenen Augen gesehen. Ich müsste befürchten, meine eigenen Kinder und Enkel zu verlieren, wenn ich der Nachfolger des großen Meisters würde.» Ihr Versammelten, zu jener Zeit war der große Meister Baso nicht einmal fünf Jahre lang verschieden und Ōbaku sagte selbst, dass er ihm nicht begegnet sei. Ihr solltet wissen, dass Ōbakus Sichtweise nicht vollkommen ist; letztlich hatte er nur ein Auge. Dieser Bergmönch vor euch unterscheidet sich davon: Ich bin fähig, den großen Meister Unmon zu erkennen, ihm zu begegnen und sein Nachfolger zu werden. Da nun schon mehr als hundert Jahre vergangen sind, als Unmon ins Nirvāṇa einging: Wie kann ich euch heute die Wahrheit unserer Begegnung verständlich machen? Versteht ihr, oder nicht? Die Menschen tiefer Einsicht und diejenigen, die zur Wahrheit gelangt sind, können [meine Worte] bestätigen, aber in den Köpfen der Schieläugigen und Minderwertigen gibt es Zweifel und Verleumdung. Die Menschen, die zu einer solchen Begegnung fähig sind, reden nicht darüber, und die anderen sollten jetzt einfach schauen ... Ihr habt schon lange gestanden, ohne Fragen zu stellen. Vielen Dank!»*[35]

Selbst wenn ich dir [Shōkō] gestatte, dass du den großen Meister Unmon erkannt hast und ihm begegnet bist: Aber hat DICH der große Meister Unmon mit seinen eigenen Augen gesehen, oder nicht? Wenn der große Meister Unmon dich nicht gesehen hat, kannst du unmöglich sein Nachfolger sein. Weil der große Meister Unmon dich nicht bestätigt hat, kannst du auch nicht sagen, dass er dich gesehen hat. Es ist offensichtlich, dass du und Meister Unmon sich niemals begegnet sind.

Hat es auch nur einen von den sieben und von den früheren, jetzigen und zukünftigen Buddhas gegeben, dem der Dharma übertragen wurde, ohne dass er einem anderen als Meister oder als Schüler begegnet wäre? Du solltest niemals sagen, Ōbakus Sichtweise sei nicht vollkommen gewesen. Wie könntest du Ōbakus Handeln und seine Worte erfassen? Ōbaku war ein ewiger Buddha, der die Dharma-Übertragung vollständig erfahren und erforscht hat. Du hast die Wahrheit der Dharma-Übertragung niemals gesehen oder auch nur davon gehört, noch nicht einmal im Traum. Ōbaku empfing den Dharma von seinem Meister [Hyakujō] und er bewahrte [den Dharma] seines Vorfahren Baso. Ōbaku begegnete seinem Meister persönlich und er sah ihn mit seinen eigenen Augen. Du [Shōkō] hast keinen Meister gesehen und keinen Dharma-Vorfahren gekannt – du kennst und siehst nicht einmal dich selbst. Es gibt keinen Meister, der dich gesehen hätte. Du hast nicht erfahren, dass der Meister sein Auge öffnet. In Wahrheit ist es deine Sichtweise, die nicht vollkommen, und deine Dharma-Nachfolge, die nicht reif ist.

Der große Meister Unmon war der Dharma-Erbe des Ōbaku – wusstest du das, oder nicht? Wie könntest du die Aussagen des Hyakujō und des Ōbaku jemals wirklich erfassen? Du kannst die Aussagen von Hyakujō und Ōbaku nicht erahnen. [Nur] die Menschen, die die Kraft haben, [den Dharma wirklich] zu erfahren und zu erforschen, ergreifen Hyakujōs und Ōbakus Aussagen, und [nur] diejenigen, die den direkt zugänglichen Zustand des Verweilens[36] [beim Zazen] erfahren haben, können Hyakujōs und Ōbakus Aussagen erfassen. Da du den Zustand des Verweilens nicht erfahren und erforscht hast, kannst du diese Aussagen nicht verstehen und nicht erahnen. Zu sagen, dass [Ōbaku] nicht der Dharma-Nachfolger des großen Meisters Baso werden konnte, da dieser seit fünf Jahren verschieden war, ist eine Aussage, die es nicht wert ist, dass man darüber lacht. Ein Mensch, der es verdient, Dharma-Nachfolger zu werden, kann es selbst nach unzähligen Weltzeitaltern werden. Ein Mensch, der es nicht verdient, Dharma-Nachfolger zu werden, kann niemals ein solcher werden, selbst wenn nur ein halber Tag oder eine Minute vergeht. Du [Shōkō] bist beschränkt und blind, du bist ein Mensch, der noch nie das Gesicht der Sonne und des Mondes der Wahrheit der Buddhas gesehen hat.

Du sagst, dass du Unmon nachfolgst, obwohl es schon mehr als hundert Jahre her ist, dass Unmon ins Nirvāṇa einging. Gibt es denn eine geheimnisvolle Kraft, die es dir ermöglicht, Unmon nachzufolgen? Du bist nicht reifer als ein dreijähriges Kind! Jemand, der in tausend Jahren hoffen wird, Unmons Nachfolger zu werden, wird wohl zehn mal so viele Fähigkeiten haben wie du. Nun werde ich dir helfen, lasst uns also für eine Weile das Gespräch[37] [zwischen Hyakujō und Ōbaku] untersuchen.

Hyakujōs Worte «Mein Schüler, möchtest du nicht der Nachfolger des großen Meisters [Baso] werden?» bedeuten nicht, [dass Hyakujō Ōbaku drängen würde,] Dharma-Nachfolger des großen Meisters Ba[so] zu werden. [Shōko], du solltest zuerst die Kraft und Schnelligkeit[38] der Aussagen Meister [Hyakujōs] und seines Schülers [Ōbaku] erforschen. Dann solltest du die Geschichte von der schwarzen Schildkröte untersuchen, die mit dem Kopf nach unten auf einen Baum klettert[39]; du solltest den kraftvollen Weg der Schritte nach vorn und zurück untersuchen. Bei der Dharma-Übertragung gibt es diese Kraft und Intensität der Erfahrung und des Forschens. Ōbakus Worte «Ich müsste befürchten, meine eigenen Kinder und Enkel zu verlieren» sind jenseits deines Verständnisses. Weißt du, wer mit den Worten «meine eigenen» gemeint ist und welche Menschen es sind, die «Kinder und Enkel» genannt werden? Dies solltest du sehr gründlich erforschen und erfahren. Ōbakus Worte haben sich klar und deutlich verwirklicht.

Ein anderer so genannter Zen-Meister, Bukkoku Ihaku[40], der die Dharma-Übertragung der Buddhas und Vorfahren nicht kannte, zählte Shōko zu den Dharma-Nachfolgern des Unmon, aber dies ist wohl ein Irrtum. Die Schüler einer späteren Zeit sollten nicht denken, dass Shōko [die Übertragung] erfahren und erforscht hätte.

Erhalten die Menschen, die beim Lesen der Sūtren erwachen, alle die Dharma-Übertragung von Śākyamuni Buddha, wenn Shōko dem Dharma aufgrund von Worten und Buchstaben nachgefolgt ist? Dies ist unmöglich. Ein Erwachen, das sich auf geschriebene Worte stützt, erfordert immer und ausnahmslos die Bestätigung eines wahren Lehrers. Shōko und seinesgleichen haben noch nicht einmal die Aufzeichnungen von Unmons Worten gründlich gelesen. Nur den Menschen, die wirklich tief in Unmons Worte eingedrungen sind, wurde sein Dharma übertragen. Shōko hat Unmon nie mit eigenen Augen gesehen, er hat sich selbst nie mit eigenen Augen gesehen, er hat Unmon nie mit Unmons Augen gesehen und er hat sich selbst nie mit Unmons Augen gesehen. Es gibt vieles, was Shōko noch nicht erfahren und erforscht hat. Er sollte sich immer wieder neue Strohsandalen kaufen, einen wahren Lehrer suchen und den Dharma empfangen. Er sollte nicht sagen, dass er der Nachfolger des großen Meister Unmon sei. Wenn Shōko so spricht, gleicht er einem Menschen außerhalb des Buddha-Weges. Selbst wenn Hyakujō so wie Shōko sprechen würde, wäre es ein großer Irrtum.

Anmerkungen

1   Zitat aus dem *Daibonten ō monbutsu ketsugi kyō*, dem «Sūtra der Fragen und Antworten zwischen Mahābrahman und dem Buddha». Siehe auch Kap. 68, *Udonge*.

2   Meister Taiso Eka. Sein posthumer Titel ist «großer Meister Shōshū Fukaku».

3   1225.

4   Bezieht sich auf die Weitergabe zwischen Meister Bodhidharma und Meister Taiso Eka.

5   Bezieht sich auf die Weitergabe zwischen Meister Daiman Kōnin und Meister Daikan Enō.

6   Bezieht sich auf die Weitergabe zwischen Meister Tōzan Ryōkai und Meister Ungo Dōyō.

7   Kāśyapa Buddha war der sechste der sieben alten Buddhas, also der Meister von Śākyamuni Buddha, der der siebte war. Siehe Kap. 15, *Busso*.

8   *Shin* 親 bedeutet «unmittelbar» oder «eng vertraut». Ānanda, Buddhas Halbbruder, und Rāhula, sein Sohn, waren zwei seiner bedeutendsten Schüler.

9   Wörtl. «Er machte seine Knochen zu Staub und schnitt seinen Körper in Stücke.»

10   Śāṇavāsa war der Nachfolger von Ānanda und somit der dritte Dharma-Vorfahre in Indien. Siehe Kap. 15, *Busso*.

11   *Yuimen yomen* 唯面与面 ist Meister Dōgens Variante des berühmten Ausdrucks aus dem Lotos-Sūtra, «nur ein Buddha zusammen mit einem Buddha» (*yuibutsu yobutsu* 唯仏与仏).

12   *Sotsutaku no jinki* 啐啄の迅機, wörtl. «schnelle Momente des Piepsens und Pickens», ist eine poetische Metapher für die gemeinsamen Anstrengungen von Schüler und Meister, die denen eines Kükens gleichen, das versucht aus dem Ei herauszukommen, und der Henne, die versucht, ihm dabei zu helfen.

13   Von Meister Mahākāśyapa bis Meister Dōgen.

14   *Kanmen* 換面, wörtl. «das Gesicht verändern», so wie Mahākāśyapa lächelte und den Dharma verstand, als der Buddha eine Uḍumbara-Blüte emporhielt, ist ein Beispiel für die Einheit von Körper und Geist. Die Bewegung seiner Gesichtsmuskeln und sein verstehender Geist waren in diesem Augenblick nicht zu trennen.

15   *Menpi kō sansun* 面皮厚三寸, «eine drei Sun dicke Gesichtshaut». Ein *sun* 寸 sind 3,03 cm; hier symbolisiert der Ausdruck etwas Reales und Konkretes.

16   Ein *jō* 丈 sind 3,03 m.

17   Dies bezieht sich auf ein Gedicht von Meister Geyāśata, das in Kap. 20, *Kokyō*, zitiert wird:
Der große runde Spiegel der Buddhas
Hat keinen trüben Fleck, nicht innen und nicht außen,
Zwei Menschen können dasselbe sehen,
[Ihr] Geist und [ihre] Augen gleichen einander vollkommen.

18   *Zengo sansan* 前後三三, wörtl. «drei und drei vorn und hinten», bedeutet wirkliche leibhaftige Menschen und kein vorgestelltes Ideal. Siehe *Shinji shōbōgenzō*, Buch 2, Nr. 27, und *Shōbōgenzō*, Kap. 42, *Tsuki*.

19   Nach der Einäscherung Buddhas, die von dem Stamm der Mallas in Kuśinagara vorgenommen wurde, entstand ein Streit zwischen verschiedenen Stämmen, die Anspruch auf einen Anteil der Buddha-Reliquien erhoben. Schließlich wurden Buddhas Knochenüberreste in acht Teile geteilt und jeder der Stämme errichtete dafür einen Stūpa.

20 Der Buddha wurde unweit des Dorfes Lumbinī, einem Außenbezirk der Stadt Kapilavastu, geboren. Heute heißt die Stadt Tilaurakoṭ und befindet sich auf nepalesischem Gebiet.

21 Der Buddha hielt seine erste Lehrrede im Wildpark von Isipatana, heute Sārnāth.

22 Der Buddha verwirklichte die Wahrheit unter einem Bodhi-Baum in der Nähe der einstigen Stadt Uruvilvā, heute Gayā.

23 Der Buddha ging im Śāla-Hain bei Kuśinagara, der Hauptstadt des damaligen Königreichs Malla, ins Nirvāṇa ein. Die Namen wichtiger Orte in Buddhas Leben haben sich tief in den Geist der Mönche in Japan eingeprägt, denn in den meisten Klöstern wird vor jeder Hauptmahlzeit das Folgende rezitiert:

Busshō Kapira   Buddha wurde in Kapila geboren,
Jōdō Makada   Er verwirklichte die Wahrheit in Magadha,
Seppō Harana   Er lehrte den Dharma in Vārāṇasī,
Nyūmetsu Kuchira   Und er ging in Kuśinagara ins Nirvāṇa ein.

24 Kanyākubja war eine der größten Städte im alten Mittelindien. Es heißt, dass dort einer der acht Stūpas stand.

25 Āmrapālivana bedeutet «Āmrapālis Wald». Dieser Wald oder Hain, der sich in Vesāli, der Hauptstadt der Republik, befand, war ein Geschenk der Kurtisane Āmrapāli kurz vor dem Tod des Buddha. Aus einer Verbindung mit dem früheren König von Magadha, Bimbisāra, hatte Āmrapāli einen Sohn, der Mönch geworden war.

26 Dies sind die siebenunddreißig Faktoren des Erwachens, die Meister Dōgen in Kap. 73, *Sanjūshichibon bodai bunpō*, eingehend erläutert.

27 *Bonnō* 煩悩, sanskr. *kleśa*, «Befleckungen», bedeutet «die den Geist trübenden Begierden und Leidenschaften» wie z. B. Gier, Hass, Verblendung, Zweifel etc.

28 *Wakushō* 惑障, sanskr. *kleśāvaraṇa*, «die den Geist hemmenden Eigenschaften», wie z. B. Sinneslust, Übelwollen oder Stumpfheit und Mattheit.

29 *Ichigū no tokuchi* 一隅の特地, wörtl. «ein besonderer Zustand einer Ecke», bedeutet etwas Konkretes im Gegensatz zu einer abstrakten Verallgemeinerung.

30 1225.

31 Senpuku Shōko (Daten unbekannt). Er lebte bei dem Stūpa von Meister Unmon Bunen. Von den Ortsansässigen wurde er «der Behüter des alten Stūpas» genannt. Er war bereits Dharma-Lehrer gewesen, als er die Aufzeichnungen der Reden Meister Unmons las. Danach meinte er, zu einem völlig klaren Verständnis des Dharmas gekommen zu sein, und bezeichnete sich deshalb als Nachfolger von Meister Unmon.

32 Sie dauerte von 1034 bis 1037.

33 Meister Unmon Bun-en (864–949) war Nachfolger von Meister Seppō Gison. «Großer Meister Unmon Kyōshin» ist sein posthumer Titel.

34 *Ba-daishi* 馬大師, wörtl. «der große Pferde-Meister». *Ba* 馬 steht für *Baso* 馬祖, «der Pferde-Vorfahre». Dies war der Mönchsname von Meister Baso Dō-itsu (709–788), der ein Nachfolger von Meister Nangaku Ejō war. Meister Baso war der Meister von Meister Hyakujō Ekai (749–814) und der Großvater-Meister von Meister Ōbaku Ki-un (starb um 855).

35 Zitat aus dem *Zokutō roku* («Die Fortsetzung der Aufzeichnungen über die Leuchte»).

36 *Jikishi no rakusho* 直指の落処. *Jikishi* 直指, wörtl. «direkt aufzeigen», bedeutet, etwas nicht auf esoterische, sondern auf direkte und zugängliche Weise zu erfahren. *Rakusho* 落処, wörtl. «ein Ort, wo man sich niederlässt», beschreibt das Gleichgewicht von Körper und Geist beim Zazen.

37 *Watō* 話頭. In der Rinzai-Schule, deren Linie direkt auf Meister Ōbaku zurückgeht, der Meister Rinzais Meister war, werden die so genannten Kōan *watō* 話頭 genannt. Im

Shōbōgenzō verwendet Meister Dōgen dafür im Allgemeinen den Begriff *innen* 因縁, «Ursachen und Umstände».

38 *Shishi funjin* 獅子奮迅 beschreibt die Anstrengungen eines Menschen wie Ōbaku, der die Wahrheit unter Aufbietung aller seiner Kräfte sucht und dazu auch fähig ist. Der Ausdruck findet sich in der chinesischen Übersetzung des *Mahā-prajñā-pāramitā-sūtra*. Dort wird die Metapher eines Löwen verwendet, der auf der Jagd nach seiner Beute seinen ganzen Mut und seine ganzen Kräfte aufwendet. Der Ausdruck *shishi funjin* 獅子奮迅 wird heute noch im modernen Japanisch verwendet und bedeutet «mit kriegerischem Ungestüm» oder «tapfer wie ein Löwe».

39 *Ukitō jōju* 烏亀倒上樹 beschreibt die Anstrengungen eines Menschen wie Shōko, der die Wahrheit zwar mit allen seinen Kräften sucht, aber nicht dazu fähig ist. In Kap. 5 des *Zokutō roku* gibt es dazu die folgende Geschichte: Ein Mönch fragte Zen Meister Kyōzan Unryō: «*Was hat es zu bedeuten, dass Hyakujō seine Matte zusammenrollt und während Basos Dharma-Rede [einfach weggeht]?*» Der Meister antwortete: «*Eine Mücke, die auf den Rücken eines Eisenochsens hinaufklettert.*» Der Mönch sagte: «*Was bedeutet das letztlich?*» Der Meister sagte: «*Eine schwarze Schildkröte, die mit dem Kopf nach unten auf einen Baum klettert.*»

40 Meister Hō-un Ihaku war ein Nachfolger von Meister Hō-un Hōshū. Im Jahr 1101 vollendete er die Herausgabe des *Zokutō roku* in 30 Kapiteln. «Zen-Meister Bukkoku» ist sein posthumer Titel.

58

坐禅儀

Zazengi

Anleitung zum Zazen

GI bedeutet «Richtlinie» oder «Anleitung», ZAZENGI ist daher eine «Anleitung zum Zazen». Meister Dōgen schrieb mehrere Abhandlungen über Zazen. Im Jahr 1227, kurz nach seiner Rückkehr aus China, schrieb er das «Fukan zazengi», «Allgemeine Richtlinien für Zazen».[1] Im Shōbōgenzo gibt es vier Kapitel über Zazen: Kap. 1, «Bendōwa» («Ein Gespräch über die Praxis des Zazen»), Kap. 27, «Zazenshin» («Die Bambusnadel des Zazen»), Kap. 72, «Zanmai ō zanmai» («Der Samādhi, der der König der Samādhis ist») und dieses Kapitel «Zazengi». Im «Fukan zazengi» formuliert Meister Dōgen zum ersten Mal sein tiefes Vertrauen in die Praxis des Zazen. «Bendōwa» ist eine Einführung in Zazen, die in einfachem Stil geschrieben und sehr hilfreich für das grundsätzliche Verständnis von Zazen ist. Im «Zazenshin» kommentiert Meister Dōgen ein wunderbares Gedicht über Zazen von Meister Wanshi Shōkaku. Das «Zazengi» ist eine sehr praktische Anleitung zum Zazen. Dass dieses Kapitel seinen Platz in Meister Dōgens Hauptwerk hat, zeigt uns, wie wichtig die richtige geistige und körperliche Haltung beim Zazen ist.

Zen wirklich zu erfahren, bedeutet in Zazen zu sitzen.[2] Für Zazen ist ein ruhiger Raum geeignet. Breitet eine feste Unterlage aus. Schützt euch vor Wind und Rauch und lasst keinen Regen oder Tau herein. Haltet diesen Ort, der den Körper beherbergt, rein und ordentlich. Es gibt Spuren aus der Zeit der alten Meister, die auf einem Diamant[sitz][3] oder auf einem Bett aus Felsen[4] saßen. Sie saßen alle auf einem dicken Teppich aus Gras. Der Ort zum Sitzen sollte hell und nicht dunkel sein, weder bei Tag noch bei Nacht. Am besten ist es, wenn es im Winter warm und im Sommer kühl ist.

Löst euch von allen Bindungen und lasst die zehntausend Dinge des Alltags ruhen. Denkt nicht über recht und unrecht nach. Hier geht es weder um den Geist oder das Bewusstsein noch um Gedanken oder Anschauungen. Versucht nicht, Buddha zu werden. Macht euch frei vom gewöhnlichen Sitzen und Liegen.[5] Esst und trinkt in Maßen. Verschwendet nicht eure kostbare Zeit. Übt Zazen so, als wolltet ihr ein Feuer auf eurem Haupt auslöschen. Unser fünfter Vorfahre vom Berg Ōbai[6] gab sich einzig der Aufgabe des Zazen hin und tat nichts anderes.

Beim Zazen solltet ihr das Kesa tragen und ein rundes Kissen benutzen. Das Kissen liegt nicht ganz unter dem Gesäß, es sollte von der Mitte ab nach hinten frei herausragen. Dadurch befindet sich die Unterlage unter den gekreuzten Beinen und das

Kissen unter dem Rückgrat. Dies ist die Art und Weise, wie die Buddhas und Vorfahren beim Zazen gesessen haben.

Sitzt entweder im halben oder im vollen Lotossitz. Beim vollen Lotossitz wird der rechte Fuß auf den linken Oberschenkel und dann der linke Fuß auf den rechten Oberschenkel gelegt. Die beiden Fußsohlen liegen dabei in einer Linie mit den Oberschenkeln und in einem harmonischen Verhältnis zu ihnen. Beim halben Lotossitz wird nur der linke Fuß auf den rechten Oberschenkel gelegt.

Gewand und Kesa sollten locker und doch ordentlich liegen. Legt die rechte Hand auf den linken Fuß und die linke Hand in die rechte Hand. Die beiden Daumenspitzen stützen sich leicht aneinander. Die beiden Hände ruhen auf diese Weise nahe am Körper. Die beiden sich berührenden Daumenspitzen sollten sich vor dem Nabel befinden.

Sitzt dann aufrecht in der rechten Körperhaltung, ohne euch nach rechts oder links zu neigen oder euch nach vorn oder hinten zu beugen. Es ist wichtig, dass die Ohren und die Schultern, die Nase und der Nabel eine gerade senkrechte Linie bilden. Die Zunge liegt am Gaumen an. Atmet durch die Nase. Die Lippen und die Zähne berühren sich. Haltet die Augen offen, aber weder zu weit noch zu schmal. Wenn Körper und Geist auf diese Weise eingestimmt sind, atmet einmal tief mit dem Mund aus.

Wenn ihr still und unbewegt sitzt, denkt aus dem Grund des Nicht-Denkens. Wie kann man aus dem Grund des Nicht-Denkens denken? Es ist jenseits des Denkens. Dies ist die wahre Kunst beim Zazen.

Zazen bedeutet nicht, Zen-Konzentration zu erlernen, es ist vielmehr das Dharma-Tor des Friedens und der Freude. Es ist die reine Praxis und Erfahrung.

Shōbōgenzō Zazengi

Dargelegt vor einer Versammlung im Kloster Kippō im Bezirk Yoshida von Esshū, im elften Mondmonat des Winters im ersten Jahr der Ära Kangen [1243].

Anmerkungen

1   Siehe Band 1, Anhang 2.

2   *Sanzen wa zazen nari* 参禅は坐禅なり. *San* 参, wörtl. «aufsuchen», bedeutet auch «in etwas eintreten», «sich etwas anheimgeben», d. h., etwas «wirklich erfahren». *Zen* 禅, *dhyāna* im Sanskrit, bedeutet «Meditation» oder «Versenkung». *Zazen* 坐禅, wörtl. «Dhyāna sitzen», beschreibt die Praxis des Sitzens selbst.

3   Die Stelle unter dem Bodhi-Baum in Bodhgayā (früher Uruvela), wo der Buddha die Wahrheit verwirklichte.

4   Meister Sekitō Kisen baute sich eine Hütte auf einem großen flachen Felsen und praktizierte Zazen auf diesem Felsen.

5   *Zaga* 坐臥, die Kurzform von *Gyō-ō zaga* 行往坐臥, «Gehen, stehen, sitzen und liegen», sind die vier Arten täglicher Aktivitäten.

6   Meister Daiman Kōnin. Siehe auch Kap. 30, *Gyōji*.

59

梅華

Baike

Die Pflaumenblüten

BAIKE bedeutet «Pflaumenblüten». Meister Dōgen liebte die Pflaumenblüten sehr, und deshalb gibt es in seinen Werken viele Beschreibungen davon und Gedichte über sie. Am Ende eines langen Winters waren die ersten Pflaumenblüten die ersten Vorboten des Frühlings. Sie müssen sicher eine große Freude und auch ein Trost für die Mönche in China gewesen sein, die in den kalten und verschneiten Bergen lebten und schwer unter der Härte des Winters zu leiden hatten. Zweifellos gehört dieses Kapitel zu den poetisch-sten des Shōbōgenzō, und Meister Dōgen vermittelt uns mit der ganzen dichterischen Kraft seiner Worte die tiefe Bedeutung des Buddha-Dharmas. Bei der Wiedergabe der Gedichte seines eigenen Meisters Tendō Nyojō über die Pflaumenblüten wird auch die tiefe Verbundenheit dieser beiden großen Meister deutlich.

Mein früherer Meister Tendō, der große Meister und ewige Buddha, war im großen Königreich der Song der dreißigste Abt des Klosters Tendō Keitoku, das auf dem Berg Daibyakumyō im Bezirk Keigen[1] lag. Eines Tages lehrte er vor einer Versammlung in der Dharma-Halle:

> *Tendōs erste Worte in der Mitte des Winters:*
> *Der knorrige alte Pflaumenbaum.[2]*
> *Plötzlich treibt er Knospen – eine Blüte, zwei Blüten,*
> *Drei, vier, fünf Blüten – unzählige Blüten.*
> *Sie können sich ihrer Reinheit nicht rühmen*
> *Und nicht stolz sein auf ihren Duft.*
> *Sie erschaffen das Gesicht des Frühlings*
> *Und wehen duftend durch die Gräser und Bäume.*

> *Die Flickenmönche mit ihren rasierten Köpfen.*
> *Plötzlich verwandeln sich der tobende Wind und der prasselnde Regen*
> *Und die große Erde hüllt sich in ein weißes, mit Drachen besticktes Gewand[3] –*
> *Überall nur Schnee.*
> *Der alte Pflaumenbaum ist nicht so außergewöhnlich.*
> *Die Eiseskälte sticht in den Nasenlöchern,*
> *Und es schmerzt![4]*

Der alte Pflaumenbaum, der hier beschrieben wird, ist wirklich nichts Außergewöhn-
liches. Plötzlich treibt er Knospen und trägt dann seine Früchte. Manchmal macht
er den Frühling und manchmal den Winter. Manchmal macht er den tobenden Wind
und manchmal den prasselnden Regen. Zuweilen ist der Pflaumenbaum die Köpfe der
Flickenmönche und zuweilen das Auge der ewigen Buddhas. Manchmal wird er zu
Gräsern und Bäumen und manchmal zur Reinheit und zum Duft. Seine geheimnisvolle plötzliche Verwandlung und seine unerklärlichen Wunder kann niemand ermessen.

Der alte Pflaumenbaum wirkt sogar auf die große Erde, den hohen Himmel, die
strahlende Sonne und den reinen Mond ein, und so ist er mit allem verbunden und ver-
knüpft.

Wenn der alte Pflaumenbaum plötzlich Knospen treibt, öffnen sich die Blüten
und die Welt entsteht.[5] Der Frühling ist genau in dem Augenblick da, wenn die Blüten sich öffnen und die Welt entsteht. In diesem Augenblick ist auch die eine Blüte da,
die ihre fünf Blütenblätter öffnet.[6] Die Zeit der einen Blüte umfasst drei, vier oder fünf
Blüten; sie umfasst hundert, tausend, zehntausend und Millionen von Blüten und unzählige Blüten. Dass sich diese unzähligen Blüten öffnen, gehört zum alten Pflaumenbaum, der sich nicht wegen einem oder zwei seiner unzähligen blühenden Zweige rüh-
men kann. Die Uḍumbara-Blüten, Utpala-Blumen[7] usw. sind auch ein oder zwei blü-
hende Zweige des alten Pflaumenbaums. Letztlich sind alle sich öffnenden Blumen
und Blüten die wunderbaren Geschenke des alten Pflaumenbaums. Der alte Pflaumenbaum offenbart sich in der menschlichen Welt und im Himmel über uns. Die menschliche Welt und die himmlischen Sphären entstehen in der Wirklichkeit des alten Pflaumenbaums. Wir sprechen davon, dass es Hunderte und Tausende von Blumen der
Menschen und Götter gibt, aber von den Blumen der Buddhas und Vorfahren gibt es
Milliarden. Solch einen Augenblick [wenn der alte Pflaumenbaum plötzlich Knospen
treibt] nennen wir «Buddhas Erscheinen in der Welt», und wir sagen, dass es solch ein
Augenblick war, als «Bodhidharma ursprünglich in dieses Land [China] kam».

Mein früherer Meister, der ewige Buddha, lehrte vor einer Versammlung in der
Dharma-Halle:

> *Es ist die Zeit, wenn Gautama seine [bisherigen] Augen verliert,*[8]
> *Nur ein Zweig Pflaumenblüten im Schnee.*
> *Jetzt werden alle Orte beschwerlich und voller Dornen.*[9]
> *Und doch lachen die tanzenden Blüten im Frühlingswind.*

Jetzt ist der Augenblick da, in dem alle Menschen und Götter die Wahrheit erlangen,
denn das Dharma-Rad der ewigen Buddhas dreht sich sogar im kleinsten Staubkorn
des ganzen Universums. Alles in dieser Welt wird mit den Wohltaten dieses Dharmas
beschenkt, und dieser erreicht sogar die Wolken, den Regen, den Wind und das Wasser, die Gräser, die Bäume und die Insekten. Sogar der Himmel, die Erde, die Länder
und die Nationen sind voller Kraft und Lebendigkeit, weil sie durch dieses Dharma-

Rad gedreht werden. Ihr hört jetzt Worte, die ihr noch niemals zuvor gehört habt. Jetzt erlangt ihr diesen Dharma, den es noch niemals gegeben hat. Dieses Dharma-Rad kann man im Allgemeinen weder sehen noch hören, wenn man nicht außerordentliche Verdienste und großes Glück hat.

In den hundertachtzehn Provinzen des heutigen Königreichs der Song und in der Umgebung gibt es eine sehr große Zahl von Bergklöstern und Dorftempeln, in denen viele Mönche leben. Aber die meisten von ihnen haben meinen früheren Meister, den ewigen Buddha, nie gesehen; es müssen wirklich nur sehr wenige gewesen sein. Wie viel seltener noch hat es wohl Menschen gegeben, die seine Worte gehört haben? Und noch viel weniger Menschen sind ihm begegnet, haben ihn besucht und befragt. Es waren auch nicht viele, die Zugang zu seinem Innersten hatten. Von diesen war es nur ganz wenigen erlaubt, sich vor der Haut, dem Fleisch, dem Mark, den Augen und dem Gesicht meines früheren Meisters niederwerfen zu dürfen.

Mein früherer Meister, der ewige Buddha, willigte nicht ohne Weiteres ein, wenn ein Mönch darum bat, im Kloster bleiben zu dürfen. Gewöhnlich sagte er, dass die Menschen, die nicht reif genug sind, den Willen zur Wahrheit zu erwecken, bei ihm nicht geduldet würden, und er schickte sie sogleich fort. Danach sagte er zu uns: «Was sollen sie hier tun, wenn sie keine wirklichen Menschen sind? Solche Hunde stören nur die anderen. Sie können nicht bleiben.»

Dies alles habe ich mit eigenen Augen gesehen und gehört. Ich überlegte, welches Unrecht diese Mönche wohl begangen hatten, dass sie nicht bleiben durften, obwohl sie doch Menschen dieses Landes sind. Ich dachte, welch großes Glück mir zuteilgeworden sei, dass ich nicht nur [im Kloster] bleiben durfte, sondern auch jederzeit bei dem Meister ein und aus gehen konnte, mich vor seiner würdevollen Erscheinung niederwerfen und seine Dharma-Reden hören durfte. All dies war mir erlaubt, obgleich ich aus einem fremden und weit entfernten Land gekommen war. Ich dachte, dass ich zwar dumm und unwissend sei, aber die außergewöhnliche Verbindung zwischen meinem Meister und mir doch keine reine Einbildung sein könne.

Als mein früherer Meister damals im Reich der Song wirkte, gab es noch einige Menschen, die [an seiner Lehre] teilhaben konnten, während es anderen verwehrt war. Aber nachdem mein Meister, der ewige Buddha, nicht mehr im Reich der Song lebt, ist es dort wohl noch finsterer geworden als in einer mondlosen Nacht.

Weshalb sage ich dies? Weil es zu Lebzeiten meines früheren Meisters, des ewigen Buddhas, keinen anderen ewigen Buddha wie ihn gab. Deshalb sollten die Schüler einer späteren Zeit sich dessen bewusst sein, wenn sie seinen Dharma jetzt hören und erleben können. Ihr solltet nicht denken, dass es den Menschen und Göttern anderer Länder überhaupt möglich wäre, sein Dharma-Rad zu hören und zu sehen, es zu erfahren und zu erforschen.

Die Worte «die Pflaumenblüten im Schnee» bedeuten das einmalige Erscheinen der Uḍumbara-Blüte.[10] Wie oft kommt es im täglichen Leben vor, dass ihr blind an [Buddhas] Zeichen mit dem Auge vorbeigeht und nicht [wie Mahākāśyapa] lächelt[11], während ihr doch direkt in die Schatzkammer des wahren Dharma-Auges unseres Buddha-Tathāgata blickt? Jetzt in diesem Augenblick treffen euch diese Worte wie ein Schlag, und es wird authentisch an euch weitergegeben, dass die Pflaumenblüten im Schnee nichts anderes als das Auge des Tathāgata[12] sind. Erfasst diese Lehre und macht sie zu eurem dritten Auge[13] und zur Pupille in den Augen. Wenn ihr außerdem noch in die Pflaumenblüten hineingelangt und sie vollkommen verwirklichen könnt, werden keine Ursachen und Bedingungen entstehen, die Zweifel aufkommen lassen. Dieses Buddha-Auge allein ist über und unter dem Himmel verehrungswürdig[14], und es wird in der wahren Dharma-Welt verehrt.

Deshalb gehören die unzähligen Blumen alle zur Familie der Pflaumenblüten im Schnee: die himmlischen Blumen im Himmel über uns, die himmlischen Blumen der Menschenwelt, die Mandārava-Blüten, die Mahāmandārava-Blüten[15], die Mañjuṣaka-Blüten und die Mahāmañjuṣaka-Blüten[16], die vom Himmel regnen, und die mannigfaltigen anderen Blumen in den grenzenlosen Ländern des ganzen Universums. Alle diese Blumen blühen, weil ihnen ein Teil der Wohltaten der Pflaumenblüten zugutekommt. Die hundert Millionen Blumen gehören alle zur Familie der Pflaumenblüten, und deshalb solltet ihr sie «die kleinen Pflaumenblüten» nennen. Alle anderen Blumen, die Blumen im leeren Raum, die Blumen auf der Erde, die Blumen des Samādhis usw. sind die kleinen oder großen Verwandten der Pflaumenblüten. In den Ländern blühen viele Blumen, und im Inneren dieser Blumen gibt es wiederum unzählige Länder.[17] Ihnen allen kommen die Wohltaten der Pflaumenblüten zugute. Abgesehen von den [unmittelbaren] Wohltaten der Pflaumenblüten gibt es nicht die kleinste Wohltat, die nicht das Geschenk der Pflaumenblüten wäre, denn alles Leben beruht auf den Pflaumenblüten. Ihr solltet die Worte «überall nur Schnee» nicht allein auf das Kloster Shōrin in den Sū-Bergen[18] beschränken, denn sie sind das Auge des Tathāgata, das über eurem Kopf und unter euren Füßen leuchtet. Denkt nicht, der endlose Schnee sei nur ein Schneepalast auf einem verschneiten Berg[19], dieser Schnee ist vielmehr das wahre Dharma-Auge des alten Gautama. Die fünf Augen[20] [des Buddha-Dharmas] verwirklichen sich vollkommen hier an diesem Ort, und es könnte sein, dass auch die tausend Augen [des Avalokiteśvara][21] sich vollständig in diesem Buddha-Auge verwirklichen.

Tatsächlich gibt es nicht ein Körnchen der wirklichen Form aller Dharmas, das den Körper, den Geist und die strahlende Klarheit des alten Gautama nicht vollkommen verwirklicht hätte. «Überall nur Schnee» ist nichts anderes als die Erde, und die Erde ist nichts anderes als «überall nur Schnee»[22], selbst wenn die Menschen und Götter die unterschiedlichsten Sichtweisen haben und die Gefühle der Heiligen und der gewöhnlichen Wesen sich nicht gleichen. Wenn es nicht «überall nur Schnee» gäbe, könnte es im ganzen Universum keine Erde geben. Die harmonische Vereinigung von innerem Wesen und äußerer Form in diesem «überall nur Schnee» ist das Auge des alten Gautama.

Ihr solltet wissen, dass die Blumen und die Erde nur im gegenwärtigen Augenblick existieren; die Blumen erscheinen nicht[23] [sie sind einfach nur hier]. Da die Blumen nicht erscheinen, gilt dies auch für die Erde. Weil die Blumen und die Erde ganz und gar Nicht-Erscheinen sind, gilt dies auch für das Buddha-Auge. Die höchste Wahrheit wird mit den Worten «Nicht-Erscheinen» ausgedrückt. Was [Tendō] in einem solchen Augenblick sieht, ist nur ein Zweig Pflaumenblüten im Schnee, und in diesem Augenblick sagt er: «Nur ein Zweig Pflaumenblüten im Schnee.» Dies ist das ganz und gar lebendige Erscheinen[24] der Erde und der Blumen. Ferner beschreibt er dies mit den Worten «überall nur Schnee», da das ganze Innere und Äußere [der Wirklichkeit] «überall nur Schnee» ist. Das ganze Universum ist der [natürliche] Zustand des Geistes und [gleichzeitig] das konkrete Manifestwerden der Blumen.[25] Weil das ganze Universum die konkrete Manifestation der Blumen ist, sind die Pflaumenblüten das ganze Universum. Da die Pflaumenblüten das ganze Universum sind, sind sie Gautamas Auge. Die Berge, die Flüsse und die Erde sind Orte, die ins Jetzt gekommen sind.[26] Die Dinge und die Zeit, die ins Jetzt gekommen sind[27], verwirklichen alle an diesem Ort hier[28] die Worte [Bodhidharmas]:

Ursprünglich kam ich in dieses Land,
Um den Dharma weiterzugeben
　　und alle Lebewesen von ihren Täuschungen zu befreien.
Eine Blüte öffnet ihre fünf Blütenblätter,
Und ihre Früchte reifen von selbst auf natürliche Weise.[29]

Obwohl [Bodhidharma] vom Westen gekommen und nach Osten gegangen ist, sind [beide Richtungen] dieser Ort hier und das Jetzt der Pflaumenblüten. Da das Jetzt sich auf diese Weise verwirklicht, nennt [Tendō] es einen Ort, der beschwerlich und voller Dornen ist.[30] Es gibt das Jetzt der alten und neuen Zweige auf großen Ästen und es gibt den Ort der alten und neuen Triebe auf kleinen Zweigen. Ihr solltet den Ort des Hierseins als etwas erfahren und erforschen, was so gekommen ist, und ihr solltet das so Gekommene als das Jetzt erfahren und erforschen. Das Innere der drei, vier, fünf oder sechs Blüten ist das Innere zahlloser Blüten. Eine Blüte besitzt innere Eigenschaften, die tiefgründig und universell sind, und sie offenbart äußere Tugenden, die edel und wunderbar sind. Eine Blüte, die sich öffnet, besteht aus dieser [Einheit von] innerem Wesen und äußerer Form.

Weil es [konkret aber] «nur einen einzigen Zweig» gibt, gibt es keine anderen Zweige und keine andere Art [von Blüten].[31] Es war der alte Mann Gautama, der das Hiersein eines einzigen Zweiges «das Jetzt» genannt hat. Weil es [im Jetzt] nur einen einzigen Zweig gibt, wird er von einem rechtmäßigen Nachfolger zum nächsten weitergegeben. Deshalb ist mein Hier-Sein[32] die Schatzkammer des wahren Dharma-Auges und die Weitergabe an Mahākāśyapa, und was du erlangt hast, ist mein Mark.[33] Wenn der Ort eines solchen Hierseins sich verwirklicht, ist er ausnahmslos das große, kostbare und verehrungswürdige Leben, wo immer es sich verwirklicht. Deshalb ist der Ort, wo ich bin, das Sichöffnen der fünf Blütenblätter, und diese fünf Blütenblätter sind die Pflaumenblüten. Auf dieser Grundlage existieren die sieben Buddhas, die achtundzwanzig Dharma-Vorfahren in Indien, die sechs Dharma-Vorfahren in China[34] und die neunzehn weiteren.[35] Sie sind alle die fünf geöffneten Blütenblätter eines einzigen Zweiges und [gleichzeitig] ein einziger Zweig mit fünf geöffneten Blütenblättern. Wenn ihr diesen einen Zweig wirklich erfahren und erforscht habt und wenn ihr diese fünf Blütenblätter wirklich erfahren und erforscht habt, dann begegnet ihr der authentischen Weitergabe der Pflaumenblüten im Schnee. Dann haben sich Körper und Geist in den lebendigen und pulsierenden Worten «nur ein einziger Zweig» völlig verändert. Wenn Körper und Geist sich in den pulsierenden Worten «nur ein einziger Zweig» völlig verändert haben, sind der Mond und die Wolke das alles umfassende Ganze, und das Flusstal und der Berg sind die Vielfalt der konkreten Dinge.[36]

Trotzdem gibt es Menschen, die [Gautamas] Auge nicht selbst erfahren und erforscht haben und meinen, der erste Dharma-Vorfahre [Meister Bodhidharma] sei die eine Blüte, und die fünf Blütenblätter seien die [darauf folgenden] fünf Dharma-Vorfahren in China. Sie sagen, die fünf Generationen [nach Bodhidharma] könnten deshalb die fünf Blütenblätter genannt werden, weil sie nicht der Vergangenheit und Gegenwart und nicht dem Vorher und Nachher angehören würden. Diese Worte sind es nicht wert, dass man sie beachtet, untersucht und widerlegt. Solche Menschen sind keine Hautsäcke, die unter den Buddhas und Vorfahren gelernt und praktiziert haben, sie sind zu bedauern. Wie könnte sich die Wahrheit, dass die fünf Blütenblätter eine Blüte sind, nur auf diese fünf Vorfahren beziehen? Sollten wir die sechs Vorfahren nicht erwähnen, die nach dem sechsten Vorfahren [Meister Daikan Enō] kamen? Diese Aussage ist weniger wert als das Geplapper unmündiger Kinder. Ihr solltet sie nicht einmal im Traum hören und sehen.

An einem Neujahrsmorgen[37] lehrte mein früherer Meister, der ewige Buddha, in der Dharma-Halle:

Ein Neujahrsmorgen ist der Anfang des Glücks.
Die zehntausend Dinge sind alle neu und frisch.
Sehr verehrte Versammelte:
Der Pflaumenbaum offenbart den ersten Frühling.

Ihr solltet in Ruhe Folgendes bedenken: Selbst wenn sich die ehrwürdigen und erfahrenen Praktizierenden in der Vergangenheit, Gegenwart und Zukunft im ganzen Universum mit dem Körper befreit haben, stellt sich die Frage, ob wir sie Menschen nennen könnten, die die ganze Wahrheit ausgedrückt haben, wenn es die Worte «der Pflaumenbaum offenbart den ersten Frühling» nicht gegeben hätte. Nur mein früherer Meister, der ewige Buddha, war ein ewiger Buddha unter den ewigen Buddhas.

Seine Worte bedeuten, dass der gerade erblühende Pflaumenbaum die zehntausend Frühlinge trägt, die frühzeitig gekommen sind. Zehntausend Frühlinge sind ein oder zwei der Tugenden eines Pflaumenbaums. Ein einziger Frühling macht die zehntausend Dinge neu und frisch, und er macht die zehntausend Dharmas zu einem Neujahrsmorgen. Den Anfang des Glücks gibt es, wenn das Auge ohne Fehl ist. Die zehntausend Dinge sind hier nicht nur die Vergangenheit, Gegenwart und Zukunft, vielmehr beschreiben sie etwas, was schon vor dem [legendären] König der majestätischen Stimme war und sich bis zur nie endenden Zukunft erstreckt. Da er sagt, dass die unermessliche, grenzenlose Vergangenheit, Gegenwart und Zukunft völlig neu und frisch sind, ist eine solche Frische frei von der [so genannten] Frische. Weil dies so ist, [sprach Tendō] von der Nichterfassbarkeit [des Wirklichen], als er mit den Worten «sehr verehrte Versammelten» den Mönchen seine Wertschätzung aussprach.

Mein früherer Meister Tendō, der ewige Buddha, lehrte vor einer Versammlung in der Dharma-Halle:

Wenn nur ein einziges Wort [mit Buddha] übereinstimmt,[38]
Stehen zehntausend Zeitalter still.
Die Augen der Weiden treten aus jungen Zweigen heraus.
Die alten Äste des Pflaumenbaums sind voller frischer Blüten.[39]

[Meister Tendō] sagte: Sich hundert große Weltzeitalter lang um die Wahrheit zu bemühen, ist vom Anfang bis zum Ende wie ein einziges Wort, das [mit Buddha] übereinstimmt. Sich einen einzigen Augenblick lang, sei es ein vergangener oder ein zukünftiger, um ein [klares] Bewusstsein zu bemühen, ist so, wie wenn zehntausend Zeitalter stillstehen.[40] Selbst wenn es die jungen Zweige sind, die die Augen der Weiden heraustreten lassen, sind es auch die Augen [der Weiden] selbst, [die sich offenbaren]. Im Grundsatz sind die Augen [der Weiden] nichts anderes als die Augen [der Weiden], dennoch erforschen wir sie als junge Zweige. Ihr solltet «das Junge» der Zweige in der ganzen Frische der zehntausend Dinge erfahren und erforschen. Dass die alten Äste des Pflaumenbaumes voller frischer Blüten sind, bedeutet, dass die Pflaumenblüten das Ganze der alten Äste und vollkommen eins mit den alten Ästen sind und dass jeder alte Ast die Pflaumenblüten ist. Zum Beispiel erfahren sich die Blüten, Äste und Zweige zusammen, sie wachsen zusammen und sie vollenden sich zusammen.[41] Weil die Blüten, Äste und Zweige sich zusammen vollenden [sagte der Buddha]: «Ich besitze die Schatzkammer des wahren Dharma-Auges und den wunderbaren Geist des Nirvāṇas und gebe sie an Mahākāśyapa weiter.» So ist jedes Gesicht erfüllt von der emporgehaltenen Blüte und jede Blüte ist erfüllt von einem lächelnden Gesicht.

Mein früherer Meister, der ewige Buddha, sagte vor den Versammelten in der Dharma-Halle:

Die Weidenbäume tragen [ihre Stämme als] Gürtel[42]
Und die Pflaumenblüten haben [ihre Äste als] Armschützer[43] *angelegt.*

Diese Armschützer sind kein Brokat aus Shoku[44] und nicht der Edelstein des Benka[45]: Sie sind die Offenbarung der Pflaumenblüten. Die Pflaumenblüten offenbaren, dass du [Eka] das Mark erlangt hast, und ich [Bodhidharma] dieses Mark bin.[46]

Der König Prasenajit[47] *lud den Ehrwürdigen Piṇḍola*[48] *zu einem Mittagsmahl. Bei dieser Gelegenheit sagte der König: «Ich habe gehört, der Ehrwürdige Piṇḍola sei dem Buddha aus nächster Nähe begegnet. Ist dies wahr, oder nicht?»* Der Ehrwürdige *[Piṇḍola] bestätigte dies, indem er mit der Hand über eine Augenbraue strich.*[49]

Mein früherer Meister, der ewige Buddha, würdigte Piṇḍola mit den Worten:

> *Er strich mit der Hand über eine Augenbraue.*
> *So beantwortete er einen Teil der Frage.*
> *Er begegnete dem Buddha ohne Falschheit aus nächster Nähe.*
> *Bis heute verdient er die Gaben der ganzen Welt.*
> *Der Frühling ist in den Pflaumenzweigen, bedeckt von der Kälte des Schnees.*[50]

Dies ist die Geschichte vom König Prasenajit, der den ehrwürdigen Piṇḍola fragte, ob er Buddha begegnet sei oder nicht. Buddha zu begegnen bedeutet ein Buddha zu sein. Ein Buddha zu sein bedeutet, mit der Hand über eine Augenbraue zu streichen. Wenn der Ehrwürdige [Piṇḍola] zwar die letzte Stufe der Arhatschaft[51] erfahren hätte, aber kein wirklicher Buddha[52] gewesen wäre, hätte er Buddha nicht begegnen können. Wäre er Buddha nicht begegnet, hätte er kein Buddha sein können. Wenn er nicht ein Buddha gewesen wäre, hätte er nicht [den Körper-Geist] eines Buddhas erlangt und hätte nicht mit der Hand über die eine Augenbraue streichen können.

Bedenkt also Folgendes: Wie hätte der Ehrwürdige [Piṇḍola] dem Śākyamuni Buddha begegnen können, wenn er nicht ein Schüler von Śākyamuni Buddha gewesen wäre und von ihm nicht die Übertragung von Angesicht zu Angesicht erhalten hätte? Wie hätte er ihm begegnen können, wenn er nicht schon die vierte Stufe [eines Arhats] erfahren und auf sein Erscheinen in der Welt als ein späterer Buddha gewartet hätte? Bei der Begegnung mit Śākyamuni Buddha sieht man Buddha nicht nur mit den Augen. Ihr habt [bereits] erfahren und erforscht, dass die Begegnung mit Buddha[53] bedeutet, Śākyamuni Buddha als Śākyamuni Buddha [wirklich] zu begegnen. Da der König Prasenajit selbst das Auge geöffnet hat, das Buddha erfahren und erforscht hat, begegnete er Piṇḍolas kundiger Hand, die über eine Augenbraue strich. Um zu verstehen, was die Aussage «Buddha aus nächster Nähe begegnen» bedeutet, solltet ihr in der Stille das Auge haben, das Buddha erfährt. Der Frühling ist jenseits der Welt der [gewöhnlichen] Menschen. Er beschränkt sich auch nicht nur auf die Buddha-Länder. Der Frühling ist in den Pflaumenzweigen. Woher wissen wir das? Die Kälte des Schnees ist, mit der Hand über eine Augenbraue zu streichen.

Mein früherer Meister, der ewige Buddha, sagte:

> *Das wahre Gesicht ist ohne Leben und Tod.*
> *Der Frühling ist in den Pflaumenblüten,*
> *Und er ist eingegangen in das Bild.*

Den Frühling zu malen bedeutet nicht, dass man die Weiden und die Aprikosen-, die Pfirsich- und die Pflaumenbäume malt, sondern nur den Frühling. Die Weiden, die Aprikosen-, die Pfirsich- und die Pflaumenbäume zu malen bedeutet, dass man die

Weiden, die Aprikosen-, die Pfirsich- und die Pflaumenbäume malt, aber nicht den Frühling. Es ist nicht so, dass man den Frühling nicht malen sollte, aber außer meinem früheren Meister, dem ewigen Buddha, hat niemand, weder in Indien noch in China, den Frühling gemalt. Nur der treffende und genaue Pinsel meines früheren Meisters konnte den Frühling malen.

Der Frühling, den Tendō hier beschreibt, ist das gemalte Bild des Frühlings. Weil der Frühling bereits in das Bild eingegangen ist, brauchte er nichts mehr hinzuzufügen. Durch geschickte Mittel[54] hat er die Pflaumenblüten in den Frühling hineingehen lassen, und auf diese Weise sind die Pflaumenblüten in die Bäume und in das Bild gekommen.

Weil mein früherer Meister, der ewige Buddha, die Schatzkammer des wahren Dharma-Auges vollkommen geklärt hat, hat er die authentische Schatzkammer des wahren Dharma-Auges weitergegeben, die er von den Buddhas und Vorfahren der zehn Richtungen in der Vergangenheit, Gegenwart und Zukunft empfangen hat. Daher hat er [Gautamas] Auge bis zum tiefsten Grund erforscht und Klarheit über die Pflaumenblüten der Wirklichkeit erlangt.

Shōbōgenzō Baike

[Dies wurde] am sechsten Tag des elften Mondmonats im vierten Jahr von Japans Ära Ninji [1243] im Kloster Kitsu-rei[55] im Bezirk Yoshida von Esshū [dargelegt]. Die Landschaft war weithin mit drei Fuß hohem Schnee bedeckt.

Wenn die Dämonen des eigenen Ichs kommen und ihr vergessen habt, dass die Pflaumenblüten Gautamas Auge sind, solltet ihr bedenken, dass die Pflaumenblüten der wahre Dharma sind und ihr sie als Gautamas Auge ansehen könnt. Welcher andere Dharma könnte sonst das Auge Gautamas sein? Auch wenn ihr an anderen Orten nach dem Auge Gautamas sucht, begegnet ihr Gautama Buddha in jedem Augenblick, aber ihr seid euch dessen nicht bewusst, weil ihr ihm noch nicht wirklich begegnet seid.[56] Heute ist nicht mein Heute, es ist das eines großen Meisters. Lasst das Auge der Pflaumenblüten einfach klar werden und sucht nicht weiter nach etwas anderem!

Mein früherer Meister, der ewige Buddha, sagte:

Es ist klar und offensichtlich.
Sucht nichts hinter der Erscheinung der Pflaumenblüten!
Das Wirken des Regens und der Wolken
Ist auf natürliche Weise Vergangenheit und Gegenwart.
Vergangenheit und Gegenwart stehen für sich allein.
Wie könnte es einen Zeitpunkt geben, an dem sie enden?

Deshalb ist das Wirken der Wolken und des Regens die Sprache und das Tun der Pflaumenblüten. Die vorüberziehenden Wolken und der herunterfallende Regen sind die tausend Formen und zehntausend Farben der Pflaumenblüten. Sie sind ihre vielen Tugenden und unzähligen Verdienste. Die Pflaumenblüten sind die Vergangenheit und Gegenwart, die [Augenblick für Augenblick] aus sich selbst heraus wirken. Wir nennen die Pflaumenblüten die Vergangenheit und Gegenwart.

In einer früheren Zeit sagte Zen-Meister Hōen[57]:

Der Nordwind schüttelt mit dem Schnee vereint die Bäume im Tal.
Obwohl die zehntausend Dinge im Schnee versinken, gibt es kein tiefes Bedauern.
Nur die Pflaumenbäume am Berg sind voller Kraft und Leben.
Schon vor dem Dezember atmen sie den Geist der Kälte des ganzen Jahres.[58]

Es ist schwer, den Geist der Kälte des ganzen Jahres zu erkennen, wenn man das wirkliche Leben der Pflaumenblüten nicht durchdringt. Die Eigenschaften und Tugenden der Pflaumenblüten sind zusammen mit dem Nordwind zu Schnee geworden. Ihr solltet wissen, dass es ganz die Kraft der Pflaumenblüten ist, die den Wind heranführt, den Schnee erzeugt, das Jahr ordnet und die zehntausend Dinge in den Bäumen des Tales existieren lässt.

Der alte Mönch Taigen Fu[59] verehrte die Verwirklichung der Wahrheit mit den Worten:

Ich erinnere mich an meine Anfänge vor dem Erwachen:
Jeder Ton des großen bemalten Horns klang so traurig.
Jetzt habe ich auf meinem Kopfkissen keine Träume mehr
Und überlasse die Pflaumenblüten den schwachen oder starken Winden.

Der alte Mönch [Taigen] Fu hielt früher Vorträge. Durch den Küchenchef[60] auf dem Berg Katsu[61] wurde er erleuchtet und verwirklichte das große Erwachen, das wie die Pflaumenblüten ist, die sich den starken oder schwachen Winden überlassen.

Anmerkungen

1. Das heutige Ningbo im Norden der Provinz Zhejiang im Osten Chinas, angrenzend an das Ostchinesische Meer.

2. Die Äste und Zweige eines Pflaumenbaums wachsen eher waagerecht und sind oft knorrig und verwinkelt.

3. *Kon* 袞 beschreibt das weiße Gewand, das die Kaiser in China für besondere Zeremonien trugen und das mit bunten Drachenmustern bestickt war.

4. Zitiert aus dem letzten Band des *Nyojō oshō goroku*.

5. *Kekai sekai ki* 華開世界起. Dies sind die Worte von Meister Prajñātara, die die Einheit der Dinge und Erscheinungsformen mit der Wirklichkeit ausdrücken.

6. Dies bezieht sich auf die vierte Zeile eines Gedichts von Meister Bodhidharma: «*Ursprünglich kam ich in dieses Land, um den Dharma weiterzugeben und alle Lebewesen von ihren Täuschungen zu befreien. Eine Blüte öffnet ihre fünf Blütenblätter, und ihre Früchte reifen von selbst auf natürliche Weise.*» Meister Dōgen erläutert das Gedicht eingehend in Kap. 43, *Kūge*.

7. *Udumbara* (sanskr.), im Japanischen phonetisch mit *udonge* wiedergegeben, ist eine legendäre Blüte, die nur alle dreitausend Jahre blühen soll. *Utpala* ist eine blaue Lotosblume. Uḍumbara-Blüte und Utpala-Blumen werden im Lotos-Sūtra und anderen Sūtren erwähnt. Siehe Kap. 68, *Udonge*.

8. *Tashitsu ganzei* 打失眼睛, wörtl. «die Augen verlieren», bedeutet die gewöhnlichen Vorstellungen und vorgefassten Meinungen verlieren. Das erwachte Auge des Buddha erläutert Meister Dōgen in Kap. 63, *Ganzei*, eingehend.

9. *Keikyoku* 荊棘 bedeutet «Dornengestrüpp» oder im weiteren Sinn «beschwerliche Umstände».

10. *Ichigen no donge* 一現の曇華, «das eine Erscheinen der Uḍumbara-Blüte», bezieht sich auf eine Stelle im Lotos-Sūtra, Kap. 2, «Geschicklichkeit»: «*Das wunderbare Gesetz, wie es ist, das predigen sämtliche Buddhas, die Tathāgatas, nur dann und wann. Es erscheint so, wie die Blüte am Feigenbaum (Uḍumbara), nur ein Mal in langer Zeit.*» Borsig, S. 65. Siehe auch Kap. 68, *Udonge*.

11. Wie die Legende berichtet, lächelte Meister Mahākāśyapa, als der Buddha eine Uḍumbara-Blüte emporhielt und ein Zeichen mit den Augen machte. Siehe auch Kap. 68, *Udonge*.

12. Das Auge des Tathāgata ist das Auge oder die Sichtweise eines Buddhas. Siehe Kap. 63, *Ganzei*.

13. Der indische Gott Śiva hat ein drittes Auge auf der Stirn. In der Buddha-Lehre wird dieses manchmal als ein Symbol höherer menschlicher Intuition verwendet.

14. *Tenjō tenge yuiga dokuson* 天上天下唯我独尊, wörtl. «im Himmel und auf der Erde bin ich allein verehrungswürdig». Der Legende nach soll Buddha diese Worte gleich nach seiner Geburt gesprochen haben, indem er mit einer Hand zum Himmel und mit der anderen auf den Boden zeigte.

15. Die Mandārava- und Mahāmandārava-Blüten (*mahā* bedeutet «groß» oder «erhaben») sind die Blüten des Korallenbaums, die im Lotos-Sūtra, Kap. 16, «Des Tathāgata Lebensdauer», erwähnt werden. «*In den Juwelen-Hainen, in welchen die Menschen sich freuen und wandeln, sind zahlreiche (Lotos-)Blumen und Früchte. Alle Devas schla-*

gen die Himmelstrommel. Beständig machen sie verschiedene Arten von Musik, lassen Mandārava-Blumen regnen, streuen sie über Buddha und die große Gemeinde.» Borsig, S. 288.

16   Mañjuṣaka- und Mahāmañjuṣaka-Blüten (*mahā* bedeutet «groß» oder «erhaben») sind weiße himmlische Blüten.

17   Die «zahllosen Länder im Inneren einer Blume» beziehen sich auf die Lehre des Avataṃsaka-Sūtras, das in Japanisch *Kegon kyō*, wörtl. «das Blumenschmuck-Sūtra», genannt wird. Dieses Sūtra beschreibt die gegenseitige Durchdringung und Verknüpfung aller Dinge und Erscheinungsformen.

18   Als Meister Taiso Eka zum ersten Mal Meister Bodhidharma im Kloster Shōrin besuchte, hatte heftiger Schneefall die Erde bedeckt und das Gebirge und den Gipfel verhüllt. Siehe Kap. 30 (2), *Gyōji*.

19   *Setsuzan setsugu* 雪山雪宮, «Schnee-Berg, Schnee-Palast». Der Ausdruck symbolisiert die Vorstellung einer wunderbaren und romantischen Schneelandschaft. Demgegenüber hat Meister Tendō die Endlosigkeit des Schnees tatsächlich verwirklicht.

20   *Gogen* 五眼, die «fünf Augen» oder «fünf intuitiven Einsichten», sind: 1. das physische Auge, 2. das übernatürliche Auge, 3. das Auge der Weisheit, 4. das Dharma-Auge und 5. das Buddha-Auge.

21   Bezieht sich auf die tausend Hände und Augen des Bodhisattva Avalokiteśvara. Siehe Kap. 33, *Kannon*.

22   Die Worte in Meister Tendōs Gedicht am Anfang dieses Kapitels sind: 乃至交衰大地雪漫漫 *naishi daichi [ni] kōkon[shite] yuki manman*, «Die große Erde hüllt sich in ein weißes, mit Drachen besticktes Gewand. Überall nur Schnee.» Obwohl der Schnee und die Erde im Gedicht getrennt sind, sind die beiden Elemente *yuki manman* 雪漫漫, «überall nur Schnee», und *daichi* 大地, «die große Erde», eine Einheit.

23   *Ke mushō nari* 華無生なり, wörtl. «die Blumen erscheinen nicht». Nicht-Erscheinen bedeutet 1. die Augenblicklichkeit aller Dinge und Erscheinungsformen im Universum, 2. die Auflösung aller Vorstellungen und Begriffe wie «Erscheinen» oder «Vergehen». Siehe auch Meister Dōgens Kommentar zu Meister Taiso Ekas Worten 華亦不曾生 *ke mata fuzōshō*, «die Blumen sind niemals erschienen», in Kap. 43, *Kūge*.

24   *Shōshō* 生生, wörtl. «das Erscheinen des Erscheinens», als Gegensatz zu *mushō* 無生, «das Nicht-Erscheinen».

25   *Kejō* 華情. *Ke* 華 bedeutet «Blumen» oder «Blüten», und *jō* 情 hat zwei Bedeutungen: 1. «Gefühle und Emotionen» und 2. «Umstände und Gegebenheiten» oder «konkret manifestieren». Vom subjektiven Standpunkt aus ist die Welt von unserem Geist geprägt und vom objektiven Standpunkt aus durch die konkreten Dinge und Phänomene sowie deren Umstände und Gegebenheiten.

26   *Nikon no tōjo* 而今の到処, wörtl. «Orte, die ins Jetzt gekommen sind». In Meister Nyojōs Gedicht ist *nikon* 而今 ein Adverb, das «jetzt» bedeutet, aber hier verwendet Dōgen es als Substantiv in der Bedeutung von «das Jetzt». *Tōjo* 到処, oder in der japanischen Leseart *ita[ru] tokoro* bedeutet als Kompositum «wo immer man hingeht» oder «überall». Gleichzeitig bedeutet *tō* oder *ita[ru]* 到 «ankommen» oder «gekommen sein», und *jo* oder *tokoro* 処 bedeutet «Ort». So hat *tōjo* 到処 drei Bedeutungen: 1. «jeder Ort», 2. «der Ort, der gekommen ist», oder 3. «der Ort, der jetzt hier ist» oder im weiteren Sinn «das Hier- oder Dasein» selbst. In dieser weiter gefassten Bedeutung verwenden wir *tōjo* 到処 im Folgenden. Siehe auch Kap. 11, *Uji*, Anm. 45.

27   *Tōji tōji* 到事到時, wörtl. «die Dinge, die jetzt gekommen sind, und die Zeit, die jetzt gekommen ist».

28 *Tōjo* 到処, wörtl. «der Ort, der gekommen ist».

29 Dies ist Bodhidharmas Gedicht (siehe oben, Anm. 6), das Meister Dōgen auch in Kap. 43, *Kūge*, zitiert und kommentiert.

30 *Jōkeikyoku* 成荊棘. Im Gedicht heißt es: «Jetzt sind alle Orte beschwerlich und voller Dornen.»

31 Nach den vorherigen philosophischen Ausführungen zu Einheit und Ganzheit wechselt Meister Dōgen hier zur konkreten Ebene der Einzeldinge und Erscheinungsformen im Jetzt.

32 *Go-u* 吾有, «meine Existenz», bedeutet hier Gautama Buddha selbst. *Go* 吾 bedeutet «Ich» oder «Mein» und *u* 有 «besitzen» oder «sein». Der Buddha sagte: «Ich besitze die Schatzkammer des wahren Dharma-Auges und den wunderbaren Geist des Nirvāṇas. Ich gebe sie an Mahākāśyapa weiter.»

33 *Nyotoku gozui* 汝得吾髄, «Was du erlangt hast, ist mein Mark.» Dies ist Meister Dōgens Variation der berühmten Worte von Bodhidharma bei der Dharma-Weitergabe an seinen Schüler, Meister Taiso Eka. Siehe Kap. 46, *Kattō*.

34 Von Meister Bodhidharma bis zu Meister Daikan Enō.

35 Von Meister Daikan Enō bis zu Meister Dōgen.

36 Hier werden zwei Aspekte der Wirklichkeit angesprochen: die alles umfassende Ganzheit von Mond und Wolke und die konkrete Vielfalt der Dinge und Phänomene wie ein Flusstal und ein Berg. Vom philosophisch-idealistischen Standpunkt aus kann man die Wolke und den Mond als eine Einheit betrachten. Vom materiell-konkreten Standpunkt aus kann man das konkrete Flusstal und den konkreten Berg als voneinander unterschieden ansehen. Die nicht erfassbare Wirklichkeit enthält beide Aspekte.

37 Im chinesischen Mondkalender fällt der Neujahrstag auf den ersten Frühlingstag, an dem die Pflaumenbäume manchmal schon blühen.

38 *Sōkai* oder *ai-kana[u]* 相契, wörtl. «übereinstimmen», bedeutet, dass der Körper und Geist eines Praktizierenden mit dem Körper und Geist eines Buddhas übereinstimmt.

39 Die letzten zwei Zeilen beschreiben konkrete Erscheinungen in der Natur: Die Knospen (im Text wörtl. «die Augen») der Weiden treiben auf frischen grünen Zweigen und die Pflaumenblüten wachsen auf alten braunen oder schwarzen Ästen.

40 Die Wirklichkeit wird nur im gegenwärtigen Augenblick erfahren, sodass man sagen kann, dass die zehntausend Zeitalter in diesem Augenblick stillstehen.

41 *Dōjō* 同条, wörtl. «derselbe Zweig». Hier erklärt Meister Dōgen, dass der ganze Pflaumenbaum in jedem Teil des Baumes enthalten ist und kein Teil getrennt vom anderen existiert.

42 Der braune Stamm der Weidenbäume, der sich vom frischen Grün der Blätter und Wiesen abhebt, erscheint wie ein Gürtel.

43 Dort, wo die dunklen Äste der Pflaumenbäume durch die weißen oder rosa Blüten hindurchscheinen, sehen sie wie Arme und deren Armschützer aus. Gemeint ist der zusätzliche Schutz aus Leder und Metall, der das Handgelenk und die Arme eines Samurai bedeckte.

44 *Shokukin* 蜀錦. *Shoku* 蜀 ist der Name der Provinz Sichuan in China, die berühmt war für ihren wunderbaren Brokat. *Shokukin* 蜀錦, Brokat aus Shoku, stand deshalb für etwas sehr Wertvolles.

45 Ein Mann namens Benka entdeckte zur Zeit der Chou-Dynastie (1122–255 v. u. Z.) in China einen großen und wertvollen Edelstein. Benka wird auch in Kap. 12, *Kesa kudoku*, erwähnt.

46 *Zuigo tokunyo* 髓吾得汝. Dies ist Meister Dōgens Umkehrung der berühmten Worte von Meister Bodhidharma, als er Meister Taiso Eka den Dharma übertrug: *nyotoku gozui* 汝得吾髓, «du hast mein Mark erlangt».

47 König Prasenajit war der Herrscher des Königreichs Kośala und ein Laien-Anhänger Buddhas.

48 Es heißt, der Mönch Piṇḍola sei einer der sechzehn Arhats in Buddhas Orden gewesen.

49 Im alten Indien hatten die alten Meister oft lange Augenbrauen, die herunterhingen. Wenn sie ihre Augenbrauen nach oben strichen, bedeutete dies Zustimmung dem Gesprächspartner gegenüber.

50 Die Geschichte und Meister Tendōs Gedicht zu Ehren Piṇḍolas werden auch in Kap. 61, *Kenbutsu*, zitiert.

51 *Arakanka* 阿羅漢果 bedeutet die vierte und letzte Stufe eines Arhats. Siehe Kap. 34, *Arakan*.

52 *Shin [no] Arakan* 真阿羅漢 ist ein Buddha. In Kap. 34, *Arakan*, sagt Meister Dōgen, ein Arhat komme einem Buddha gleich.

53 *Kenbutsu* 見仏, «Buddha begegnen», bedeutet, selbst den Körper und Geist eines Buddhas zu verwirklichen. Es bedeutet nicht, einen Buddha nur mit den Augen zu sehen. Siehe Kap. 61, *Kenbutsu*.

54 *Zengyō hōben* 善巧方便, sanskr. *upāya-kauśalya*. Worte und Bilder sind geschickte Mittel und Wege, um die Menschen zu der Wirklichkeit hinzuführen, die jenseits der Worte und Bilder ist. Dies ist das Thema von Kap. 2, «Geschicklichkeit», des Lotos-Sūtras.

55 *Kitsureiji* 吉嶺寺. *Kitsurei* 吉嶺 ist möglicherweise ein anderer Name für *Kippō* 吉峰, den kleinen Tempel in Esshū, wo Meister Dōgen mehrere Kapitel darlegte, die dem vorliegenden Kapitel vorangehen. *Rei* 嶺 und *hō* 峰 (hier *pō* gelesen) bedeuten beides «Berggipfel».

56 *Sōhō* 相逢, wörtl. «einander begegnen», bedeutet, sich auch von der Vorstellung zu befreien, dass wir (als Subjekt) und Buddha (als Objekt) getrennt seien.

57 Meister Goso Hō-en (1024–1104) war ein Nachfolger von Meister Haku-un Shutan.

58 Siehe Kap. 30 des *Zokutō roku* («Die Fortsetzung der Aufzeichnungen über die Leuchte»).

59 Der Mönch Taigen Fu (Daten unbekannt) war ein Nachfolger von Meister Seppō Gison (822–907). Er lehrte in vielen Provinzen Chinas, war aber nie Abt eines Klosters.

60 Der *tenzo* 典座, «Küchenchef», war einer der sechs obersten Mönche in einem großen Zen-Kloster. Meister Dōgen beschreibt die wichtige Arbeit des Kochs in seinem Buch *Tenzo kyōkun*, «Anleitungen für den Küchenchef». Der Name des Küchenchefs wird hier nicht erwähnt.

61 Meister Kassan Zen-e war ein Schüler von Meister Sensu Tokujō. Er gründete 870 ein Kloster auf dem Berg Katsu (Kassan).

60

十方

Juppō

Die zehn Richtungen

Jū bedeutet «zehn» und hō *(hier* pō *gelesen) «Richtung». So bedeutet* juppō *«die zehn Richtungen». Die zehn Richtungen sind der Osten, der Westen, der Süden, der Norden, die vier Richtungen dazwischen, z. B. Südost usw., sowie der Zenit und der Nadir. Diese zehn Richtungen beschreiben also den alles umfassenden Raum oder die ganze Welt. In der Buddha-Lehre wird des Öfteren die Bedeutung des Raumes behandelt.* Juppō*, «die zehn Richtungen», wird dann als Ausdruck für den konkreten Raum verwendet. In diesem Kapitel untersucht Meister Dōgen das Wort* juppō *und benutzt es, um über den konkreten, wirklichen Raum zu sprechen, das heißt, über den Raum oder die Welt, in der wir leben und handeln. Diese konkrete Welt mit all ihren vielen Einzelheiten ist im Buddha-Dharma sehr wichtig und darf nicht gering geschätzt oder vernachlässigt werden. Demgegenüber neigen manche idealistische Strömungen dazu, die wunderbare konkrete Welt zu übersehen und nur von idealen Welten zu träumen. Dies hält Meister Dōgen nicht für den richtigen Weg.*

Ein Mal Handeln[1] sind die konkreten zehn Richtungen.[2] Ein einziger Augenblick reinen Geistes[3] sind die leuchtenden zehn Richtungen. Dies ist das Mark der Wahrheit.[4]

Śākyamuni Buddha sagte vor einer großen Versammlung: *«In den Buddha-Ländern der zehn Richtungen gibt es nur das eine Dharma-Fahrzeug.»*[5]

Die obigen zehn Richtungen benutzen die Buddha-Länder und machen sie zu etwas Konkretem. Solange ihr die Buddha-Länder nicht ergreift und sie hierher bringt, existieren die zehn Richtungen nicht. Da sie Buddha-Länder sind, sehen wir Buddha als ihren König. Es könnte sein, dass diese Welt der Menschen das Buddha-Land des Śākyamuni ist. Es zu ergreifen und zu benutzen, bedeutet klar zu erkennen, dass [das Gewicht von] acht Ryō ein halbes Kin[6] ist, und es bedeutet durch die Praxis zu erfahren, dass dieses Buddha-Land der zehn Richtungen [so konkret und wirklich wie] sieben oder acht Fuß [Länge] ist.

Alle diese zehn Richtungen [die ganze Welt] passen in eine einzige Richtung und in einen einzigen Buddha, und deshalb offenbaren sie sich als die zehn Richtungen. Weil diese zehn Richtungen eine einzige Richtung, die Richtung dieses Ortes hier, meine eigene Richtung und die Richtung dieses Augenblicks jetzt sind, sind sie auch die Richtung des Auges und des Handelns, und sie sind die Richtung einer Säule [des Klosters] im Freien und einer Steinlaterne [im Garten]. Die Buddhas der zehn Richtungen, die in solchen Buddha-Ländern der zehn Richtungen leben, sind jenseits von groß und klein, rein und unrein. Deshalb verehren und preisen einander nur die Buddhas zusammen mit den Buddhas der zehn Richtungen. Wenn sie das Dharma-Rad drehen und den Dharma lehren, setzen sie sich nicht gegenseitig herab und sprechen nicht über Verdienste, Recht oder Unrecht der anderen. Vielmehr fördern sie einander und verneigen sich voreinander als Buddhas Schüler und als Buddhas.

Den Dharma der Buddhas und Vorfahren auf diese Weise zu empfangen und zu lernen bedeutet nicht, andere in Bezug auf recht oder unrecht zu kritisieren, zu heucheln oder einander zu verleumden, als wären wir Menschen außerhalb des [Buddha-] Weges oder gar Dämonen. Wenn wir Buddhas Sūtren lesen, die nunmehr von China zu uns weitergegeben wurden, und nur einen kurzen Blick auf das Ganze seiner Lehre werfen, so sagt Śākyamuni Buddha niemals, dass die Buddhas anderer Richtungen im Vergleich geringer oder hervorragender seien, und er sagt auch nicht, dass die Buddhas anderer Richtungen keine Buddhas seien. Kurz, wir können in Śākyamuni Buddhas lebenslanger Lehre kein einziges Wort finden, das andere Buddhas kritisiert. Man hat auch niemals ein einziges Wort von den Buddhas anderer Richtungen gehört, das Śākyamuni Buddha kritisieren würde.

Deshalb sprach Śākyamuni Buddha zu einer großen Versammlung: *«Nur ich kenne die wirkliche Form[7] [aller Dharmas], und die Buddhas der zehn Richtungen sind ebenso.»*[8]

Denkt daran, dass «die Form, die nur ich [Śākyamuni Buddha] kenne», genau die wirkliche Form ist.[9] Die wirkliche Form bedeutet, dass «dieser Bambus so lang ist und jener Bambus so kurz».[10] Die Wahrheit der Buddhas der zehn Richtungen ist, dass «nur ich die wirkliche Form kenne und Śākyamuni Buddha genauso ist». Sie lehrt, dass «nur ich die wirkliche Form erfahre und dass die Buddhas dieser Welt ebenso sind». Dies ist die Form des Ich, des Kennens, des Wirklichen, des Ganzen, der zehn Richtungen, der Welt, der Menschen und des Śākyamuni Buddha. Solcherart ist der Sinn und Inhalt von Buddhas Sūtren.

Die Buddhas und ihre Länder sind nicht zwei, sie sind weder empfindend noch nicht-empfindend; sie sind jenseits von Täuschung und Erwachen, von Recht, Unrecht und Neutralität, von Reinheit und Unreinheit; sie sind jenseits von Werden, Sein, Zerstörung und Leerheit[11]; die Buddhas und ihre Länder sind weder beständig noch unbeständig, weder existent noch nicht-existent, weder man selbst noch andere; sie haben die vier Sätze weit hinter sich gelassen und sich von den hundert Verneinungen[12] befreit. Die Buddhas und ihre Länder sind nichts anderes als die zehn Richtungen und die Buddha-Länder. Kurz: Die zehn Richtungen sind einfach Menschen, die Köpfe, aber keine Schwänze haben.

Zen-Meister Chōsa Keishin[13] lehrte vor einer Versammlung: *«Das ganze Universum der zehn Richtungen ist das Auge eines Mönchs.»*[14]

Was hier beschrieben wird, ist das Auge des Mönchs Gautama. Das Auge des Mönchs Gautama bedeutet: «Ich besitze die Schatzkammer des wahren Dharma-Auges.» Es gehört jedermann[15], und doch ist es das Auge des Mönchs Gautama. Das

Auge des Mönchs Gautama ist das ganze Universum der zehn Richtungen, manchmal eckig, manchmal spitz. Es ist [nur] eines der [vielen] Augen des Mönchs Gautama. Darüber hinaus gibt es unendlich viele Augen.[16]

«*Das ganze Universum der zehn Richtungen ist die alltägliche Rede eines Mönchs.*»

«Alltäglich»[17] bedeutet «gewöhnlich»; in der japanischen Alltagssprache sagen wir *yonotsune*. Deshalb ist das ganze Universum der zehn Richtungen die alltägliche Rede eines Mönchs. Es ist die Klarheit und Richtigkeit seiner Worte und seiner Rede. Weil die alltägliche Rede das ganze Universum der zehn Richtungen ist, ist das ganze Universum der zehn Richtungen die alltägliche Rede. Diese Grundwahrheit solltet ihr gründlich erforschen und erfahren. Da diese zehn Richtungen grenzenlos sind, sind sie das ganze Universum. Im alltäglichen Leben verwenden wir eine solche [alles umfassende] Rede. Und es verhält sich mit ihr, wie wenn ihr ein Pferd, Salz, Wasser oder ein Gefäß sucht und [dem Meister] Wasser, ein Gefäß, Salz oder ein Pferd bringt.[18] Wer weiß schon, dass ein großer Mensch, der sich vom Denken befreit hat, in der Rede seinen Körper, sein Gehirn und auch seine Rede selbst verwandelt?[19] Die Richtigkeit der Worte und die Direktheit der Rede des Ozeans und der Berge sind alltäglich. Auch wenn ihr euch Mund und Ohren zuhaltet, sind die zehn Richtungen nichts anderes als dieses konkrete, wirkliche Leben.

«*Das ganze Universum der zehn Richtungen ist der ganze Körper eines Mönchs.*»

Mit einer Hand auf den Himmel als Himmel und mit der anderen auf die Erde als die Erde zeigend [sagte der Buddha], dass er im Himmel und unter dem Himmel allein verehrungswürdig ist, obwohl sich Himmel und Erde auf diese Weise offenbaren. Diese Worte beschreiben den ganzen Körper eines Mönchs, der das ganze Universum der zehn Richtungen ist. Mit jedem einzelnen Teil seines Körpers, mit seinem Gehirn, seinen Augen, seinen Nasenlöchern, seinem Fleisch, seinen Knochen und seinem Mark durchdringt ein Mönch die ganzen zehn Richtungen. Es verhält sich so, ohne dass sich die ganzen zehn Richtungen verändern. Unabhängig von verstandesmäßigen Überlegungen, einfach dadurch, dass ihr den Körper eines Mönchs benutzt, der dieses ganze Universum ist, wird der Körper des ganzen Universums der zehn Richtungen Wirklichkeit.

«*Das ganze Universum der zehn Richtungen ist eure eigene strahlende Klarheit.*»[20]

Eure eigene [Klarheit] ist das Leben[21] vor der Geburt eurer Eltern. Manchmal geschieht es, dass das Leben selbst in unserer Hand ist: Diesen Zustand nennen wir «das ganze Universum der zehn Richtungen.» Deshalb verwirklicht ihr euch selbst und es ist das verwirklichte Universum, es öffnet [das Tor] zur Buddha-Halle und begegnet Buddha. Gleichzeitig ist es auch ein konkreter Mensch, der seine Augen mit schwarzen Perlen vertauscht hat.[22] Ein solcher Mensch ist fähig, großen Meistern zu begegnen, da er sein Gesicht völlig verändert hat. Selbst wenn es leicht ist, dies zu sagen, ist es schwierig in die Tat umzusetzen. Und doch dreht [ein Mensch] den Kopf, wenn man ihm etwas zuruft. In der Tat dreht er den Kopf, [weil er] als ein konkreter Mensch auf den Ruf reagiert.[23] Welchen Sinn hätte es, den Kopf zu drehen, wenn niemand ruft? Wenn der Reis darauf wartet, gegessen, und das Gewand darauf wartet, getragen zu werden [und ihr nicht sofort esst und euch ankleidet], muss ich euch leider dreißig Stockschläge verabreichen, selbst wenn ihr blind herumtappend versucht, etwas zu finden.

«Mitten in eurer eigenen strahlenden Klarheit existiert das ganze Universum der zehn Richtungen.»

Ein einziges Augenlid wird «eure eigene strahlende Klarheit» genannt. Wenn [das Auge] sich plötzlich öffnet, wird es «mitten in der Existenz»[24] genannt. Das, was in den Augen als das Resultat des Sehens existiert, nennen wir «das ganze Universum der zehn Richtungen». Gleichzeitig wissen wir genau, wo sich die Löcher in der Decke [des Nachbarn] befinden, wenn er auf derselben Matte schläft.

«Im ganzen Universum der zehn Richtungen gibt es niemanden, der nicht er selbst ist.»

Deshalb gibt es keinen einzigen guten Lehrer und keine einzige konkrete Handlung im ganzen Universum, die nicht er selbst, nicht sie selbst ist. Da [jeder Mensch] er oder sie selbst ist, ist auch jeder Einzelne das ganze Universum der zehn Richtungen. Unser aller Universum wird durch nichts anderes als durch das Universum selbst eingeschränkt. Da unser Lebensblut in der eigenen Hand liegt, zahlen wir der Welt den ursprünglichen Preis unserer Strohsandalen zurück.[25] Wie ist es [zum Beispiel] möglich, dass Bodhidharmas Auge und Gautamas Nasenlöcher [jeden Augenblick] neu und frisch im Schoß der Säulen im Freien geboren werden? Weil das Hinein- und Hinausgehen [im täglichen Leben] ganz und gar den zehn Richtungen und zehn Aspekten überlassen sind.

Der große Meister Shū-itsu vom Kloster Gensa[26] sagte: *«Das ganze Universum der zehn Richtungen ist eine leuchtende Perle.»*[27]

Seid euch klar darüber, dass die leuchtende Perle das ganze Universum der zehn Richtungen ist. [Manche Menschen], die die Häupter von Göttern oder die Gesichter von Dämonen haben, sehen die Perle als die Höhle [des begrifflichen Denkens]. Die Nachkommen der Buddhas und Vorfahren betrachten sie als das Buddha-Auge. Die Männer und Frauen menschlicher Familien sehen sie als ihr Denken und Handeln, und die Anfänger und spät Lernenden als das Tragen des Gewandes und das Essen der Mahlzeiten. Mein früherer Meister machte sie zu einem Schlammball, um seine älteren und jüngeren Brüder damit zu schulen. Obwohl die Perle einfach das Setzen eines Steins [auf dem Go-Brett] ist[28], macht sie sich das Buddha-Auge unserer Vorfahren zu Eigen.[29] Jeder der Vorfahren gibt dabei eine helfende Hand, und in ihrem Buddha-Auge strahlt ein helles Licht.

Ein Mönch fragte eines Tages Meister Kenpō[30]: *«Die Bhagavats der zehn Richtungen gehen auf dem einen Weg ins Nirvāṇa. Ich frage mich: Wo ist dieser Weg?»*

Kenpō nahm seinen Spazierstock, zeichnete einen Kreis[31] und sagte: *«Genau hier.»*[32]

Die zehn Richtungen sind genau hier. Die Bhagavats sind der Spazierstock. Der Spazierstock ist genau hier. Der eine Weg ist die zehn Richtungen. [Dieser Stock existiert hier;] verliert ihn nicht in Gautamas Nasenlöchern oder in den Nasenlöchern des

Stocks[33]; auch sollte der Spazierstock nicht die Nasenlöcher des Spazierstocks schlagen.[34] Glaubt nicht, der alte Kenpō habe überhaupt darüber nachgedacht, wie die Bhagavats der zehn Richtungen auf dem einen Weg ins Nirvāṇa gehen. Er sprach nur vom «Genau-Hier». Dieses Genau-Hier existiert wirklich[35], und es ist gut, dass sich der alte Kenpō nicht gleich von Anfang an von seinem Stock in die Irre führen ließ. Denn letztlich erfahrt und erforscht ihr die zehn Richtungen [nicht im Kopf, sondern] im pulsierenden Leben[36] selbst.

SHŌBŌGENZŌ JUPPŌ

Dargelegt vor einer Versammlung im Kloster Kippō in Esshū, Japan, am 13. Tag des elften Mondmonats im ersten Jahr der Ära Kangen [1243].

Anmerkungen

1 *Kentō isseki* 拳頭一隻, wörtl. «einmal die Faust». Die Faust ist im *Shōbōgenzō* ein Symbol für konkretes Tun und Handeln. Nach der Buddha-Lehre verwirklicht sich das ganze Universum im Handeln und durch das Handeln im gegenwärtigen Augenblick.

2 *Juppō* 十方, sanskr. *dāsa-diś*. *Diś* und *hō* 方 bedeuten nicht nur eine Himmelsrichtung, sondern auch ein Viertel, einen Bezirk oder eine ganze Region.

3 *Sekishin* 赤心, wörtl. «roter Geist», bedeutet den leeren und reinen Geist eines Säuglings. Siehe Kap. 37, *Shinjin gakudō*, Anm. 28.

4 Wörtl. «das Mark aus den Knochen schlagen», was den Ausdruck der Essenz oder des Wesentlichen bedeutet.

5 Dies ist ein Zitat aus dem Lotos-Sūtra, Kap. 2, «Geschicklichkeit». Siehe Borsig, S. 71.

6 *Hachiryō hankin* 八両半斤. *Ryō* 両 und *kin* 斤 sind japanische Gewichtsmaße, die sich im Lauf der Zeit verändert haben. Heute entspricht ein halbes *kin* 斤 etwa 300 Gramm. *Ryō* 両 und *kin* 斤 sind Symbole für etwas Konkretes.

7 *Konosō* oder *zesō* 是相, wörtl. «diese Form». Das Wort *kono* oder *ze* 是 unterstreicht die unbeschreibbare Wirklichkeit der Formen dieser Welt.

8 Dies ist ein Zitat aus dem Lotos-Sūtra, Kap. 2, «Geschicklichkeit», Siehe Borsig, S. 60.

9 *Ta ensō* 打円相, wörtl. «die runde Form treffen». In Kap. 22, *Busshō*, gibt es ein Gedicht von Meister Nāgārjuna, in dem sein Körper die Rundheit des Mondes (*engetsusō* 円月相) offenbart. Auch in diesem Kapitel bedeutet das Wort «rund» (*en* 円) nicht «kreisförmig», sondern «wirklich» in dem Sinn, dass die Form und ihr Wesen identisch sind.

10 Dies sind die Worte von Meister Sui-bi Mugaku. Siehe *Shinji shōbōgenzō*, Buch 1, Nr. 71.

11 *Jō, jū, e, kū* 成住壊空, «Werden, Sein, Zerstörung und Leerheit». Dies bezieht sich auf eine Theorie, nach der es vier Weltzeitalter zwischen der Entstehung einer Welt und der nächsten gebe, nämlich die der Entstehung, des Seins, der Zerstörung und der Leerheit.

12 Dies bezieht sich auf eine philosophisch-dialektische Methode der Sanron-Schule, die unter dem Namen *shiku hyappi* 四句百非 bekannt ist, was wörtl. «vier Sätze und hundert Verneinungen» bedeutet. Ihr Ziel ist es, dem illusorischen Vorurteil der Existenz oder Nicht-Existenz der Wirklichkeit entgegenzuwirken bzw. es dialektisch ad absurdum zu führen. Dasselbe wird durch die Methode der «hundert Verneinungen» erreicht.

13 Meister Chōsa Keishin (starb 868) war ein Nachfolger von Meister Nansen Fugan.

14 Dieses Zitat und die nachfolgenden von Meister Chōsa sind im *Keitoku dentō roku*, Kap. 10, aufgezeichnet. Meister Dōgen zitiert und kommentiert sie auch in Kap. 36, *Kōmyō*.

15 *Asui ni fushoku su* 阿誰に付属す. Der Buddha sagte: «*Ich besitze die Schatzkammer des wahren Dharma-Auges und den wunderbaren Geist des Nirvānas, und ich gebe sie an Mahākāśyapa weiter.*» Hier setzt Meister Dōgen den Begriff *asui* 阿誰, «jedermann», an die Stelle von *Mahākāśyapa*. *Asui* 阿誰 bedeutet zum einen «wer?» oder «jemand» und zum zweiten einen Menschen, dessen wahres Wesen man nicht mit Worten ausdrücken kann. *Fushoku* oder *fuzoku* 付属 bedeutet hier nicht wie in Buddhas Zitat «weitergeben», sondern «zu etwas gehören».

16 *Nyokyo tagen* 如許多眼. Seine unendlich vielen Augen sind eines der Merkmale des Bodhisattva Avalokiteśvara. Siehe Kap. 33, *Kannon*.

17 *Kajō* 家常 bedeutet als Adjektiv «alltäglich» und als Substantiv «der Alltag» oder «das tägliche Leben». Siehe Kap. 64, *Kajō*.

18 Dies bezieht sich auf eine Geschichte im *Mahā-parinirvāṇa-sūtra*. Darin wird erzählt, dass ein guter Gefolgsmann intuitiv weiß, was er seinem König zu bringen hat, wenn dieser ihm befiehlt: «Bringe Saindhava!» Saindhava ist ein Wort, das vier Bedeutungen enthält: 1. Salz, 2. ein Gefäß, 3. Wasser und 4. ein Pferd. Siehe Kap. 81, *Ōsaku sendaba*.

19 Hier beschreibt Meister Dōgen die Kraft der Worte, die die Fähigkeit haben, Körper und Geist eines Menschen zu verändern, wenn er sie intuitiv und nicht mit dem Denken erfasst.

20 *Jiko no kōmyō* 自己の光明 bedeutet «die strahlende Klarheit des Selbst» oder «meine eigene Klarheit».

21 Wörtl. «die Nasenlöcher».

22 Seine Augen mit schwarzen Perlen zu vertauschen bedeutet ohne Begierden, d. h., leidenschaftslos zu sein. Der Ausdruck findet sich auch in Kap. 28, *Butsu kōjō no ji*. Siehe dort Anm. 35.

23 *Kono kan [ni]tsui[te] ezu [suru]* 著者漢廻頭, wörtl. «auf diesen Menschen eingehend, dreht er den Kopf». Das, was wir abstrakt das wahre Selbst nennen, ist auch ein konkreter Mensch, der den Kopf dreht, wenn er gerufen wird. Nach Meister Dōgen sind das wahre, universelle Selbst und der Mensch, der etwas tut, wie z. B. den Kopf dreht, wenn er gerufen wird, eine Einheit.

24 *Zai-ri* 在裏, wörtl. «mitten in der Existenz», bedeutet die wirkliche Existenz, die Meister Chōsa mit den Worten «[das ganze Universum] existiert mitten in eurer eigenen strahlenden Klarheit» beschreibt.

25 «Den ursprünglichen Preis der Strohsandalen zurückzahlen» bedeutet seinen Lebensunterhalt zu verdienen, das Leben wert zu sein.

26 Meister Gensa Shibi (835–907). «Großer Meister Shū-itsu» ist sein posthumer Titel.

27 Meister Dōgen zitiert und kommentiert diese Worte in Kap. 4, *Ikka no myōju*. Wir finden sie auch im *Keitoku dentō roku*, Kap. 18, und im *Shinji shōbōgenzō*, Buch 1, Nr. 15.

28 *Ichijaku su* 一著子 bedeutet das Setzen eines Steins auf dem Go-Brett. Im *Shōbōgenzō* ist es oft ein Symbol für konkretes Handeln.

29 Im Text *ketsushutsu suru* 決出する, wörtl. «ausgelöffelt», ein Ausdruck, der sich des Öfteren im *Shōbōgenzō* wiederfindet.

30 Meister Esshū Kenpō (Daten unbekannt), ein Nachfolger von Meister Tōzan Ryōkai.

31 *Ikkaku [o] kaku [su]* 画一画, wörtl. «eine Zeichnung zeichnen», bedeutet hier, dass der Meister mit seinem Stock einen Kreis auf den Boden zeichnet und sagt, dass der Weg sich genau hier befindet.

32 Siehe *Gotō egen*, Kap. 13. Siehe auch *Shinji shōbōgenzō*, Buch 1, Nr. 37.

33 Der Satz kann auf verschiedene Weise interpretiert werden. Wir sehen «Gautamas Nasenlöcher» als die abstrakte, ideale Welt der Baghavats und «die Nasenlöcher des Stocks» als die abstrakte Vorstellung eines materiellen Stocks. Meister Dōgen geht es hier offenbar darum, die Konkretheit des Stocks hervorzuheben.

34 Das heißt, man sollte den Stock als einen Stock verstehen und ihn nicht in Subjekt und Objekt aufspalten, die einander widersprechen.

35 *Zaishari wa naki ni arazu* 在遮裏はなきにあらず, wörtl. «Hier-Sein ist nicht nicht-existent». Dies ist die von Meister Dōgen oft verwendete doppelte Negation, die eine verstärkte Bejahung ist.

36 Wörtl. «in den lebendigen Nasenlöchern».

61

見仏

Kenbutsu

Buddha begegnen

KEN bedeutet «sehen» oder «direkt begegnen» und im weiteren Sinn «Buddha er-
fahren» oder «Buddhas Sicht verwirklichen». BUTSU bedeutet «Buddha» oder «die
Buddhas». So bedeutet KENBUTSU «Buddha begegnen», also letztlich selbst den Körper
und Geist eines Buddhas zu verwirklichen. Um Buddha zu begegnen, muss man in der
Verfassung eines Buddhas sein und wie ein Buddha handeln, denn nur die Augen ei-
nes Buddhas können einen Buddha erkennen und ihm begegnen. In diesem Kapitel
erklärt Meister Dōgen, anhand mehrerer Zitate aus dem Lotos-Sutra und den Worten
alter Meister, was diese Begegnung mit Buddha ist und welche umfassende Bedeutung sie
hat.

Śākyamuni Buddha sagte vor einer großen Versammlung: «*Wenn ihr [beides] sehen*
könnt, sowohl die vielfältigen Erscheinungsformen als auch [ihre] Formlosigkeit, begeg-
onet ihr sogleich dem Tathāgata.»[1]
    Es ist eine den ganzen Körper durchdringende und befreiende Erfahrung, wenn
ihr sowohl die vielen konkreten Erscheinungsformen [dieser Welt] als auch [ihre] Formlosigkeit[2] seht und so dem Tathāgata begegnet. Dieses Auge zu verwirklichen, das
Buddha sehen kann und sich bereits durch diese Erfahrung geöffnet hat, nennen wir
«Buddha begegnen». Der kraftvolle Weg des Auges, das Buddha begegnet, ist das an
Buddha teilhabende Auge. Wenn ihr euch selbst als Buddha in den anderen und euch
selbst als Buddha jenseits von Buddha sehen könnt, und wenn ihr diese Begegnung mit
Buddha erfahrt und erforscht, ihr folgt, sie verwirklicht und euch [von der Vorstellung
dieser Begegnung] befreit habt, wenn ihr also die Kraft dieser Begegnung erlangt habt
und sie benutzen könnt, dann begegnet ihr dem Buddha mit dem Sonnengesicht und
dem Buddha mit dem Mondgesicht[3], auch wenn jede eurer Begegnungen mit der anderen verflochten ist. Dem Buddha auf diese Weise zu begegnen, bedeutet, dass ihr einem
Buddha begegnet, dessen Gesicht, Körper und Geist, und dessen Hände und Augen
grenzenlos sind. Alle eure Anstrengungen auf dem Buddha-Weg und die Erfahrung des
Einklangs [mit Buddha], die ihr seit dem Erkennen und Erfahren des Bodhi-Geistes
und bei euren ersten Schritten [auf dem Weg] geübt habt, und die ihr jetzt [mit eurem
ganzen Körper] bis zu den Fußspitzen praktiziert, sind das kraftvolle Auge, die lebendigen Knochen und das Mark, die alle in diese Begegnung mit Buddha eingehen. Des-

halb sind eure eigene Welt und die Welt, die euch umgibt, wie auch dieses oder jenes Einzelding, alle gleichermaßen das Bemühen und die Anstrengung, Buddha zu sehen und ihm zu begegnen.

Die Menschen, die nicht dieses Auge der Erfahrung und des Forschens haben und sich mit den Worten des Tathāgata vom Sehen der Erscheinungsformen und [ihrer] Formlosigkeit befassen, denken, dem Tathāgata zu begegnen bedeute, die Vielfalt der Erscheinungsformen als nicht-existierend oder formlos anzusehen. Sie verstehen diese Worte so, dass die vielen Formen [dieser Welt] nicht als wirkliche Formen, sondern als der Tathāgata anzusehen seien. Selbst wenn eine kleine Gruppe beschränkter Menschen Buddhas Worte auf diese Weise verstehen mag, kann dies nicht der Sinn von Buddhas Worten gewesen sein. Denkt daran: Wenn ihr [beides] sehen könnt, sowohl die vielen Formen als auch [ihre] Formlosigkeit, begegnet ihr sogleich dem Tathāgata. Es gibt nämlich den Tathāgata und den Nicht-Tathāgata [der weit über die Vorstellung des Tathāgata hinausgeht].

Zen-Meister Dai Hōgen[4] vom Kloster Seiryō sagte: «*Wenn ihr die vielen Erscheinungsformen [dieser Welt] als formlos anseht, könnt ihr dem Tathāgata nicht begegnen.*»[5]

Dai Hōgens Aussage beschreibt die Sicht eines Buddhas. Darin drückt sich sowohl Hōgen selbst als auch seine Begegnung mit Buddha aus. Hier sprechen [Buddha und Hōgen] miteinander, sie wetteifern miteinander und reichen einander die Hand. Ihr solltet Hōgens Worte mit den Ohren hören und die Worte der Begegnung mit Buddha mit den Augen hören.

Es gab jedoch in der Vergangenheit [Menschen], die die Bedeutung [von Meister Hōgens Worten] zwar erlernt und erforscht, aber sie so verstanden haben, dass die vielen konkreten Erscheinungsformen ausschließlich Offenbarungen [des formlosen] Tathāgata seien und keine einzige von ihnen etwas anderes sei als [die Nicht-Form] des Tathāgata. Wir sollten die Form [des Tathāgata] aber auf keinen Fall als leer oder formlos ansehen. Wenn ihr die vielen Erscheinungsformen [dieser Welt nur] als formlos anseht, habt ihr euren Vater verlassen und irrt [in fremden Ländern] umher.[6] Gerade weil alle diese Formen nichts anderes als die vielen Formen des Tathāgata sind, wurde immer gesagt, dass sie wirkliche Formen sind [und daher sowohl Form als auch Nicht-Form umfassen]. Dies ist in Wahrheit die höchste Aussage des großen Fahrzeugs[7] und es ist die Erfahrung der Meister in vielen Ländern.

Macht diese Aussage zum entscheidenden Punkt für euch, vertraut auf sie und erfahrt sie selbst. Seid nicht wie die Federn, die vom Wind nach Osten oder Westen getrieben werden. Die vielfältigen Erscheinungsformen [dieser Welt] sind also nicht formlos, sondern die vielen Formen des Tathāgata. Untersucht diese Wahrheit gründlich und begegnet Buddha, entscheidet euch dafür und vertraut darauf. Nehmt sie an, bewahrt sie, rezitiert sie und erfasst sie vollständig. Wenn ihr dies tut, werdet ihr sie immer durch eure eigenen Ohren und Augen hören und sehen, und ihr werdet sie durch euren eigenen Körper und Geist, durch eure Knochen und euer eigenes Mark [wieder] fallen lassen. Ihr solltet diese Wahrheit durch die Berge, die Flüsse und das ganze Universum, die ihr selbst seid, klären. Auf diese Weise erfahrt und erforscht ihr das Tun und Handeln der Buddhas und Vorfahren.

Denkt nicht, dass das Buddha-Auge in euch sich nicht durch eure Rede und eure Handlungen klären könne. Vielmehr werdet ihr durch eure eigenen Worte der Verwandlung[8] selbst verwandelt, und ihr könnt euch dann von [der Vorstellung] befreien, dass ihr euch in Buddhas und Vorfahren verwandelt. Dies ist der Alltag der Buddhas und Vorfahren. Deshalb gibt es nur eine einzige Aussage, die ihr wirklich erfahren könnt: Die vielen Formen [dieser Welt] sind bereits formlos, und [ihre] Formlosigkeit ist nichts anderes als die vielen Formen selbst. Gerade weil die Nicht-Form die vielfältigen konkreten Formen hervorbringt, ist sie die wirkliche Nicht-Form. Sowohl die Formen, die wir als «Nicht-Form» bezeichnen, als auch diejenigen, die wir «die vielfältigen Formen» nennen, sind beide zusammen die Form des Tathāgata. Dies solltet ihr erfahren und erforschen.

Es gibt zwei Arten von Sūtren, die ihr im Haus [der Buddhas] erlernen und erforschen könnt: die Sūtren, die ihr sehen, und die Sūtren, die ihr nicht sehen könnt. Solcherart ist die Erfahrung des kraftvollen Buddha-Auges. Wenn ihr das Höchste noch nicht erfahren habt, indem ihr dieses Buddha-Auge benutzt und die Sūtren damit anschaut, habt ihr noch nicht das Auge der höchsten Erfahrung. Und wenn ihr dieses Auge, welches das Höchste erfährt, nicht habt, könnt ihr Buddha nicht sehen und ihm begegnen. Buddha zu begegnen bedeutet, dass ihr sowohl die vielfältigen Formen [dieser Welt] als auch [ihre] Nicht-Form sehen könnt. Dann seid ihr jemand, der den Buddha-Dharma «nicht versteht». Buddha nicht zu begegnen bedeutet, dass ihr weder die vielfältigen Formen [dieser Welt] noch [ihre] Nicht-Form seht. Und dann seid ihr jemand, der den Buddha-Dharma «versteht».[9] Solcherart sind Meister Hōgens Worte, die achtzig oder neunzig Prozent der Verwirklichung ausdrücken.

Selbst wenn dies so ist, solltet ihr in Bezug auf die eine große Sache[10] noch Folgendes hinzufügen: «Wenn ihr ‹die wirkliche Form› in den vielfältigen Formen ergründen könnt, dann begegnet ihr sogleich dem Tathāgata.» Eine solche Aussage basiert vollständig auf Śākyamuni Buddhas Kraft und Beistand, und sie ist die Haut, das Fleisch, die Knochen und das Mark seines Gesichts und seiner Augen.

Zu jener Zeit sprach Śākyamuni Buddha auf dem Geiergipfel zu einer großen Versammlung und wandte sich an den Bodhisattva Medizin-König: *«Wenn ihr eng mit einem Lehrer des Dharmas verbunden seid, erlangt ihr sogleich den Weg des Bodhisattvas, und wenn ihr diesem Lehrer folgt und bei ihm lernt, könnt ihr so viele Buddhas sehen, wie es Sandkörner am Ganges gibt.»*[11] Eng mit einem Lehrer des Dharmas verbunden zu sein bedeutet, so zu handeln wie unser zweiter Vorfahre [in China], der seinem Lehrer acht Jahre lang diente und danach mit seinem ganzen Arm[12] [Bodhidharmas] Mark erlangte. Die Worte beschreiben auch Nangakus Ringen um die Wahrheit, das fünfzehn Jahre lang dauerte.[13] Eng verbunden zu sein bedeutet, das Mark des Meisters zu erlangen. Den Weg des Bodhisattvas zu erlangen bedeutet, dass ich so bin und du ebenso bist[14] und dass ihr sogleich viele miteinander verflochtene Handlungen vollbringt. Die Worte «sogleich erlangen» bedeuten weder etwas aus der Vergangenheit zu erlangen noch etwas zum ersten Mal zu erlangen, und es bedeutet auch nicht in der Gegenwart dumpf etwas erfassen zu wollen. Den Weg sogleich zu erlangen bedeutet, dass ihr [die bloße Vorstellung,] irgendetwas in der engen Verbundenheit zu erlangen, vollkommen fallen lasst. Daher findet alles Erlangen [nur] im gegenwärtigen Augenblick statt.[15]

Einem Lehrer zu folgen und bei ihm zu lernen, bedeutet, dass ihr den Spuren der Alten folgt, die ihren Lehrern dienten, und dies solltet ihr erfahren und erforschen. Gerade im Augenblick dieser Handlung könnt ihr Buddha unmittelbar sehen, und dies bedeutet, so viele Buddhas zu sehen, wie es Sandkörner am Ganges gibt. «So viele Buddhas, wie es Sandkörner am Ganges gibt» beschreibt nichts anderes als die zahlreichen Augenblicke, in denen ihr kraftvoll und lebendig handelt. Ihr müsst dem Lehrer nicht schmeicheln, um so viele Buddhas zu sehen, wie es Sandkörner am Ganges gibt. Das Wichtigste ist, euch anzustrengen, ihm zu folgen und bei ihm zu lernen. Dem Lehrer zu folgen und bei ihm zu lernen bedeutet, die Sicht eines Buddhas zu erlangen.

Śākyamuni Buddha sprach zu einer Versammlung, in der alle die Bodhi-Wahrheit erfahren hatten: «*Tief in das Gleichgewicht von Dhyāna*[16] *eingehend, begegnen wir den Buddhas der zehn Richtungen.*»[17]

Das ganze Universum ist tiefgründig, weil es sich in den Buddha-Ländern der zehn Richtungen befindet. Es ist weder weit noch groß und weder eng noch klein. Wenn wir [im Gleichgewicht] handeln, folgen wir den jeweiligen Umständen und Gegebenheiten.[18] Wir sagen dann, dass [dieses Handeln] alles umfasst; es umfasst nicht sieben Fuß noch acht Fuß und auch nicht zehn Fuß, und deshalb enthält es alles, und nichts befindet sich außerhalb. Dieses tiefe Eingehen ist das Gleichgewicht von Dhyāna. Tief in das Gleichgewicht einzugehen bedeutet, den Buddhas der zehn Richtungen zu begegnen. Weil [das Gleichgewicht] wirklich existiert und ihr tief darin eingeht und dabei niemandem begegnet[19], begegnet ihr den Buddhas der zehn Richtungen. Die Buddhas der zehn Richtungen existieren deshalb, weil sie nichts [von niemanden] empfangen, selbst man ihnen [etwas] bringt.[20] Tief einzugehen kann sich nicht über einen sehr langen Zeitraum erstrecken. Den Buddhas der zehn Richtungen zu begegnen bedeutet auch, einem ruhenden Tathāgata [wie Meister Nansen] zu begegnen.[21] Es ist nicht möglich, in das Gleichgewicht von Dhyāna hinein- oder aus ihm herauszugehen [denn es existiert nur in der Wirklichkeit des Augenblicks].[22] Auch wenn ihr dem wahren Drachen[23] nicht traut und ihn fürchtet, ist es in dem Augenblick der Begegnung mit Buddha unmöglich, daran zu zweifeln. Weil ihr Buddha aus der Begegnung mit Buddha heraus begegnet, geht ihr in das Gleichgewicht von Dhyāna aus dem Gleichgewicht von Dhyāna heraus ein. Dieses Grundprinzip des tiefen Eingehens, des Gleichgewichts von Dhyana, der Begegnung mit Buddha usw. wurde nicht in der Vergangenheit von Menschen geschaffen, die leichtfertig darüber nachgedacht und dies an die Menschen von heute weitergegeben hätten. Dies sind auch keine neuartigen Erfindungen der heutigen Zeit. Vielmehr ist eine solche Grundwahrheit unausweichlich. Der ganze Weg, der uns überliefert wurde, und das Handeln, das [von Meister zu Schüler] weitergegeben und empfangen wurde, ist so beschaffen. Ebenso verhält es sich, wenn ihr Ursachen sät und die Früchte erntet.

Śākyamuni Buddha wandte sich an den Bodhisattva der universalen Weisheit und Tugend[24]: «*Wenn es Menschen gibt, die dieses Lotos-Sūtra annehmen und bewahren, lesen und rezitieren, sich seiner richtig erinnern, es praktizieren und abschreiben, so wisse, dass diese Śākyamuni Buddha begegnen. Es ist, als hätten sie dieses Sūtra direkt aus Buddhas Mund gehört.*»[25]

Im Allgemeinen sagen alle Buddhas, dass Śākyamuni Buddha zu begegnen und ihn zu verwirklichen bedeutet, dass man die Wahrheit verwirklicht und Buddha wird. Ein solches Tun und Handeln der Buddhas wurde von jeher durch die oben zitierten sieben Übungen verwirklicht. Diese sieben Übungen zu verwirklichen bedeutet, ein solcher Mensch zu sein, den ihr kennen solltet[26], und es bedeutet genau diesen Menschen, so wie er ist.[27]

Weil dies die Verfassung ist, in der wir Śākyamuni Buddha begegnen, ist es das Gleiche, als hätten wir dieses Sūtra direkt aus seinem Mund gehört. Śākyamuni Buddha ist Śākyamuni Buddha, seitdem er Śākyamuni Buddha begegnet ist. Auf dieser Grundlage hat sich Buddhas Mund[28] überall in den dreitausend Welten entfaltet. Welcher Berg und Ozean wäre also nicht Buddhas Sūtra? Deshalb begegnet der Mensch, der dieses Sūtra abschreibt, allein Śākyamuni Buddha. Buddhas Mund war seit der undenkbaren Vergangenheit immer geöffnet. Welcher Augenblick wäre also nicht dasselbe wie Buddhas Sūtra? Deshalb begegnet ein Übender, der dieses Sūtra annimmt und bewahrt, einzig Śākyamuni Buddha. Es könnte sein, dass nicht nur die Tugend von [Buddhas] Mund so beschaffen ist, sondern auch die Augen, die Ohren, die Nase usw. Dasselbe gilt für [alle anderen Dinge und deren] Vorder- und Rückseite, deren rechte und linke [Seite], für das Handeln und Geschehenlassen und für den gegenwärtigen Augenblick. Ihr wurdet geboren, um dieses Sūtra [des ganzen Universums][29] jetzt zu erfahren. Wie könntet ihr euch nicht glücklich schätzen, Śākyamuni Buddha zu begegnen? Zu leben bedeutet, Śākyamuni Buddha direkt zu begegnen. Es könnte sein, dass diejenigen Menschen Śākyamuni Buddha schon begegnet sind, die ihren Körper und Geist einsetzen, um dieses Sūtra der Blume des Dharmas anzunehmen und zu bewahren, es zu lesen und zu rezitieren, sich seiner richtig zu erinnern, es zu praktizieren und es abzuschreiben. Sie hören dieses Sūtra, als würden sie es direkt aus Buddhas Mund hören. Wer wollte es ihnen nicht gleichtun, um dieses Sūtra zu hören? Menschen, die sich nicht beeilen und anstrengen wollen, sind glücklose Wesen ohne Weisheit. Dieses Sūtra zu üben und zu praktizieren bedeutet, ein solcher Mensch zu sein, den ihr kennen solltet, und es bedeutet, Śākyamuni Buddha zu begegnen.

Śākyamuni Buddha sprach zu einer großen Versammlung: «*Wenn ein guter Sohn und eine gute Tochter meine Lehre hören, dass die Lebensdauer [des Tathāgata] unendlich ist, diese Lehre verstehen und tief im Herzen darauf vertrauen, werden sie Buddha sehen, wie er beständig auf dem Geiergipfel weilt und den Dharma lehrt, umgeben von den großen Bodhisattvas und vielen Śrāvakas. Sie werden diese Welt der Menschen wie ein Land aus Lapislazuli sehen, das eben und ausgeglichen ist.*»[30]

Die Worte «tief im Herzen» beschreiben die Welt der menschlichen Wesen. Auf [diese Lehre] zu vertrauen und sie zu verstehen[31] bedeutet, dass es einen Ort gibt, den man nicht verlässt. Wer könnte Buddhas Worten der wirklichen Wahrheit[32] nicht vertrauen und sie nicht verstehen? Es ist eine glückliche Fügung, diesem Sūtra zu begegnen, dem ihr vertrauen und das ihr verstehen solltet. Ihr habt euch danach gesehnt, in dieser Welt der Menschen geboren zu werden, um tief im Herzen auf diese Blume des Dharmas und auf die unendliche Lebensdauer [des Tathāgata][33] zu vertrauen und sie zu verstehen. Die übernatürliche Kraft des Tathāgata[34], die Kraft seines Mitgefühls und seiner grenzenlosen Lebensdauer bewirken, dass ihr durch euren Körper und Geist vertraut und versteht, dass ihr durch die ganze Welt und durch die Buddhas und Vorfahren vertraut und versteht. Die Kraft des Tathāgata bewirkt auch, dass ihr durch die wirkliche Form, durch die Haut, das Fleisch, die Knochen und das Mark vertraut und versteht, und dass ihr durch das Leben und Sterben, das Kommen und Gehen vertraut und versteht. Dieses Vertrauen und Verstehen ist die Begegnung mit Buddha.

Deshalb begegnet ihr Buddha, wenn ihr das Auge des Herzens habt, und ihr begegnet Buddha, wenn ihr das Auge des Vertrauens und des Verstehens habt. Śākyamuni Buddha spricht nicht nur davon, dass man ihm begegnet, sondern auch davon, dass man ihn sieht, wie er ständig auf dem Geiergipfel weilt. Dies könnte bedeuten, dass seine ständige Anwesenheit auf dem Geiergipfel dasselbe ist wie die unendliche Lebensdauer des Tathāgata. Deshalb beschreiben die Worte, Buddha ständig auf dem Geiergipfel weilen zu sehen, sowohl das ständige Sein des Tathāgata als auch das des Geiergipfels. Dies gilt für die Vergangenheit und für die Zukunft. Es könnte sein, dass die Bodhisattvas und Śrāvakas ebenfalls ständig da sind, und es könnte sein, dass die Lehre des Dharmas ebenfalls ständig gegenwärtig ist.

Wir sehen diese Welt der Menschen wie ein Land aus Lapislazuli, das eben und ausgeglichen ist. Beunruhigt euch also nicht, wenn ihr auf die Welt der Menschen blickt. Hoch gelegene Orte sind eben und ausgeglichen in ihrer hohen Lage, und tief gelegene Orte sind eben und ausgeglichen in ihrer tiefen Lage.[35] Diese Erde hier ist ein Land aus Lapislazuli, und ihr solltet das Auge nicht missachten, das es als friedlich und eben sieht. So sieht ein Land aus, dessen Boden aus Lapislazuli ist. Wenn ihr dieses Land nicht so ansehen würdet, als bestünde es aus Lapislazuli, dann wäre der Geiergipfel nicht der Geiergipfel, und Śākyamuni Buddha wäre nicht Śākyamuni Buddha. Buddha zu begegnen bedeutet also, darauf zu vertrauen und zu verstehen, dass dieses Land aus Lapislazuli besteht und nichts anderes ist als eine Form des tiefen Vertrauens und Verstehens.

Śākyamuni Buddha sprach zu einer große Versammlung: «*[Wenn die Lebewesen] dem Buddha mit dem einen [ungeteilten] Geist begegnen wollen und sich nicht um ihren Körper und ihr Leben sorgen, werde ich mit der gesamten Mönchsgemeinde auf dem Geiergipfel erscheinen.*»[36]

«Der eine Geist», von dem hier die Rede ist, ist nicht der ungeteilte Geist, von dem die gewöhnlichen Menschen oder [die Anhänger] der zwei Fahrzeuge usw. sprechen, sondern bedeutet, Buddha mit dem einen Geist[37] zu begegnen. Dem Buddha auf diese Weise zu begegnen, ist auch der Geiergipfel und die gesamte Mönchsgemeinde. Wenn jedes Lebewesen jetzt in sich den Wunsch erweckt, Buddha zu begegnen, möchte es Buddha durch die Hingabe an den Geist des Geiergipfels begegnen. Deshalb ist dieser eine Geist schon [dasselbe wie] der Geiergipfel. Wie könnte der ganze Körper sich nicht zusammen mit dem ganzen Geist offenbaren, und wie könnten sie nicht ein Körper-Geist sein? Da Körper und Geist bereits eine Einheit sind, gilt dies auch für die Lebensdauer und für das Leben selbst. Deshalb vertrauen wir die Sorge für uns selbst dem Geiergipfel an, der einzig für die höchste Wahrheit Sorge trägt. So bedeuten [Buddhas] Worte, dass er mit der gesamten Mönchsgemeinde auf dem Geiergipfel erscheint, nichts anderes als diesen einen ungeteilten Geist, mit dem wir Buddha begegnen.

Śākyamuni Buddha sprach zu einer großen Versammlung: «*Wenn jemand dieses Sūtra lehrt, dann begegnet er mir und dem Tathāgata Juwelenreichtum und vielen verwandelten Buddhas.*»[38]

Die Lehre dieses Sūtras ist: «Ich [Śākyamuni Buddha] bin ständig hier, [aber] durch meine übernatürliche Kraft bewirke ich, dass die Lebewesen, die verwirrt sind, mich noch nicht sehen, obwohl ich nahe bin.»[39] Diese übernatürliche Kraft des Tathāgata, die offenkundig und [zugleich] verborgen ist, hat die Tugend, zu bewirken, dass die Lebewesen, [die dieses Sūtra lehren,] mir und anderen [Buddhas] begegnen.

Śākyamuni Buddha sprach zu einer großen Versammlung: «*Wer dieses Sūtra bewahren kann, ist mir bereits begegnet, und er begegnet auch dem Buddha Juwelenreichtum und allen [meinen] Nachkommen.*»[40]

Weil es schwierig ist, dieses Sūtra zu bewahren, ermutigt der Tathāgata [die Menschen] dazu, dies beständig zu tun. Wenn jemand von sich aus dieses Sūtra bewahrt, begegnet er Buddha. Denkt daran: Wenn ihr dem Buddha begegnet, bewahrt ihr dieses Sūtra, und wer dieses Sūtra bewahrt, begegnet dem Buddha. Auch nur eine einzige Zeile oder einen einzigen Vers dieses Sūtras zu hören, anzunehmen und zu bewahren, bedeutet deshalb, Śākyamuni Buddha zu begegnen, dem Buddha Juwelenreichtum und allen [seinen] Nachkommen zu begegnen, Buddhas Schatzkammer des Dharmas übermittelt zu bekommen und Buddhas rechte Sicht zu erlangen. Es bedeutet, Buddhas Leben zu erfahren und das Auge jenseits von Buddha[41] zu erlangen. Es bedeutet, Buddhas Denken, Sehen und seinen Atem zu erlangen.

Der Buddha Sternkönig mit der Donnerstimme und der Weisheit einer Blume[42] sprach zu dem König Majestätischer Schmuck[43]: «*Denke daran, großer König, dass ein guter Lehrer und Freund, der uns lehrt und führt, die große Ursache dafür ist, dass wir Buddha begegnen und den Willen zur höchsten vollkommenen Wahrheit erwecken.*»[44]

Sogar jetzt sind die Strohmatten für [den obigen] großen Orden noch nicht zusammengerollt [sodass die Lehre weitergeht]. Obwohl wir von den Buddhas der Vergangenheit, Gegenwart und Zukunft sprechen, gleichen sie nicht den drei Zeiten der gewöhnlichen Menschen. Was [in den Orden der Buddhas] «die Vergangenheit» genannt wird, ist eine Sache des Geistes, «die Gegenwart» ist das Tun und Handeln, und «die Zukunft» sind die Projektionen des Gehirns. Weil dies so ist, hat der Buddha

Sternkönig mit der Donnerstimme und der Weisheit einer Blume einen Augenblick lang die Begegnung mit Buddha im Geist verwirklicht. Im Allgemeinen verstehen wir die Worte «Buddha begegnen» auf diese Weise. Belehrt und geführt zu werden, bedeutet, Buddha zu begegnen. Buddha zu begegnen bedeutet, den Willen zur höchsten vollkommenen Wahrheit zu erwecken. Die Erweckung des Bodhi-Geistes bedeutet Buddha zu begegnen, und dies ist recht am Anfang, in der Mitte und am Ende.

Śākyamuni Buddha sagte: *«Alle Wesen, die die Tugend üben, die sanft, bescheiden und aufrichtig sind, werden meinen Körper sehen, so wie ich hier bin und den Dharma lehre.»* [45]

Was hier «die Tugend» genannt wird, bedeutet, durch den Schlamm und das Wasser [des Alltags] zu waten. Es bedeutet, den Kräuselungen [des Wassers] zu folgen, und den Wellen [des Geistes] nachzugehen. Alle, die dies üben, werden Wesen genannt, die sanft, bescheiden und aufrichtig sind; ich bin so und ihr seid ebenso. Sie haben Buddha mitten im Schlamm des Alltags und in den Wellen des Geistes gesehen und bekunden, dass er hier ist und den Dharma lehrt.

Demgegenüber gibt es heute im großen Königreich der Song viele, die sich selbst «Zen-Meister» nennen. Sie kennen nicht die ganze Fülle des Buddha-Dharmas und haben wenig gehört und gesehen. Sie wiederholen zwei oder drei Aussagen von Rinzai oder Unmon und meinen, dies sei die ganze Wahrheit des Buddha-Dharmas. Wenn man den Buddha-Dharma vollständig in zwei oder drei Aussagen Rinzais und Unmons ausdrücken könnte, wäre der Buddha-Dharma niemals bis heute zu uns gekommen. Es ist schon nicht leicht, Rinzai und Unmon im Buddha-Dharma als verehrungswürdig zu bezeichnen, wie viel weniger sind es die unglaubwürdigen Menschen von heute, die nicht einmal Rinzai und Unmon gleichkommen? Sie sind minderwertig und nicht erwähnenswert. Weil sie selbst zu beschränkt sind, um Buddhas Sūtren zu verstehen, setzen sie sie unnötigerweise herab und vernachlässigen es, sie zu erlernen und zu praktizieren. Wir sollten sie als Treibgut bezeichnen, das außerhalb des Buddha-Weges ist. Sie sind nicht die Kinder und Enkel der Buddhas und Vorfahren. Wie wäre es möglich, dass sie Buddha auch nur annähernd begegnen können? Dies sind Menschen, die nicht einmal an die Wahrheiten des Kongzi [46] und Laozi herankommen. Kein Kind im Haus der Buddhas und Vorfahren sollte mit Menschen verkehren, die sich selbst «Zen-Meister» nennen. Ihr solltet mit eurem ganzen Körper nur ein Auge erfahren, erforschen und erlangen, nämlich das Buddha-Auge, das Buddha wirklich sehen kann.

Mein früherer Meister Tendō, der ewige Buddha, zitierte einmal das Folgende: *«Der König Prasenajit [47] fragte den Ehrwürdigen Piṇḍola [48]: ‹Ich habe gehört, der Ehrwürdige Piṇḍola sei dem Buddha aus nächster Nähe begegnet. Ist dies wahr, oder nicht?› Der Ehrwürdige [Piṇḍola] bestätigte dies, indem er mit der Hand über eine Augenbraue strich.»*

Mein früher Meister würdigte [Piṇḍola] mit den Worten:

Er strich mit der Hand über eine Augenbraue.
So beantwortete er einen Teil der Frage.

Er begegnete dem Buddha ohne Falschheit aus nächster Nähe.
Bis heute verdient er die Gaben der ganzen Welt.
Der Frühling ist in den Pflaumenzweigen, bedeckt von der Kälte des Schnees.[49]

«Buddha zu begegnen» bedeutet hier nicht, uns selbst als Buddha oder Buddha in den anderen zu sehen, sondern es bedeutet, Buddha unmittelbar zu begegnen. Weil ein blühender Pflaumenzweig einem anderen blühenden Pflaumenzweig begegnet, sind seine Blüten rein und klar.

Das Wesentliche der Frage des Königs Prasenajit ist, ob der Ehrwürdige [Piṇḍola] dem Buddha schon begegnet ist oder nicht und ob er Buddha geworden ist oder nicht. Der Ehrwürdige strich unmissverständlich mit der Hand über eine Augenbraue und bestätigte damit, dass er Buddha schon erfahren hatte und ihm ohne Falschheit begegnet war. Dies hat bis heute kein Ende gefunden. Hier zeigt sich unverhüllt, dass [Piṇḍola] die Gaben verdient, die man ihm darbringt.[50] Er ist Buddha in der Erfahrung der Einheit begegnet[51], deren Spuren wir nicht folgen können. Diese Begegnung eines Meisters [wie Piṇḍola] mit Buddha, der dreihundertmillionen [Anhänger] hatte[52], bedeutet, dass er Buddha wirklich erfahren und nicht [nur] die zweiunddreißig Merkmale [des Buddha] gesehen hat. Wer könnte diese zweiunddreißig [körperlichen] Merkmale [eines Buddhas] nicht erkennen?[53] Es könnte sein, dass viele Menschen, göttliche Wesen, Śrāvakas und Pratyekabuddhas nicht begreifen, was es wirklich bedeutet, Buddha zu begegnen.

Ähnlich verhält es sich zum Beispiel, wenn wir sagen, dass viele [als Meister] auftreten, aber nur wenige wirklich den Dharma lehren.[54] Buddha begegnet zu sein bedeutet, dass die Begegnung mit Buddha wirklich stattgefunden hat. Selbst wenn jemand nicht zeigen wollte, dass er Buddha begegnet ist, strahlt diese Begegnung ganz von selbst, und daran erkennt man die wirkliche Begegnung mit Buddha. Dies ist das Grundprinzip der Begegnung mit Buddha. Ihr solltet die Tatsache, dass Piṇḍola sich über eine Augenbraue streicht, gründlich untersuchen und euren Körper und Geist so viele Male anstrengen, wie es Sandkörner am Ganges gibt. Wenn ihr nicht über eine Augenbraue streichen könnt, seid ihr Buddha nicht wirklich begegnet, selbst wenn ihr hundert, tausend oder zehntausend Zeitalter lang Tag und Nacht mit Śākyamuni Buddha zusammengewesen seid. Wenn ihr die Kraft und Fähigkeit habt, über eine Augenbraue zu streichen, ist dies die ganz enge Begegnung mit Śākyamuni Buddha, die vor dem «König der Leerheit» war. Dann begegnet ihr einem Pflaumenblütenzweig und ihr begegnet dem Frühling als Pflaumenblütenzweig, selbst wenn ihr euch zweitausend Jahre später an einem Ort befindet, der hunderttausend Meilen weit davon entfernt ist. Weil dies so ist, begegnet ihr Buddha aus nächster Nähe, wenn ihr euch drei Mal niederwerft, die Hände in Gasshō legt und euch verbeugt. Ihr begegnet ihm, wenn ihr [wie Mahākāśyapa] lächelt, oder wenn euer Handeln so kraftvoll und schnell wie Blitz und Donner ist. Und ihr begegnet ihm, wenn ihr mit gekreuzten Beinen auf eurem runden Kissen sitzt.

Der ehrwürdige Piṇḍola ging zu einem Mittagsmahl im Palast des Königs Aśoka.
Nachdem das Räucherwerk verteilt war, warf sich der König vor dem Ehrwürdigen

[Piṇḍola] nieder und fragte: «Ich habe gehört, der Ehrwürdige sei dem Buddha aus nächster Nähe begegnet. Ist dies wahr, oder nicht?»

Der Ehrwürdige strich mit der Hand über eine Augenbraue und sagte: «Versteht Ihr?»

Der König sagte: «Ich verstehe nicht.»

Der Ehrwürdige sagte: «Als der Drachenkönig Anavatapta den Buddha zu einem Mittagsmahl einlud, war ich auch anwesend.»[55]

In König Aśokas Frage, ob es wahr sei, dass der Ehrwürdige [Piṇḍola] dem Buddha aus nächster Nähe begegnet sei, ging es darum, ob der Ehrwürdige bereits der Ehrwürdige selbst sei. Dieser strich sogleich mit der Hand über eine Augenbraue. Diese Geste bewirkt, dass die Begegnung mit Buddha sich in der Welt offenbart und dass es eine vertraute Erfahrung ist, Buddha zu werden.

Ihr solltet wissen: Wenn sich viele Buddhas, [so zahlreich] wie Reis, Hanf, Bambus und Schilfrohr, als Buddhas zusammen mit Buddhas versammeln, können [die Śrāvakas] der vierten Stufe[56] und die Pratyekabuddhas[57] nicht daran teilnehmen. Selbst wenn [die Śrāvakas] der vierten Stufe und die Pratyekabuddhas zu dieser Versammlung kämen, würde man sie nicht zu den Buddhas zählen. Der Ehrwürdige [Piṇḍola] hat bereits selbst gesagt, dass er auch anwesend war, als Buddha zu jenem Mittagsmahl eingeladen wurde. Dies war ein natürlicher Ausdruck seiner selbst und es kam ihm leicht über die Lippen. Es ist also offensichtlich, dass er Buddha begegnet ist. Buddha einzuladen bedeutet nicht nur Śākyamuni Buddha, sondern auch die zahl- und grenzenlosen Buddhas der zehn Richtungen und der drei Zeiten einzuladen. Zu den eingeladenen zahllosen Buddhas zu gehören bedeutet, ohne Zweifel Buddha direkt begegnet zu sein. Darauf sollte hingewiesen werden, [wenn man davon spricht,] Buddha zu begegnen, einem Meister zu begegnen, sich selbst zu begegnen oder euch zu begegnen. Der Drachenkönig Anavatapta war der König des Anavatapta-Sees.[58] Der Anavatapta-See bedeutet hier «der See ohne das Leiden der Hitze».

Der Zen-Meister Ho-nei Nin-yū[59] würdigte [Piṇḍola] mit den Worten: *«Unser Buddha begegnete Piṇḍola aus nächster Nähe. [Piṇḍola hatte] lange Augenbrauen, kurze Haare und zwei wilde Augen. Selbst der König Aśoka zweifelte an ihm. In Wahrheit leuchtet [Piṇḍola wie] ein Edelstein im hellen Licht.»*[60]

Obwohl diese Würdigung Piṇḍolas nicht ganz vollkommen ist, ist sie hier wiedergegeben, weil sie wesentlich für die Erforschung [eurer Begegnung mit Buddha] ist.

Ein Mönch fragte den großen Meister Shinsai aus Jōshū[61]: *«Ich habe gehört, dass ihr Nansen direkt begegnet seid. Ist dies wahr, oder nicht?»*

Der Meister antwortete: «In der Region Chinshū wachsen große Rettiche.»[62]

Diese Worte jetzt zu verwirklichen, ist die Bestätigung, dass [Jōshū] dem Nansen direkt begegnet ist. Hier geht es nicht darum, irgendwelche oder gar keine Worte zu gebrauchen oder etwas zu sagen oder zu verstehen. Es geht auch nicht darum, die Augenbrauen zu streifen oder zu berühren, sondern darum, dass [Jōshū Nansens] Augenbrauen direkt begegnet ist. Obwohl [Jōshū] ein unabhängiger Mensch mit außergewöhnlicher Begabung war, wäre er nicht [der Jōshū, den wir kennen], wenn er [Nansen] nicht direkt begegnet wäre.

Die großen Rettiche, die in Chinshū wachsen, beziehen sich auf die Zeit, als Jōshū der Abt des Klosters Shinsai im Tōka-Park in Chinshū war. Später erhielt er den Titel «großer Meister Shinsai». Weil [Jōshū] so war, wie er war, wurde ihm die Schatzkammer des wahren Dharma-Auges der Buddhas und Vorfahren authentisch weitergegeben, als er zum ersten Mal das Auge der Begegnung mit Buddha geöffnet und erfahren hatte. Wenn die Schatzkammer des wahren Dharma-Auge präsent ist, verwirklicht sich auch das würdevolle Handeln und die natürliche Haltung eines Buddhas. Es ist höchst erhaben und großartig, Buddha in diesem Leben wirklich zu begegnen.

SHŌBŌGENZŌ KENBUTSU

Dargelegt vor einer Versammlung am Fuß des Berges Yamashibu am 1. und am 19. Tag des elften Mondmonats im Winter des ersten Jahres der Ära Kangen [1243].

Anmerkungen

1   Dies ist ein Zitat aus dem Diamant-Sūtra.

2   *Shosō* 諸相, «die vielfältigen Formen», ist die äußere Erscheinung der Dinge, die man durch die Sinne wahrnehmen kann, *hisō* 非相, wörtl. «die Nicht-Form», oder «Formlosigkeit», umfasst das ganze Wesen der Erscheinungsformen, das man weder mit den Sinnen wahrnehmen noch mit dem Verstand erfassen kann. Der Buddha lehrt hier, dass die Wirklichkeit sowohl die äußere Form als auch die Nicht-Form umfasst und dass man ihm nur begegnen kann, wenn man diese beiden Seiten der einen Wirklichkeit sehen und verstehen kann.

3   *Jitsumen butsuken, getsumen butsuken* 日面仏見、面仏見, wörtl. «dem Buddha mit dem Sonnengesicht und dem Buddha mit dem Mondgesicht begegnen». Als Meister Baso Dō-itsu eines Tages krank war, fragte ihn ein Mönch, wie es ihm gehe. Der Meister antwortete: «*Buddha mit dem Sonnengesicht und Buddha mit dem Mondgesicht.*» Siehe *Eihei kōroku*, Band 9, Nr. 80.

4   Meister Hōgen Bun-eki (885–958) war ein Nachfolger von Meister Rakan Keichin. «Zen-Meister Dai Hōgen» ist sein posthumer Titel.

5   Zitat aus dem *Wanshi goroku*, Kap. 3: 若見諸相非相. Die Schriftzeichen des ersten Satzes sind bei Buddha und bei Meister Hōgen Bun-eki die gleichen, aber im ersten Fall werden sie *mo[shi] shosō [to] hisō [to o] mi[reba]*, wörtl. «wenn ihr die vielfältigen Formen und die Nicht-Formen seht», gelesen, und im zweiten *mo[shi] shosō [wa] hisō [nari to] mi[reba]*, wörtl. «wenn die vielfältigen Formen Nicht-Formen sind ...». In diesem Zitat sagt Meister Hōgen, dass wir Buddha nicht sehen können, wenn die vielfältigen Formen für uns nur Nicht-Formen sind und wir die Welt nur für eine Vorstellung und Projektion des Geistes halten.

6   *Shafu tōzei* 捨父逃逝. Dies bezieht sich auf die Parabel des verlorenen Sohns, der seinen Vater verlassen hatte und in fremden Ländern herumirrte, bevor er in seine Heimat zurückkehrte. Die Parabel wird in Kap. 4, «Erkenntnis durch den Glauben», des Lotos-Sūtras, zitiert.

7   D.h., des Mahāyāna.

8   *Ichi tengo* 一転語, wörtl. «ein Umkehrwort», das heißt, ein Wort, das etwas verändert. *Ichi* 一 bedeutet «eins» oder «das Ganze». *Ten* 転 bedeutet sowohl «umdrehen» wie in *tenki* 転機, «Wendepunkt», als auch «sich selbst verändern». *Go* 語 bedeutet «Wort(e)». Siehe Kap. 20, *Kokyō*, Anm. 73.

9   «Den Buddha-Dharma verstehen oder nicht verstehen» bezieht sich auf folgende Geschichte: Ein Mönch fragte Meister Daikan Enō: «*Welche Art von Mensch kann das Grundprinzip auf dem Berg Ōbai erfassen?*» Der Meister antwortete: «*Jemand, der den Buddha-Dharma versteht, kann es erfassen.*» Der Mönch fragte: «*Hat der Meister es erfasst?*» Der Meister antwortete: «*Nein.*» Der Mönch fragte: «*Warum nicht?*» Der Meister antwortete: «*Ich verstehe den Buddha-Dharma nicht.*» Siehe *Shinji shōbōgenzō*, Buch 1, Nr. 59.

10 *Ichidaiji innen* 一大事因縁, wörtl. «die Bewirkung der einen großen Sache». Wir finden diesen Ausdruck auch in Kap. 2 des Lotos-Sūtras, «Geschicklichkeit», in dem gesagt wird, dass die Buddhas in der Welt nur aufgrund der einen großen Sache erscheinen, so-dass die Menschen sich der Buddha-Weisheit öffnen, sie darlegen, verwirklichen und in

sie eintreten. Siehe auch Kap. 17, *Hokke ten hokke*.

11   Dies sind die letzten Zeilen von Kap. 10, «Der Gesetzesmeister», des Lotos-Sūtras. Borsig, S. 210.

12   Bezieht sich auf eine Legende, wonach der zweite Vorfahre in China, Meister Taiso Eka, seinen Arm abtrennte, um Meister Bodhidharma seine Entschlossenheit zu zeigen. Später erhielt er seine Bestätigung mit den Worten: «Du hast mein Mark erlangt.» Siehe Kap. 30, *Gyōji*.

13   Meister Nangaku Ejō lernte und praktizierte fünfzehn Jahre lang unter Meister Daikan Enō. Siehe Kap. 62, *Hensan*.

14   *Goyaku nyoze, nyoyaku nyoze* 吾亦如是、汝亦如是, «ich bin so und du bist ebenso». Dies bezieht sich auf ein berühmtes Gespräch zwischen Meister Daikan Enō und Meister Nangaku Ejō, das in Kap. 7, *Senjō*, und in anderen Kapiteln zitiert wird.

15   Den Bodhisattva-Weg zu erlangen ist nicht die Idee, dass man eng mit einem Meister verbunden ist, sondern das Handeln und die Erfahrung im Hier und Jetzt.

16   *Zenjō* 禅定, sanskr. *dhyāna*, bedeutet wörtl. «Meditation» oder «Versenkung» und beschreibt einen Zustand, in dem das dynamische Gleichgewicht aller körperlichen und geistigen Funktionen gegeben ist, der die Grundlage der Praxis des Zazen ist.

17   Ein Zitat aus dem Lotos-Sūtra, Kap. 14, «Wandel in friedvoller Festigkeit und Freude». Borsig, S. 266. Im Lotos-Sūtra ist das Subjekt *kono kyō [o] yo[man] mono* 読是経者, «jemand, der dieses Sūtra liest».

18   *Zuitako [su]* 髄佗挙 ist eine Variante des traditionellen Ausdrucks *zuitako* 髄佗去, «den anderen oder den Umständen oder Gegebenheiten ganz folgen».

19   *Shinnyū riko munin setsukyō* 深入裏許無人接渠, wörtl. «ohne die Berührung eines Menschen tief in diesen Ort hineingehen», bedeutet hier die Unabhängigkeit eines Menschen, der sich ganz dem, was er tut, hingibt.

20   *Setsushi shōrai tayaku fuju* 設使将来佗亦不受, wörtl. «Selbst wenn man [etwas] bringt, empfangen sie [die Buddhas] nichts.» Die Buddhas sind jenseits menschlicher Vorstellungen von Geben und Empfangen.

21   Dies bezieht sich auf die Begegnung zwischen Meister Jōshū Jūshin und Meister Nansen Fugan. Siehe Kap. 35, *Hakujūshi*.

22   In das Gleichgewicht von Dhyāna einzugehen, ist nur im gegenwärtigen Augenblick möglich. Die zeitliche Abfolge des Hinein- oder Hinausgehens in das Gleichgewicht ist nur eine Vorstellung und nicht die Wirklichkeit des gegenwärtigen Augenblicks.

23   Wörtl. «dem wirklichen Drachen», das heißt, die wahre Wirklichkeit. Siehe Kap. 65, *Ryūgin*.

24   *Fugen* 普賢, sanskr. *Samantabhadra*, bedeutet «universale Weisheit und Tugend».

25   Siehe Lotos-Sūtra, Kap. 28, «Die Ermutigung des Bodhisattva Samantabhadra». Borsig, S. 384 ff.

26   *Tōchi zenin* 当知是人, wörtl. «einen solchen Menschen kennen sollen». Dieser Ausdruck findet sich auch im Lotos-Sūtra. *Zenin* 是人 bedeutet einen konkreten, lebendigen Menschen, nicht die Idee eines Menschen.

27   *Nyoze tōnin* 如是当人. Dies ist eine von den vielen Varianten des oben genannten Ausdrucks aus dem Lotos-Sūtra, die für Meister Dōgens Sprachgenie charakteristisch sind. *Nyoze* 如是 bedeutet als Adjektiv «so wie es ist» und als Substantiv «das Sosein der Wirklichkeit». *Tō* 当 bedeutet ursprünglich «das Ziel treffen». Hier geht es Meister Dōgen darum, die genaue und tatsächliche Existenz dieses Menschen zu betonen.

28   Buddhas Lehre.

29   *Shikyō* 此経 oder wie hier *shikyōten* 此経典, wörtl. «dieses Sūtra», ist ein Ausdruck, der

im *Shōbōgenzō* sehr oft verwendet wird. Meister Dōgen drückt damit die Identität oder Gleichheit des Lotos-Sūtras mit dem ganzen Universum aus, in dem wir leben. Siehe Kap. 17, *Hokke ten hokke*.

30 Dies ist ein Zitat aus dem Lotos-Sūtra, Kap. 17, «Die Unterscheidung der Verdienste».

31 *Shin-ge* 信解, wörtl. «vertrauen und verstehen». Den gleichen Begriff finden wir im Titel von Kap. 4 des Lotos-Sūtras, «Erkenntnis durch den Glauben». Vgl. Borsig, S. 124.

32 *Jōtai* 誠諦, «tatsächliche Wahrheit», sanskr. *bhūta*, «tatsächlich», «wirklich».

33 *Nyorai juryō* 如来寿量, «Des Tathāgata Lebensdauer», ist der Titel von Kap. 16 des Lotos-Sūtras.

34 *Nyorai jinriki* 如来神力, «Die überirdische Kraft des Tathāgata», ist der Titel von Kap. 21 des Lotos-Sūtras.

35 Der Satz bezieht sich auf ein Gespräch zwischen Meister Isan Reiyū und Meister Kyōzan Ejaku. Siehe *Shinji shōbōgenzō*, Buch 1, Nr. 23. Im Universum ist alles eben und ausgeglichen, das heißt, im Gleichgewicht, unabhängig von der Position eines Ortes.

36 Zitat aus dem Lotos-Sūtra, Kap. 16, «Des Tathāgata Lebensdauer». Vgl. Borsig, S. 287 f.

37 *Isshin* 一心, wörtl. «der eine Geist», ist der alles umfassende Geist, der nicht in Subjekt und Objekt gespalten ist.

38 Zitat aus dem Lotos-Sūtra, Kap. 11, «Die Erscheinung des Juwelen-Stūpa». Vgl. Borsig, S. 229. Das Kapitel beschreibt unendlich viele Buddhas, die aus Śākyamuni Buddhas Körper hervorgegangen sind und aus allen Richtungen kommen, um den Dharma zu hören. Diese Buddhas werden *kebutsu* 化仏, «verwandelte Buddhas», genannt, weil sie Verwandlungen von Śākyamuni Buddha sind.

39 Dies ist ein Zitat aus dem Lotos-Sūtra, Kap. 16, «Des Tathāgata Lebensdauer». Vgl. Borsig, S. 287.

40 Zitat aus dem Lotos-Sūtra, Kap. 21, «Die überirdische Kraft des Tathāgata». Vgl. Borsig, S. 336.

41 *Butsu kōjō gen* 仏向上眼, wörtl. «das Auge im Bereich jenseits von Buddha». In Kap. 28, *Butsu kōjō no ji*, erklärt Meister Dōgen den Ausdruck «der Bereich jenseits von Buddha». Siehe dort.

42 Ein Buddha, der vor unermesslich langen Zeitaltern lebte.

43 *Myō shōgon ō* 妙荘厳王, aus dem Sanskrit Śubhavyūha-rāja.

44 Zitat aus dem Lotos-Sūtra, Kap. 27, «Die frühere Begebenheit mit dem König Śubhavyūha». Vgl. Borsig, S. 381.

45 Zitat aus dem Lotos-Sūtra, Kap. 16, «Des Tathāgata Lebensdauer». Vgl. Borsig, S. 289.

46 Konfuzius.

47 Der König Prasenajit herrschte über das Königreich Kośala und unterstützte Buddhas Orden.

48 Der Ehrwürdige Piṇḍola war einer der sechzehn Arhats in Buddhas Orden.

49 Dies ist ein Zitat aus dem *Nyojō oshō goroku*. Es findet sich auch in Kap. 59, *Baike*.

50 *Ōgu* 応供. Im Gedicht werden die Schriftzeichen *ku [ni] ō[zu]* gelesen, «die Gaben verdienen». Gleichzeitig ist *ōgu* 応供 die Wiedergabe des Wortes der Ehrerbietung im Sanskrit für einen Arhat, das «der Verdienstvolle» bedeutet. In vielen Tempeln in Japan gibt es die Bilder der sechzehn Arhats, denen regelmäßig Gaben dargebracht werden.

51 *Shinzo no kenbutsu* 親曾の見仏, wörtl. «Buddha in einer vertrauten Erfahrung begegnen», beschreibt die vollständige Einheit von Buddha und Piṇḍola, die für einen Dritten nicht nachvollziehbar ist.

52 Der Legende nach lebten in Śrāvastī, der Hauptstadt des Königreichs Kośala, 900 Millionen Menschen, von denen ein Drittel die Anhänger Piṇḍolas gewesen sein sollen.

53   Es ist leicht, die körperlichen Merkmale eines Buddhas zu erkennen. Aber Piṇḍolas Begegnung mit Buddha war die Erfahrung und Verwirklichung der Körper-Geist-Verfassung eines Buddhas.

54   Wörtl. «Viele heben den Fliegenwedel hoch, aber nur wenige heben ihn wirklich hoch.»

55   Dies ist ein Zitat aus dem *Aiku ō kyō* («Sūtra des Königs Aśoka»).

56   Ein «Śrāvaka der vierten Stufe» ist ein Mensch, der sich durch sein Verständnis der vier edlen Wahrheiten zu einem Heiligen (einem Arhat) entwickelt hat. Die vierte Stufe eines Śrāvakas ist die höchste Stufe, die ein Schüler des «kleinen Fahrzeugs» (des Hīnayāna) erreichen kann.

57   Ein Pratyekabuddha ist ein Mensch, der das Erwachen allein und ohne einen Lehrer erlangt hat. Sein Weg basiert auf dem Verständnis der zwölf Ursachen und Bedingungen.

58   Ein legendärer See im nördlichen Indien, der für seine kühle Temperatur berühmt war.

59   Meister Ho-nei Nin-yū, dessen Daten unbekannt sind. Er war ein Nachfolger von Meister Yōgi Hō-e. Das Gedicht stammt aus dem *Ho-nei Nin-yū Zenji goroku* («Die Aufzeichnungen der Worte von Zen-Meister Ho-nei Nin-yū»).

60   Im Text *on mani shiri soriyo*, die phonetische Wiedergabe des Sanskrit-Ausdrucks *om maṇi śrī sūrya*. *Om* ist eine magische Silbe, die oft am Anfang von Zauberformeln steht. *Maṇi* bedeutet «Juwel», «Edelstein». *Śrī* bedeutet «strahlen» oder «leuchten» und *sūrya* «die Sonne». Diese Worte sind Ausdruck der respektvollen Haltung des Zen-Meisters gegenüber dem ehrwürdigen Piṇḍola.

61   Meister Jōshū Jūshin (778–897), Nachfolger von Meister Nansen Fugan. Shinsai war der Name seines Klosters und «großer Meister Shinsai» ist sein posthumer Titel.

62   Zitat aus dem *Kosonshuku goroku* («Aufzeichnung der Worte alter und ehrwürdiger Meister»).

62

偏参

Hensan

Das umfassende Erforschen

HEN bedeutet «weit» oder «umfassend». SAN bedeutet wörtlich «besichtigen» oder «aufsuchen», aber nicht in dem Sinn, wie ein Tourist eine Sehenswürdigkeit besichtigt. Es bedeutet, dass ein Schüler in den Orden eines Meisters eintritt, an seiner Lehre teilhat, sie ernsthaft praktiziert und sie gründlich erforscht. Es bedeutet auch, dass der Schüler sich voll und ganz der Praxis des Zazen widmet und sie durch und durch erfährt. Ursprünglich bezog sich der Ausdruck HENSAN auf eine alte buddhistische Tradition, wonach die Mönche und Nonnen während ihrer Schulung öfter ihr Stammkloster verlassen und sich auf Reisen begeben haben, um die Meister anderer Klöster aufzusuchen, sie zu befragen und ihre Lehren zu erforschen. Nach Meister Dōgen wird dieses umfassende Erforschen der Wahrheit aber nicht dadurch verwirklicht, dass man möglichst viele Klöster und Meister aufsucht, sondern dass man die Praxis und Lehre eines wahren Meisters viele Jahre lang gründlich und umfassend erforscht und erlernt.

Die große Wahrheit der Buddhas und Vorfahren ist das durch und durch umfassende Erforschen des Höchsten. Es verwirklicht sich, wenn alle Hindernisse überwunden sind[1] und sich ungeahnte Kräfte offenbaren.[2] Selbst wenn dies so ist, öffnen sich die Blüten, und die konkrete Welt entsteht.[3] [Meister Tōzan sagte:] «Ich bin immer aufrichtig im Hier und Jetzt.»[4] Deshalb ist eine süße Melone bis zu ihrem Stiel süß und ein bitterer Kürbis bis zu seiner Wurzel bitter.[5] Die Süße ist durch und durch süß. Wir erfahren und erforschen dies [in der Praxis].

Eines Tages ließ Seppō[6] den großen Meister Gensa[7] zu sich kommen und fragte ihn: «*Du Asket [Gensa] Shibi*[8], *warum gehst du nicht fort, um die Wahrheit umfassender zu erforschen?*»

Meister Gensa antwortete: «*Bodhidharma kam nicht ins östliche Land*[9] *und der zweite Vorfahre*[10] *ging nicht zum westlichen Himmel*[11].»[12] Seppō stimmte ihm vollkommen bei.[13]

Die Grundwahrheit dieses umfassenden Erforschens ist so, wie wenn man einen Salto erforscht: Es ist die heilige Wahrheit, und doch ist sie kein [willentliches] Tun. Wie könnte es in ihr Stufen und Grade geben?

Als Zen-Meister Nangaku[14] zum ersten Mal den ewigen Buddha vom Berg Sōkei aufsuchte[15], fragte Daikan Enō ihn: «*Was ist es, das so gekommen ist?*»

Diesen Schlammball [eines Kōan] hat [Nangaku] volle acht Jahre umfassend erforscht. Letztlich kam er zu folgendem Schluss: *«Ich habe den Meister verstanden, der mich bei seinem ersten Besuch fragte: ‹Was ist es, das so gekommen ist?›»*[16]

Daikan Enō fragte: *«Wie verstehst du es?»*

Da sagte Nangaku: *«Etwas mit Worten zu erklären, trifft nicht den Kern der Sache.»* Dies ist die Verwirklichung seines umfassenden Erforschens, und es ist die Verwirklichung der acht Jahre.

Daikan Enō fragte: *«Stützt du dich auf die Praxis und Erfahrung, oder nicht?»*

Nangaku sagte: *«Es ist nicht so, dass es die Praxis und Erfahrung nicht gäbe, aber sie können nicht befleckt werden.»*

Darauf sagte Daikan Enō: *«Ich bin so und du bist auch so, und die Buddhas und Vorfahren in Indien waren ebenso.»*[17]

Daran arbeitete [Nangaku] noch weitere acht Jahre. Insgesamt dauerte sein umfassendes Erforschen also fünfzehn Jahre.

So erforschte er «was so gekommen ist» in sehr umfassender Weise. Dass [Nangaku] die [Buddha-]Halle geöffnet hat, den Buddhas und Vorfahren begegnet ist [und erkannt hat], dass etwas mit Worten zu erklären nicht den Kern der Sache trifft, ist nichts anderes als das Erforschen der Wahrheit, dass [die Buddhas und Vorfahren in Indien] «ebenso waren». Bevor [Nangaku] in das Bild gekommen und gesehen hat, hatte er die Wahrheit bereits unzählige[18] Weltzeitalter lang umfassend erforscht, und sie hat seinen Körper verändert.[19]

Einfach nur in ein Kloster einzutreten und es wieder zu verlassen, ohne die Wahrheit ergründet zu haben, bezeichnen wir nicht als ein umfassendes Erforschen. Die Wahrheit umfassend zu erforschen bedeutet, dass man das ganze Auge erfährt, das alle Sichtweisen umfasst, und es bedeutet, das Höchste im konkreten Tun und Handeln zu verwirklichen. Bis zum tiefsten Grund zu durchschauen, wie dick die Haut des Gesichtes ist: Dies bedeutet, die Wahrheit umfassend zu erforschen.

Das Wesentliche von Seppōs obigen Worten über das umfassende Erforschen ist nicht, dass [er Gensa] anspornt, seinen Orden zu verlassen oder nach Norden oder Süden zu gehen, sondern er bestärkt Gensa in seinem umfassenden Erforschen der Wahrheit. Gensa hat dies mit den Worten ausgedrückt, dass Bodhidharma nicht nach China kam[20] und Eka nicht nach Indien ging.

Seppō hätte zu Gensa zum Beispiel genauso gut sagen können: «Wie könnte [deine Praxis hier] nicht das umfassende Erforschen sein?» Gensas Aussage, dass Bodhidharma nicht ins östliche Land [China] kam, ist keine beliebige Aussage über sein Kommen oder Nicht-Kommen, sondern sie bedeutet, dass es auf der ganzen Erde keinen Zoll «Land» gibt. Was wir hier «Bodhidharma» nennen, ist das pulsierende Leben selbst. Auch wenn das ganze Land [China] plötzlich gekommen wäre und ihm gedient hätte, hätte sich [Bodhidharmas] Körper nicht anders bewegt[21] und die Worte [anderer] hätten ihn nicht beeinflusst. Weil er nicht in das östliche Land kam, blickte er dem östlichen Land direkt ins Gesicht. Auch wenn das östliche Land dem Gesicht eines Buddhas und Vorfahren begegnete, kam Bodhidharma nicht in das östliche Land, da er [den Körper-Geist] eines Buddhas und Vorfahren erfahren und sein eigenes Leben verloren hatte.[22]

Letztlich liegt ein Land weder im Osten noch im Westen; Osten und Westen haben nichts mit einem «Land» zu tun. Dass der zweite Vorfahre nicht zum westlichen Himmel [Indien] ging, bedeutet, dass er den westlichen Himmel umfassend erforscht hat und nicht dorthin ging. Wenn er nach Indien gegangen wäre, hätte er nur seinen Arm verloren.[23]

Die Frage ist nun, warum unser zweiter Vorfahre nicht zum westlichen Himmel ging. Er tat es nicht, weil er direkt in [Bodhidharmas] blaue Augen hineingesprungen ist. Hätte er diesen Sprung nicht gemacht, wäre er auf jeden Fall nach Indien gegangen. Eka erfasste [Bodhidharmas] Augäpfel[24] vollständig, und dies war sein umfassendes Erforschen. Etwas umfassend zu erforschen bedeutet, nicht nach Indien oder China zu gehen. Man kann nicht sagen, dass jemand die Wahrheit umfassend erforscht, wenn er [zu den Klöstern von] Tendai[25], Nangaku[26], Godai[27] oder [sogar] zum Himmel über uns geht. Wenn ihr nicht wirklich bis zum Grund der vier Meere und der fünf Seen[28] gelangt, habt ihr sie nicht umfassend erforscht. Den vier Meeren und den fünf Seen nur einen Besuch abzustatten, ist kein umfassendes Erforschen, es macht den Weg nur glatt und schlüpfrig, sodass das umfassende Erforschen vergessen wird.

Da es das umfassende Erforschen ist, bis zum tiefsten Grund zu erfahren, dass das ganze Universum der wahre Körper des Menschen ist[29], könnt ihr auch auf konkrete Weise erforschen, warum Bodhidharma nicht nach China und Eka nicht nach Indien ging. Etwas umfassend erforschen bedeutet einfach, dass ein großer Stein groß und ein kleiner Stein klein ist. Ein Stein verändert sich nicht, aber wir können ihn manchmal als großen und manchmal als kleinen Stein erforschen. Einhundert, tausend oder zehntausend verschiedene Dinge oder einhundert, tausend oder zehntausend Orte aufzusuchen, bedeutet noch nicht, dass man die Wahrheit gründlich erforscht hat. Umfassendes Erforschen bedeutet, dass sich euer Körper während eines halben Wortes einhundert, eintausend oder zehntausend Mal verändert. Zum Beispiel die Erde zu bearbeiten und wirklich nur die Erde zu bearbeiten bedeutet, etwas umfassend zu erforschen. Aber wenn ihr nur ein Mal die Erde, ein Mal den Himmel und ein Mal die vier Länder und die acht Aspekte bearbeitet, habt ihr die Wahrheit nicht umfassend erforscht. Gutei[30] hat den «Einen Finger» [seines Meisters] Tenryū[31] wirklich umfassend erforscht. So war sein Erforschen. Gutei, der nur einen Finger hochhob, [wenn er gefragt wurde,] hat dieses Eine umfassend erforscht.

Gensa lehrte vor einer Versammlung: «*Der alte Meister Śākyamuni und ich haben dasselbe erfahren.*»

Ein Mönch trat vor und fragte: «*Ich frage mich, wem ihr begegnet seid.*»

Der Meister sagte: «*Dem dritten Sohn des Sha auf einem Fischerboot.*»[32]

Die von Kopf bis Fuß rechte Erfahrung, die der alte Meister Śākyamuni machte, ist auf natürliche Weise dieselbe Erfahrung wie das Erfahren des alten Meisters Śākyamuni seiner selbst. Weil die von Kopf bis Fuß rechte Erfahrung, die der alte Mann Gensa machte, auf natürliche Weise dieselbe Erfahrung ist wie das Erfahren des alten Mannes Gensa seiner selbst, haben der alte Meister Śākyamuni und der alte Mann Gensa dasselbe erfahren. Der alte Meister Śākyamuni und der alte Mann Gensa haben bis zum Letzten erforscht und erfahren, was es bedeutet, befriedigt zu sein und nicht befriedigt zu sein. Diese Grundwahrheit solltet ihr erforschen. Weil der alte Meister Śākyamuni dasselbe erfahren hat wie der alte Mann Gensa, ist er ein ewiger Buddha. Weil der alte Mann Gensa dasselbe erfahren hat wie der alte Meister Śākyamuni, ist er sein Nachkomme. Diese Wahrheit solltet ihr gründlich und umfassend erforschen.

Gensa begegnete «dem dritten Sohn des Sha auf einem Fischerboot». Den Sinn dieser Worte solltet ihr klären und erforschen. Bemüht euch, genau den Augenblick zu erforschen, in dem der alte Meister Śākyamuni und der alte Mann Gensa zur gleichen Zeit dasselbe erfahren. Der alte Mann Gensa, der dem dritten Sohn des Sha auf einem Fischerboot begegnet ist, ist jetzt gegenwärtig, und er erfährt dasselbe [wie Meister Śākyamuni]. Der dritte Sohn des Sha, der auf dem Berg Gensa einem Mann mit rasiertem Kopf begegnet, ist jetzt gegenwärtig, und er erfährt dasselbe [wie Meister Śākyamuni]. Es gibt die Erfahrung von Gleichheit und von Verschiedenheit; bringt euch selbst und andere dazu, darüber nachzudenken. Auch ihr solltet ganz und gar erforschen und erfahren, dass der dritte Sohn des Sha und [Gensa] selbst einem nicht erfassbaren Menschen[33] begegnet sind. Wenn euer Erforschen und Erfahren nicht direkt im Jetzt stattfindet, könnt ihr euch selbst nicht erfahren, und eine solche Erfahrung ist unbefriedigend. Ihr könnt dann auch nicht das andere [die Welt] erfahren, und dies ist unbefriedigend. Ihr könnt also weder den nicht erfassbaren Menschen noch euch selbst erfahren, ihr könnt das direkte Handeln nicht erfahren und ihr könnt das Buddha-Auge nicht erfahren. Einerseits ist es unmöglich, euer [wahres] Selbst zu fischen, das von allein an die Oberfläche kommt[34], und andererseits ist es unmöglich, dass euer [wahres] Selbst an die Oberfläche kommt, bevor es gefischt wird.

Wenn euer umfassendes Erforschen bereits verwirklicht ist, habt ihr euch vollständig von [der Vorstellung] des umfassenden Erforschens befreit.[35] Wenn der Ozean trocken ist, sieht man den Grund des Ozeans nicht mehr, und wenn ein Mensch stirbt, bleibt sein Geist nicht.[36] Der trockene Ozean bedeutet, dass der Ozean vollständig ausgetrocknet ist. Wenn der Ozean also vollständig ausgetrocknet ist, gibt es den Grund des Ozeans nicht mehr, [sondern nur noch Land]. «Nicht bleiben» oder «ganz bleiben» sind beides [Vorstellungen] des menschlichen Geistes. Wenn ein Mensch stirbt, bleibt [keine Spur] seines Geistes. Weil wir das Sterben [aller Illusionen und Täuschungen] verwirklichen, gibt es keinen «Geist» mehr. Daraus schließen wir, dass der ganze Mensch Geist und der ganze Geist Mensch ist. Auf diese Weise erfahren und erforschen wir die Vorder- und die Rückseite einer einzigen Tatsache.

Eines Tages versammelten sich erfahrene Praktizierende der Wahrheit aus vielen Regionen [Chinas] und baten meinen früheren Meister Tendō, den ewigen Buddha, um eine Darlegung in der Dharma-Halle. Er lehrte sie:

Die große Wahrheit ist ohne Tor.
Sie springt über eure menschlichen Gehirne hinaus.

Im leeren Raum enden alle Wege.
Die Wahrheit ist gerade in Tendōs Nasenlöcher eingedrungen.
Wer der Wahrheit so direkt begegnet, mag ein Feind für Gautamas [Nachahmer]
Und ein Schoß voller Probleme für Rinzais [Anhänger] sein.
Wie dem auch sei!
Wenn ein großer Meister sich überschlägt, tanzt er mit dem Herbstwind.
Die Aprikosenblüten fallen erstaunt herab
Und fliegen im scharlachroten Durcheinander.[37]

Diese Dharma-Rede hielt mein früherer Meister, der ewige Buddha, für die erfahrenen Praktizierenden aus vielen Regionen Chinas, als er der Abt des Klosters Seiryō im Bezirk Kenkō[38] war. Die Bezeichnung «erfahrene Praktizierende der Wahrheit» bedeutet, dass sie [Tendōs] frühere Schüler waren oder ehemals mit ihm auf der Zazen-Bank saßen. Sie waren [selbst] Meister vieler Regionen und daher auch seine alten Freunde. Sicherlich waren sie sehr zahlreich.

Sie hatten sich um den Meister versammelt und ihn um eine Darlegung gebeten. Erfahrene Praktizierende, die nicht wirklich etwas zu sagen hatten, waren nicht die Freunde meines Meisters und hätten ihn auch nicht um eine Lehrrede gebeten. Obgleich die Versammelten selbst hervorragend und verehrungswürdig waren, baten sie ihn ehrerbietig um eine Dharma-Rede. Kurz gesagt, ging das umfassende Erforschen der Wahrheit meines früheren Meisters weit über das der Meister anderer Regionen hinaus. In den letzten zwei- oder dreihundert Jahren gab es im großen Königreich der Song keinen ewigen Buddha wie meinen früheren Meister.

Zu der großen Wahrheit ohne Tor gehören [auch] die vier- oder fünftausend Straßen im Vergnügungsviertel[39] einer Stadt und die zwanzig- oder dreißigtausend Räume, in denen musiziert wird. Dort springt der Mensch aus dem ganzen Körper heraus, und dies geschieht auf keine andere Weise, als über das Gehirn hinaus ins volle Leben hineinzuspringen. Beides bedeutet, die Wahrheit zu erfahren und zu erforschen. Wer noch nie aus dem Denken herausgesprungen ist und sich befreit hat, hat noch nicht selbst erfahren, wie sich der Körper im lebendigen Puls des Lebens bewegt. Er ist kein Mensch, der die Wahrheit direkt erfahren und erkundet, und kein Mann, der sie umfassend erforscht hätte. Ihr solltet den Sinn dieses Erforschens nur unter Gensa erfahren und erforschen. Als unser vierter Vorfahre [in China] neun Jahre lang die Wahrheit unter dem dritten Vorfahren[40] erfahren und erforscht hat, hat er sie umfassend erforscht. Zen-Meister Nansen[41], der sein Leben lang nur im Bezirk Chiyō[42] lebte und die Berge dreißig Jahre lang nicht verließ, hat sie umfassend erforscht. In den vierzig Jahren, die Ungan, Dōgo[43] und andere auf dem Berg Yaku lebten und sich angestrengt haben, um die Wahrheit zu erfahren, haben sie sie umfassend erforscht. Der zweite Vorfahre [Eka] hat diese Wahrheit acht Jahre lang auf dem Berg Sū erfahren, und er hat sie bis in seine Haut, sein Fleisch, seine Knochen und sein Mark erforscht.

Das umfassende Erforschen bedeutet, nur zu sitzen und dabei Körper und Geist fallen zu lassen. Den ganzen Körper umfassend zu erforschen bedeutet, dass euer Kommen nichts anderes ist, als jetzt hierher zu kommen, und dass euer Gehen nichts anderes ist, als jetzt dorthin zu gehen. In diesem Augenblick ist beides so direkt, dass kein Haar dazwischen passt, und dies ist der ganze Körper der großen Wahrheit. Immer weiterzugehen und auf Vairocanas Kopf zu treten[44], ist der Samādhi der Ruhe und des Friedens. Sich zu entschließen, dies zu erlangen, ist das Handeln eines Vairocana. Wenn ihr wirklich umfassend erforscht habt, wie man aus dem Gehirn herausspringt, und dies bis zum Grund erfahren habt, ist es dasselbe, wie wenn ein Kürbis aus seinem [üblichen] Kürbis-Sein herausspringt. Seit langer Zeit haben wir den Kopf eines Kürbisses als den Ort der Wahrheit angesehen, wo wir uns für Buddha entscheiden. Das Leben ist wie ein [dünner] Faden[45] und ein Kürbis ist das direkte und umfassende Erforschen eines Kürbisses. Wir betrachten allein das [konkrete] Aufrichten eines Grashalms[46] als das umfassende Erforschen der Wahrheit.

SHŌBŌGENZŌ HENSAN

Dargelegt vor einer Versammlung in einer Hütte am Fuß des Berges Yamashibu am siebenundzwanzigsten Tag des elften Mondmonats im ersten Jahr der Ära Kangen [1243].

Anmerkungen

1   Wörtl. «wenn es keinen Strick mehr gibt, der die Füße bindet». Meister Tōzan Ryōkai sprach diese Worte, zitiert aus dem *Keitoku dentō roku*, Kap. 15. Siehe auch Kap. 27, *Zazenshin*, Anm. 83.

2   Wörtl. «wenn die Wolken unter den Füßen erscheinen». Zitiert aus dem *Keitoku dentō roku*, Kap. 3. Dass Wolken unter den Füßen erscheinen, bedeutet, dass jemand bestimmte übernatürliche Kräfte verwirklichen kann.

3   Die Worte von Meister Prajñātara, zitiert im *Keitoku dentō roku*, Kap. 2. Der vorhergehende Satz beschreibt das Erforschen des Höchsten auf der abstrakten Ebene, und dieser Satz stellt die konkrete Ebene dar. Das umfassende Erforschen beinhaltet beide Ebenen.

4   Meister Tōzans Worte, zitiert aus dem *Keitoku dentō roku*, Kap. 15. Siehe auch *Shinji shōbōgenzō*, Buch 1, Nr. 55, und *Shōbōgenzō*, Kap. 40, *Gabyō*, Anm. 8.

5   Dies sind die Worte von Meister Engo Kokugon aus dem *Engo Zenji goroku*, Band 2.

6   Meister Seppō Gison (822–908) war ein Nachfolger von Meister Tokuzan Senkan.

7   Meister Gensa Shibi (835–907), Nachfolger von Meister Seppō Gison. Zu der Zeit des Gesprächs schulte sich Gensa noch unter Meister Seppō. Im Text wird er unter seinem posthumen Titel «großer Meister Shū-itsu vom Berg Gensa» erwähnt.

8   *Bizuda* 備頭陀. *Bi* 備 ist ein Teil des Namens von Meister Gensa Shibi. «*Zuda*» 頭陀 ist sein Spitzname, von sanskr. *dhūta*, «asketische Übung». Siehe Kap, 4, *Ikka no myōju*, Anm. 6.

9   China.

10   Meister Taiso Eka.

11   Indien.

12   Siehe Kap. 4, *Ikka no myōju*, Anm. 8.

13   Siehe *Keitoku dentō roku*, Kap. 18. Siehe auch Kap. 4, *Ikka no myōju*.

14   Meister Nangaku Ejō (677–744), ein Nachfolger von Meister Daikan Enō. «Zen-Meister Dai-e» ist sein posthumer Titel.

15   *Sanzuru* 参ずる, «aufsuchen». Der Ausdruck bedeutet hier, dass ein Mönch in den Orden eines Meisters eintritt und sein Schüler wird.

16   Siehe Kap. 29, *Inmo*, Anm. 43.

17   Siehe *Shinji shōbōgenzō*, Buch 2, Nr. 1. In der Version des *Shinji shōbōgenzō* sagt Meister Daikan Enō: «*Ebendieses Nicht-Beflecken ist es, was die Buddhas immer bewahrt und beherzigt haben. Du bist auch so, ich bin so, und die alten Meister in Indien waren ebenso.*» Siehe auch Kap. 7, *Senjō*.

18   Im Text wörtl. «sechzig fünfhundert tausend Milliarden».

19   *Tenshin* 転身, wörtl. «den Körper drehen». Der Ausdruck bezieht sich auf eine physische Veränderung, die durch ein konkretes Tun und Handeln verursacht wird.

20   Wie bereits in Kap. 4, *Ikka no myōju*, im Einzelnen erläutert, kam Bodhidharma nicht mit einer vordergründigen Absicht nach China, sondern es war für ihn natürlich und selbstverständlich.

21   *Tenshin* 転身, «den Körper verändern». Dieser Teil des Satzes unterstreicht die Unabhängigkeit von Bodhidharmas Tun und Handeln.

22   Im Text wörtl. «er verlor seine Nasenlöcher».

23   Der Legende nach trennte sich Meister Eka einen Arm ab, um Bodhidharma sein entschlossenes Streben nach der Wahrheit zu zeigen. Siehe Kap. 30, *Gyōji*. Diese Handlung hätte keinen Sinn gehabt, wenn er nach Indien gegangen wäre.

24   Meister Eka erforschte also Bodhidharmas Sichtweise vollständig.

25   Bezieht sich auf den Berg Tendai in der heutigen Provinz Zhejiang im Osten Chinas. Dort gründete Meister Tendai Chigi einen Übungsort, der später der Hauptsitz der Tendai-Schule wurde.

26   Der Berg Nangaku liegt in der heutigen Provinz Hunan im Südosten Zentralchinas.

27   Der Berg Godai liegt in der heutigen Provinz Shanxi im Norden Chinas.

28   Die vier Meere und die acht Seen stehen hier für räumlich begrenzte Orte, die dem Menschen zur Orientierung dienen, aber nicht die Wirklichkeit selbst sind.

29   Dies sind die Worte von Meister Chōsa Keishin.

30   Meister Gutei vom Berg Kinka (Daten unbekannt), ein Nachfolger von Meister Kōshū Tenryū. Man sagt, dass er die Wahrheit verwirklichte, als Meister Tenryū ihm einen Finger zeigte. Danach hob Gutei als Antwort auf eine Frage immer einen Finger hoch.

31   Meister Kōshū Tenryū (Daten unbekannt) war ein Nachfolger von Meister Daibai Hōjō. Er war wegen des «Ein-Finger-Zen» bekannt, das er an seinen Schüler Gutei weitergab.

32   Meister Gensa war Fischer, bevor er Mönch wurde. Er meint daher sich selbst. Die Geschichte ist im *Rentō eyō*, Kap. 23, aufgezeichnet.

33   *Shimo nin* 甚麼人, wörtl. «ein was ist das für ein Mensch?».

34   In Kap. 4, *Ikka no myōju*, heißt es: «Vielleicht wartete er nicht einmal auf den Fisch mit den goldenen Schuppen, der von allein an die Oberfläche kommt.» Der Satz beschreibt Gensas friedliches Leben als Fischer. Der goldene Fisch ist das wahre Selbst.

35   Das heißt, man tut es einfach, ohne besonders darüber zu reflektieren.

36   Dies waren in China übliche Redewendungen, mit denen man eine radikale Umkehr einer Situation beschrieb. In den folgenden Sätzen erläutert Meister Dōgen den Sinn dieser Redewendungen aus der Sicht der Buddha-Lehre.

37   Zitat aus dem *Nyojō oshō goroku*, Band 1.

38   Südlich des heutigen Nanjing in der Provinz Jiangsu, die an das Gelbe Meer grenzt.

39   *Karyūkō* 華柳巷, wörtl. «Blüten- und Weidengegend», ist das Vergnügungsviertel bzw. der «Rotlichtbezirk» einer großen Stadt. Dies bedeutet, dass die große Wahrheit grenzenlos ist und auch die weltlichen Dinge umfasst.

40   Der vierte Vorfahre in China war Meister Dai-i Dōshin. Sein Meister, der dritte Vorfahre, war Meister Kanchi Sōsan.

41   Meister Nansen Fugan (748–834), ein Nachfolger von Meister Baso Dō-itsu.

42   In der heutigen Provinz Anhui im Osten Chinas, westlich der Provinz Jiangsu.

43   Sowohl Meister Ungan Donjō (782–841) als auch Meister Dōgo Enchi (769–835) waren Schüler im Orden von Meister Yakusan Igen.

44   *Biru chōjō gyō* 毘盧頂上行 bezieht sich auf eine Geschichte im *Shinji shōbōgenzō*, Buch 1, Nr. 26. Shukusō, der Kaiser der Tang-Dynastie, fragte den Meister Nan-yō Echū: «*Was bedeutet dieser Zustand des Gleichgewichts beim Zazen, den man ‹ruhig und friedvoll› nennt?*» *Der Meister sagte: «Geh voran und tritt auf Vairocanas Kopf!»* Vairocana ist der Sonnen-Buddha, der über Zeit und Raum herrscht.

45   Meister Daiman Kōnin sagte: «*Das Leben eines Menschen, dem das Gewand gegeben wurde, ist wie ein Faden.*» Siehe *Keitō dentō roku*, Kap. 3.

46   In Kap. 69, *Hotsu mujōshin*, sagt Meister Dōgen: «*Den Bodhi-Geist zu benutzen bedeutet, einen Grashalm zu nehmen und daraus einen Buddha zu machen.*» «Einen Grashalm aufrichten» bedeutet hier «etwas Konkretes tun».

63

眼睛

Ganzei

Das Buddha-Auge

Die erste, wörtliche Bedeutung von GANZEI *ist «die Augäpfel» oder «die Augen», d. h., die körperlichen, physischen Augen. In seiner zweiten Bedeutung, die Meister Dōgen im Shōbōgenzō darlegt, ist* GANZEI *ein Symbol für das Buddha-Auge oder Buddhas Sichtweise, die durch nichts behindert und von nichts gefesselt ist. Ein Mensch, der physische Augen hat und sehen kann, hat auch die Fähigkeit, die Welt mit den erwachten Augen eines Buddhas zu sehen. Für Meister Dōgen umfasst* GANZEI *deshalb sowohl die physischen Augen als auch die Sicht eines erwachten Menschen. Gleichzeitig beinhaltet der Ausdruck auch alle Dinge und Phänomene dieser Welt. Üblicherweise sehen wir die Welt dualistisch und unterscheiden zwischen einem Subjekt, das sieht, und einem Objekt, das gesehen wird. Aus der Sicht des Buddha-Auges bilden Subjekt und Objekt jedoch eine Einheit. In diesem kurzen, aber wichtigen Kapitel erklärt Meister Dōgen den tiefen und umfassenden Sinn des Wortes* GANZEI, *das sehr oft im Shōbōgenzō vorkommt. Dabei zitiert und kommentiert er die Worte von Meister Tendō Nyojō, Ungan Donjō, Tōzan Ryōkai und anderer Meister.*

Es gibt achtundvierzigtausend Sichtweisen[1], wenn sich Millionen Zeitalter der Erfahrung und des Forschens in einem glücklichen Kreis zusammenfinden.

Als mein früherer Meister Tendō, der ewige Buddha, Abt des Klosters Zuigan[2] war, lehrte er vor einer Versammlung in der Dharma-Halle:

> *Der Herbstwind ist rein und der Herbstmond klar.*
> *Die Erde, die Berge und Flüsse strahlen in das Auge.*
> *Tendō[3] sieht sie jeden Augenblick neu und frisch, und sie sehen ihn.*
> *Sie laufen mit Stöcken und Katsu-Schreien umher und prüfen den Flickenmönch![4]*

«Den Flickenmönch zu prüfen» bedeutet festzustellen, ob Tendō ein ewiger Buddha ist. Das Wesentliche ist hier, dass [die Erde, die Berge und die Flüsse] mit Stöcken und mit Katsu-Schreien umherlaufen[5], und [Tendō] nennt dies «sie jeden Augenblick neu und frisch zu sehen».[6] Das Buddha-Auge ist die kraftvolle Aktivität, die sich auf diese Weise offenbart.

Die Berge, die Flüsse und die Erde offenbaren das Buddha-Auge, das nicht entsteht und nicht wächst [sondern nur jetzt existiert]. [Das Auge] ist die Reinheit des Herbstwindes, der sehr sehr alt ist, und die Klarheit des Herbstmondes, der ganz neu

und frisch ist. Vergleicht die Reinheit des Herbstwindes nicht einmal mit den vier großen Ozeanen. Der klare Herbstmond ist heller als tausend Sonnen und Monde. Die
Reinheit und Klarheit der Berge, der Flüsse und der Erde sind selbst das Buddha-Auge.

Der Ausdruck «Flickenmönch» beschreibt einen Buddha und Vorfahren. Ein solcher Flickenmönch liebt weder das große Erwachen noch das Nicht-Erwachen, er wählt
nicht [die Zeit] vor oder nach dem Entstehen [der Dinge]. [Das Auge] ist die Reinheit
des Herbstwindes, der sehr sehr alt ist, und die Klarheit des Herbstmondes, der ganz
neu und frisch ist. Vergleicht die Reinheit des Herbstwindes nicht einmal mit den vier
großen Ozeanen. Der klare Herbstmond ist heller als tausend Sonnen und Monde. Die
Reinheit und Klarheit der Berge, der Flüsse und der Erde sind selbst das Buddha-Auge.
Den Flickenmönch zu prüfen bedeutet, dass das Buddha-Auge sich offenbart, dass sich
die reine und klare Sicht[7] verwirklicht, und es ist das kraftvoll lebendige Auge selbst.

[Dass Tendō die Erde, die Berge und die Flüsse] sieht und sie ihn sehen, bedeutet,
dass sie einander begegnen.[8] Einander zu sehen und zu begegnen bedeutet, dass die Augen klar sind und blitzschnell sehen. Kurz gesagt, ihr solltet nicht meinen, dass der ganze Körper groß, aber das ganze Auge klein sei. Sogar große und ehrwürdige [Menschen]
der Vergangenheit dachten, der ganze Körper sei groß und das Auge klein. Dies kommt
daher, dass sie nicht das Buddha-Auge hatten.

Als sich der große Meister Tōzan Gohon noch im Orden von Meister Ungan
schulte, fragte er Ungan, der gerade Sandalen anfertigte: «*Ich bitte euch, Meister, um
das Auge.*»

Ungan sagte: «*Wem hast du deines gegeben?*»

Tōzan sagte: «*Ich habe keines.*»

Ungan sagte: «*Du hast [bereits] das Auge. Wohin blickst du?*»

Tōzan antwortete nicht darauf.

Ungan sagte: «*Das Auge zu erbitten, ist selbst schon das Auge. Oder trifft dies nicht
zu?*»

Tōzan sagte: «*Es ist nicht das Auge.*»

Ungan kritisierte dies.[9]

Also bittet man um das Buddha-Auge, wenn das Lernen durch die Praxis schon
reif ist. Das Buddha-Auge zu erbitten bedeutet, sich in der Zazen-Halle um die Wahrheit zu bemühen, den Darlegungen in der Dharma-Halle zuzuhören und in den Raum
[des Meisters] einzutreten. Es ist auf natürliche Weise das Buddha-Auge, es den anderen Mönchen gleichzutun, wenn sie zur Arbeit gehen, und es ihnen gleichzutun, wenn
sie die Arbeit beendet haben. Die Wahrheit, dass das Buddha-Auge jenseits von Subjekt
und Objekt ist, liegt auf der Hand.

Es wird gesagt, dass Tōzan [den Meister Ungan] schon um Unterweisung gebeten
hatte, als er ihn um das Buddha-Auge bat. Ihr solltet klar erkennen, dass jemand, der
subjektiv ist, nicht von anderen gebeten wird, ihn zu unterweisen, und jemand, der objektiv ist, wird andere nicht darum bitten, ihn zu unterweisen.

[Ungan] lehrte [Tōzan mit der Frage]: «Wem hast du dein Auge gegeben?» Es
gibt die Zeit, in der [das Buddha-Auge] euer eigenes ist, und es gibt Wege, es anderen

zu geben, wer immer dies sei. [Tōzan sagte:] «Ich habe keines.» Dies sind Worte, die das Buddha-Auge selbst spricht. Ihr solltet diese Grundwahrheit in Ruhe untersuchen und erforschen, wie sich solche Worte verwirklichen.

Ungan sagte: «Du hast [bereits] das Auge. Wohin blickst du?» Diese Aussage bedeutet Folgendes: Wenn Tōzan sagt, er habe kein [Auge], so ist das Wesentliche, dass das «Nicht-Haben» in [Tōzans] Worten besagt, dass er das Auge hat und damit in irgendeine Richtung blickt. In irgendeine Richtung zu blicken bedeutet, dass man das Buddha-Auge hat. Ihr solltet erkennen, dass dies der Sinn der Worte ist.

Tōzan antwortete nicht darauf. Das heißt nicht, dass er nicht fähig gewesen wäre zu antworten. Vielmehr zeigt sein Schweigen, dass sein karmisches Bewusstsein unabhängig war. Ungan lehrte ihn: «Das Auge zu erbitten, ist selbst schon das Auge. Oder trifft dies nicht zu?» In diesem Satz blitzt das Buddha-Auge plötzlich auf, dieses kraftvoll lebendige Auge, das [die gewöhnlichen Sichtweisen] zerspringen lässt.

Wenn das Auge um das Auge bittet, will Ungan damit sagen, dass das Wasser zum Wasser fließt und ein Berg neben dem anderen steht. Er will damit auch ausdrücken, dass wir sowohl unter Fremden weilen[10] als auch mit unseresgleichen leben.[11] Tōzan sagte: «Es ist nicht das Auge.» Dies ist das Buddha-Auge, das selbst die Stimme erhebt. Dort, wo der Körper, der Geist, das Denken, die Form und der Rang [einer Person] «nicht das [gewöhnliche] Auge sind», begegnet ihr dem kraftvoll lebendigen Buddha-Auge, das sich selbst offenbart.

Alle Buddhas der drei Zeiten stehen auf der Erde und hören dem Buddha-Auge zu, das das große Dharma-Rad dreht und [alle Lebewesen] lehrt.[12] Letztlich erfahrt und erforscht ihr das Höchste, wenn ihr direkt in das Buddha-Auge hineinspringt. Dies bedeutet, dass ihr den Bodhi-Geist erkennt und erfahrt, euch schult und die große Wahrheit erfahrt. Dieses Buddha-Auge war von Anfang an weder subjektiv noch objektiv. Da es nirgends auch nur das geringste Hindernis gibt, gibt es auch in der einen großen Sache kein Hindernis.

Deshalb sagte ein alter Meister[13]: «Wie wundersam sind die Buddhas der zehn Richtungen. Eigentlich sind sie die Blumen in den Augen.»[14] Dies bedeutet, dass die Buddhas der zehn Richtungen das Buddha-Auge sind und dass die Blumen im Buddha-Auge die Buddhas der zehn Richtungen sind. [Unser ganzes Tun, wie] vorwärts- und rückwärtszugehen, zu sitzen und zu schlafen ist so beschaffen, weil es der Kraft des Buddha-Auges entspringt.[15] Es ist das Festhalten und Loslassen der Dinge im Buddha-Auge selbst.

Mein früherer Meister, der ewige Buddha, sagte: *«Ich nehme Bodhidharmas Auge, mache einen Schlammball daraus und schule die Menschen damit.»*[16]

Mit lauter Stimme sagte er dann: *«Ja! Das Meer ist trocken bis zum tiefsten Grund und die Wellen schlagen hoch bis zum Himmel!»*

Er lehrte dies vor einer großen Versammlung[17] im Abtsgebäude des Klosters Seiryō. Wenn Tendō sagt, er schule die Menschen[18], ist es dasselbe, als wenn er sagen würde, er mache [wirkliche] Menschen aus ihnen. Weil er sie knetet und formt, hat jeder von ihnen sein eigenes Gesicht. Dies bedeutet zum Beispiel, dass er die Menschen durch Bodhidharmas Auge zu [wirklichen] Menschen ausgebildet hat, was er tatsächlich getan hat.

Solcherart ist der Sinn [des Ausdrucks] «die Menschen schulen». Weil jeder Mensch [beim Zazen schon] mit dem Buddha-Auge sitzt[19], ist Bodhidharmas Auge nichts anderes als das kraftvolle Handeln, das die Menschen in der Zazen-Halle schult, es ist der Stab, der die Menschen in der Dharma-Halle schult, und es sind der Bambusstock und der Fliegenwedel, die die Menschen im Abtsgebäude schulen. So hat [Tendō] Bodhidharmas Auge genommen, einen Schlammball daraus gemacht und die Menschen damit geschult, [das heißt, er hat sie] geknetet und geformt, aber heute sagt man dazu: zum persönlichen Gespräch gehen und um eine Darlegung bitten, oder an den formalen oder spontanen Anweisungen am Morgen teilnehmen, oder sich beim Zazen anstrengen. Welche Art von Menschen hat Tendō geschult? Er sagte: «Das Meer ist trocken bis zum tiefsten Grund, und die Wellen schlagen hoch bis zum Himmel.»[20]

Einst würdigte mein früherer Meister, der ewige Buddha, in der Dharma-Halle die Verwirklichung der Wahrheit des Tathāgata:

Sechs Jahre irrte er im Gestrüpp umher [wie] der Geist eines wilden Fuchses.
Die Befreiung seines ganzen Körpers waren einfach die Verflechtungen.
Er verlor sein [bisheriges] Auge, und es gab kein Objekt der Suche mehr.
Jetzt täuscht er die Menschen, wenn er sagt,
Dass er durch den hellen Morgenstern erwachte.

Zu sagen, dass [der Tathāgata] durch den hellen Morgenstern erwachte, sind die Worte eines Außenstehenden, gerade in dem Augenblick, als der Tathāgata sein [bisheriges] Auge verlor. So [tiefgründig] sind die Verflechtungen des ganzen Körpers, und deshalb ist es leicht, sich zu befreien.[21] Das zu suchen, was wir suchen sollten, heißt also, nichts mehr zu suchen, weder die Verwirklichung noch die Nicht-Verwirklichung.

Mein früherer Meister, der ewige Buddha, lehrte in der Dharma-Halle:

Es ist die Zeit, als Gautama sein Auge verlor.
Nur ein Zweig Pflaumenblüten im Schnee.
Jetzt sind überall Dornen gewachsen.
Und doch lachen die tanzenden Blüten im Frühlingswind.[22]

Kurz gesagt: Gautamas Auge ist nicht nur ein, zwei oder drei Augen. Von welchem Auge spricht er hier, das [Gautama] verloren hat? Vielleicht gibt es ein Auge, das wir «das [alte] Auge verlieren» nennen. In diesem Fall gibt es noch ein [weiteres] Auge, nämlich einen Pflaumenblütenzweig im Schnee. Schon vor dem Frühling strömt er den Geist des Frühlings aus.

Mein früherer Meister, der ewige Buddha, lehrte in der Dharma-Halle:

Tage und Wochen des großen Regens.
Der leuchtend klare Himmel.
Die Frösche quaken und die Regenwürmer singen.

Die ewigen Buddhas sind niemals gegangen.
Sie offenbaren das Diamant-Auge.
Oh, ich weiß!
Wie tiefgründig sind diese Verflechtungen!

Das Diamant-Auge sind die Tage und Wochen des großen Regens, der leuchtend klare Himmel, das Quaken der Frösche und das Singen der Regenwürmer. Weil die ewigen Buddhas niemals gegangen sind, sind sie ewige Buddhas. Selbst wenn sie gehen, ist es nicht das Gehen der Menschen, die keine ewigen Buddhas sind.

Mein früherer Meister lehrte in der Dharma-Halle:

Die Sonne im Süden entfernt sich langsam.
Das Licht der Klarheit strahlt in den Augen.
Der Atem strömt durch die Nasenlöcher.

Das nie endende Jetzt existiert. Die Wintersonnenwende, der Neujahrstag, die Sonne und der Mond, die sich langsam entfernen, sind immer miteinander verbunden und doch frei.[23] Solcherart ist das Strahlen des Lichtes in den Augen und der Anblick der Berge in der Sonne. Das erhabene Wirken der Gegebenheiten [dieser Welt] ist so beschaffen.

Als mein früherer Meister, der ewige Buddha, im Kloster Jōji in der Stadt Rin-an[24] lebte, lehrte er in der Dharma-Halle:

Dieser Morgen ist der erste Tag im Februar.
Die Augen des Fliegenwedels kommen heraus.
So klar wie ein Spiegel und schwarz glänzend wie Lack.
Plötzlich springen sie heraus
Und verschlingen auf ein Mal den ganzen Kosmos.
Tendōs Schüler schlagen sich noch mit Hecken und Mauern.
Was ist [dieses Auge] letztlich?
Bis zur Erschöpfung geben, lachen aus vollem Herzen,
Sorglos alles dem Frühlingswind überlassen.

Dass die Schüler sich mit Hecken und Mauern schlagen, bedeutet, dass das Ganze der Hecken und das Ganze der Mauern zurückschlägt. Ein solches Auge existiert. Dieser Morgen, der Februar und der erste Tag sind konkrete Augenblicke des Buddha-Auges. Wir sagen, dass es die Augen des Fliegenwedels sind. Weil sie plötzlich herausspringen, gibt es diesen Morgen. Weil sie den ganzen Kosmos hunderttausend Mal verschlingen, gibt es den Februar. Wenn alles bis zur Erschöpfung gegeben ist, ist das der erste Tag. So verwirklicht sich die Kraft und Lebendigkeit des Buddha-Auges.

SHŌBŌGENZŌ GANZEI

Dargelegt vor einer Versammlung am Fuß des Berges Yamashibu in Esshū, am 17. Tag des zwölften Mondmonats im ersten Jahr der Ära Kangen [1243].

Anmerkungen

1 *Hachimanshisen no ganzei* 八万四千の眼睛, wörtl. «achtundvierzigtausend Augen», bedeuten die sehr vielen Sichtweisen, die sich offenbaren, wenn erfahrene Praktizierende zusammenkommen und sich unterhalten. Im Folgenden übertragen wir *ganzei* 眼睛 mit «das Buddha-Auge».

2 Das Kloster Zuigan befand sich in der Provinz Zhejiang im Osten Chinas.

3 Im Text «Zuigan». Zuigan ist der Name des Klosters, in dem Meister Tendō lehrte.

4 Diese und die folgenden Lehrreden von Meister Tendō Nyojō sind Zitate aus dem *Nyojō oshō goroku*.

5 Das heißt, dass die ganze Welt den Buddha-Dharma mit großer Kraft und Lebendigkeit lehrt.

6 *Tenkatsu* 点瞎, wörtl. «aufblitzen» oder «blinken». *Ten* 点 bedeutet «einen Punkt» oder «einen Tüpfel machen». *Katsu* 瞎 bedeutet «blind auf einem Auge». Daher verweist *tenkatsu* 点瞎 darauf, dass Tendō die Welt in jedem Augenblick immer wieder neu und frisch sieht.

7 *Katsu genjō* 瞎現成, wörtl. «ein blindes Auge verwirklicht sich», symbolisiert hier eine klare, ausgeglichene Sicht, die weder durch das Denken noch durch die Sinne getrübt wird.

8 *Sōken wa sōhō nari* 相見は相逢なり, wörtl. «einander sehen ist einander begegnen». *Sōken* 相見, «einander sehen», bedeutet nicht nur, dass Tendō die Erde, die Berge und die Flüsse mit den Sinnen wahrnimmt, sondern dass die Welt (Objekt) und er (Subjekt) eine Einheit bilden.

9 Siehe *Keitoku dentō roku*, Kap. 14.

10 *I-rui chūgyō* 異類中行, «unter Fremden weilen», ist ein Symbol für die Unabhängigkeit im Tun und Handeln.

11 *Dō-rui chūshō* 同類中生, «mit unseresgleichen leben», beschreibt die andere Seite, das heißt, wir Menschen sind nicht nur unabhängig, sondern auch miteinander verbunden.

12 Dies bezieht sich auf die Worte von Meister Gensa: «*Die Flamme verkündet den Dharma für die Buddhas der drei Zeiten, und die Buddhas der drei Zeiten stehen auf der Erde und hören den Dharma.*» Siehe *Shinji shōbōgenzō*, Buch 3, Nr. 88. Meister Dōgen erläutert die Aussage eingehend in Kap. 23, *Gyōbutsu yuigi*. Hier ersetzt Meister Dōgen den Dharma durch das Buddha-Auge.

13 Meister Rōya Ekaku (Daten unbekannt) war ein Nachfolger von Meister Funyō Zenshō.

14 Meister Dōgen erläutert diese Worte eingehend in Kap. 43, *Kūge*.

15 Unser ganzes Tun und Handeln ist untrennbar mit dem Buddha-Auge verbunden, weil es im Buddha-Auge keine Trennung zwischen Subjekt und Objekt gibt.

16 Wörtl. «Ich löffle Bodhidharmas Augen aus, knete mir einen Schlammball daraus und schlage die Menschen damit.» Dies bedeutet, dass Meister Nyojō den Menschen Bodhidharmas Sichtweise lehrte.

17 Wörtl. «vor dem Meer der Versammelten». Meister Dōgen verwendet den Begriff «Meer» im übertragenen Sinn für «sehr viele».

18 *Tanin* 打人, wörtl. «einen Menschen schlagen» oder «einen Menschen zimmern, kneten und formen». Dies ist eine Metapher für eine gute Ausbildung durch einen Lehrer.

19   *Ganzei nite tazaseru* 眼睛にて打坐せる, «mit dem Buddha-Auge sitzen». *Taza* 打坐
      bedeutet die Praxis des Zazen, wie in dem berühmten Ausdruck *shikantaza*, «einfach
      nur sitzen». *Shikantaza* bedeutet also «mit dem Buddha-Auge sitzen».

20   Meister Tendō hat Menschen ausgebildet, die fest im Leben stehen und sich nicht von
      ungewöhnlichen Veränderungen beirren lassen.

21   Es ist leicht, sich von seinen persönlichen Sichtweisen zu befreien, wenn man plötzlich er-
      wacht und erkennt, dass der ganze Körper völlig mit dem Universum verflochten ist. Die-
      se tiefgründigen Verflechtungen sind das Thema von Kap. 46, *Kattō*.

22   Den gleichen Vers finden wir in Kap. 59, *Baike*.

23   *Rentei datsuraku* 連低脱落 . Der Ausdruck beschreibt die beiden sich ergänzenden
      Aspekte von Zeit und Raum. Das Jetzt besteht aus einer Kette von Augenblicken, die nie
      endet, und gleichzeitig steht jeder Augenblick des Jetzt für sich allein. Dasselbe gilt für
      Sonne und Mond, die im unendlichen Raum miteinander verbunden und gleichzeitig
      unabhängig voneinander sind. Siehe auch Kap. 11, *Uji*, Anm. 18.

24   Die Stadt befand sich in der Provinz Zhejiang im Osten Chinas.

64

家常

Kajō

Der Alltag

KA bedeutet «Haus» oder «Heim» und JŌ «gewöhnlich» oder «alltäglich». Daher bedeutet KAJŌ «das gewöhnliche Leben» oder «der Alltag». Im Allgemeinen denken die Menschen, das religiöse Leben finde unabhängig vom alltäglichen Leben statt und habe nichts mit dem Alltag zu tun, da es spiritueller und höherwertig sei. Nach Buddhas Lehre kann aber das Leben im Buddha-Dharma nicht vom alltäglichen Leben getrennt werden. Das Leben hier und jetzt ist der Alltag und der Buddha-Dharma selbst. Dabei ist es sehr wichtig, wie wir täglich leben, also wie wir arbeiten, essen und schlafen. Meister Tendō Nyojō sagte zum Beispiel, der Buddha-Weg bestehe daraus, sich anzukleiden und die Mahlzeiten einzunehmen. In diesem Kapitel erklärt Meister Dōgen in diesem Sinn den Alltag auf der Grundlage der Buddha-Lehre.

Im Allgemeinen ist es der Alltag der Buddhas und Vorfahren, Tee zu trinken und die Mahlzeiten zu essen. Das Teetrinken und das Essen der Mahlzeiten wurde im Buddha-Dharma seit Langem weitergegeben und verwirklicht sich hier und jetzt. Deshalb wurde uns das kraftvolle Handeln beim Teetrinken und beim Essen von den Buddhas und Vorfahren überliefert.

Meister [Dō]kai vom Berg Taiyō[1] fragte [Meister] Tōsu:[2] *«Der Sinn der Worte der Buddhas und Vorfahren ist wie der tägliche Tee und die Mahlzeiten. Gibt es außerdem noch etwas anderes, mit dem die Buddhas und Vorfahren die Menschen unterweisen, oder nicht?»*

Tōsu sagte: *«Sag mir: Das Gebiet nahe der Hauptstadt*[3] *wird direkt vom Kaiser regiert. Ist es notwendig, sich noch auf [andere Kaiser wie] U, Tō, Gyō und Shun*[4] *zu verlassen, oder nicht?»*

Dōkai wollte gerade etwas sagen, da verschloss Tōsu seinen Mund mit dem Fliegenwedel und sagte: *«Bis du den Willen [zur Wahrheit] erweckt hast, musst du schon sechzig Stockschläge bekommen.»*

Daraufhin erwachte Dōkai, warf sich nieder und ging sogleich fort.

Tōsu sagte: *«Komm für einen Augenblick zurück, ehrwürdiger Mönch.»*

Dōkai drehte sich aber nicht mehr um.

Tōsu fragte: *«Bist du schon dort angekommen, wo es keine Zweifel mehr gibt?»*

Dōkai hielt sich die Ohren mit den Händen zu und ging endgültig fort.[5]

Daher solltet ihr darauf vertrauen, dass der Sinn der Worte der Buddhas und Vorfahren ihr täglicher Tee und ihre Mahlzeiten ist, und ihr solltet dies bewahren. Der gewöhnliche Tee und die täglichen Mahlzeiten sind der Sinn der Worte der Buddhas und Vorfahren. Die Buddhas und Vorfahren bereiten den Tee und die Mahlzeiten, und der Tee und die Mahlzeiten tragen und erhalten die Buddhas und Vorfahren. Deshalb verwenden wir die Kraft der Buddhas und Vorfahren für nichts anderes als für den Tee und die Mahlzeiten. [Tōsu] fragte, ob es notwendig sei, sich noch [auf andere Kaiser wie] U, Tō, Gyō und Shun zu verlassen, oder nicht. Gebt euch Mühe, dies zu erfahren und zu erforschen. Dann hatte [Dōkai] gefragt, ob es außerdem noch etwas anderes gebe, womit die Buddhas und Vorfahren die Menschen unterweisen, oder nicht. Ihr solltet aus dem Gehirn dieser Frage herausspringen und euch selbst prüfen und schauen, ob ihr fähig seid, diesen Sprung zu erfahren, oder nicht.

Meister Sekitō[6] hatte seine Hütte auf dem Berg Nangaku gebaut und sagte: «*Ich habe mir eine Strohhütte gebaut und besitze sonst nichts. Wenn ich mit dem Essen fertig bin, freue ich mich auf ein ruhiges Schläfchen.*»[7]

Mit dem Essen fertig zu sein und dies immer wieder neu zu erfahren, ist der Sinn der Worte der Buddhas und Vorfahren, die ihre Mahlzeiten wirklich erfahren haben. Wer noch nicht fertig gegessen hat, kann noch nicht erfahren, wie man gesättigt und zufrieden ist. Dennoch verwirklicht sich die Ruhe und Entspanntheit, die man erfährt, wenn man mit dem Essen fertig ist, auch vor der Mahlzeit, während der Mahlzeit und danach. Wenn ihr [Sekitōs Worte] missversteht und meint, es gäbe das Essen [nur dann], wenn man fertig gegessen hat[8], habt ihr nur knapp die Hälfte erfahren und erforscht.

Mein früherer Meister, der ewige Buddha, lehrte vor einer Versammlung:

«*Ich erinnere mich an Folgendes: Ein Mönch fragte [Meister] Hyakujō: ‹Was ist etwas Wunderbares?› Hyakujō antwortete: ‹Allein auf dem großen und erhabenen Gipfel[9] zu sitzen.› Mönche, lasst euch nicht verwirren. Dieser Mann soll sich nur für eine Weile umbringen beim Sitzen. Wenn mich heute jemand plötzlich fragen würde: ‹Meister [Nyo]jō, was ist etwas Wunderbares?›, würde ich nur sagen: ‹Was ist etwas Wunderbares? Was ist dies letztlich? Es sind meine Ess-Schalen aus [meinem früheren Kloster] Jōji[10], die ich jetzt im [Kloster] Tendō zum Essen benutze.›*»[11]

Im Alltag der Buddhas und Vorfahren gibt es etwas Wunderbares: allein auf dem großen und erhabenen Gipfel zu sitzen. Auch wenn ihr jetzt gehört habt, dass sich dieser Mann für eine Weile umbringen soll beim Zazen, ist es trotzdem wunderbar. Es gibt aber etwas, was noch wunderbarer ist, nämlich die Ess-Schalen von Jōji zum Tendō mitzubringen und sie zum Essen zu benutzen.

Es ist für jeden Menschen wunderbar, die Mahlzeiten zu essen. Allein auf dem großen und erhabenen Gipfel zu sitzen, ist also nichts anderes, als eine Mahlzeit zu essen. Wir verwenden die Ess-Schalen zum Essen, und zum Essen werden die Ess-Schalen verwendet. Deshalb geht es hier um die Ess-Schalen aus dem Kloster Jō und um Tendō, der seine Mahlzeiten damit einnimmt. Nachdem euch die Mahlzeit gesättigt hat, versteht ihr das Essen, und wenn ihr das Essen beendet habt, seid ihr gesättigt.

Wenn ihr verstanden habt, was das Essen ist, seid ihr gesättigt und zufrieden, und danach esst ihr von Neuem.

Was hat es nun mit den Ess-Schalen auf sich? Ich denke, dass sie nicht nur ein Stück Holz sind oder so schwarz wie Lack. Könnten sie so hart sein wie ein Stein? Könnten sie wie Männer aus Eisen sein? Die Ess-Schalen haben keinen [ebenen] Boden[12] und keine Nasenlöcher. Mit einem Mal verschlingen sie den Raum, und der Raum empfängt sie mit einer Verbeugung.

Mein früherer Meister, der ewige Buddha, lehrte einst im Abtsgebäude des Klosters Zuigan-jōdō-zen-in in Daishū[13]: «*Wenn der Hunger kommt, esse ich, und wenn die Müdigkeit kommt, schlafe ich. Der Schmiedeofen [einer solchen Praxis] reicht bis zum Himmel.*»

Wenn der Hunger kommt, ist dies die kraftvolle Energie des Essens, die zum Menschen kommt. Jemand, der das Essen noch nicht erfahren hat, kann nicht hungrig sein. Deshalb solltet ihr wissen, dass wir Menschen, für die der Hunger etwas Alltägliches ist, sicherlich schon einmal gegessen haben. Wenn die Müdigkeit kommt, bedeutet dies, dass es in der Müdigkeit noch eine weitere Müdigkeit gibt, die ganz über die Müdigkeit hinausgeht. Deshalb ist [diese Müdigkeit] ein Augenblick des Jetzt, in dem sich der ganze Körper durch das kraftvolle Handeln des ganzen Körpers vollständig verwandelt. Ein derartiges «Schlafen» ist ein Schlafen, das sich das Auge der Weisheit, das Auge der Buddhas und Vorfahren, das Dharma-Auge und das Auge der Säulen und Steinlaternen ausgeliehen hat.

Als mein früherer Meister, der ewige Buddha, vom Kloster Zuigan in Daishū zum Kloster Jō im Bezirk Rin-an[14] berufen wurde, lehrte er in der Dharma-Halle:

Eingehüllt durch zahllose Schichten von Nebel und Wolken,
Saß ich ein halbes Jahr lang auf dem Gipfel des Banpō und aß meine Mahlzeiten.
Plötzlich [kam meine Berufung wie] ein Donnerschlag.[15]
Die Aprikosenblüten in der Hauptstadt sind im Frühling purpurrot.[16]

Die Lehre der Buddhas und Vorfahren, die im Zeitalter des Buddha gelehrt und weitergegeben wurde, bestand immer darin, auf dem Gipfel des Banpō zu sitzen und die Mahlzeiten zu essen. Wenn ihr Buddhas Weisheit und sein Leben, die uns überliefert wurden, erfahren und erforschen wollt, solltet ihr die kraftvolle Energie des Essens der Mahlzeiten verwirklichen. Ein halbes Jahr auf dem Gipfel des Banpō zu sitzen bedeutet, jeden Tag seine Mahlzeit zu essen. Niemand weiß, von wie vielen Schichten aus Nebel und Wolken Tendō eingehüllt war. Auch wenn [seine Berufung] plötzlich und wie ein Donnerschlag kam, sind die Aprikosenblüten im Frühling einfach purpurrot. «Die Hauptstadt» ist der reine [Geist], Augenblick für Augenblick.[17] Das Essen der Mahlzeiten ist [genau dasselbe wie] alle diese unerklärlichen Dinge des Lebens. Banpō ist der Name des Gipfels, auf dem das Kloster Zuigan stand.

Mein früherer Meister, der ewige Buddha, lehrte einst in der Buddha-Halle des Klosters Zuigan im Bezirk Keigen[18] in Minshū:

Es ist [Buddhas] goldene und wunderbare Form,[19]
Sich anzuziehen und die Mahlzeiten zu essen.
Deshalb verneige ich mich vor euch.[20]
Ich gehe früh schlafen und stehe spät auf.
Wie dem auch sei!
Es hat kein Ende, über das Tiefgründige zu sprechen
und das Wunderbare zu erklären.
Gebt Acht, dass euch [die Geschichte von Buddhas] emporgehaltener Blüte
nicht zu sehr betört!

Schon in diesem Augenblick solltet ihr den Sinn [dieser Worte] durchschaut haben! [Buddhas] goldene und wunderbare Form bedeutet, sich anzuziehen und die Mahlzeiten zu essen. Sich anzuziehen und die Mahlzeiten zu essen, ist wirklich die goldene und wunderbare Form. Tappt nicht im Dunkeln [und fragt euch], was für ein Mensch sich anzieht und die Mahlzeiten isst, und sagt nicht, [Buddhas] goldene und wunderbare Form gehöre einem anderen. Wenn ihr so sein könnt, verwirklicht ihr selbst diese Wahrheit, und ich verneige mich vor euch. Ich esse schon meine Mahlzeit, ihr verbeugt euch und esst auch eure Mahlzeit. Wir tun dies, weil wir uns vor der emporgehaltenen Blüte[21] in Acht nehmen.

Zen-Meister Dai-an[22] vom Kloster Chōkei-in in Fukushū lehrte vor einer Versammlung in der Dharma-Halle:

Dreißig Jahre lang lebte ich auf dem Isan,
Aß Isan-Reis,
Entleerte Isan-Kot,
Lernte aber niemals Isan-Zen.
Ich gab nur Acht auf den kastrierten Wasserbüffel.[23]
Wenn er im Gras umherstreunte, zog ich ihn sofort zurück.
Wenn er in den Reisfeldern anderer Leute Schaden anrichtete, schlug ich ihn.
Es dauerte sehr lange, ihn so zu zähmen,
und die Menschen sagten, ein solches Leben sei wirklich zu bedauern.
Aber jetzt hat er sich in den weißen Ochsen verwandelt, der in Freiheit lebt.[24]
Er ist immer bei mir
Und lebt jeden Tag in strahlender Klarheit.
Und selbst wenn ich ihn vertreibe, verlässt er mich nicht.[25]

Ihr solltet euch über diese Lehre im Klaren sein, sie annehmen und bewahren. Die Anstrengungen von dreißig Jahren im Orden der Buddhas und Vorfahren sind nichts anderes, als die Mahlzeiten zu essen, ohne sich um die vielfältigen anderen Dinge zu sorgen. Wenn sich das kraftvolle Handeln beim Essen der Mahlzeiten verwirklicht, ist es die Regel, dass wir immer auf den kastrierten Wasserbüffel [den Geist] Acht geben.

Meister Jōshū[26] fragte einen Mönch, der gerade angekommen war: «*Bist du schon einmal hier gewesen?*»

Der Mönch antwortete: «*Ja, das bin ich.*»

Der Meister sagte: «*Bitte, nimm eine Schale Tee!*»

Später fragte er einen anderen Mönch: «*Bist du schon einmal hier gewesen?*»

Der Mönch antwortete: «*Nein, ich war noch nicht hier.*»

Der Meister sagte: «*Bitte, nimm eine Schale Tee!*»

Der Hauptverwalter [des Klosters] fragte den Meister: «*Warum habt Ihr sowohl dem Mönch, der schon einmal hier war, als auch dem, der noch nie hier war, gesagt: ‹Bitte, nimm eine Schale Tee›?*»

Der Meister rief den Namen des Hauptverwalters, und dieser antwortete.

Der Meister sagte: «*Bitte, nimm eine Schale Tee!*»[27]

Das obige «Hier-Sein» ist nicht im Gehirn, nicht in den Nasenlöchern und nicht in Jōshū. Weil es über das [so genannte] Hier-Sein hinausgegangen und frei ist, ist es schon hierher gekommen[28] und [gleichzeitig] noch nicht hierher gekommen.[29]

[Meister Fuke sagte:] «Hier ist der Ort, wo etwas [nicht Erfassbares] existiert»[30], aber in der Geschichte sagt [der eine Mönch] nur, dass er schon hier gewesen sei, und [der andere,] dass er noch nicht hier gewesen sei. Deshalb sagte mein früherer Meister [Tendō Nyojō]: «Wer könnte in einer schönen bunten Schänke Sake trinken und [gleichzeitig hierher] kommen, um Jōshū zu treffen und eine Schale Tee zu trinken?»[31] Kurz gesagt, ist der Alltag der Buddhas und Vorfahren nichts anderes, als Tee zu trinken und die Mahlzeiten zu essen.

SHŌBŌGENZŌ KAJŌ

Dargelegt vor einer Versammlung am Fuß des Berges Yamashibu in Etsu-u am 17. Tag des zwölften Mondmonats im ersten Jahr der Ära Kangen [1243].

Anmerkungen

1 Meister Fuyō Dōkai (1043–1118), er war Nachfolger von Meister Tōsu Gisei und der achtzehnte Vorfahre in China in Meister Dōgens Linie.

2 Meister Tōsu Gisei (1032–1083), er war Nachfolger von Meister Taiyō Kyōgen.

3 *Kan* 寰, wörtl. «die Region um die Hauptstadt, die direkt vom Kaiser regiert wird». Anders ausgedrückt, Essen und Teetrinken sind bereits der Buddha-Dharma, und es ist nicht notwendig, sich auf weiter entfernte Lehren zu stützen.

4 Die Kaiser Gyō und Shun regierten am Ende der alten legendären Ära der fünf Herrscher (2852–2205 v. u. Z.). Kaiser U (er regierte von 2205 bis 2197 v. u. Z.) war der Begründer der Xia-Dynastie. Kaiser Tō (er regierte von 1766 bis 1753 v. u. Z.) war der Begründer der Shang-Dynastie.

5 Siehe *Rentō eyō*, Kap. 28.

6 Meister Sekitō Kisen (700–790), ein Nachfolger von Meister Seigen Gyōshi, der achte chinesische Dharma-Vorfahre in Meister Dōgens Linie. Im Text wird er unter seinem posthumen Titel «großer Meister Musai» erwähnt.

7 Siehe *Keitoku dentō roku*, Kap. 30.

8 Das wirkliche Essen in Ruhe umfasst die Zeit vor dem Essen, während des Essens und nach dem Essen.

9 *Daiyūhō* 大雄峰, wörtl. «der große und erhabene Gipfel», ist ein anderer Name für den Berg Hyakujō, wo sich Meister Hyakujōs Kloster befand.

10 Meister Tendō Nyojō verließ das Kloster Jōji im Jahr 1225, da er zum Abt des Klosters Tendō berufen wurde. An dem Tag, als er sich im Kloster Tendō niederließ, hielt er diese Lehrrede. In China und Japan erhalten die Mönche und Nonnen bei der Ordination mehrere Ess-Schalen. Diese behalten sie und tragen sie mit sich, wenn sie das Kloster wechseln. Meister Dōgen erläutert den Sinn und die Bedeutung der Ess-Schalen, *pātra* in Sanskrit, in Kap. 78, *Hatsu-u*.

11 Siehe *Nyojō goroku*, Band 2. Das Zitat findet sich auch in Kap. 78, *Hatsu-u*.

12 *Mutei* 無底 bedeutet «ohne Boden». Die Ess-Schalen sind tatsächlich nur rund und haben an ihrer Unterseite keinen stützenden Boden. *Mutei* 無底 könnte auch bedeuten, dass die Ess-Schalen bodenlos oder nicht erfassbar sind.

13 Dies ist ein Küstenbezirk der Provinz Zhejiang, die an das ostchinesische Meer grenzt.

14 Die Stadt befindet sich ebenfalls in der Provinz Zhejiang.

15 Der Donnerschlag steht für Meister Tendōs Berufung zum Abt des Klosters Jō.

16 Siehe *Nyojō oshō goroku*, Band 1.

17 *Sekiseki jōjō* 赤赤条条, wörtl. «Augenblick für Augenblick ganz rot». Die Formulierung ist eine Variante eines Ausdrucks, den Meister Dōgen oft verwendet, *sekishin henpen* 赤心片片, «ein, zwei Stücke roten Geistes», der den reinen Geist eines Säuglings beschreibt. Siehe Kap. 37, *Shinjin gakudō*.

18 Entspricht der heutigen Stadt Ningbo im Norden der Provinz Zhejiang.

19 Die goldene wunderbare Form bezieht sich auf die goldene Hautfarbe des Buddha, die eines seiner zweiunddreißig Merkmale war.

20 Alltägliche Tätigkeiten wie sich anziehen und die Mahlzeiten einnehmen sind Tugenden, die Meister und Schüler gleichermaßen besitzen.

21   *Nen-ge* 拈華, «das Emporhalten der Blüte», bezieht sich auf die Dharma-Übertragung zwischen Buddha und Mahākāśyapa (siehe Kap. 68, *Udonge*). An dieser Stelle bedeutet es, dass ein Praktizierender nicht zu idealistisch oder romantisch sein sollte.

22   Meister Enchi Dai-an (793–883), ein Nachfolger von Meister Isan. Beide waren seinerzeit in das Kloster Meister Hyakujō Ekais eingetreten. «Zen-Meister Enchi» ist sein posthumer Titel.

23   Der kastrierte Wasserbüffel ist ein Symbol für den ruhelosen Geist. Das Gedicht beschreibt also die lange und mühsame Arbeit des Meisters, seinen Geist zu zähmen.

24   Der weiße Ochse ist das Symbol der höchsten Wahrheit. Siehe Lotos-Sūtra, Kap. 3, «Ein Gleichnis».

25   Siehe *Keitoku dentō roku*, Kap. 9.

26   Meister Jōshū Jūshin (778–897), ein Nachfolger von Meister Nansen Fugan. Im Text wird er unter seinem posthumen Titel «großer Meister Shinsai von Jōshū» erwähnt.

27   Siehe *Shinji shōbōgenzō*, Buch 3, Nr. 33, und *Rentō eyō*, Kap. 6.

28   *Sōtō shikan* 曾到此間 wird in der Geschichte mit «[bist du] schon einmal hier gewesen?» übersetzt, aber die wörtliche Bedeutung von *tō* 到 ist «ankommen». Deshalb bedeutet *sōtō shikan* 曾到此間 auch «[bist du] schon einmal hier angekommen?». Diese Frage verweist auf das Hier-Sein im gegenwärtigen Augenblick.

29   *Fusōtō shikan* 不曾到此間, «noch nicht hier angekommen». Siehe Anm. 28.

30   Diese Worte beziehen sich auf eine Episode zwischen Meister Rinzai und Meister Fuke, die auch in Anm. 72 zu Kap. 22, *Busshō*, erläutert wird. Siehe auch *Shinji shōbōgenzō*, Buch 1, Nr. 96.

31   Meister Jōshūs Leben war so hervorragend, dass man ihn niemals in einer Schänke antreffen konnte.

65

龍吟

Ryūgin

Das Singen des Drachen

RYŪ bedeutet «Drache» und GIN «singen» oder «rezitieren». Der Drache ist ein Fabeltier, das schon in Indien wegen seiner Kraft und Weisheit sehr verehrt wurde. Im alten China war es wohl üblich, den Ausdruck RYŪGIN, «das Singen des Drachen», zu verwenden, wenn man etwas Mystisches oder Geheimnisvolles in der Natur oder im Universum beschreiben wollte. Ein Beispiel dafür ist der Ausdruck KOBOKU RYŪGIN, «das Singen des Drachen in den kahlen Bäumen». KOBOKU bedeutet «ein kahler Baum». In einer öden Landschaft mit kahlen Bäumen könnte man meinen, Töne zu spüren, die man mit den physischen Ohren nicht hören kann. Die Metapher vom Singen des Drachen wurde später von den chinesischen Zen-Meistern übernommen, wenn sie das nicht Erfassbare jenseits von Ton und Form zum Ausdruck bringen wollten. Die Zazen-Halle in einem buddhistischen Kloster wurde daher manchmal als KOBOKU-DŌ, «Halle der kahlen Bäume», bezeichnet. «Kahl» bezeichnet hier die innere Ruhe und Abgeschiedenheit beim Zazen, bei dem man meinen könnte, die nicht erfassbare Wirklichkeit zu erspüren. In diesem Kapitel erklärt Meister Dōgen die Bedeutung von RYŪGIN, indem er die Aussagen einiger alter Meister zu diesem Thema zitiert und kommentiert.

Ein Mönch fragte einst den großen Meister Tōsu[1] aus Jōshū: *«Gibt es das Singen des Drachen in den kahlen Bäumen, oder nicht?»*

Der Meister sagte: *«Ich sage, dass es das Brüllen des Löwen[2] in den Totenschädeln gibt.»*[3]

Von kahlen Bäumen und toter Asche zu reden, ist ursprünglich die Lehre derer, die sich vom Buddha-Weg entfernt haben.[4] Es ist wohl etwas völlig anderes, wenn die Buddhas und Dharma-Vorfahren einerseits und die Menschen außerhalb des Buddha-Weges andererseits von kahlen Bäumen[5] sprechen. Obwohl die Letzteren über kahle Bäume reden, wissen sie nicht, was kahle Bäume wirklich sind. Wie viel weniger könnten sie das Singen des Drachen hören? Solche Menschen denken, kahle Bäume seien völlig ausgetrocknet und würden im Frühling niemals mehr grünen. Demgegenüber sind die kahlen Bäume, von denen die Buddhas und Vorfahren sprechen, die Erfahrung und das Erforschen des Ozeans, der trocken ist.[6]

Der trockene Ozean gleicht einem kahlen Baum, und dieser erlebt den Frühling. Ein Baum, der sich nicht bewegt, ist ein kahler Baum. Bäume, die es jetzt in den Bergen, im Ozean, im Raum usw. gibt, sind kahle Bäume. Selbst ein keimender Same ist das

Singen des Drachen in einem kahlen Baum, und sogar [ein Baumstamm] von hundert, tausend oder zehntausend Klaftern ist das Kind kahler Bäume.

Die Form, die Natur, der Körper und die Kraft dieser Kahlheit ist wie ein trockener Holzpfahl, von dem die Buddhas und Vorfahren sprechen, und doch ist sie etwas anderes als ein trockener Holzpfahl. Es gibt kahle Bäume in den Bergen und Tälern, auf den Feldern und in den Dörfern. Die Bäume in den Bergen und Tälern bezeichnen wir im Allgemeinen als Kiefern oder Eichen, und die Bäume auf den Feldern und in den Dörfern nennen wir menschliche oder himmlische Wesen. Wenn «die Blätter des Baumes sich aus der Wurzel nähren»[7], bezeichnen wir dies als «die Buddhas und Vorfahren», und wenn «die Wurzeln und Zweige zu ihrem Ursprung zurückkehren»[8], bedeutet dies nichts anderes, als [diese Kahlheit] direkt zu erfahren und zu erforschen.

So sind die langen und kurzen Dharma-Körper der kahlen Bäume beschaffen. Wenn es keine kahlen Bäume gäbe, gäbe es auch kein Singen des Drachen, und wenn ihr nicht [wie] die kahlen Bäume wärt, könntet ihr euch niemals von [der Idee] des Drachengesangs befreien. Das Singen des Drachen, das die vollständige Kahlheit ist, ist wie «der Geist [eines kahlen Baumes], der unbewegt bleibt, ganz gleich, wie viele Male er dem Frühling begegnet».[9]

Dieses Singen gehört nicht in den Bereich der fünf Töne, und doch sind die fünf Töne die zwei oder drei Nachkommen vor und nach dem Singen des Drachen.[10] Weil dies so ist, hat ein Mönch zum ersten Mal in unzähligen Zeitaltern die konkrete Frage gestellt, ob es das Singen des Drachen in den kahlen Bäumen gibt oder nicht, und dies ist die Verwirklichung des obigen Kōan. Tōsus Aussage ist: «Ich sage, dass es das Brüllen des Löwen in den Totenschädeln gibt», [und er meint damit,] dass wir nie aufhören, uns selbst zurückzunehmen und die anderen anzuspornen und zu ermutigen. [Und er sagt, dass] es überall auf dem Land Totenschädel gibt [die uns unterweisen].

Einst fragte ein Mönch Meister Kyōgen Chikan[11]: «*Was ist die Wahrheit?*»

Der Meister sagte: «*In einem kahlen Baum singt ein Drache.*»

Der Mönch sagte: «*Das verstehe ich nicht.*»

Der Meister sagte: «*Es sind die Augen in einem Totenschädel.*»

Später fragte ein anderer Mönch Meister Sekisō[12]: «*Was singt der Drache in einem kahlen Baum?*»

[Seki]sō sagte: «*Es bleibt noch Freude.*»

Der Mönch fragte: «*Was sind die Augen in einem Totenschädel?*»

[Seki]sō sagte: «*Es gibt noch Bewusstsein.*»

Bei einer anderen Gelegenheit fragte ein Mönch Meister Sōzan[13]: «*Was ist das Singen des Drachen in einem kahlen Baum?*»

[So]zan antwortete: «*Das Blut des Lebens versiegt niemals.*»

Der Mönch fragte: «*Was bedeuten die Augen in einem Totenschädel?*»

[Sō]zan antwortete: «*Die grenzenlose Trockenheit.*»

Der Mönch sagte: «*Ich frage mich, ob es einen Menschen gibt, der das Singen des Drachen hören kann.*»

[Sō]zan sagte: «*Auf der ganzen Erde gibt es niemanden, der es nicht hört.*»

Der Mönch sagte: «*Ich frage mich, welche Worte der Drache wohl singt.*»

[Sō]zan sagte: «*Alle, die sein Singen hören, beklagen diesen Umstand, auch wenn sie nicht wissen, welche Worte es sind.*»[14]

Die Menschen, von denen hier die Rede ist und die [das Singen des Drachen] hören und auch selbst singen können, unterscheiden sich sowohl von einem singenden Drachen als auch von einem singenden Menschen. Die Melodie, die hier beschrieben wird, ist der Drachengesang selbst. In einem kahlen Baum und in einem Totenschädel gibt es kein Innen und Außen, kein Wir und keine anderen: Hier ist das Jetzt die Ewigkeit.

«Es bleibt noch Freude» bedeutet, dass noch ein weiteres Horn auf dem Kopf wächst. «Es gibt noch Bewusstsein» ist die Haut, von der man sich völlig befreit hat.

Sōzans Aussage, dass das Blut des Lebens niemals versiegt, bedeutet, dass die Wahrheit nicht menschenfeindlich ist und dass sich der Körper im Puls der Worte verändert.[15] Die grenzenlose Trockenheit bedeutet, dass der Grund des trockenen Ozeans grenzenlos ist.[16] Weil diese Trockenheit unerschöpflich ist[17], gibt es jenseits der Trockenheit immer noch Trockenheit.

Es ist dasselbe, zu fragen, ob es Menschen gibt, die das Singen des Drachen hören, oder ob es sie nicht gibt. Sōzan antwortete, dass es auf der ganzen Erde niemanden gibt, der es nicht hört.[18] Ihr solltet aber weiter gehen und fragen: Wenn man vorerst beiseitelässt, dass es auf der ganzen Erde niemanden gibt, der es nicht hört, stellt sich die Frage, wo das Singen des Drachen war, als es «die ganze Erde» noch nicht gab. Sagt es schnell! Der Mönch wollte gerne wissen, welche Worte der Drache singt. Dies solltet ihr euch fragen! Das Singen des Drachen ist ein Ton, der auf natürliche Weise erklingt. Es ist etwas, was ihr im Schlamm [des Alltags] aufgreift. Es ist die Luft, die durch die Nasenlöcher ausströmt. Auch wenn ihr nicht wisst, welche Worte es sind, die der Drache singt, drückt [Meister Sōzan] hier die Existenz des Drachens [der Wirklichkeit] aus. Es ist bedauerlich, dass «alle, die sein Singen hören, diesen Umstand beklagen».

Das Singen des Drachen, das sich jetzt durch [die Aussagen der] Meister Kyōgen, Sekisō, Sōzan und anderer verwirklicht hat, ist das [natürliche] Wirken der Wolken und des Wassers. Die tausend oder zehntausend Melodien, die der Drache singt, sind eben nichts anderes, als NICHT über [Begriffe wie] «die Wahrheit» oder «die Augen in einem Totenschädel» zu reden. Die Frösche quaken, dass noch Freude bleibt, und die Regenwürmer singen, dass es noch Bewusstsein gibt. Deshalb versiegt das Blut des Lebens niemals, und ein neuer Kürbis kommt, wenn der alte geerntet ist.[19] Weil die Trockenheit unerschöpflich ist, tragen die Säulen [des Klosters] neues Leben in ihrem Schoß, und die Steinlaternen [im Garten] sind einfach Steinlaternen.[20]

SHŌBŌGENZŌ RYŪGIN

Dargelegt vor einer Versammlung am Fuß des Berges Yamashibu in Etsu-u am 25. Tag des zwölften Mondmonats im ersten Jahr der Ära Kangen [1243].

Anmerkungen

1   Meister Tōsu Daidō (819–914) war ein Nachfolger von Meister Sui-bi Mugaku. Im Text wird er unter seinem posthumen Titel «großer Meister Jisai vom Berg Tōsu in Jōshū» erwähnt. Sein Leben zeichnete sich durch Einfachheit und Klarheit aus und wird in Kap. 30, *Gyōji*, beschrieben.

2   *Shishi ku* 獅子吼, «das Brüllen des Löwen», ist ein Symbol für Buddhas Lehrreden.

3   Siehe *Keitoku dentō roku*, Kap. 15.

4   Ausdrücke wie «ein kahler Baum» und «tote Asche» waren im chinesischen Zen bekannte Metaphern für Praktizierende, die Zazen sehr lange und hart geübt haben. Im *Shōbōgenzō* werden diese Metaphern meist in einem positiven Sinn gebraucht, wenn auf die Notwendigkeit der intensiven Zazen-Praxis hingewiesen wird. An dieser Stelle jedoch kritisiert Meister Dōgen eine zu extreme Zielsetzung beim Zazen, bei der sämtliche Gedanken und Gefühle beseitigt werden sollen und damit alles Leben abgetötet wird. Nach Meister Dōgen ist dies nicht im Sinn des Buddha-Weges. Siehe auch Kap. 30, *Gyōji* (Teil 2).

5   *Koboku* 枯木, «ein kahler Baum». Nach Meister Dōgen beschreibt diese Metapher keinen toten Baum, sondern einen Baum, der im Winter seine Blätter verliert und im Frühling wieder austreibt.

6   *Kaiko* 海枯, «der trockene Ozean», beschreibt den Ozean, wenn er ausgetrocknet ist und es dort, wo früher das Wasser war, nur noch Land gibt. Diese Metapher kommt auch in Kap. 62, *Hensan*, vor. Dort bedeutet «der trockene Ozean» den Tod aller Illusionen und Täuschungen. *Ko* 枯 bedeutet sowohl «kahl» als auch «trocken».

7   *Ne [ni] yo[tte] ha bunpu [su]* 依根葉分布, «die Blätter nähren sich aus der Wurzel», ist ein Zitat aus dem *Sandōkai* von Meister Sekitō Kisen.

8   *Honmatsu subekaraku shū [ni] kisu[beshi]* 本末須帰宗, «die Wurzeln und Zweige kehren zu ihrer Quelle zurück». Ebenfalls ein Zitat aus dem *Sandōkai*. Dabei hat *honmatsu* 本末, «die Wurzeln und Zweige», mehrere Bedeutungen: «der Anfang und das Ende» und «die Mittel und das Ziel».

9   *Ikutabi [ka] haru [ni] au[te] kokoro [o] henze zu* 幾度逢春不変心. Dies ist die zweite Zeile eines Gedichts von Meister Daibai Hōjō:
    Ein kahler Baum, abgebrochen und verlassen in einem kalten Wald,
    wie viele Male er auch dem Frühling begegnet, sein Geist bleibt unbewegt.
    Das vollständige Gedicht ist in Kap. 30, *Gyōji* (Teil 1), zitiert.

10 Das Singen des Drachen ist der unhörbare Ursprung der Tonleitern. In der chinesischen Musik bestehen die Tonleitern aus fünf Tönen.

11 Meister Kyōgen Chikan (starb 818) war ein Nachfolger von Meister Isan Reiyū. Im Text wird er unter seinem posthumen Titel «großer Meister Shūtō vom Kloster Kyōgen» erwähnt.

12 Meister Sekisō Keishō (807–888) war ein Nachfolger von Meister Dōgo Enchi.

13 Meister Sōzan Honjaku (840–901) war ein Nachfolger von Meister Tōzan Ryōkai.

14 Diese verschiedenen Mondō oder «Fragen und Antworten» zu einem Thema sind im *Keitoku dentō roku*, Kap. 17, aufgezeichnet. Wir finden sie auch, teilweise mit anderem Wortlaut, im *Shinji shōbōgenzō*, Buch 1, Nr. 28.

15 *Go-myaku ri tenshin* 語脈裏転身, «den Körper im Puls der Worte verändern», bedeutet hier eine flexible Geisteshaltung. Es ist nicht nötig, eine harte und kämpferische Haltung einzunehmen, wenn man Buddhas Wahrheit bewahren will.

16 *Kaiko fujin tei* 海枯不尽底, wörtl. «der grenzenlose Grund des trockenen Ozeans». Dies ist eine Variante des Ausdrucks *kaiko fuken tei* 海枯不見底, «der nicht zu erkennende Grund des trockenen Ozeans». An die Stelle von *fuken* 不見, «nicht zu erkennen», setzt Meister Dōgen hier *fujin* 不尽, «grenzenlos».

17 *Fujin zekan* 不尽是乾, wörtl. «diese Trockenheit ist unerschöpflich». Wir interpretieren hier, dass das Aufgeben der Ichbezogenheit oder der Anhaftung an die Welt unerschöpflich ist.

18 Das Singen des Drachen oder die Musik der Stille existiert unabhängig davon, ob jemand sie hört oder nicht hört.

19 Wörtl. «ein Kürbis folgt dem anderen nach».

20 *Tōrō tai tōrō* 燈籠対燈籠, wörtl. «Steinlaternen stehen Steinlaternen gegenüber», bedeutet, dass Steinlaternen einfach Steinlaternen sind. Die Säulen, die neues Leben in ihrem Schoß tragen, bedeuten hier den nicht erkennbaren mystischen Aspekt der Wirklichkeit und die Steinlaternen den konkreten.

66

春秋

Shunjū

Herbst und Frühling

SHUN bedeutet «Frühling» und SHŪ (hier JŪ gelesen) «Herbst». SHUNJŪ bedeutet also die beiden Jahreszeiten Frühling und Herbst. In diesem Kapitel erläutert Meister Dōgen die buddhistische Haltung zu unangenehmen Zuständen wie Kälte oder Hitze. Im kontinentalen Klima Chinas mussten die Mönche strenge Kälte im Winter und starke Hitze im Sommer aushalten. Dies war ein wichtiger Teil ihrer Schulung auf dem Buddha-Weg. Es ist leicht zu verstehen, dass ein Mönch eines Tages die Frage stellte, wie man Kälte und Hitze vermeiden könne. Ausgehend von dem berühmten Dialog zwischen Meister Tōzan Ryōkai und einem Mönch zu diesem Thema befasst sich Meister Dōgen mit den Kommentaren einiger alter Meister zu diesem Dialog. Darauf aufbauend erläutert er den Sinn und die Bedeutung dieser Geschichte.

Einst fragte ein Mönch den großen Meister Tōzan Ryōkai[1]: *«Wie vermeidet man Kälte und Hitze, wenn sie kommen?»*

Der Meister sagte: *«Warum gehst du nicht zu dem Ort, an dem es Kälte und Hitze nicht gibt?»*

Der Mönch fragte: *«Was ist das für ein Ort ohne Kälte und Hitze?»*

Der Meister sagte: *«Wenn es kalt ist, töte den Mönch mit der Kälte, und wenn es heiß ist, töte den Mönch mit der Hitze.»*[2]

In der Vergangenheit haben viele diese Geschichte kommentiert, und heute sollten viele darüber nachdenken. Die Buddhas und Vorfahren haben alle ausnahmslos [Kälte und Hitze] erfahren, und diejenigen, die sie erfahren haben, sind Buddhas und Vorfahren. Viele Buddhas und Meister der Vergangenheit und Gegenwart in Indien und China haben diese Geschichte wie ihr eigenes Gesicht und ihre eigenen Augen angesehen. Das Gesicht und die Augen dieser Geschichte zu verwirklichen bedeutet, den ganzen Kosmos der Buddhas und Vorfahren zu verwirklichen.

Deshalb solltet ihr die Frage des Mönchs, wie wir die Kälte oder Hitze vermeiden können, wenn sie kommen, sehr gründlich klären. Das heißt, ihr solltet wirklich genau die Augenblicke, in denen die Kälte kommt und in denen die Hitze kommt, erfahren, sie betrachten und sie gründlich untersuchen. Das Ganze der Kälte und das Ganze der Hitze sind nichts als die Kälte und die Hitze selbst. Weil sie nichts als die Kälte und Hitze selbst sind, kommen sie aus dem Gehirn[3] der Kälte und der Hitze, und sie offenbaren sich aus dem Auge der Kälte und der Hitze selbst. Genau in diesem Gehirn und in diesem Auge ist der Ort ohne Kälte und ohne Hitze.[4] Die Aussage, dass der Mönch sich mit der Kälte töten soll, wenn es kalt ist, und er sich mit der Hitze töten soll, wenn es heiß ist, beschreibt die Wirklichkeit genau in dem Augenblick, wenn die Kälte und die Hitze konkret da sind. Er sagt, dass der Mönch sich mit der Kälte töten soll, wenn es kalt ist, aber es muss nicht immer gesagt werden, dass der Mönch sich mit der Hitze töten soll, wenn es heiß ist. Die Kälte ist durch und durch die Kälte und die Hitze durch und durch die Hitze. Selbst wenn es euch gelingt, sehr viele Methoden zu erfinden, um die Kälte und die Hitze zu vermeiden, ist dies nichts anderes, als wenn ihr aus dem Kopf einen Schwanz macht.[5] Deshalb ist die Kälte nichts anderes als das kraftvolle Auge unserer Vorfahren, und die Hitze ist nichts anderes als die heiße Haut und das heiße Fleisch meines früheren Meisters.

Zen-Meister Jō-in Koboku[6] (der ein Nachfolger von Meister Fuyō und unter dem Namen Hōjō bekannt war) sagte: «*In dieser Versammlung gibt es einige, die die [obige Geschichte] so verstehen, dass der Mönch [mit seiner Frage] von den vielfältigen Phänomenen spreche und Tōzan ihn zu der einen Wahrheit[7] zurückgeholt hätte. Der Mönch hätte dies in Tōzans Worten erkannt und sei auch zur einen Wahrheit gekommen. Dann hätte Tōzan das Gespräch beendet, indem er wieder zu den vielfältigen Phänomenen zurückgekommen sei.*

Ein solches Verständnis der Geschichte setzt aber nicht nur die alten Heiligen herab, sie entmutigt auch diejenigen, die sich dieser Interpretation anschließen. Wisst ihr nicht, dass sich der Geist und die Sinne zwar an solchen schönen und farbigen Worten ergötzen können, wenn man hört, wie die gewöhnlichen Menschen [solche Geschichten] verstehen? Die Menschen werden aber krank, wenn sie sich länger damit befassen. Kurz, wenn ihr edlen Weggefährten diese Sache meistern wollt, dann solltet ihr zuallererst die Schatzkammer des wahren Dharma-Auges unseres großen Vorfahren [Tōzan] verstehen. Die Lehren und Worte anderer Buddhas und Vorfahren sind wie das Säuseln, das zu hören ist, wenn man heißes Wasser in eine Schale gießt. Dennoch möchte ich euch fragen: Was ist das letztlich für ein Ort, an dem es keine Kälte oder Hitze gibt? Versteht ihr dies, oder nicht?

Ein Eisvogel kann zwar in einem reich geschmückten Turm nisten,
aber ein Brautenten-Paar kann nicht in einem goldenen Palast leben.»[8]

Dieser Meister [Hōjō] war ein späterer Nachkomme von Tōzan und ein hervorragender und starker Meister in der Linie unserer Vorfahren. Deshalb ermahnte Hōjō viele Menschen, sich nicht fälschlicherweise vor unserem großen Vorfahren Tōzan wegen seiner Theorie [der fünf Positionen] niederzuwerfen, deren zwei Grundbegriffe «die Vielfalt der Erscheinungen» und «die eine Wahrheit» sind.[9] Wie hätte der Buddha-Dharma bis zum heutigen Tag übermittelt werden können, wenn er aufgrund von derartigen Überlegungen wie der der Vielfalt und des Einen empfangen und weitergegeben worden wäre? Nur junge, wilde Katzen und einfältige Landarbeiter, die Tōzans Innerstes nie erfahren und erforscht haben, oder Menschen, die nie in der Wirklichkeit des Buddha-Dharmas gelebt und gehandelt haben, täuschen sich und behaupten, Tōzans [Lehre] bestünde [nur] aus der Theorie der fünf Positionen der

Vielfalt und des Einen. Dies sind fremdartige und verwirrende Reden. Ihr solltet sie weder sehen noch hören, sondern allein die Schatzkammer des wahren Dharma-Auges unseres großen Vorfahren [Tōzan] erforschen und erfahren.

Zen-Meister Wanshi[10] vom Berg Tendō im Bezirk Keigen[11] (der der Nachfolger von Meister Tanka und als Meister Shōkaku bekannt war) sagte: «*Über diese Geschichte zu reden ist dasselbe, wie wenn zwei Spieler an einem Go-Brett aufeinandertreffen [und einer sagt plötzlich]: ‹Wenn du meinen Zug nicht erwiderst, kann ich dich in die Irre führen.› Wenn ihr dies wirklich erfahrt, fangt ihr an, Tōzans Absicht zu begreifen.*»

Wanshi konnte aber nicht umhin, noch Folgendes anzufügen:

> *Genau betrachtet, gibt es an diesem Ort hier keine Hitze und keine Kälte.*
> *Der tiefe blaue Ozean ist bis zum letzten Tropfen ausgetrocknet.*
> *Ich sage euch, dass ihr eine große Schildkröte greifen könnt,*
> > *wenn ihr euch nur ein wenig herunterbeugt!*
> *Es ist lächerlich, im Sand angeln zu wollen.*[12]

Vorerst lässt sich nicht leugnen, dass es das Go-Spiel gibt, aber was hat es mit diesen zwei Spielern auf sich? Wenn wir schon von einem Go-Spiel mit zwei Spielern reden, dann muss [der Mönch] eine Vorgabe[13] von acht Steinen bekommen. Mit einer Vorgabe von acht Steinen ist es kein normales Go-Spiel mehr, oder was meint ihr? Dazu müssen wir Folgendes sagen: In einem Go-Spiel trifft ein Spieler auf seinen Gegenspieler. Selbst wenn es so ist, sagte Wanshi: «Wenn du meinen Zug nicht erwiderst». Über diese Aussage solltet ihr intensiv nachdenken und sie mit dem ganzen Körper erfahren und erforschen. Einen Zug nicht zu erwidern bedeutet, dass ihr nicht ich sein könnt. Wanshi sagte auch, dass es für Tōzan [leicht sei,] den Mönch in die Irre zu führen. Daran solltet ihr nicht einfach vorbeigehen. Im Schlamm ist Schlamm: Wer hineintritt, muss sich vom Kopf bis zu den Füßen waschen. In der Perle ist die Perle: Wenn sie strahlt, erhellt sie sich selbst und die anderen.

Zen-Meister Engo[14] vom Berg Katsu[15] (der ein Nachfolger von Zen-Meister Goso Hō-en und als Meister Kokugon bekannt war) sagte:

> *Eine Perle rollt in der Schale und die Schale rollt um die Perle.*
> *Die Vielfalt ist im Einen und das Eine ist in der Vielfalt.*[16]
> *Ein Jagdhund läuft vergeblich um den Wald.*
> *Keine Spur vom Geweih der Hirschantilope.*[17]

Früher und heute hat es die Aussage nicht gegeben, dass eine Schale um eine Perle rollt, seit alten Zeiten war dies selten zu hören. Bisher wurde nur gesagt, dass die Perle, die in einer Schale rollt, niemals aufhört zu rollen. Jetzt aber hängt das Geweih der Hirschantilope im leeren Raum und der Wald läuft um den Jagdhund.

Zen-Meister Setchō Jūken[18] vom Kloster Shishō auf dem Berg Setchō im Bezirk Keigen (der ein Nachfolger von Meister Hokutō [Kō]so[19] und als Meister Jūken bekannt war) sagte:

> *Eine helfende Hand ist wie eine zehntausend Ruten[20] hohe Felswand.*
> *Wie könnte das Eine und die Vielfalt immer ordentlich nebeneinanderstehen?*
> *Ein alter Palast aus Lapislazuli beleuchtet den klaren Mond.*
> *Der scharfe Wolfshund schlendert friedlich die Treppe hinauf.[21]*

Setchō war ein Dharma-Nachkomme des Unmon in der dritten Generation und wir könnten ihn einen Hautsack nennen, der die [wahre] Zufriedenheit erfahren hat. Jetzt zu sagen, die helfende Hand [des Meisters] sei dasselbe wie eine zehntausend Ruten hohe Felswand, bedeutet, dass [Setchō] ein sehr selten hohes Maß anlegt, aber dies muss nicht immer so sein. In der obigen Geschichte, in der der Mönch fragt [wie man Kälte und Hitze vermeidet], geht es genau genommen nicht darum, ob [Tōzan dem Mönch] seine helfende Hand gereicht hat oder nicht, und es geht auch nicht darum, ob jemand in die Welt hinausgeht [und lehrt] oder sich zurückzieht.[22] Und wie viel weniger hat Tōzan in der obigen Geschichte [Begriffe wie] das Eine und das Vielfältige im Sinn? Es scheint so zu sein, dass niemand diese Geschichte behandeln kann, ohne die [dualistische] Sichtweise des Einen und des Vielfältigen zu benutzen. Da niemand mehr die Kraft und Disziplin hat, zu [einem wahren Meister] zu gehen und um [seine Unterweisung] zu bitten, kann niemand an unseren großen Vorfahren [Tōzan] heranreichen oder auch nur einen kurzen Blick auf die ehrwürdige Familie des Buddha-Dharmas werfen. Solche Menschen sollten sich ein paar neue Strohsandalen besorgen, [einen wahren Meister] aufsuchen und [um seine Unterweisung] bitten. Hört damit auf, unbesonnen zu sagen, der Buddha-Dharma unseres großen Vorfahren sei die fünf Positionen der Vielfalt und des Einen.

Meister Shutaku[23] vom Kloster Tennei in Tōkei[24], der auch «Zen-Meister Chōrei» genannt wurde, sagte:

> *Das Eine ist mitten in der Vielfalt und die Vielfalt im Einen.*
> *Viele Jahre habe ich unter den Menschen gelebt.*
> *Wie viele Male wollte ich [zum Einen] zurückkommen, aber dies ist unmöglich.*
> *Immer wieder häufen sich die Gräser [der Vielfalt] vor meiner Tür.[25]*

Obwohl auch er nicht anders kann, als vom Einen und dem Vielfältigen zu sprechen, hat er doch etwas Wichtiges erfasst. Es steht außer Zweifel, dass er etwas Wichtiges erfasst hat, aber was existiert da mitten in der Vielfalt?

Meister Busshō[26] vom [Berg] Tai-i in Tanshū[27] (der ein Nachfolger von Engo und dessen Mönchsname Hōtai war) sagte:

> *Es ist dir, Freund Tōzan, zu verdanken,*
> > *dass ich den Ort ohne Kälte und Hitze verstehe.*
> *Ein kahler Baum hat wieder geblüht.*
> *Lächerlich sind die Menschen, die eine Kerbe in ihr Boot schneiden,*
> > *um an dieser Stelle nach dem [verlorenen] Schwert zu suchen.[28]*
> *Noch heute leben sie in der kalten Asche [abstrakter Theorien].[29]*

Diese Worte [Busshōs] haben Kraft genug, um auf das universelle Gesetz[30] zu steigen oder es [ehrerbietig] auf sein Haupt zu legen.

Zen-Meister Tandō Bunjun[31] vom Teich Roku[32] sagte:

Wenn es heiß ist, töte [ich mich] mit der Hitze,
    und wenn es kalt ist, töte [ich mich] mit der Kälte.
Woher die Hitze oder Kälte kommen, ist mir gleich.
Mein Handeln umfasst den ganzen Raum
    und die Dinge dieser Welt sind mir geläufig.
Der alte Mönch trägt eine [ganz gewöhnliche] Kappe aus Wildschweinleder.[33]

Nun frage ich euch: Was ist das für ein Zustand, wenn einem [Hitze und Kälte] gleich sind?[34] Sagt es sofort! Sagt es sofort!

Zen-Meister Kazan Buttō[35] aus Koshū[36] (der ein Nachfolger von Zen-Meister Bukkan E-gon vom Berg Taihei und unter dem Namen Meister Shujun bekannt war) sagte:

Tōzan sprach von dem Ort ohne Kälte und ohne Hitze.
Ein paar Zen-Menschen haben sich dort verirrt.
Wenn es kalt ist, setze ich mich vor ein Feuer,
    und wenn es heiß ist, gehe ich dorthin, wo es kühl ist.
Mein ganzes Leben lang konnte ich mich von der Kälte und Hitze befreien
    und sie vermeiden.[37]

Dieser Meister Buttō war ein Dharma-Enkel von Zen-Meister Goso Hō-en[38], aber seine Worte sind wie die eines Kindes. Dennoch könnte die Aussage, dass er sich sein ganzes Leben lang von der Kälte und Hitze befreien und sie vermeiden konnte, auch die Andeutung einer reiferen Verwirklichung sein. Dann würden seine Worte «mein ganzes Leben lang» bedeuten, dass er aus dem Ganzen gelebt hat, und die Aussage «mich von der Kälte und Hitze befreien und sie vermeiden», dass er Körper und Geist fallen gelassen hat. Kurz, obwohl die Meister vieler Regionen und Zeiten es sich zur Aufgabe gemacht haben, in ihren Reden die Alten zu preisen, hatten sie nicht einmal einen schwachen Schimmer von den Tatsachen unseres großen Vorfahren Tōzan. Sie wissen nämlich nicht, was die Kälte oder die Hitze im alltäglichen Leben der Buddha-Vorfahren bedeuten könnten, und deshalb sprechen sie leichtfertig davon, dorthin zu gehen, wo es kühl ist, und reden davon, sich vor ein Feuer zu setzen. Ist es nicht bedauerlich, dass du [Buttō] nicht gehört hast, was Hitze oder Kälte bedeuten, obwohl du doch in der Nähe ehrwürdiger Meister gelebt hast? Wie schade, dass der Weg der Meister und Vorfahren in Vergessenheit geraten ist. Ihr solltet aber die Alten verehren und immer wieder die Wahrheit preisen, die unser großer Vorfahre [Tōzan] gelehrt hat. Ihr solltet die Formen und die Grade dieser Kälte und Hitze verstehen, solltet selbst durch solche Zeiten von Kälte und Hitze gehen und sie [auf dem Weg] benutzen. Wenn ihr dies noch nicht tut, solltet ihr dies wenigstens als einen Fehler erkennen. Sogar die weltlichen Menschen[39] kennen den [kalten] Mond und die [heiße] Sonne und sie benutzen die zehntausend Dinge und Erscheinungen [dieser Welt]. Unter ihnen gibt es heilige, kluge, tugendhafte und beschränkte Menschen. Ihr solltet nicht denken, dass die Kälte und Hitze auf dem Buddha-Weg dieselben sind wie für die beschränkten Menschen. Kommt sogleich hierher und übt mit Hingabe und Eifer!

SHŌBŌGENZŌ SHUNJŪ

Dies wurde zum zweiten Mal vor einer Versammlung tief in den Bergen von Etsu-u im zweiten Jahr der Ära Kangen [1244] dargelegt. Bei einer buddhistischen Feier[40] habe ich Buddhas Kirin-Sūtra[41] gelehrt. Ein alter Meister sagte dazu: «Es gibt zwar viele Hörner in einer Herde, aber ein einziger hervorragender Schüler genügt.»[42]

Anmerkungen

1 Meister Tōzan Ryōkai (807–869) war ein Nachfolger von Meister Ungan Donjō. Er war der 11. chinesische Vorfahre in Meister Dōgens Linie.

2 Siehe *Shinji shōbōgenzō*, Buch 3, Nr. 25, und *Hekigan roku*, Beispiel Nr. 43.

3 *Chōnei* 頂顎, wörtl. «Gehirn», bedeutet im Allgemeinen die begriffliche Ebene. Hier bedeutet das Wort aber etwas Fundamentales und Wirkliches, und etwas, was nicht die Vorstellung der Kälte und Hitze ist.

4 Dies ist kein Ort, wohin man gehen muss, vielmehr ist es eine innere Haltung unangenehmen Dingen gegenüber. Es bedeutet der Kälte und Hitze nicht auszuweichen, sondern zu frieren und zu schwitzen, ohne sich von dieser Erfahrung getrennt zu fühlen, vielmehr in sie hineinzugehen, sie anzunehmen und zu bejahen. An diesem Ort gibt es keine Kälte und Hitze, unter der wir unnötig leiden.

5 *Itō kanbi* 以頭換尾, wörtl. «einen Schwanz mit einem Kopf vertauschen». Das Problem von Kälte und Hitze wird nicht dadurch gelöst, dass wir beispielsweise die Heizung anstellen und damit das Problem nur verlagern.

6 Meister Koboku Hōjō (starb 1150) war ein Nachfolger von Meister Fuyō Dōkai (1043–1118), dem 18. chinesischen Vorfahren in Meister Dōgens Linie. «Zen-Meister Jō-in Koboku» ist sein posthumer Titel.

7 *Hen* 偏, «das Schiefe» oder «die vielfältigen Dinge und Phänomene», und *shō* 正, «das Gerade» oder «die eine Wahrheit», sind zwei entgegengesetzte Begriffe, die man benutzen kann, um die Wirklichkeit verstandesmäßig zu analysieren. In dieser Lehrrede widerlegt Meister Hōjō die gängige Interpretation, dass Meister Tōzan in dieser Geschichte dem Mönch die Beziehung zwischen «der einen Wahrheit» und «den vielfältigen Dingen» lehrt. Meister Dōgen folgt ihm in seiner Argumentation.

8 Weil es dort kein Wasser gibt. Siehe *Katai futō roku*, Kap. 26.

9 Diese Meister Tōzan zugeschriebene Theorie der fünf Positionen auf dem Buddha-Weg wird im Folgenden noch näher erläutert. Meister Dōgen und Meister Hōjō halten diese Theorie aber nicht für das Wesentliche der Lehre von Meister Tōzan, weil sie auch nur eine Theorie und nicht die Wirklichkeit selbst ist.

10 Meister Wanshi Shōkaku (1091–1157) war ein Nachfolger von Meister Tanka Shijun. Er war Abt des Klosters Keitoku auf dem Berg Tendō und der Vorgänger von Meister Dōgens Meister, Tendō Nyojō. Siehe Kap. 27, *Zazenshin*.

11 Das heutige Ningbo im Norden der Provinz Zhejiang.

12 Siehe *Wanshi kōroku*, Kap. 4.

13 Meister Tōzan und der Mönch leben auf so unterschiedlichen Ebenen der Erfahrung, dass man kaum von einem Spiel unter gleich starken Spielern sprechen kann. Durch eine Ausgleichsvorgabe erhält der schwächere Spieler eine Chance. Beim Go sind 8 Vorgabesteine allerdings eine sehr hohe Vorgabe, die nur Anfängern gewährt wird.

14 Meister Engo Kokugon (1063–1135) war ein Nachfolger von Meister Goso Hō-en. Er war der Herausgeber des *Hekigan roku* («Aufzeichnungen des Meisters vom blauen Fels»).

15 Der Berg liegt in der Provinz Hunan im Südosten Zentralchinas.

16 *Hen chū shō* 偏中正, «die Vielfalt im Einen», und *shō chū hen* 正中偏, «das Eine in der Vielfalt», sind die ersten zwei der fünf Positionen (*go-i* 五位 oder *henshōtō no go-i* 偏正等

の五位) von Meister Tōzan. Die anderen drei sind *shō chū rai* 正中来, «das Eine kommt zur Mitte», *hen chū shi* 偏中至, «die Vielfalt kommt zur Mitte», und *ken chū tō* 兼中到, «beide sind in der Mitte [in der Wirklichkeit] angekommen».

17 Siehe *Engo Zenji kōroku*, Kap. 9, «Lobreden auf die alten Meister».

18 Meister Setchō Jūken (980–1052). Im Text wird er unter seinem posthumen Namen «Zen-Meister Myōkaku» erwähnt.

19 Meister Chimon Kōso (seine Lebensdaten sind unbekannt).

20 «Rute» ist im Text *jin* 仞, ein wenig gebräuchliches Längenmaß, dessen Wert sich im Lauf der Zeit verändert hat, aber dem nahe kommt, was zwei seitlich ausgestreckte Arme fassen. Hier bedeutet «zehntausend», wie so oft bei Meister Dōgen, ein sehr große Zahl.

21 Siehe *Hekigan roku* («Aufzeichnungen des Meisters vom blauen Fels»), Nr. 43.

22 *Suishu fusuishu* 垂手不垂手, «die Hand reichen oder nicht die Hand reichen». Diesen Ausdruck finden wir auch in einem Kommentar zum Beispiel Nr. 43 des *Hekigan roku*: *«In der Sōtō-Linie gibt es beides: in die Welt hinausgehen oder nicht, [den Menschen in der Welt] die Hand reichen oder nicht.»* Sich in die Einsamkeit zurückziehen oder die Menschen unterweisen steht nicht im Widerspruch zueinander.

23 Meister Chōrei Shutaku (starb 1123) war ein Nachfolger von Meister Ōryū Isei.

24 *Tōkei* 東京, wörtl. «östliche Hauptstadt», entspricht einem Bezirk in der heutigen Provinz Henan im Osten Zentralchinas.

25 Siehe *Chōrei Shutaku Zenji goroku* («Die Aufzeichnungen der Worte von Zen-Meister Chōrei Shutaku»).

26 Meister Busshō Hōtai (Daten unbekannt) war ein Nachfolger von Meister Engo Kokugon (1063–1135).

27 In der heutigen Provinz Hunan im Südosten Zentralchinas.

28 In dem chinesischen Buch *Shunjū*, «Herbst und Frühling», des Autors Roshi wird die Geschichte eines Mannes erzählt, dessen Schwert vom Boot aus in den Fluss fiel. Er machte eine Kerbe an die Stelle seines Bootes, an der das Schwert ins Wasser fiel, und dachte, dass er sein Schwert unter dieser Kerbe finden würde, obwohl sich sein Boot bereits flussabwärts bewegt hatte.

29 Siehe *Zenshū juko renju tsūshū* («Vollständige Sammlung von der Perlenkette der Lobreden auf die alten Meister der Zen-Schulen»), Kap. 24.

30 *Kōan* 公安, wörtl. «öffentlicher Aushang», ist die Abkürzung von *kōfu [no] antoku* 公府案牘, das heißt, Anschlagtafeln, auf denen im alten China neue Verordnungen der Allgemeinheit bekannt gemacht wurden. Hier hat *kōan* 公安 die Bedeutung von «Gesetz» oder im weiteren Sinn «universelle Gesetzmäßigkeit» oder «das Universum» selbst.

31 Meister Tandō Bunjun (1060?–1115) war ein Nachfolger von Meister Shinjō Kokubun.

32 Dies ist der Name eines Teichs, der sich im Bereich eines Klosters Tōzan in der Provinz Jiangxi im Südosten Chinas befand.

33 Siehe *Zenshū juko renju tsūshū*, Kap. 24.

34 *Fukantei* 不干底, «der Zustand der Gleichgültigkeit». Meister Tandō Bunjun sagte: *«Fukan* oder *kan [se]zu* 不干 – *es ist mir gleich.»* Da Meister Dōgen hier einen konkreten Körper-Geist-Zustand beschreiben will, fügte er noch *tei* 底, «Zustand» oder «Verfassung» hinzu.

35 Meister Kazan Shujun (1078?–1134) war ein Nachfolger von Meister Taihei E-gon, und gleichzeitig schulte er sich bei Meister Engo Kokugon.

36 In der heutigen Provinz Zhejiang im Osten Chinas.

37 Siehe *Zenshū juko renju tsūshū*, Kap. 24.

38   Meister Goso Hō-en (1024–1104) war ein Nachfolger von Meister Haku-un Shutan. «Meister Goso» ist sein posthumer Titel.

39   *Zoku* 俗, «das Weltliche», bezieht sich im *Shōbōgenzō* oft auf Lehren des Daoismus und des Konfuzianismus. Es könnte sein, dass Meister Dōgen sich hier auf den daoistischen Text *Shunjū*, «Herbst und Frühling», bezieht.

40   *Butsuji* 仏事 ist eine buddhistische Feier oder Zusammenkunft anlässlich des Todestages eines Verstorbenen. Eine Rede von Meister Tendō Nyojō zu einem solchen Anlass wird in Kap. 30, *Gyōji*, beschrieben.

41   Der daoistische Text *Shunjū*, «Herbst und Frühling», wurde auch *Rinkyō*, «Das [Ki-] rin-Sūtra», genannt. *Kirin* ist ein mystisches Tier mit Hörnern, das in den chinesischen Legenden mit großer Weisheit herrscht.

42   Wörtl. «Ein Kirin genügt.» Ein *kirin* ist ein hervorragender Schüler. Der Ausdruck wird Meister Seigen Gyōshi zugeschrieben und findet sich im *Keitoku dentō roku* in dem Teil über Meister Seigen.

67

祖師西来意

Soshi sairai no i

Der Sinn von Bodhidharmas Kommen aus dem Westen

So bedeutet «Vorfahre» und SHI *ist «Meister». Die Bezeichnung* SOSHI, *«Meister-Vorfahre», erscheint sehr oft im Shōbōgenzō und bezieht sich auf Bodhidharma, den ersten Meister aus Indien, der im 6. Jahrhundert nach China kam und dort den Buddha-Dharma und die Praxis des Zazen verbreitete. Sai bedeutet «Westen» und* RAI *«kommen».* I *ist «der Sinn» oder «die Absicht».* SOSHI SAIRAI NO I *bedeutet also «der Sinn von Bodhidharmas Kommen aus dem Westen». Für die chinesischen Zen-Meister und ihre Schüler war es wesentlich, sich über den wahren Sinn von Bodhidharmas Kommen und seinem Wirken in China klar zu werden. Deshalb war die Frage, warum Bodhidharma aus dem Westen kam, das Thema vieler Kōan und Zen-Geschichten in China. In diesem Kapitel zitiert und kommentiert Meister Dōgen die berühmte Geschichte von Meister Kyōgen Chikan und einem Mönch, die sich mit dieser Frage beschäftigt. Dabei wird folgendes Gleichnis verwendet: Jemand hängt über einem tödlichen Abgrund, indem er mit dem Mund in den Ast eines Baumes beißt und sich nur mit den Zähnen festhält. In diesem Zustand soll er die Frage nach dem Sinn von Bodhidharmas Kommen beantworten. Soll er nun antworten – dann fällt er hinunter –, oder soll er nicht antworten? Anhand dieses tiefgründigen Bildes erörtert Meister Dōgen Fragen der konkreten Wirklichkeit, des körperlichen Mundes und des darüber hinausgehenden Mundes der Wahrheit, und er erklärt den Sinn und Unsinn der Frage nach Bodhidharmas Kommen.*

Der große Meister Kyōgen[1] (der ein Nachfolger von Dai-i[2] und dessen Mönchsname Chikan war) lehrte vor einer Versammlung: «*Es ist, wie wenn ein Mensch auf einen Baum gestiegen ist, der über eine Felswand hinausragt, die tausend Fuß tief ist. Mit dem Mund beißt er in einen Ast des Baumes [und hält sich mit den Zähnen fest], sodass er seine Füße nicht auf einen Ast des Baumes stützen und sich auch nicht mit den Händen daran hochziehen kann. Plötzlich steht jemand unter dem Baum und fragt ihn:* «*Was ist der Sinn von Bodhidharmas Kommen aus dem Westen?*» *Wenn der [über der Felswand] Hängende in diesem Augenblick seinen Mund öffnet, um dem anderen zu antworten, verliert er Leib und Leben. Wenn er dem anderen aber nicht antwortet, weicht er der Frage des anderen aus. Nun sagt, was würdet ihr in einem solchen Augenblick tun?*»

Darauf kam der Mönchsältere Shō aus Kotō nach vorn und sagte: «*Ich frage nicht, was zu dem Zeitpunkt geschah, als dieser Mensch schon auf den Baum gestiegen war. Aber sagt mir, Meister, wie war seine Lage, bevor er auf den Baum stieg?*»

Der Meister brach in schallendes Gelächter aus.[3]

Diese Geschichte kommt in vielen Reden und Kommentaren der alten Meister vor, aber nur wenige haben ihre Wahrheit erfasst; es scheint eher, dass es den meisten die Sprache verschlagen hat. Ihr solltet euch aber bemühen, diese Geschichte zu durchdenken und dabei das Nicht-Denken und das, was jenseits des Denkens[4] ist, zu benutzen. Die Anstrengungen, die der alte Kyōgen auf seinem runden Kissen machte, werden dann auf natürliche Weise gegenwärtig sein. Wenn ihr unbewegt wie der alte Kyōgen auf dem Kissen sitzt, werdet ihr diese Geschichte wirklich erfahren können, schon bevor er seinen Mund aufmacht. Dann habt ihr nicht nur das Auge des alten Kyōgen erlangt und erspäht damit für einen kurzen Augenblick [die Wahrheit], sondern ihr sitzt wirklich in Śākyamuni Buddhas Schatzkammer des wahren Dharma-Auges und könnt sie durchschauen.

«Es ist, wie wenn ein Mensch auf einen Baum gestiegen ist, der über eine Felswand hinausragt, die tausend Fuß tief ist.» Diese Worte solltet ihr in Ruhe erfahren und erforschen. Was ist «ein Mensch»? Da ein Mensch keine Säule ist, die im Freien steht, können wir ihn auch nicht [in die Gattung] der Holzpfosten einordnen. Selbst wenn die Buddhas und Vorfahren lächeln, solltet ihr die Begegnung zwischen euch und den anderen nicht missverstehen.

Dort, wo der Mensch auf den Baum gestiegen ist, befindet sich eine tausend Fuß tiefe Felswand, und diese ist [konkret] und nicht [die Idee] der ganzen Erde oder der Spitze eines hundert Fuß hohen Mastes. Wenn er loslässt[5], fällt er in [die konkrete Wirklichkeit] einer tausend Fuß tiefen Felswand.[6] Es gibt die Zeit des Fallenlassens und die Zeit des Hinaufsteigens. [In dieser Geschichte] geht es also um einen wirklichen Menschen, der auf einen Baum gestiegen ist, der über einer tausend Fuß tiefen Felswand hängt.

Denkt daran, dass es die Zeit des Hinaufsteigens gab. Deshalb gibt es tausend Fuß nach oben und tausend Fuß nach unten. Es gibt tausend Fuß zur Linken und tausend Fuß zur Rechten. An diesem Ort hier gibt es tausend Fuß, und an jenem Ort dort gibt es tausend Fuß. Ein wirklicher Mensch ist tausend Fuß und der Aufstieg in einen Baum ist tausend Fuß. Die tausend Fuß [der obigen Geschichte] mögen so beschaffen sein. Lasst uns nun fragen: Wie lang sind eigentlich tausend Fuß? Man könnte sagen, dies sei dieselbe Länge wie der ewige Spiegel[7], wie ein Ofen[8] oder wie ein Grabstein.[9]

«Mit dem Mund beißt er in einen Ast des Baumes.» Was ist dieser Mund? Auch wenn ihr den vollen Umfang dieses Mundes oder diesen ganzen Mund nicht vollständig begreifen könnt, könnt ihr wenigstens erkennen, wo dieser Mund sich befindet, wenn ihr euch schrittweise den Ast entlang vortastet, ihm folgt und seine Blätter beiseiteschiebt. Einen Augenblick lang den Ast zu ergreifen bedeutet, dass sich ein Mund gebildet hat, und deshalb ist dieser Ast der ganze Mund [des Menschen, der die Wahrheit ergreift,] und dieser Mund ist der ganze Ast [der Wahrheit selbst], der Mund ist der ganze Körper [der Wahrheit], und der Körper ist der ganze Mund [des Menschen, der die Wahrheit ergreift].[10]

Andererseits stützt sich der Baum auf den Baum selbst, und deshalb sagt [Kyō-gen], dass die Füße sich nicht auf einen Ast des Baumes stützen können.[11] Es ist so, wie wenn die Füße sich nur auf die Füße selbst stützen. Der Ast zieht sich am Ast selbst hoch, und deshalb sagt er, dass [der Mensch] sich nicht mit den Händen am Ast hochziehen kann. Es ist so, wie wenn die Hände sich an den Händen selbst hochziehen. Obwohl dies so ist, können sich die Fersen nach vorne oder nach hinten bewegen, und die Hände können sich öffnen oder eine Faust bilden.[12] Nun denken wohl Menschen wie wir selbst und andere, dass das alles im leeren Raum hängt. Aber weshalb sollte es besser sein, im leeren Raum zu hängen, als mit dem Mund in den Ast des Baumes zu beißen?[13]

«Plötzlich steht jemand unter dem Baum und fragt: ‹Was ist der Sinn von Bodhidharmas Kommen aus dem Westen?›» Dass da plötzlich ein Mensch unter dem Baum steht, könnte bedeuten, dass es Menschen in diesem Baum gibt, so als wäre es ein Menschenbaum. Dass es da plötzlich einen [anderen] Menschen unter dem Menschen im Baum gibt und er eine Frage stellt, beschreibt dies[e Einheit von Mensch, Baum und Frage]. Daher fragt der Baum den Baum und der Mensch den Menschen. Der Baum benutzt dabei den Baum, die Frage benutzt die Frage und der Sinn des Kommens aus dem Westen fragt nach dem Sinn des Kommens aus dem Westen. Beim Fragen beißt der Fragende mit dem Mund in den Ast des Baumes. Denn solange sein Mund nicht in den Ast des Baumes beißt, kann er nicht wirklich fragen; es gibt dann keinen Ton, der den Mund erfüllen würde, und keinen Mund, der von der Frage erfüllt wäre. Denn in dem Augenblick, wenn jemand nach dem Sinn von Bodhidharmas Kommen aus dem Westen fragt, ist seine Frage nichts anderes, als dass er direkt in diesen Sinn beißt.[14]

«Wenn der [über der Felswand] Hängende in diesem Augenblick seinen Mund öffnet, um dem anderen zu antworten, [fällt er hinab und] verliert Leib und Leben.» Macht euch wirklich mit den Worten vertraut, dass er Leib und Leben verliert, wenn er seinen Mund öffnet und dem anderen antwortet. Dann könnt ihr vielleicht heraushören, dass er dem anderen auch antworten kann, ohne seinen Mund zu öffnen, und in diesem Fall würde er nicht Leib und Leben verlieren. Selbst wenn ihr den Mund öffnet oder geschlossen haltet, sollte dies den ganzen Mund [der Wahrheit] nicht davon abhalten, in den Ast des Baumes zu beißen. Das Öffnen oder Schließen sind nicht immer dieser ganze Mund, aber ein Mund öffnet oder schließt sich. Es ist daher etwas Alltägliches, dass der ganze Mund in den Ast beißt, und dies hindert euch nicht daran, euren Mund zu öffnen oder zu schließen.

Bedeuten die Worte «wenn er seinen Mund öffnet und dem anderen antwortet», dass man ihm antwortet, indem man den Ast des Baumes oder den Sinn von Bodhidharmas Kommen offenlegt? Wenn ihr dem anderen nicht antwortet und ihm den Sinn von Bodhidharmas Kommen nicht aufzeigt, habt ihr [die Frage nach] dem Sinn seines Kommens nicht beantwortet. Ihm nicht zu antworten bedeutet, dass ihr den ganzen Körper und das Leben erhaltet, aber dies nennen wir nicht «Leib und Leben verlieren».[15] Andererseits ist es unmöglich, dem anderen zu antworten, wenn ihr Leib und Leben bereits verloren habt[16] [wenn ihr tot seid]. Aber in dieser Geschichte hat Kyōgen dem anderen ohne Umschweife geantwortet, und dies ist nichts anderes, als wirklich Leib und Leben zu verlieren. Denkt daran: Wenn ihr dem anderen noch nicht geantwortet habt, behaltet ihr Leib und Leben, aber wenn ihr dem anderen dann plötzlich doch antwortet, verändert sich euer Leib vollständig, und ihr erwacht zu neuem, kraftvollem Leben.

Das Folgende solltet ihr ganz klar erkennen: Jeder Mensch hat einen ganzen Mund, der die Wahrheit ist, und so solltet ihr den anderen und euch selbst antworten, und ihr solltet euch selbst und die anderen fragen. Dies ist der Mund, der in die Wahrheit beißt. Einen solchen Mund nennt [Kyōgen] den Mund, mit dem ein Mensch in einen Ast des Baumes beißt. Wenn ihr anderen wirklich antwortet, könnt ihr zu eurem [körperlichen] Mund noch einen weiteren Mund hinzufügen. Wenn ihr nicht antwortet, weicht ihr zwar der Frage des anderen aus, nicht aber eurer eigenen Frage.

Ihr solltet also wissen, dass die Buddhas und Vorfahren, die die Frage nach dem Sinn von Bodhidharmas Kommen aus dem Westen beantwortet haben, alle den Augenblick erfahren haben, in dem sie im Baum hingen und mit dem Mund in den Ast gebissen haben. Und sie hören nicht auf zu antworten. Die Buddhas und Vorfahren, die nach dem Sinn von Bodhidharmas Kommen aus dem Westen gefragt haben, haben alle den Augenblick erfahren, in dem sie im Baum hingen und mit dem Mund in den Ast gebissen haben. Und sie hören nicht auf zu fragen.

Meister Setchō Jūken[17], der auch «Zen-Meister Myōkaku» genannt wurde, sagte: *«Es ist leicht, etwas zu sagen, wenn man sich auf dem Baum befindet, aber es ist schwierig, etwas zu sagen, wenn man unter dem Baum steht.*[18] *Der alte Mönch [Jūken] steigt jetzt auf den Baum. Stellt mir die Frage!»*[19]

Die Aufforderung [Meister Jūkens,] eine Frage zu stellen, bedeutet, dass die Frage zu spät kommen wird, auch wenn ihr eure ganze Kraft dafür aufwendet. Leider werdet ihr die Frage später stellen, als die Antwort kommt. Nun frage ich euch, frühere und heutige erfahrene Praktizierende im ganzen Land: Sagte Kyōgen etwas auf dem Baum oder unter dem Baum, als er in schallendes Gelächter ausbrach? Beantwortet sein Gelächter nun die Frage nach dem Sinn von [Bodhidharmas] Kommen aus dem Westen, oder nicht? Mal sehen, ob ihr etwas sagen könnt!

SHŌBŌGENZŌ SOSHI SAIRAI NO I

Dies wurde tief in den Bergen von Etsu-u am 4. Tag des zweiten Mondmonats im zweiten Jahr der Ära Kangen [1244] dargelegt.

Anmerkungen

1   Meister Kyōgen Chikan (starb 898) war ein Nachfolger von Meister Isan Reiyū. Im Text wird er unter seinem posthumen Titel «großer Meister Shūtō vom Kloster Kyōgen» erwähnt.

2   Meister Isan Reiyū (771–853) war ein Nachfolger von Meister Hyakujō Ekai. Er lebte auf dem Berg Dai-i.

3   Siehe *Wanshi kōroku*, Kap. 3, und *Shinji shōbōgenzō*, Buch 3, Nr. 44.

4   *Fushiryō* 不思量, wörtl. «Nicht-Denken», und *hishiryō* 非思量, «jenseits des Denkens», kommen in dem berühmten Dialog zwischen Meister Yakusan Igen und einem Mönch vor, den Meister Dōgen in Kap. 27, *Zazenshin*, kommentiert. Siehe auch *Shinji shōbōgenzō*, Buch 2, Nr. 29, und *Shōbōgenzō*, Band 1, Anhang 2, *Fukan zazengi*.

5   *Datsuraku* 脱落, wörtl. «fallen lassen» oder «loslassen». Das Wort findet sich auch in dem berühmten Ausdruck *shinjin datsuraku* 身心脱落, «das Fallenlassen von Körper und Geist» oder «das Loslassen des gewöhnlichen Bewusstseins von Körper und Geist».

6   *Senjaku kengai ri* 千尺懸崖裏. Hier fügt Meister Dōgen den Worten in der Geschichte, *senjaku kengai* 千尺懸崖, «eine tausend Fuß hohe Felswand», noch *ri* 裏 hinzu, was wörtlich «im Inneren» und hier «in der konkreten Wirklichkeit» bedeutet.

7   *Kokyō* 古鏡, «der ewige Spiegel». Meister Seppō und Meister Gensa sprechen über die Weite des ewigen Spiegels in Kap. 20, *Kokyō*. Siehe auch *Shinji shōbōgenzō*, Buch 2, Nr. 9.

8   *Karo* 火炉, «Ofen». Siehe auch *Shinji shōbōgenzō*, Buch 1, Nr. 38.

9   *Muhotō* 無縫塔, wörtl. «nahtloser Stūpa», ist ein ovaler Stein, der auf einem quadratischen Sockel steht. Dies ist der Grabstein für verstorbene Mönche und Nonnen. Meister Seppō und Meister Gensa sprechen über die Höhe eines Grabsteins in Kap. 32, *Juki*. Siehe auch *Shinji shōbōgenzō*, Buch 1, Nr. 60.

10   Dies bedeutet, dass der Mund (der die Wahrheit suchende Mensch) und der Ast (die Wahrheit oder der Sinn), d. h., Subjekt und Objekt, nicht getrennt sind, sondern in Wirklichkeit eine Einheit bilden.

11   Nachdem Meister Dōgen den Aspekt der Einheit und Verbundenheit von Ast und Mund dargestellt hat, legt er im Folgenden den Aspekt der Unabhängigkeit der einzelnen und sich insofern unterscheidenden Dinge und Phänomene dar. Unter diesem Aspekt ist der Baum nur ein Baum, und er ist unabhängig von einem Ast, einem Fuß oder einer Hand. Die Verbundenheit der Dinge und Phänomene miteinander und ihre Unabhängigkeit sind einander ergänzende Aspekte der einen Wirklichkeit.

12   Die Unabhängigkeit der Hände und Füße, die Meister Dōgen hier mit den Worten «die Füße stützen sich auf die Füße selbst» und «die Hände ziehen sich an den Händen selbst hoch» zum Ausdruck bringt, bedeutet nicht, dass Hände und Füße sich nicht frei bewegen könnten. Im Handeln sind wir sowohl eingeschränkt als auch frei.

13   «In den Ast beißen», *kanjushi* 銜樹枝, ist ein konkretes Tun und Handeln im Augenblick, während «im Raum hängen», *kakokū* 掛虚空, eher eine abstrakte Beschreibung der Situation ist. Meister Dōgen zieht hier offenbar das Konkrete vor.

14   Die Frage nach dem Sinn ist kein intellektuelles Spiel, sondern sie bezieht sich auf das wirkliche Leben im gegenwärtigen Augenblick.

15   *Sōshin shitsumyō* 喪身失命, «Leib und Leben verlieren», ist hier im übertragenen Sinn gemeint. Es bedeutet, die Wahrheit zu verwirklichen, indem man sich in den Augenblick

wirft und Leib und Leben dabei vergisst.

16   Hier können wir «Leib und Leben verlieren» wörtlich verstehen, d. h., wenn wir nicht mehr am Leben sind, können wir auch nicht antworten.

17   Meister Setchō Jūken (980–1052) war ein Nachfolger von Meister Chimon Kōso. «Zen-Meister Myōkaku» ist sein posthumer Titel.

18   Es ist leichter, etwas zu sagen, wenn man sich in einer außergewöhnlichen Situation (wie auf dem Baum) befindet, während es im Alltag (unter dem Baum) schwierig ist, das Gleichgewicht aufrechtzuerhalten und damit etwas Adäquates zu sagen.

19   Siehe *Bukka geki setsu roku* («Aufzeichnung von Bukkas Angriffen auf knifflige Probleme»), Teil 7.

68

優曇華

Udonge

Die Uḍumbara-Blüte

UDON'GE bezeichnet die Blüte eines bestimmten Feigenbaums, der in Sanskrit uḍum-
bara genannt wird. Der Uḍumbara-Baum ist ein großer tropischer Baum aus der Fami-
lie der Maulbeerbäume. Die sehr kleinen Blüten wachsen um die Frucht herum, sodass
sie eher wie eine Schale aussehen und nicht wie Blüten. Aus diesem Grund glaubten die
Menschen im alten Indien, der Uḍumbara-Baum hätte keine Blüten, und sie benutzten
die Uḍumbara-Blüte als ein Symbol für etwas, was sich sehr selten ereignet[1], wie zum Bei-
spiel die Verwirklichung der Wahrheit. Im «Daibonten ō monbutsu ketsugi kyō»
(«Das Sūtra der Fragen und Antworten zwischen Mahābrahman und dem Buddha»)
wird erzählt, wie Gautama Buddha eines Tages wortlos eine Uḍumbara-Blüte empor-
hielt und sie den Menschen zeigte. Keiner der Anwesenden konnte den Sinn seiner
Geste verstehen, nur Meister Mahākāśyapa lächelte. Im chinesischen Buddhismus wur-
de diese Begebenheit zu einem Symbol für die Dharma-Übertragung. Buddhas Drehen
der Uḍumbara-Blüte ist für Meister Dōgen nicht nur ein Symbol für die Dharma-
Übertragung, sondern auch für das Handeln und die konkrete Offenbarung aller Dinge
und Phänomene in der Wirklichkeit.

Vor einer Versammlung von tausenden Anwesenden auf dem Geiergipfel hielt der
Weltgeehrte eine Uḍumbara-Blüte empor, drehte sie [wortlos in seinen Fingern] und
machte ein Zeichen mit den Augen. In diesem Augenblick erschien ein Lächeln auf
Mahākāśyapas Gesicht, und der Weltgeehrte sagte: *«Ich besitze die Schatzkammer des*
wahren Dharma-Auges und den wunderbaren Geist des Nirvāṇas. Ich übertrage sie an
Mahākāśyapa.»[2]

Die sieben Buddhas und die vielen anderen Buddhas vollenden alle dieselbe Handlung, wenn sie die Blume [des Dharmas] drehen.[3] Sie praktizieren, erfahren und verwirklichen dieses Drehen der Blume im Bereich jenseits [von Buddha].[4] Sie lassen die
Blüte sich öffnen und erblühen, und sie erlangen Klarheit über die sich drehenden Blumen des Hier und Jetzt.[5] Deshalb geschieht es in der [Wirklichkeit] der sich drehenden
Blume, wenn ihr [auf dem Buddha-Weg] fortschreitet oder zurückfallt, wenn ihr euch
euch selbst oder der Welt, der Form oder dem Inhalt [des Dharmas] zuwendet, und es
ist das alles umfassende Ganze der sich drehende Blume. Es ist die Dimension der Blume, die Dimension der Buddhas und die Dimension des Geistes und des Körpers. Wie
oft ihr die Blume auch dreht, jedes einzelne Drehen bedeutet, dass ein Nachfolger dem

anderen [die Blume] überträgt, und dass solche Übertragungen wirklich existieren. Vergesst das Drehen der Blume des Weltgeehrten auf dem Geiergipfel! Wenn ein Weltgeehrter kommt, der jetzt die Blume dreht, ist dies die Übertragung des Weltgeehrten. Weil die Zeit des Drehens der Blume das Ganze der Zeit umfasst, ist es dieselbe Erfahrrung wie die des Weltgeehrten und es ist dasselbe Drehen der Blume.

Die Blume zu drehen bedeutet, dass die Blume die Blume dreht[6], und zwar als die Pflaumenblüten, als die Blüten und Blumen im Frühling, als die Blüten im Schnee und die Lotosblumen usw. Die über dreihundertsechzig Orden[7] [des Weltgeehrten], die fünftausendachtundvierzig Schriftrollen[8], die drei Fahrzeuge, die zwölf Lehrweisen und die drei klugen und zehn heiligen Stufen [der Bodhisattvas], all dies nennen wir «die fünf Blütenblätter einer Pflaumenblüte».[9] Deshalb sind sie völlig jenseits [der Vorstellung von] drei klugen und zehn heiligen Stufen. Es gibt den großen Schatz [der Sūtren], es gibt das Wundersame, und wir beschreiben dies mit den Worten: «Wenn die Blüten sich öffnen, entsteht die Welt.» Die Aussage «eine Blüte öffnet ihre fünf Blütenblätter, und ihre Früchte reifen von selbst auf natürliche Weise»[10] beschreibt den ganzen Körper, der schon die ganze Wirklichkeit ist. Es ist das Jetzt der sich drehenden Blume, wenn man beim Anblick der Pfirsichblüten seine [bisherigen] Augen verliert[11], und wenn beim Ton des grünen Bambus das [gewöhnliche] Hören verschwindet.[12] Die Blüte öffnet sich auf natürliche Weise, wenn man [wie Eka] bis zur Hüfte im Schnee steht und sich den Arm abschlägt, sich niederwirft und das Mark erlangt[13], und die Blüte hat sich schon geöffnet, wenn man [wie Enō] mit dem steinernen Mörser den Reis stampft und um Mitternacht das Gewand empfängt.[14] Dies alles sind die wahren Wurzeln des Lebens, die der Weltgeehrte [beim Drehen der Blüte] in seiner Hand hielt.

Allgemein gesagt gab es das Drehen der Blume schon, bevor der Weltgeehrte die Wahrheit verwirklichte. Es gab das Drehen der Blume zur gleichen Zeit, als der Weltgeehrte die Wahrheit verwirklichte, und es gibt das Drehen der Blume, seitdem der Weltgeehrte die Wahrheit verwirklichte. Auf diese Weise verwirklichen Blumen die Wahrheit. Das Drehen der Blumen überschreitet bei Weitem die oben genannten Zeitstrecken. Es ist das Drehen der Blumen, die wie Schmetterlinge im Frühlingswind tanzen, wenn die Buddhas und Vorfahren erwachen und den Bodhi-Geist verwirklichen, ihre ersten Schritte [auf dem Buddha-Weg] machen, [Zazen] praktizieren und erfahren, und dies bewahren und behüten. Weil der Weltgeehrte Gautama jetzt seinen Körper in diese Blumen hineingibt und ihn in den leeren Raum hüllt, und wir deshalb sowohl nach der Nase als auch nach dem leeren Raum greifen können[15], nennen wir es das Drehen der Blumen. Das Drehen der Blumen bedeutet, dass wir die Blumen mit den Augen, mit dem Geist und mit dem Bewusstsein, mit den Nasenlöchern und mit dem Drehen der Blumen drehen.

Letztlich ist das Drehen der Uḍumbara-Blüte nichts anderes als die Berge, Flüsse und die Erde, die Sonne und der Mond, der Wind und der Regen, die Menschen, die Tiere, die Gräser, die Bäume und die mannigfaltigen Dinge, die sich jetzt hier und dort offenbaren. Leben und Sterben, Kommen und Gehen sind so vielfältig, strahlend und klar wie die Blumen. Es ist das Drehen der Blumen, wenn ihr dies jetzt auf diese Weise erfahrt und erforscht.

Der Buddha sagte: «Es ist wie die Uḍumbara-Blüte, die alle lieben und an der sie Freude haben.» «Alle» in Buddhas Aussage sind die Buddhas und Vorfahren, deren Körper gegenwärtig und verborgen sind, und es ist die strahlende Klarheit der Gräser, der Bäume und Insekten, die auf natürliche Weise existieren. Dass alle die Uḍumbara-Blüte lieben und Freude an ihr haben, beschreibt die Haut, das Fleisch, die Knochen und das Mark jedes Einzelnen [dieser Lebewesen], die jetzt kraftvoll leben und handeln. Daher sind alle die Uḍumbara-Blüte, und daher sagen wir, dass dies sehr selten ist.

Die Worte «ein Zeichen mit den Augen» bedeuten, dass der helle Stern an die Stelle seiner Augen trat, als [Gautama] unter dem [Bodhi-]Baum saß. In diesem Augenblick erschien ein Lächeln auf Mahākāśyapas Gesicht. Sein Gesicht lächelte schon, als die drehende Blume an die Stelle seines Gesichtes trat. Wenn der Tathāgata das Zeichen mit den Augen macht, haben wir schon unsere [bisherigen] Augen verloren. Das Zeichen mit den Augen des Tathāgata ist nichts anderes als das Drehen der Blume. Es ist die Uḍumbara-Blüte, die sich öffnen will. Sogar bis zu diesem Augenblick ist es dauernd so gewesen, dass genau im Moment des Drehens der Blume alle Gautamas, alle Mahākāśyapas, alle Lebewesen und alle hier Anwesenden ihre Hand ausgestreckt und die Blume wie eine einzige Blume gedreht haben. Weil darüber hinaus im Samādhi die ganze Wirklichkeit in der Hand enthalten ist[16], nennen wir dies die vier Elemente und die fünf Komponenten des Daseins.[17]

[Buddhas Worte] «ich besitze» [die Schatzkammer des wahren Dharma-Auges und den wunderbaren Geist des Nirvāṇas] bedeuten die Übertragung [des Dharmas], und sie bedeuten auch, dass ich sie besitze. Die Übertragung wird zweifellos dadurch eingeschränkt, dass ich sie besitze. «Ich besitze» ist eine verstandesmäßige Vorstellung. Um diese Worte zu verstehen, müsst ihr das verstandesmäßige Denken zähmen.[18]

Ihr bewahrt und behütet die Schatzkammer des wahren Dharma-Auges dadurch, dass ihr nehmt und benutzt, was ihr schon besitzt, und es in die Übertragung umwandelt, wie unser Vorfahre und Meister [Bodhidharma], der vom Westen kam und selbst das Kommen der sich drehenden Blume war. Manchmal wird das Drehen der Blume auch «das Spielen mit dem Geist»[19] genannt. Mit dem Geist zu spielen bedeutet, einfach zu sitzen und Körper und Geist fallen zu lassen. Ein Buddha und Vorfahre zu werden, wird auch «das Spielen mit dem Geist» genannt. Sich anzuziehen und zu essen, wird «das Spielen mit dem Geist» genannt. Das Spielen mit dem Geist ist zweifellos der höchste Maßstab der Buddhas und Vorfahren. Wenn euch die Buddha-Halle begegnet oder ihr der Mönchshalle begegnet, werden die Blumen immer zahlreicher und vielfältiger und das Licht ihrer Farben immer strahlender und vielschichtiger. Gegenwärtig schlagen wir das Holzbrett in der Mönchshalle, und der Ton schwingt bis in die Wolken hinein. Jetzt blasen wir die Bambusflöte in der Buddha-Halle, und ihr Klang tönt bis zum Grund des Baches. In einer solchen Lage würde [mein früherer Meister] unwillkürlich das Lied von den Pflaumenblüten anstimmen. Das heißt, der ewige Buddha würde sagen:

Gautama verliert seine [bisherigen] Augen.
Nur ein Zweig Pflaumenblüten im Schnee!
Jetzt sind alle Orte beschwerlich und voller Dornen,
Und doch lachen die tanzenden Blüten im Frühlingswind.[20]

Jetzt werden die Augen des Tathāgata unwillkürlich zu Pflaumenblüten, während sich die Pflaumenblüten jetzt überall in Dornen verwandeln. Der Tathāgata verbirgt seinen Körper in den Augen, und die Augen verbergen ihren Körper in den Pflaumenblüten. Jetzt blasen die Pflaumenblüten, die ihre Körper in den Dornen verborgen haben, zurück zum Frühlingswind. Auch wenn dies alles so ist, können wir uns an der Musik der Pflaumenblüten erfreuen.

Mein früherer Meister Tendō, der ewige Buddha, sagte:

Reiun sah die Pfirsichbäume in voller Blüte stehen.
Tendō sah die Pfirsichblüten herunterfallen.[21]

Denkt daran, dass [Meister] Reiun die Pfirsichbäume in ihrer vollen Blüte sah, dass er direkt im Jetzt angelangt war und keine Zweifel mehr hatte.[22] Tendō sah die Pfirsichblüten herunterfallen. Die Pfirsichblüten öffnen sich, wenn der Frühlingswind sie berührt, und sie fallen herunter, wenn der Frühlingswind ihnen grollt. Auch wenn der Frühlingswind den Pfirsichblüten noch so grollt, wenn sie herunterfallen, fällt Körper und Geist ab.

Shōbōgenzō Udonge

Dargelegt vor einer Versammlung im Kloster Kippō in Etsu-u am zwölften Tag des zweiten Mondmonats im zweiten Jahr der Ära Kangen [1244].

Anmerkungen

1   Im Lotos-Sūtra, Kap. 2, «Geschicklichkeit», steht: «*Buddha sprach zu Śāriputra: ‹Den wunderbaren Dharma, wie er ist, lehren die Buddha-Tathāgatas nur dann und wann, so wie die Uḍumbara-Blüte nur ein Mal in langer Zeit erscheint.›*» Vgl. Borsig, S. 65.

2   Dies ist die freie Wiedergabe eines Zitats aus dem *Daibonten ō monbutsu ketsugi kyō* («Das Sūtra der Fragen und Antworten zwischen Mahābrahman und dem Buddha»). Es steht in dem Teil des Sūtras, der «das Drehen der Blume» genannt wird.

3   *Nen-ge* 拈華, «das Drehen der Blume». «Die Blume» steht hier als Symbol für alle konkreten Dinge und geistigen Phänomene im Universum. «Drehen» bedeutet handeln. Die Buddhas handeln in der Wirklichkeit aller Dinge und Phänomene, und der Ausdruck *nen-ge* 拈華 beschreibt dieses Tun und Handeln in der Wirklichkeit.

4   *Kōjō no nen-ge* 向上の拈華. *Kōjō* 向上 bedeutet «jenseits von». In Kap. 28, *Butsu kōjō no ji*, beschreibt Meister Dōgen den Bereich jenseits von Buddha. *Kōjō no nen-ge* 向上の拈華, «das Drehen der Blume jenseits von [Buddha]», beschreibt das konkrete Handeln der Buddhas.

5   *Jikige no nen-ge* 直下の拈華. *Jikige* 直下 bedeutet 1. «der direkte Nachkomme in einer Abstammungslinie» und 2. «das Jetzt» oder «der gegenwärtige Augenblick». *Jikige no nen-ge* 直下の拈華 beschreibt also die Verwirklichung aller Erscheinungsformen im gegenwärtigen Augenblick. Siehe Kap. 43, *Kūge*.

6   *Ge nen-ge* 華拈華, wörtl. «die Blume dreht die Blume», bedeutet, dass alle Dinge und Erscheinungsformen sich so offenbaren, wie sie sind. Meister Dōgen beschreibt dies sehr eingehend in Kap. 17, *Hokke ten hokke*.

7   Im *Kengō kyō* («Sūtra des Kalpas der Weisheit») ist die Rede von mehr als dreihundertsechzig Orden des Weltgeehrten, die die Ursachen und Bedingungen für die Erweckung des Geistes von Tausenden von Buddhas sind.

8   In der chinesischen Chronik *Tōki* heißt es, Śākyamuni Buddhas Lehre umfasse insgesamt fünftausendachtundvierzig Schriftrollen.

9   *Baike no goyō* 梅華の五葉, «die fünf Blütenblätter einer Pflaumenblüte», beschreibt die Einheit des Konkreten mit dem allumfassendem Ganzen. In Kap. 59, *Baike*, erklärt Meister Dōgen, dass alle Buddhas und Vorfahren in Indien und China auf der Grundlage der Einheit der fünf Blütenblätter mit der Pflaumenblüte existieren.

10 Dies ist die dritte und vierte Zeile eines Gedichts von Meister Bodhidharma, das Meister Dōgen in Kap. 59, *Baike*, zitiert und kommentiert.

11 «Die bisherigen Augen verlieren» bedeutet seine frühere Sichtweise zu verlieren. Dies erläutert Meister Dōgen ausführlich in Kap. 63, *Ganzei*.

12 Meister Reiun Shigon verwirklichte die Wahrheit beim Anblick blühender Pfirsichbäume, und Meister Kyōgen Chikan verwirklichte sie, als er den Klang eines Ziegelstückes hörte, welches auf ein Bambusrohr traf. Siehe Kap. 9, *Keisei sanshiki*.

13 Dies bezieht sich auf die Dharma-Übertragung von Meister Bodhidharma an Meister Taiso Eka. Siehe Kap. 46, *Kattō*.

14 Dies bezieht sich auf die Dharma-Übertragung von Meister Daiman Kōnin an Meister Daikan Enō. Siehe Kap. 29, *Inmo*.

15 Dies bezieht sich auf die folgende Geschichte: *Zen-Meister Shakkyō Ezō aus Bushū fragte einst den Zen-Meister Seidō Chizō: «Verstehst du, wie man den leeren Raum erfasst?»*

Seidō sagte: «Ich verstehe, wie man den leeren Raum erfasst.» Der Meister sagte: «Wie erfasst du ihn?» Seidō griff mit seiner Hand in den leeren Raum. Der Meister sagte: «Du weißt nicht, wie man den leeren Raum erfasst.» Seidō sagte: «Wie erfasst du ihn, Bruder?» Der Meister packte Seidōs Nase und zog daran. Vor Schmerz aufstöhnend, sagte Seidō: «Es ist sehr brutal, jemanden an der Nase zu ziehen, aber ich bin direkt frei geworden.» Der Meister sagte: «So direkt hättest du gleich nach dem leeren Raum greifen können.» Siehe *Shinji shōbōgenzō*, Teil 3, Nr. 49. Die Geschichte wird auch in Kap. 77, *Kokū*, zitiert.

16 *Teri zōshin zanmai* 手裏蔵身三昧, «der Samādhi, in dem der Körper in der Hand enthalten ist», beschreibt die vollständige Einheit von Körper und Geist, in der jeder Teil des Körpers den ganzen Körper der Wirklichkeit enthält.

17 *Shidai* 四大, «die vier Elemente», Erde, Wasser, Feuer und Wind, und *go-un* 五陰, «die fünf Skandhas», Form, Sinne, Denken, Wirken und Bewusstsein, stehen für die Gesamtheit der Wirklichkeit.

18 *Habi shite* 巴鼻して, wörtl. «bei der Nase nehmen», bedeutet etwas innerhalb seiner Grenzen zu benutzen, wie zum Beispiel ein Pferd durch die Zügel in Zaum gehalten wird.

19 *Rōzeikon* 弄精魂. *Rō* oder *moteaso[bu]* 弄 bedeutet «spielen», *sei* 精 bedeutet «Geist», «Energie» oder «Vitalität». *Kon* 魂 bedeutet «Geist» oder «Seele». *Rōzeikon* 弄精魂 bedeutet also «mit dem Geist spielen». Wenn sich alle Vorstellungen und Begriffe aufgelöst haben, können wir den Geist im grenzenlosen Ozean der Wirklichkeit spielen lassen. Der Ausdruck wird oft in Verbindung mit Zazen verwendet.

20 Dieses Gedicht wird auch in Kap. 59, *Baike*, und in Kap. 63, *Ganzei*, zitiert.

21 Siehe *Nyojō oshō goroku*, Band 2.

22 *Jikishi nyokon kō fugi* 直至如今更不疑. Dies ist die letzte Zeile eines Gedichts von Meister Reiun Shigon, das lautet:
Dreißig Jahre lang ein Wanderer auf der Suche nach dem Schwert.
Wie viele Male fielen die Blätter und erblühten die Knospen?
Mit einem Mal, als ich die Pfirsichblüten sah,
Bin ich direkt angelangt im Jetzt und habe keine Zweifel mehr.
Das Gedicht wird in Kap. 9, *Keisei sanshiki*, zitiert.

69

発無上心

Hotsu mujōshin

Das Erkennen des Geistes der höchsten Wahrheit

Hotsu bedeutet «erkennen», mujō ist «das Höchste» oder hier «die höchste Wahrheit», und shin bedeutet «Geist» oder «Wille». Hotsu mujōshin bedeutet also «das Erkennen des Geistes der höchsten Wahrheit». In der ursprünglichen Form dieses Kapitels ist der Ausdruck Hotsu mujōshin nicht enthalten, sondern Hotsu bodaishin, «Das Erkennen des Bodhi-Geistes», der auch mehrfach in diesem Kapitel vorkommt. Daher könnte der Titel «Hotsu mujōshin» gewählt worden sein, um dieses Kapitel von dem nachfolgenden mit dem Titel «Hotsu bodaishin» zu unterscheiden. Darüber hinaus schließen beide Kapitel mit denselben Worten: «Dargelegt vor einer Versammlung im Kloster Kippō im Bezirk Yoshida von Esshū am vierzehnten Tag des zweiten Mondmonats im zweiten Jahr der Ära Kangen.» Es stellt sich also die Frage, wie diese beiden Kapitel zusammenhängen. Der Gelehrte Dr. Fumio Masutani hat vermutet, das «Hotsu mujōshin» sei vor einer Versammlung von Laien vorgetragen worden, die am Aufbau des Klosters Daibutsu, dem späteren Eihei-ji, arbeiteten, und dass das «Hotsu bodaishin» am selben Tag den Mönchen gelehrt wurde. Leider gibt es keinen Beweis, der diese Theorie schlüssig stützt, aber der Inhalt der beiden Kapitel lässt dies als wahrscheinlich erscheinen. Letztlich bedeuten beide Titel dasselbe, nämlich das Erkennen des Bodhi-Geistes oder des Geistes der höchsten Wahrheit und diesen Geist zu pflegen und zu bewahren.

Unser Gründer-Vorfahre des westlichen Königreichs [Gautama Buddha] sagte: *«Die schneebedeckten Berge[1] sind wie das große Nirvāṇa.»*[2]

Denkt daran, dass er vergleicht, was verglichen werden sollte. [Die schneebedeckten Berge und das Nirvāṇa] sollten miteinander verglichen werden, weil sie unmittelbar erfahren werden und offenkundig sind. Zu erfassen, was hier «die schneebedeckten Berge» genannt wird, bedeutet, sie [nur] mit den Schneebergen zu vergleichen. Das große Nirvāṇa zu erfassen bedeutet, es [nur] mit dem großen Nirvāṇa zu vergleichen.

Der erste Vorfahre in China [Bodhidharma] sagte: *«Augenblick für Augenblick ist der Geist wie die Bäume und Steine.»*[3]

Was hier als der Geist beschrieben ist, ist der Geist, wie er ist.[4] Es ist der Geist der ganzen Erde. Daher umfasst er [alles], uns selbst und das andere. Dieser Geist ist Augenblick für Augenblick [wie der Geist] der Bäume und Steine; er ist der Geist der Menschen, der die ganze Erde umfasst, er ist der Geist der Buddhas und Vorfahren, der das ganze Universum der zehn Richtungen umfasst, und er ist der Geist der himmlischen

Wesen, der Drachen usw. Jenseits davon gibt es keinen Geist. Die Bäume und Steine sind von Natur aus nicht eingeschränkt durch Grenzen und Begriffe wie «Sein», «Nicht-Sein», «Leerheit» oder «Form». Mit diesem Geist der Bäume und Steine erkennen wir den Geist [der höchsten Wahrheit], und wir praktizieren und erfahren ihn, denn der Geist ist [wie] der Geist der Bäume und Steine. Durch die Kraft und Tugend dieses Geistes verwirklicht sich das Denken, das aus dem tiefen Grund des Nicht-Denkens[5] kommt. Nachdem wir die authentische Lehre dieses Geistes der Bäume und Steine gehört und gesehen haben, erheben wir uns zum ersten Mal über die wankelmütigen Menschen, die außerhalb des Buddha-Weges leben. Vorher befinden wir uns nicht auf dem Buddha-Weg.

Der Landesmeister Daishō sagte: *«Der Geist der ewigen Buddhas ist [wie] die Zäune, Mauern, Ziegel und Kieselsteine.»*[6]

Ihr solltet genau untersuchen, wo die gegenwärtigen Zäune, Mauern, Ziegel und Kieselsteine sind, und ihr solltet euch fragen, was es ist, das sich auf diese Weise verwirklicht.[7] Der Geist der ewigen Buddhas ist nicht die andere Seite des Königs der Leerheit[8], sondern der Geist, der sich mit dem Reis am Morgen und am Mittag zufriedengibt und der sich mit den Gräsern und Wassern zufriedengibt. Dahin zu gelangen, wie ein Buddha zu sitzen und ein Buddha zu werden, wird «das Erkennen des Geistes» genannt.

In Bezug auf die Ursachen und Bedingungen des Erkennens des Bodhi-Geistes kann man grundsätzlich sagen, dass wir den Bodhi-Geist nicht von irgendwoher hierher bringen, sondern wir erkennen ihn, indem wir den Bodhi-Geist selbst benutzen. Den Bodhi-Geist zu benutzen bedeutet, einen Grashalm zu nehmen und daraus einen Buddha zu machen, oder einen Baum ohne Wurzel[9] zu nehmen und daraus ein Sūtra zu machen. Es bedeutet, ein wenig Sand oder gekochtes Reiswasser zu nehmen und sie dem Buddha darzubringen. Es bedeutet, den Lebewesen eine Handvoll Reis zu schenken oder dem Tathāgata fünf Blumen darzureichen.[10] Auf den Rat eines anderen hin ein wenig Gutes zu tun oder von einem Dämon dazu verleitet zu werden, sich vor dem Buddha niederzuwerfen, ist auch das Erkennen des Bodhi-Geistes. Aber es ist nicht nur das: Es bedeutet vielmehr, «zu wissen, dass dieses Zuhause nicht unser Zuhause ist, es aufzugeben und zu verlassen, in die Berge zu gehen, um die Wahrheit zu praktizieren, und sich der Glaubenspraxis und der Dharma-Praxis hinzugeben». Es bedeutet, Bildwerke des Buddha herzustellen und Stūpas zu errichten. Es bedeutet, die Sūtren zu lesen und Buddhas Namen zu rezitieren. Es bedeutet, einen Meister aufzusuchen, die Wahrheit zu erforschen und einer Versammlung den Dharma darzulegen. Es bedeutet, in der vollen Lotoshaltung zu sitzen und sich vor den drei Juwelen niederzuwerfen. Es bedeutet, ein Mal das Namu-butsu[11] auszurufen.

Die Ursachen und Bedingungen unzähliger solcher Dharma-Elemente[12] sind in jedem Fall das Erkennen des Bodhi-Geistes selbst. Es gab Menschen, die die Wahrheit durch das Erkennen des Geistes im Traum erlangt haben. Einige haben die Wahrheit durch das Erkennen des Geistes in der Trunkenheit verwirklicht. Einige haben die Wahrheit durch das Erkennen des Geistes in herumwirbelnden Blüten und fallenden Blättern erlangt. Einige haben die Wahrheit durch das Erkennen des Geistes inmitten der Pfirsichblüten oder eines grünen Bambus verwirklicht. Einige haben den Geist erkannt und die Wahrheit oben im Himmel erlangt, und einige haben ihn erkannt und die Wahrheit im Ozean verwirklicht. In allen diesen Fällen erkannte der Bodhi-Geist sich immer wieder aufs Neue durch den Bodhi-Geist selbst. Der Bodhi-Geist erwacht in der [Einheit von] Körper und Geist und er erwacht im Körper und Geist der Buddhas. Der Bodhi-Geist wird in der Haut, im Fleisch, in den Knochen und im Mark der Buddhas und Vorfahren erkannt.

Daher ist es genau das Erkennen des Bodhi-Geistes, wenn wir jetzt Stūpas errichten und Bildwerke des Buddha usw. herstellen. Es ist der Geist des Erwachens, der direkt zur Verwirklichung des Buddha führt, und ihr solltet ihn niemals auf halbem Weg verlassen. [Stūpas zu errichten und Bildwerke des Buddha herzustellen usw.] nennen wir das Verdienst, nichts zu erzeugen[13], und das Verdienst, nichts zu werden.[14] Ein solches Tun bedeutet, die wahre Wirklichkeit und die Natur des Dharmas zu sehen. Es ist der geordnete Geist des Samādhis der Buddhas und das Erlangen ihrer Dhāraṇīs. Es ist der Geist des höchsten und vollkommenen Erwachens. Es ist die Verwirklichung der Arhat- und Buddhaschaft. Davon abgesehen gibt es keine Methode, die frei von Erzeugen oder Werden ist.

Dennoch sagen die unverständigen Menschen des kleinen Fahrzeugs Folgendes: «Bildnisse zu schaffen und Stūpas zu errichten wird durch künstliches Erzeugen[15] erreicht. Wir sollten darauf verzichten und es nicht tun. Nichts zu erzeugen bedeutet, den Geist zu ordnen und das Denken aufzulösen.» Weiter sagen sie fälschlicherweise: «Nichts zu werden und nichts zu erzeugen ist die wahre Wirklichkeit. Nichts zu erzeugen bedeutet, dass wir die wirkliche Form der Dharma-Natur betrachten und praktizieren.»

Derartige Ideen wurden im westlichen Himmel und im östlichen Land[16] seit alten Zeiten bis heute in die Gebräuche übernommen. Deshalb schaffen diese Menschen keine Bildnisse und errichten keine Stūpas, obwohl dies ein schwerwiegender Fehler ist. Obgleich sie sich im Dickicht des Staubs und der Mühsal verunreinigen, achten sie den Buddha nicht und lesen keine Sūtren. Damit zerstören sie nicht nur die [Buddha-]Samen der Menschen und Götter, sondern sie verleugnen auch die Buddha-Natur des Tathāgata. Es ist wirklich bedauerlich, dass sie die Feinde der Buddhas, des Dharmas und des Sanghas geworden sind, während sie doch in der Zeit der Buddhas, des Dharmas und des Sanghas leben. Es ist bedauerlich, dass sie den Berg der drei Juwelen erklommen haben, aber mit leeren Händen zurückkehren. Es ist traurig, dass sie mit leeren Händen zurückkehren, während sie doch mitten im Ozean der drei Juwelen leben. Selbst wenn sie tausend Buddhas und zehntausend Vorfahren begegnen würden, gäbe es keine Hoffnung für sie, die Wahrheit zu erlangen, [denn] es fehlt ihnen an den Mitteln und Wegen, den Bodhi-Geist zu erkennen. Sie sind so, weil sie weder den Sūtren folgen noch auf gute Lehrer hören. Viele sind wie diese, weil sie falschen Lehrern folgen, die außerhalb der Buddha-Lehre stehen. Ihr solltet euch sogleich von der Sicht und dem Verständnis befreien, das Errichten von Stūpas sei nicht das Erkennen des Bodhi-Geistes. Ihr solltet dies weder sehen noch hören, vielmehr reinigt euren Geist, säubert euren Körper und reinigt eure Ohren und Augen von solchen Ideen. In erster Linie solltet ihr einem guten Lehrer und Buddhas Sūtren folgen. Ihr solltet zum wahren Dharma zurückkehren und den Buddha-Weg erlernen und praktizieren.

In der großen Wahrheit des Buddha-Dharmas sind alle Sūtren-Bände der großen tausendfachen Welt in einem einzigen Staubkorn zusammengefasst. In einem einzigen Staubkorn sind unzählbare Buddhas gegenwärtig. Jeder Grashalm und jeder Baum ist ihr Körper und Geist. Wenn die zehntausend Dharmas Nicht-Werden sind, ist auch der eine Geist Nicht-Werden.[17] Wenn alle Dharmas wirkliche Form sind, ist jedes Staubkorn auch wirkliche Form. Daher ist der eine ungeteilte Geist alle Dinge und Phänomene, und alle Dinge und Phänomene sind genau dieser eine ungeteilte Geist, und sie sind der ganze Körper [des Tathāgata].[18]

Wenn es etwas künstlich Erzeugtes wäre, Stūpas zu errichten, dann wären die Buddha-Wirkung, Bodhi, die Wirklichkeit und die Buddha-Natur auch etwas künstlich Erzeugtes. Da die Wirklichkeit und die Buddha-Natur nichts künstlich Erzeugtes sind, kann es auch nicht etwas künstlich Erzeugtes sein, Bildnisse zu schaffen und Stūpas zu errichten. Vielmehr sind sie das natürliche Erkennen des Bodhi-Geistes, und es ist ihr Verdienst, weder künstlich noch überflüssig[19] zu sein. Ihr solltet euch dafür entscheiden, darauf vertrauen und verstehen, dass das Erschaffen von Bildnissen und das Errichten von Stūpas usw. das Erkennen des Bodhi-Geistes ist. Durch diese Anstrengung werden hundert Millionen Weltzeitalter der Praxis und der Gelübde unterstützt. Sie sind das Erkennen des Geistes, der in Zigmilliarden Weltzeitaltern nicht übertroffen werden kann. Solche Anstrengungen nennen wir «Buddha begegnen» und «den Dharma hören».

Denkt daran, dass ein Buddha-Bildnis herzustellen und einen Stūpa zu erbauen, indem ihr Holz und Steine zusammentragt, Mörtel und Erde aufhäuft und Gold, Silber und die sieben Schätze sammelt, bedeutet, dass ihr damit den einen [ungeteilten] Geist sammelt. Es bedeutet, dass ihr einen Buddha erschafft, indem ihr den Raum auf den Raum schichtet; es bedeutet, dass ihr einen Buddha macht, indem ihr jeden einzelnen Augenblick eures Bewusstseins nehmt, und es bedeutet, dass ihr einen Stūpa errichtet, indem ihr Stūpa auf Stūpa setzt. Letztlich bedeutet es, einen Buddha zu erschaffen, indem ihr viele einzelne Augenblicke des Bewusstseins der Buddhas wirklich werden lasst. Deswegen heißt es in einem Sūtra: «Als mir dies bewusst wurde, erschienen alle Buddhas der zehn Richtungen.»[20] Denkt daran: Wenn ihr einen Buddha mit diesem einen Gedanken erschafft, erscheinen alle denkenden Buddhas der zehn Richtungen, und wenn ihr ein einziges Ding zu einem Buddha macht, macht ihr alle Dinge zu einem Buddha.

Śākyamuni Buddha sagte: «*Als der strahlende Stern erschien, verwirklichte ich die Wahrheit gleichzeitig mit der ganzen Erde und mit allen Lebewesen.*»

Daher mögen das Erkennen des Bodhi-Geistes, die Schulung, Bodhi und Nirvāṇa ein solches zeitgleiches Erkennen des Geistes, der Schulung und von Bodhi und Nirvāṇa sein. Der Körper und Geist von Buddhas Wahrheit sind das Gras, die Bäume, die Ziegel und die Kieselsteine; sie sind der Wind, der Regen, das Wasser und das Feuer.

Dies alles zu benutzen, um Buddhas Wahrheit zu verwirklichen, ist genau das Erkennen des [Bodhi-]Geistes. Indem wir den ganzen leeren Raum umarmen, sollten wir Stūpas bauen und Buddhas erschaffen. Indem wir das Wasser aus den Bergflüssen schöpfen, sollten wir Buddhas erschaffen und Stūpas bauen. Dies ist das Erkennen der Wahrheit von Anuttarā-samyak-saṃbodhi, und es ist hundertmilliardenfaches Erkennen, welches das eine Erkennen des Bodhi-Geistes ist. Dasselbe gilt für die Praxis und Erfahrung.

Wenn ihr dagegen hört, das Erkennen des Geistes würde sich nur ein einziges Mal ereignen und danach würde der Geist nicht wieder erkennen, und die Praxis wäre endlos, aber das Erfahren der Wirkung nur ein einmaliges Ereignis, dann hört ihr nicht den Buddha-Dharma, dann kennt ihr nicht den Buddha-Dharma und ihr begegnet nicht dem Buddha-Dharma. Hundertmilliardenfaches Erkennen des Geistes entspringt zweifellos dem einen Erkennen des Geistes. Wenn hundert Milliarden Menschen den Geist erkennen, ist dies ein einziges Erkennen des Geistes. Ein einziges Erkennen des Geistes ist dasselbe wie hundertmilliardenfaches Erkennen des Geistes. Dies gilt genauso für die Praxis und Erfahrung, und es gilt für das Lehren des Dharmas.[21] Wenn es nicht solche Dinge wie die Gräser und Bäume usw. gäbe, wie könnten Körper und Geist existieren? Wenn sie nicht Körper und Geist wären, wie könnten Gräser und Bäume usw. existieren? Abgesehen von [solchen] Gräsern und Bäumen gibt es keine Gräser und Bäume, und deshalb sind sie so beschaffen.

Zazen zu praktizieren und uns um die Wahrheit zu bemühen, ist das Erkennen des Bodhi-Geistes. Dieses Erkennen ist weder dasselbe noch verschieden [von Zazen], und Zazen ist weder dasselbe noch verschieden [von diesem Erkennen]; sie sind nicht wiederholbar und auch nicht zu trennen. Jedes einzelne Ding sollte auf dieser Grundlage untersucht werden. Wäre all dies – das Gras, die Bäume und die sieben Juwelen zusammenzutragen, um einen Stūpa zu erbauen und Buddhas zu erschaffen – künstliches Tun und nicht die Verwirklichung der Wahrheit, dann wären die siebenunddreißig Faktoren des Erwachens[22] auch künstliches Tun. Dann wäre es auch ein künstliches Tun, wenn ein menschliches oder ein himmlisches Wesen der drei Welten seinen Körper und Geist benutzt, um sich zu schulen und den Buddha-Weg zu praktizieren. Wenn dies so wäre, könnte das Höchste niemals verwirklicht werden.

Das Gras, die Bäume, die Ziegel und Kieselsteine sowie die vier Elemente und die fünf Skandhas sind nichts anderes als der Geist[23], und ihre Form ist wirklich.[24] Das ganze Universum der zehn Richtungen und die wahre und wirkliche Buddha-Natur sind beides der Dharma, der an seinem Ort im Dharma weilt. Wie könnte es in der wahren und wirklichen Buddha-Natur solche Dinge [wie] «Gräser» und «Bäume» usw. geben, und wie könnten diese Gräser und Bäume usw. nicht die wahre und wirkliche Buddha-Natur sein? Alle Dinge und Phänomene [dieser Welt] sind weder künstlich noch nicht-künstlich erzeugt – sie sind einfach die Form der Wirklichkeit. Die Form der Wirklichkeit ist die Form, so wie sie ist, und dieses So-wie-sie-Ist ist der Körper und Geist des Hier und Jetzt. Genau mit diesem Körper und Geist solltet ihr den Bodhi-Geist erkennen. Verabscheut es nicht, im Wasser zu waten und auf die Steine zu stoßen! Wenn ihr nur einen Grashalm nehmt und den sechzehn Fuß hohen goldenen

Körper [eines Buddhas] daraus macht, oder wenn ihr nur ein Staubkorn nehmt und damit einen Stūpa oder Schrein für die ewigen Buddhas erbaut, erkennt ihr genau den Bodhi-Geist. Dies bedeutet, Buddha zu begegnen und ihn zu hören, es bedeutet, dem Dharma zu begegnen und ihn zu hören, und es bedeutet, Buddha zu werden und wie ein Buddha zu handeln.

Śākyamuni Buddha sagte: «*[Sogar] Laien, Männer und Frauen, gute Söhne und gute Töchter bringen den drei Juwelen das Fleisch ihrer Ehefrauen und Kinder dar, und sie bringen den drei Juwelen das Fleisch ihrer eigenen Körper dar. Wie also könnten die Mönche in der Praxis nachlassen, wenn sie solche aufrichtigen Gaben erhalten?*»

Wenn ihr daher den drei Juwelen Nahrung und Getränke, Kleidung, Medizin, Unterkunft, Felder und Wälder usw. darbringt, ist es, wie wenn ihr die Haut, das Fleisch, die Knochen und das Mark eures eigenen Körpers oder das eurer Frauen und Kinder usw. darbringt. In den Ozean der Tugend der drei Juwelen einzugehen bedeutet, [Menschen] des einen Geschmacks²⁵ zu sein. Sie sind die drei Juwelen, weil sie schon dieser eine Geschmack sind. Die Tugend der drei Juwelen bedeutet, sich ernsthaft und aufrichtig um die Wahrheit zu bemühen, und dies wird in der Haut, dem Fleisch, den Knochen und dem Mark des eigenen Körpers und dem der Frauen und Kinder etc. verwirklicht. Ihr solltet jetzt die Haut, das Fleisch, die Knochen und das Mark von Buddhas Wahrheit ergreifen und damit die Form und die Natur des Weltgeehrten aufrechterhalten. Dieses aufrichtige Geschenk der Gegenwart ist das Erkennen des Geistes. Wie könnten die Mönche, die [solche Gaben] empfangen, in ihrer Praxis nachlassen? Ihr solltet von Kopf bis Fuß wahrhaftig sein. Daher: Wenn ein einziges Staubkorn erwacht, erwacht der eine Geist, und wenn der eine Geist erst einmal erwacht ist, wird es nicht lange dauern, bis der eine [alles umfassende] Raum erwacht.

Kurz gesagt: Wenn die denkenden und die nicht denkenden [Wesen] den Geist erkennen, können sie zum ersten Mal den Samen der Buddha-Natur säen. Wenn sie [dann] mit einem aufrichtigen Geist praktizieren und die vier Elemente und die fünf Skandhas mit einschließen, werden sie die Wahrheit verwirklichen. Wenn sie [dann] mit einem aufrichtigen Geist praktizieren und auch das Gras, die Bäume, die Zäune und Mauern mit einschließen, werden sie die Wahrheit verwirklichen. Dies ist so, weil die vier Elemente und fünf Skandhas²⁶ und das Gras, die Bäume, die Zäune und Mauern²⁷ dasselbe verwirklichen, weil sie dieselbe Natur, denselben Geist, dasselbe Leben, denselben Körper und dasselbe Wirken haben.

In den Orden der Buddhas und Vorfahren haben sich daher viele um die Wahrheit bemüht, indem sie den Geist der Gräser und Bäume erkannt haben. Dies ist das Merkmal des Erkennens des Bodhi-Geistes. Der fünfte Vorfahre²⁸ ging zu seiner Zeit den Weg des Kiefernpflanzens. Rinzai unternahm Anstrengungen, Kiefern auf dem Berg Ōbaku zu pflanzen. Dann gab es den alten Ryū, der Kiefernbäume auf dem Berg Tō pflanzte. Sie alle setzten auf die Beständigkeit der Kiefern und Eichen und erlangten das Auge der Buddhas und Vorfahren. Dies war die konkrete Verwirklichung der gleichen Kraft: fähig zu sein, mit dem lebendigen Buddha-Auge zu spielen, und es gleichzeitig zu klären. Wenn ihr Stūpas baut, Bildwerke von Buddhas erschafft usw., spielt ihr mit dem Buddha-Auge, kostet den Geist des Erwachens, und gleichzeitig benutzt ihr ihn. Wenn ihr nicht das Auge habt, das Stūpas usw. erbaut, gibt es keine Verwirklichung der Wahrheit der Buddhas und Vorfahren. Erst nachdem ihr das Auge erlangt habt, das Buddhas errichtet, werdet ihr Buddhas und Vorfahren.

Der Buddha hat niemals gesagt, das Erbauen der Stūpas usw. würde sich letztlich in Staub auflösen und sei daher nicht von wirklichem Wert, während die Praxis und Schulung, in der nichts wird und entsteht, wäre fest und dauerhaft und nicht durch Staub und Schmutz verunreinigt. Wenn es so wäre, dass Stūpas sich in Staub auflösen, müsste sich das Nicht-Werden und Nicht-Entstehen ebenfalls in Staub auflösen. Wenn nun dieses Nicht-Werden und Nicht-Entstehen sich nicht in Staub auflösen, können sich auch die Stūpas nicht in Staub auflösen. Genau hier ist der Ort, wo etwas [nicht Erfassbares] existiert. Erzeugt oder nicht – bezeichnet es, wie ihr wollt![29]

In einem Sūtra heißt es: «*Wenn die Bodhisattvas im Leben und im Tod als Erstes den Geist erkennen, dann ersehnen und suchen sie einzig und allein Bodhi; dann stehen sie fest und schwanken nicht. Das Verdienst und die Tugend dieses einen Gedankens ist tief, weit und ohne Grenzen. Selbst wenn der Tathāgata dies im Einzelnen erklären wollte, könnte er, sogar in vielen Weltzeitaltern, kein Ende finden.*»[30]

Versteht bitte ganz klar: Den Geist zu erkennen, indem ihr Leben und Tod erfasst, bedeutet einzig und allein, Bodhi zu suchen. Ein solcher Augenblick des Bewusstseins mag wohl wie der eines Grashalms oder eines Baumes sein, weil es ein einziger Augenblick des Lebens und ein einziger Augenblick des Todes ist. Gleichzeitig ist die Tiefe und Weite einer solchen Tugend jenseits aller Grenzen. Wenn der Tathāgata dies im Einzelnen erklären wollte und ganze Weltzeitalter lang darüber sprechen würde, könnte er kein Ende finden. Wenn der Ozean austrocknet, bleibt das Bett des Ozeans zurück, und selbst wenn ein Mensch stirbt, mag der Geist [des Erwachens] zurückbleiben, weil beide unerschöpflich sind. In derselben Weise, wie die Tiefe und Weite dieses einen Augenblicks des Bewusstseins jenseits aller Grenzen ist, sind die Tiefe und Weite eines Grashalms, eines Baumes, eines Steins oder eines Ziegels auch jenseits aller Grenzen. Wenn ein Grashalm oder ein Stein [so konkret wie] sieben oder acht Fuß ist, ist ein solcher Augenblick auch [so konkret wie] sieben oder acht Fuß, und dasselbe gilt für das Erwachen des Geistes.

Daher mag es einfach sein, tief in die Berge zu gehen und über Buddhas Wahrheit nachzudenken, aber es ist schwierig, Stūpas zu bauen und Buddhas zu erschaffen. Obwohl sich beides nur mit Sorgfalt und unermüdlichem Fleiß vollenden lässt, könnte es etwas völlig anderes sein, wenn man den Geist [der konkreten Welt] ergreift oder wenn man vom Geist ergriffen wird. Durch die Anhäufung solch vielfachen [konkreten] Erkennens des Bodhi-Geistes verwirklichen sich die Buddhas und Vorfahren.

SHŌBŌGENZŌ HOTSU MUJŌSHIN

Dargelegt vor einer Versammlung im Kloster Kippō im Bezirk Yoshida von Esshū am vierzehnten Tag des zweiten Mondmonats im zweiten Jahr der Ära Kangen [1244].

Anmerkungen

1   *Setsuzan* 雪山 sind die Himālaya-Berge.

2   Siehe *Kosonshuku goroku* («Aufzeichnung der Worte alter und ehrwürdiger Meister»), Kap. 2.

3   *Shinshin nyo bokuseki* 心心如木石, oder in der japanischen Leseart *shinshin [wa] bokuseki [no] goto[shi]*, wörtl. «der ganze Geist ist wie die Bäume und Steine». Siehe *Kosonshuku goroku*, Kap. 2.

4   *Shin-nyo* 心如. *Nyo* oder *goto[shi]* 如, das im vorhergehenden Zitat «ist wie» bedeutet, bedeutet hier «so wie es ist».

5   *Shiryō ko fushiryō tei* 思量箇不思量底, «aus dem tiefen Grund des Nicht-Denkens denken», ist Meister Yakusan Igens Beschreibung der Geisteshaltung beim Zazen. Siehe Kap. 27, *Zazenshin*.

6   Siehe *Keitoku dentō roku*, Kap. 28, und *Shōbōgenzō*, Kap. 44, *Kobusshin*.

7   *Kore shimo-butsu inmo genjō* 是什麼物恁麼現成 ist eine von Meister Dōgens Varianten des berühmten Satzes von Meister Daikan Enō: *Kore shimo-butsu inmo rai* 是什麼物恁麼来, «Was ist es, das so gekommen ist?». Siehe Kap. 62, *Hensan*. Hier setzt Meister Dōgen *genjō* 現成, «verwirklichen», an die Stelle von *rai* 来, «kommen».

8   *Kū-ō* 空王, «der König der Leerheit», ist der «König der majestätischen Stimme», d. h., der erste Buddha, der im Weltzeitalter der Leerheit in der Welt erschienen ist.

9   Es gibt eine legendäre Unterhaltung zwischen dem Gott Indra und einer Frau. In der Geschichte wird ein Baum ohne Wurzel als etwas bezeichnet, was es nicht geben kann. Die Geschichte ist im *Rentō eyō*, Kap. 1, aufgezeichnet.

10   Dies alles sind konkrete Beispiele des Erkennens des Geistes der höchsten Wahrheit, die in den Sūtren oder Aufzeichnungen aus Buddhas Leben zitiert werden.

11   *Namu-butsu* 南無仏 ist die sino-japanische Aussprache von sanskr. *namas buddha*, dessen Rezitation eine Form der Verehrung und Hingabe an Buddha oder an die drei Juwelen – Buddha, Dharma und Sangha – ist.

12   *Hō-un* 法蘊, «Dharma-Element», beschreibt hier die mannigfaltigen Elemente des Buddha-Weges, die Meister Dōgen gerade aufgezählt hat. *Un* 蘊 steht für sanskr. *skandha*.

13   *Mui no kudoku* 無為の功徳, wörtl. «das Verdienst des Nicht-Erzeugten». *I* 為 bedeutet «erzeugen» oder «tun», *mu-i* 無為, sanskr. *asaṃskṛta*, «nichts tun» oder «nichts erzeugen». «Nichts erzeugen» heißt nicht, dass man gar nichts tut, sondern es verweist auf ein Tun, das natürlich und ohne einen Gedanken an Gewinn ist, also nicht etwas Künstliches oder etwas, was dem reinen Tun hinzugefügt wird. Im ersten Vers des *Shōdōka* beschreibt Meister Yōka Genkaku einen solchen Menschen mit den Worten *zetsugaku mui no kandō nin* 絶学無為閑道人, «ein Mensch, der aufgehört hat sich abzumühen, der nichts mehr tut und auf natürliche Weise in der Wahrheit lebt».

14   *Musa no kudoku* 無作の功徳, wörtl. «das Verdienst, nichts zu werden» oder «das Verdienst, nichts erreichen zu wollen».

15   *U-i* 有為, wörtl. «willentlich erzeugen», sanskr. *saṃskṛta*. Als Adjektiv bedeutet *u-i* 有為 «künstlich oder willentlich erzeugen». *U-i* 有為 ist der Gegensatz von *mu-i* 無為, «nicht erzeugen». Siehe auch Anm. 13.

16   «Der westliche Himmel» ist Indien, «das östliche Land» China.

17 *Fushō* 不生, «Nicht-Erscheinen» oder «Nicht-Werden», beschreibt die Augenblicklichkeit aller Dinge und Phänomene im Universum.

18 *Zenshin* 全身, «der ganze Körper», bedeutet, dass das Universum der ganze Körper des Tathāgata ist. Siehe Kap. 71, *Nyorai zenshin*.

19 *Murō* 無漏, «ohne Überfluss», sanskr. *anāsrava*. In Kap. 34, *Arakan*, heißt es, dass ein großer Arhat-Buddha alles Überflüssige vollständig abgelegt hat.

20 Der Satz findet sich im Lotos-Sūtra, Kap. 2, «Geschicklichkeit», und bezieht sich dort auf die Kraft der geschickten Mittel. Vgl. Borsig, S. 79.

21 Das heißt, dass alle Augenblicke des Erkennens des Geistes in einem einzigen Augenblick des Erkennens enthalten sind. Dies bedeutet, dass das Subjekt, das den Geist erkennt, und das Erkennen selbst untrennbar miteinander verbunden sind.

22 *Sanjūshichibon bodai bunpō* 三十七品菩提分法 ist der Titel von Kap. 73 des *Shōbōgenzō*, in dem Meister Dōgen die siebenunddreißig Faktoren des Erwachens eingehend erläutert.

23 *Yui-shin* 唯心, «nichts anderes als der Geist». Siehe Kap. 47, *Sangai yuishin*.

24 *Jissō* 実相, «wirkliche Form». Siehe Kap. 50, *Shohō jissō*.

25 *Ichi-mi* 一味, «der eine Geschmack», ist ein Ausdruck, der für Menschen verwendet wird, die «gemeinsame Sache machen». Hier bedeutet er, Menschen der einen Wirklichkeit zu sein.

26 *Shidai goun* 四大五蘊, «die vier großen Elemente und die fünf Skandhas», sind die Komponenten, aus denen nach der buddhistischen Sichtweise das Dasein besteht.

27 *Sōmoku shōheki* 艸木牆壁, «Gras, Bäume, Hecken und Mauern», sind konkrete Dinge, die jedermann kennt. Für Meister Dōgen verwirklichen diese und die *shidai goun* 四大五蘊 dasselbe.

28 Meister Daiman Kōnin war der fünfte Vorfahre in China. Seine Geschichte wird in Kap. 22, *Busshō*, erzählt. Dort heißt es, dass er die Wahrheit übte, indem er Kiefern pflanzte. Im Folgenden wird erklärt, dass der Weg des Kiefernpflanzens wohl eine in China übliche Praxis der Mönche war. Vgl. auch Kap. 30, *Gyōji* (Teil 1).

29 Die letzten zwei Sätze sind Meister Dōgens Variante eines Kōan zwischen Meister Rinzai und Meister Fuke. Als Antwort auf eine Frage Rinzais stieß Fuke einen Esstisch mitsamt den Speisen um. Rinzai sagte: *«So ein grober Mensch!»* Fuke sagte: *«Hier ist der Ort, wo etwas [nicht Erfassbares] existiert. Grob oder fein, bezeichnet es, wie ihr wollt!»* Siehe auch *Shinji shōbōgenzō*, Buch 1, Nr. 96.

30 Siehe *Shinyaku kegon kyō* («Die neue Übersetzung des Blumenkranz-Sūtras»), eine Ausgabe des Blumenkranz-Sūtras, die zur Zeit der Jin-Dynastie (265–420 u. Z.) herausgegeben wurde.

70

発菩提心

Hotsu bodaishin

Das Erkennen des Bodhi-Geistes

Möglicherweise hatten dieses und das vorherige Kapitel ursprünglich denselben Titel: «Hotsu bodaishin», «Das Erkennen des Bodhi-Geistes», aber das vorherige Kapitel wurde in «Hotsu mujōshin», «das Erkennen des Geistes der höchsten Wahrheit», umbenannt, um die beiden zu unterscheiden. Wie schon erwähnt, geht der Gelehrte Dr. Fumio Masutani davon aus, dass das vorherige Kapitel eine Lehrrede für Laien war und diese am selben Tag auch für die Mönche gehalten wurde. Der Unterschied besteht vor allem darin, dass dieses Kapitel Meister Dōgens wichtige Ausführungen zum augenblicklichen Erscheinen und Vergehen aller Dinge und Phänomene im Universum enthält. Nach Buddhas Lehre besteht unser Leben aus einer Kette für sich allein stehender Augenblicke, und das ganze Universum erscheint und vergeht in jedem Augenblick. Dies ist auch als die Lehre der Augenblicklichkeit des Daseins bekannt, die Meister Dōgen ausführlich in Kapitel 11, «Uji» («Die Sein-Zeit») erläutert. Den Bodhi-Geist erkennen bedeutet, dass wir uns der Vergänglichkeit dieses Lebens klar bewusst werden und geloben, anderen Menschen zu helfen, sich vom Leiden zu befreien und die Wahrheit zu verwirklichen, bevor wir selbst Befreiung und die Wahrheit erlangt haben. In diesem wichtigen Kapitel erklärt Meister Dōgen, wie grundlegend und unumgänglich diese Geisteshaltung und das darauf aufbauende Handeln für die Menschen ist, die den wahren Buddha-Weg gehen wollen.

Grundsätzlich gibt es drei Arten des Geistes. Der erste heißt Citta[1] und wird hierzulande «der denkende Geist»[2] genannt. Der zweite heißt Hṛidaya[3] und wird hierzulande «der Geist der Gräser und der Bäume»[4] genannt. Der dritte, Vṛiddha[5] wird hierzulande «der ausgeglichene Geist wahrer Weisheit»[6] genannt.

Von diesen dreien erkennen wir zweifellos den Bodhi-Geist mit dem denkenden Geist. Bodhi ist die Aussprache eines indischen Wortes und wird hier «die Wahrheit»[7] genannt. Citta ist ebenfalls ein indisches Wort, das hier «der denkende Geist» genannt wird. Ohne diesen denkenden Geist ist es unmöglich, den Bodhi-Geist zu erkennen.

Damit ist jedoch nicht gesagt, dass der denkende Geist der Bodhi-Geist selbst wäre, aber wir erkennen den Bodhi-Geist mit dem denkenden Geist. Den Bodhi-Geist erkennen bedeutet zu geloben, dass wir allen Lebewesen helfen, [den Fluss, der zum Ufer der Wahrheit führt,] zu überschreiten, bevor wir ihn selber überschreiten.[8] Selbst wenn ihr Aussehen ärmlich ist, sind die Menschen, die diesen Geist erkennen, bereits die Lehrer und Führer aller Lebewesen. Dieser Geist ist nicht angeboren und entsteht nicht plötzlich. Er ist weder einer noch viele. Er ist nicht natürlich und auch nicht geformt. Er wohnt nicht in unserem Körper und unser Körper wohnt nicht in dem Geist. Dieser Geist durchdringt nicht die ganze Dharma-Welt und er gehört weder der Vergangenheit noch der Zukunft an. Er ist weder da noch nicht da. Er ist weder subjektiv noch objektiv. Er ist nicht von Natur aus gegeben oder ohne Ursache. Dessen ungeachtet erkennt man den Bodhi-Geist dort, wo es eine unerklärbare innige Verbindung mit der Wahrheit gibt. Der Bodhi-Geist wird uns nicht von den Buddhas und Bodhisattvas verliehen, und er ist jenseits unserer eigenen Fähigkeiten. Da wir zu diesem Geist während einer unerklärbaren innigen Verbindung mit der Wahrheit erwachen, ist er nicht natürlich.

Das Erkennen des Bodhi-Geistes geschieht oft in einem menschlichen Körper und in der Welt der Menschen, manchmal auch in der Welt der acht Leiden[9], aber dies kommt nicht oft vor. Nachdem wir den Bodhi-Geist erkannt haben, praktizieren und schulen wir uns drei oder unzählige Weltzeitalter oder hundert große Weltzeitalter lang. In einigen Fällen praktizieren wir endlose Weltzeitalter lang und werden Buddha. In anderen Fällen praktizieren wir unendliche Weltzeitalter lang, um den Lebewesen zu helfen, [zum anderen Ufer] hinüberkommen, sodass wir schließlich nicht selbst Buddha werden, sondern nur die anderen hinüberbringen. Dies ist im Einklang mit dem freudigen Erleben von Bodhi.

Im Allgemeinen wirkt der Bodhi-Geist ununterbrochen durch die drei Formen des Handelns[10], sodass alle Lebewesen auf irgendeine Weise dazu gebracht werden, den Bodhi-Geist zu erkennen und zu Buddhas Wahrheit hingeführt werden. Man tut den Lebewesen nichts Gutes, wenn man ihnen weltliche Freuden bringt. Das Erkennen des Geistes und diese Praxis und Erfahrung gehen weit über das Vordergründige der Täuschung oder des Erwachens hinaus; sie erheben sich weit über die drei Welten und lassen alle Dinge hinter sich. Sie sind völlig jenseits der Śrāvakas und Pratyekabuddhas.

Der Bodhisattva Mahākāśyapa würdigte und verehrte Śākyamuni Buddha in Versform; er sagte:

«*Den Geist erkennen und das Höchste verwirklichen:*
    diese beiden sind ohne Trennung.
Deren erste ist schwieriger [zu verwirklichen] –
Andere befreien, bevor man selbst Befreiung erlangt hat.
Aus diesem Grund verbeuge ich mich vor [deinem] ersten Erkennen des Geistes.
Mit deinem ersten Erkennen [warst du bereits]
    der Lehrer der Götter und Menschen
Und hast dich schon über die Śrāvakas und Pratyekabuddhas erhoben.
Ein solches Erkennen des Geistes übersteigt die drei Welten,
Und daher sollten wir es höchste Erkenntnis nennen.»[11]

Das Erkennen des Geistes bedeutet, zum ersten Mal den Willen zu erwecken, andere zu befreien, bevor man selbst Befreiung erlangt hat. Dies wird «das erste Erkennen des

Geistes» genannt. Nachdem ihr diesen Geist erkannt habt, begegnet ihr zahllosen Buddhas und bringt ihnen ehrerbietig eure Gaben dar. Während ihr den Buddhas begegnet, den Dharma hört und damit fortfahrt, den Bodhi-Geist zu erkennen [und zu erfahren], fügt ihr dem Schnee noch den Frost hinzu.

Die Worte «das Höchste verwirklichen» bedeuten, Buddha zu werden und die Wahrheit zu verwirklichen. Wenn man das höchste und vollkommene Erwachen [Anuttarā-samyak-saṃbodhi] und das erste Erkennen des Bodhi-Geistes vergleicht, mögen sie [so verschieden] sein wie das große Feuer am Ende eines Weltzeitalters und das Leuchten eines Leuchtkäfers. Dennoch, wenn ihr den Willen erweckt, andere zu befreien, bevor ihr selbst Befreiung erlangt, sind diese beiden ohne Trennung.

Beständig denke ich darüber nach:

> «*Wie kann ich die Lebewesen dazu bringen,*
> *Dass sie in die höchste Wahrheit eingehen*
> *Und bald den Körper eines Buddhas verwirklichen?*»[12]

Dies ist nichts anderes als die Lebenszeit des Tathāgata. Buddhas Erkennen des Geistes, seine Schulung und Erfahrung der Wirkung sind alle so beschaffen.

Den Lebewesen zu helfen bedeutet, sie dazu zu bringen, dass sie den Willen erwecken andere zu befreien, bevor sie selbst Befreiung erlangt haben. Ihr solltet nicht erwarten, Buddha zu werden durch die Tugenden und Verdienste, die euch den Willen erwecken lassen, andere zu befreien, bevor ihr selbst Befreiung erlangt habt. Sogar wenn die Tugenden und Verdienste, die euch Buddha werden lassen könnten, gereift sind und sich anschicken, vollendet zu sein, wendet ihr sie den Lebewesen zu, damit auch sie Buddha werden und Befreiung erlangen.

Dieser Geist kommt nicht von euch selbst und nicht von den anderen, er kommt nicht [von irgendwoher], aber nachdem ihr ihn erkannt habt, verwandelt sich die Erde zu Gold, wenn ihr sie umarmt, und der Ozean wird plötzlich zu süßem Tau, wenn ihr ihn umrührt. Wenn ihr den Bodhi-Geist erkannt [und erfahren] habt und den Boden, die Steine, den Sand oder die Kiesel aufhebt, ergreift ihr genau diesen Bodhi-Geist. Wenn ihr geht, um die Gischt des Wassers, den Schaum oder die Flamme des Feuers zu erforschen, tragt ihr den Bodhi-Geist in euch. Deshalb ist es die nachdrückliche Forderung des Bodhi-Geistes und das kraftvolle Handeln des Bodhi-Geistes, wenn ihr alles hergebt: Land, Schloss, Ehefrau und Kind; die sieben Schätze, Männer und Frauen; Kopf, Augen, Mark und Gehirn; Körper, Muskeln, Hände und Füße. Citta, der denkende Geist des Jetzt, ist weder nah noch entfernt und weder ihr selbst noch die anderen. Wenn ihr diesen Geist ergreift und ihn dazu benutzt, andere zu befreien, bevor ihr selbst Befreiung erlangt habt, und davon nicht abgeht, ist dies das Erkennen des Bodhi-Geistes.

Wie könnte es nicht das Erkennen des Bodhi-Geistes sein, wenn ihr alles für ihn aufgebt: Gräser, Bäume, Ziegel, Kiesel, Gold, Silber und die Schätze, die sich alle Lebewesen zu Eigen machen wollen? Da der Bodhi-Geist und die mannigfaltigen Dharmas jenseits von Subjekt und Objekt sind, da sie weder zusammengesetzt noch ursachenlos sind, verwandeln sich die zehntausend Dinge in gute und günstige Bedingungen, die euch helfen, wenn ihr auch [nur] für einen einzigen Augenblick den Bodhi-Geist erkennt.

Im Allgemeinen beruht das Erkennen des Geistes und die Verwirklichung der Wahrheit auf dem augenblicklichen Entstehen und Vergehen[13] aller Dinge. Wenn [alle Dinge] nicht Augenblick für Augenblick entstehen und wieder vergehen würden, könnte das Unrecht, das im vorherigen Augenblick getan wurde, nicht vergehen. Würde das Unrecht, das im vorherigen Augenblick getan wurde, nicht vergehen, könnte sich das Rechte im darauf folgenden Augenblick nicht verwirklichen. Nur der Tathāgata kennt die Dauer eines solchen Augenblicks. [Er sagt,] der Geist könne in einem Augenblick ein gesprochenes Wort erzeugen und die Sprache könne in einem Augenblick ein geschriebenes Wort ausdrücken.[14] Diese Lehre stammt ebenfalls vom Tathāgata allein und sie ist jenseits der Fähigkeiten anderer Heiliger.

Etwa in der Zeit, in der man ein Mal mit dem Finger schnippt, gibt es fünfundsechzig Augenblicke, in denen die fünf Skandhas entstehen und vergehen, aber kein gewöhnlicher Mensch weiß dies oder hat dies jemals wahrgenommen. Selbst normale Menschen kennen [nur] eine Dauer, die einhundertundzwanzig Augenblicken oder Kṣaṇas entspricht.[15] Im Verlauf eines Tages und einer Nacht entstehen und vergehen jedoch sechs Milliarden, vierhundert Millionen, neunundneunzigtausend, neunhundertundachtzig Augenblicke [oder kṣaṇas]. [In jedem von ihnen] entstehen und vergehen die fünf Skandhas, aber normale Menschen fühlen und wissen dies nicht. Weil sie es nicht fühlen und wissen, erkennen sie den Bodhi-Geist nicht. Wer den Buddha-Dharma nicht kennt und dem Buddha-Dharma nicht vertraut, vertraut auch nicht auf die Grundwahrheit des augenblicklichen Entstehens und Vergehens aller Dinge und Phänomene. Wer den Schatz des wahren Dharma-Auges des Tathāgata und den wunderbaren Geist des Nirvāṇas geklärt hat, vertraut der Wahrheit des augenblicklichen Entstehens und Vergehens aller Dinge und Phänomene.

Jetzt, wo wir der Lehre des Tathāgata begegnen, fühlen wir zwar, dass wir klar verstehen, aber wir können lediglich die Zeit eines Tatkṣaṇas [von einhundertzwanzig Augenblicken] oder länger wahrnehmen, und so vertrauen wir darauf, dass diese Lehre grundsätzlich wahr ist. Unser Unvermögen, alle Dharmas zu klären, die der Weltgeehrte gelehrt hat, ist dasselbe wie unser Unvermögen, die Dauer eines Augenblicks zu kennen. Deshalb sollten [Buddhas] Schüler niemals aus Nachlässigkeit überheblich sein. Wir wissen nicht nur nichts über das ganz und gar Kleine, wir wissen auch nichts über das ganz und gar Große. Und doch können sogar gewöhnliche Wesen die dreitausend Welten sehen, wenn sie auf der Kraft der Wahrheit des Tathāgata aufbauen.

Kurz gesagt: Wenn wir von der lebenden Existenz in die mittlere Existenz übergehen und von der mittleren in die nächste lebende Existenz[16], bewegt sich alles in einer fortlaufenden Kette, Augenblick nach Augenblick. So fährt der Kreislauf von Leben und Tod fort, ohne auch nur einen einzigen Augenblick anzuhalten, und dies gilt unabhängig von unseren Absichten und Wünschen, und es ist gelenkt von dem vorherigen Handeln im Leben. Mit dem Körper und Geist, der auf diese Weise durch den

Kreislauf von Leben und Tod gefegt wird, solltet ihr sogleich den Bodhi-Geist erkennen, und dies bedeutet, den Willen zu erwecken, andere zu befreien, bevor ihr selbst Befreiung erlangt. Selbst wenn ihr auf dem Weg seid, den Bodhi-Geist zu erkennen, euren Körper und Geist aber nur ungern weggebt, werden diese geboren, werden alt, krank, und sie sterben; am Ende sind sie nicht euer Eigen.

Die Unaufhörlichkeit und Schnelligkeit, mit denen das Leben der Lebewesen entsteht und vergeht [wird durch folgendes Gleichnis dargestellt]:

Zu Lebzeiten des Weltgeehrten gab es einen Mönch, der den Buddha besuchte; er verbeugte sich zwei Fuß tief vor ihm, trat dann zu einer Seite zurück und richtete folgende Frage an den Weltgeehrten: «Wie schnell entsteht und vergeht der Lauf des Lebens aller Lebewesen?»

Der Buddha sagte: «Selbst wenn ich es erklären könnte, könntest du es nicht verstehen.»

Der Mönch sagte: «Gibt es kein Gleichnis, das dies veranschaulichen kann?»

Der Buddha sagte: «Das gibt es, und ich will dir jetzt ein Beispiel nennen: Vier gute Bogenschützen nehmen ihre Bogen und Pfeile, stellen sich mit dem Rücken zueinander auf und bereiten sich vor, in die vier Richtungen zu schießen. Da kommt ein flinker Mann daher und sagt zu ihnen: ‹Ihr mögt jetzt sofort schießen, aber ich kann jeden eurer Pfeile ergreifen, bevor er auf den Boden fällt.› Bedeutet dies, dass er schnell ist, oder nicht?»

Der Mönch sagte zu dem Buddha: «Sehr schnell, Weltgeehrter.»

Der Buddha sagte: «Dieser Mann ist nicht so schnell wie die Yakṣas[17] auf der Erde. Die Yakṣas auf der Erde sind nicht so schnell wie die im Himmel geborenen Yakṣas. Die im Himmel geborenen Yakṣas sind nicht so schnell wie die vier himmlischen Könige.[18] Diese Götter sind nicht so schnell wie die zwei Räder der Sonne und des Mondes. Die zwei Räder der Sonne und des Mondes sind nicht so schnell wie die Götter, die den Wagen ziehen, dessen Räder die Sonne und der Mond sind. Obgleich die Götter, die hier beschrieben wurden, zunehmend schneller geworden sind, ist das Entstehen und Vergehen des Laufs des Lebens noch schneller. Es verfliegt Augenblick für Augenblick und ohne die geringste Pause.»[19]

Die Schnelligkeit, mit der unser Leben in jedem Augenblick entsteht, vergeht und verfliegt, ist dem ähnlich. Augenblick für Augenblick sollten die Praktizierenden diese Wahrheit nicht vergessen. Während wir die Schnelligkeit des augenblicklichen Entstehens, Vergehens und Verfliegens erfahren, wird sich die ewig-zeitlose Lebenszeit [des Tathāgata] plötzlich vor uns offenbaren, wenn wir den Gedanken entstehen lassen, andere zu befreien, bevor wir selbst Befreiung erlangt haben. Die Buddhas der drei Zeiten und zehn Richtungen zusammen mit den sieben weltgeehrten Buddhas und sowohl die achtundzwanzig Vorfahren in Indien als auch die sechs Vorfahren in China und ebenso alle [anderen] Vorfahren und Meister, die den Schatz des wahren Dharma-Auges und den wunderbaren Geist des Nirvāṇas weitergegeben haben, haben den Bodhi-Geist erkannt, haben ihn bewahrt und behütet. Wer niemals den Bodhi-Geist erkannt hat, ist kein Vorfahre und Meister.

Die Frage Nummer einhundertzwanzig der reinen Regeln für Zen-Klöster[20] lautet: «*Hast du den Bodhi-Geist erkannt, oder nicht?*»

Ihr solltet euch klar darüber sein, dass es zweifellos das Wichtigste ist, den Bodhi-Geist zu erkennen, wenn ihr den Weg der Buddhas und Vorfahren erlernt. Dies ist die goldene Regel unserer Buddha-Vorfahren. Diese Erkenntnis hervorzubringen[21], bedeutet klar zu sehen, und es bezieht sich nicht auf die große Verwirklichung der Wahrheit selbst. Sogar jene, die plötzlich die zehn [heiligen] Stufen [eines Bodhisattvas][22] erfahren haben, sind noch Bodhisattvas. Die achtundzwanzig Vorfahren in Indien, die sechs Vorfahren in China und alle anderen großen Vorfahren und Meister sind Bodhisattvas. Sie sind keine Buddhas und keine Śrāvakas, Pratyekabuddhas usw. Unter den heutigen Schülern und Praktizierenden gibt es nicht einen, der klar erkannt hätte, dass [diese Vorfahren] Bodhisattvas und keine Śrāvakas sind. [Die heutigen Praktizierenden] nennen sich selbst nur zufällig Flickenmönche oder Schüler mit Flickengewändern, ohne diese wirklichen Tatsachen zu kennen, und daher entsteht die Verwirrung. Leider ist die Wahrheit der Vorfahren in diesem dekadenten Zeitalter verkommen. Deshalb solltet ihr unverzüglich den Willen erwecken, andere zu befreien, bevor ihr selbst Befreiung erlangt habt, ganz gleich, ob ihr Laien oder Mönche seid, ob ihr im Himmel oder in der Welt der Menschen lebt, ob im Leiden oder im Glück. Obgleich die Welt der Lebewesen weder endlich noch unendlich ist, erkennen wir den Geist, alle Lebewesen früher zu befreien als uns selbst. Dies ist der Bodhi-Geist.

Wenn die Bodhisattvas ein Leben entfernt [von der Buddhaschaft][23] sich anschicken, in die Welt der Menschen herabzusteigen, sagen sie in ihrer höchsten Lehrrede für die Götter des Tuṣita-Himmels: «Der Bodhi-Geist ist das Tor zur Dharma-Klarheit, denn er verhindert, dass man die drei Juwelen von sich weist.»[24] Ihr solltet klar erkennen, dass man die drei Juwelen[25] nicht ablehnt, weil man die Kraft und Tugend des Bodhi-Geistes hat. Nachdem ihr den Bodhi-Geist erkannt habt, solltet ihr ihn standhaft bewahren und beschützen und ihn niemals wieder verlieren.

Der Buddha sagte: «*Wie bewahren und beschützen die Bodhisattvas die eine [große] Sache, nämlich den Bodhi-Geist? Die Bodhisattva-Mahāsattvas bemühen sich fortwährend, den Bodhi-Geist zu beschützen, so wie die Menschen in der Welt ihr einziges Kind oder die Einäugigen ihr verbleibendes Auge schützen. Genau wie jene, die durch eine verlassene Wildnis reisen, auf ihren Führer achten, so beschützen die Bodhisattvas den Bodhi-Geist. Weil sie den Bodhi-Geist auf diese Weise beschützen, erlangen sie die Wahrheit von Anuttarā-samyak-saṃbodhi. Weil sie die Wahrheit von Anuttarā-samyak-saṃbodhi erlangen, sind sie beständig, glücklich, unabhängig und rein.[26] Dies sind die großen und unübertroffenen Parinirvāṇas. Aus diesem Grund bewahren und beschützen die Bodhisattvas [diesen] einen Dharma.*»[27]

So lauten in aller Klarheit die Worte Buddhas, wie man den Bodhi-Geist bewahrt. Wir schützen den Bodhi-Geist und lassen niemals zu, dass wir zurückfallen, weil es, wie es in der Welt heißt, drei Dinge gibt, die nicht reif werden, obgleich sie geboren sind: die Fischeier, die Früchte des Mangobaums und ein Bodhisattva, der den Geist erkannt hat. Weil es im Allgemeinen so viele Menschen gibt, die zurückfallen und [den Bodhi-

Geist] verlieren, habe auch ich seit Langem befürchtet, dass ich ebenfalls zurückfallen und ihn verlieren könnte. Aus diesem Grund bewahre und beschütze ich den Bodhi-Geist ganz besonders.

Wenn sie Anfänger sind, fallen Bodhisattvas oft zurück oder verlieren den Bodhi-Geist, weil sie keinem wahren Lehrer begegnet sind. Wenn sie keinem wahren Lehrer begegnen, hören sie nicht den wahren Dharma, und wenn sie nicht den wahren Dharma hören, ist es wahrscheinlich, dass sie den Zusammenhang von Ursachen und Wirkungen negieren, dass sie die Befreiung und die drei Juwelen ablehnen und schließlich alle Dharmas der drei Zeiten usw. zurückweisen. Sie jagen den fünf Sinnesfreuden[28] der Gegenwart nach und verlieren die Tugend für das zukünftige [Erlangen von] Bodhi. Manchmal nehmen himmlische Dämonen, Pāpīyas und ähnliche, die Gestalt eines Buddhas an oder erscheinen in der Form der Eltern, eines Lehrers, von Verwandten, Göttern usw., um die Praktizierenden zu behindern. Sie machen sich an den Bodhisattva heran, erfinden allerlei Geschichten und gewinnen die Herrschaft über ihn, indem sie sagen: «Die Buddha-Wahrheit ist weit entfernt. Du würdest auf diesem Weg unter der langen Härte leiden und die größten Sorgen haben. Es ist besser, zuerst dich selbst und erst dann die anderen Lebewesen zu befreien.» Die Praktizierenden fallen zurück und verlieren den Bodhi-Geist, wenn sie diese Geschichten hören, und vernachlässigen ihr Handeln als Bodhisattvas. Denkt daran, dass ein Gerede wie das obige typisch für Dämonen ist. Ein Bodhisattva sollte dies erkennen und dem nicht folgen. Macht niemals einen Schritt zurück, geht nicht von eurem Handeln [als Bodhisattva] ab und gelobt, andere zu befreien, bevor ihr selbst Befreiung erlangt habt. Erkennt [das Gerede], das euch vom [richtigen] Handeln und eurem Gelöbnis wegführt, und befreit andere, bevor ihr selbst Befreiung erlangt habt. Erkennt dies als das Gerede von Dämonen. Erkennt auch das Reden derer, die außerhalb des Buddha-Weges sind, und das Reden schlechter Gefährten. Folgt alldem überhaupt nicht.

«Es gibt vier Arten von Dämonen: Die ersten sind die Dämonen der Befleckung usw., die zweiten sind die Dämonen der fünf Daseinskomponenten [Skandhas], die dritten sind die Dämonen des Todes, und die vierten sind die Dämonen des Himmels.[29]

Die Dämonen der Befleckung[30] werden ‹die einhundertacht Leidenschaften› usw. genannt; insgesamt unterscheiden wir vierundachtzigtausend verschiedene Befleckungen.

Die Dämonen der fünf Daseinskomponenten[31] [Skandhas] sind die direkten und zusammenwirkenden Bedingungen, die die Befleckung erzeugen. Wir haben diesen Körper der vier Elemente[32] zusammen mit der Materie, die aus diesen vier Elementen aufgebaut ist und durch die Augen und die anderen Organe [wahrgenommen] wird. Dies wird die ‹Komponente der Form›[33] genannt. Alle Empfindungen, wie z. B. die der einhundertacht Befleckungen oder Leidenschaften, werden ‹die Komponente der Empfindung›[34] genannt. Die zahllosen großen und kleinen Gedanken der Unterscheidung und Synthese werden ‹die Komponente der [bewertenden] Wahrnehmung›[35] genannt. Bedingt durch Freude oder Schmerz können Willensregungen entstehen, die solche Zustände wie Gier, Hass usw. begleiten oder nicht begleiten. Sie werden ‹die Komponente der Willensregung und des Handelns›[36] genannt. Die Verbindung der sechs Sinne mit ihren sechs Sinnesobjekten lässt die sechs jeweiligen Bereiche des Sinnesbewusstseins [37] *entstehen. Die zahllosen und grenzenlosen geistigen Prozesse der Unterscheidung und Synthese, die aus diesen sechs Bewusstseinsbereichen entstehen, werden <die Komponente des Bewusstseins>* [38] *genannt.*

Die Dämonen des Todes [39] *können die Kette der Augenblick für Augenblick aufeinanderfolgenden Phänomene der fünf Komponenten unterbrechen, weil die direkten oder zusammenwirkenden Ursachen nicht andauern, und sie können zweifellos diese drei Bereiche wegnehmen: das Bewusstsein, die Wärme und das Leben. Deshalb nennen wir sie <Dämonen des Todes>.*

Die Dämonen des Himmels [40], *die die Welt des Begehrens* [41] *beherrschen, haften ganz an den weltlichen Freuden und bauen auf der Erwartung von [eigenen] Vorteilen* [42] *auf. Daher lassen sie falsche Sichtweisen entstehen. Sie hassen und beneiden alle Weisen und Heiligen und ihre Wege und Methoden, zum Nirvāṇa zu gelangen. Wir nennen sie <die Dämonen des Himmels>.*

<Māra> [43] *ist ein indisches Wort, und in China ist damit ein Wesen gemeint, das das Leben wegnehmen kann. Nur die Dämonen des Todes können wirklich das Leben stehlen. Aber auch die anderen Dämonen sind in der Lage, die direkten und zusammenwirkenden Ursachen und Bedingungen zu erzeugen, um das Leben wegzunehmen. Darüber hinaus stehlen sie das Leben der Weisheit. Aus diesem Grund nennen wir sie Mörder.*

Jemand fragt: <In der einen Gruppe, derjenigen der Dämonen der fünf Komponenten, sind die anderen drei Arten von Dämonen enthalten. Warum trennst du sie und erklärst sie als vier?> Die Antwort ist folgende: <In der Tat ist es ein einziger Dämon. [Aber] zur besseren Analyse nennen wir sie vier.>»

Das Obige ist die Lehre des Nāgārjuna, der ein alter Meister und Vorfahre war. Die Praktizierenden sollten sie kennen und sorgfältig erlernen. Fürchtet euch niemals davor, durch die Dämonen vom Bodhi-Geist abzufallen und in die Irre zu gehen. Dies bedeutet den Bodhi-Geist zu bewahren und zu beschützen.

SHŌBŌGENZŌ HOTSU BODAISHIN

Dargelegt vor einer Versammlung im Kloster Kippō im Bezirk von Yoshida in Esshū am 14. Tag des zweiten Mondmonats im zweiten Jahr der Ära Kangen [1244].

Anmerkungen

1   *Shittashin* 質多心. *Shitta* 質多 ist die phonetische Wiedergabe von sanskr. *citta*, «Bewusstsein», «Wille», «Vernunft», «Denken» und «Intellekt». Siehe auch Kap. 37, *Shinjin gakudō*.

2   *Ryōchishin* 慮知心, wörtl. «der denkende und erkennende Geist».

3   *Karidashin* 汗栗多心. *Karida* 汗栗多 ist die phonetische Wiedergabe von sanskr. *hridaya*, «Herz».

4   *Sōmokushin* 草木心, «der Geist der Gräser und Bäume», beschreibt die vegetativen, elementaren Lebenskräfte, die vor dem Bewusstsein vorhanden sind.

5   *Iridashin* 矣栗多心. *Irida* 矣栗多 ist die phonetische Wiedergabe von sanskr. *vriddha*, «geordnet», «gesammelt» oder «weise».

6   *Shakujū shōyōshin* 積聚精要心 ist ein anderer Ausdruck für sanskr. *prajñā*, das den formlosen und ausgeglichenen Geist wahrer Weisheit beschreibt.

7   *Dō* 道 (chin. *dao*), bedeutet wörtl. «der Weg». In der Buddha-Lehre steht *dō* 道 sehr oft für sanskr. *mārga*, das ebenfalls «Weg» bedeutet. Zum Beispiel steht *dōtai* 道諦 für die vierte der edlen Wahrheiten, *mārga-satya*. Im *Shōbōgenzō* steht *dō* 道 jedoch meist für sanskr. *bodhi*, was «Erwachen» bedeutet. In der traditionellen Buddha-Lehre steht *bodhi* für das vollkommene Wissen oder die vollkommene Weisheit, durch die ein Mensch ein Buddha wird: Bodhi ist der erwachte oder klar sehende Geist. Weisheit entsteht aber nicht allein aus dem Wissen, sondern auch aus dem inneren Gleichgewicht von Körper und Geist beim Zazen.

8   *Wataru* わたる, wörtl. «überqueren», bedeutet den Fluss zu überqueren, der «zum anderen Ufer» oder zur Wahrheit führt.

9   *Hachi nansho* 八難処, wörtl. «die acht Orte der Schwierigkeiten», sanskr. *aṣṭākṣanāḥ*. Dies sind die Orte oder unheilsamen Zustände, die es unmöglich machen, Buddha zu begegnen und den Dharma zu hören. Die acht sind: 1. *naraka*, «die Hölle»; 2. *tiryañc*, «die Tiere», 3. *preta*, «die hungrigen Geister»; 4. *dīrghāyur-deva*, «die himmlischen Götter, deren Leben sehr lange dauert». 5. *pratyantajanapada*, «die weit entfernten Länder»;
6. *indriyavaikalya*, «der Verlust der Sinne»; 7. *mithyādarśana*, «die weltliche Überheblichkeit»; und 8. *tathāgatānām-anutpāda*, «die Abwesenheit Buddhas».

10   Der Körper, die Rede und der Geist.

11   Siehe *Daihatsu nehan kyō* (*Mahā-parinirvāṇa-sūtra*), Kap. 38.

12   Dies sind die abschließenden Worte von Kap. 16 des Lotos-Sūtras: «Des Tathāgata Lebensdauer». Vgl. Borsig, S. 290.

13   *Setsuna shōmetsu* 利那生滅, «Erscheinen und Vergehen in einem *kṣaṇa*». Mit diesem Satz führt Meister Dōgen in die buddhistische Lehre von der Augenblicklichkeit des Erscheines und Vergehens aller Dinge im Universum ein. Nishijima-Rōshi erwähnt sie auch in seiner Einführung (in Band 1).

14   Ein Zitat aus dem *Daibibasha ron* (*Abhidharma-mahāvibhāṣa-śastra*), Kap. 15.

15   *Go setsuna* 恒利那. *Go* 恒, was «beständig» bedeutet und in diesem Zusammenhang keinen Sinn ergibt, ist möglicherweise eine Fehlschreibung des Zeichens *tan* 怛, sanskr. *tat*. Tatkṣaṇa, wörtl. «jener Augenblick», ist eine Maßeinheit für die Zeit und entspricht einhundertzwanzig Kṣaṇas.

16   *Hon-u* 本有. Traditionell unterscheidet man vier Stadien der Existenz, bekannt als die *shi-u* 四有, «die vier Formen der Existenz». Diese sind: 1. *shō-u* 生有, «die Existenz (im Augenblick) der Geburt», 2. *hon-u* 本有, «die ursprüngliche Existenz» oder das menschliche Leben, 3. *shi-u* 死有, «die Existenz im (Augenblick des) Todes» und 4. *chū-u* 中有, «die mittlere Existenz» oder das mittlere Stadium, von dem es heißt, die bewussten Wesen würden es nach dem Augenblick des Todes durchlaufen.

17   Yakṣas werden im buddhistischen Kanon erwähnt. Dies sind Wesen, die eine gottähnliche Natur haben und übernatürliche Kräfte besitzen.

18   *Shiten-ō* 四天王 oder «die Könige der vier Quadranten oder Himmelsrichtungen», sanskr. *catvāro-mahā-rājikāḥ*. Dies sind vier Götter unter dem Gott Indra, die im ersten und niedrigsten der sechs Himmel leben, die der Welt der Begierden zugeordnet sind. Sie beschützen jeweils einen Quadranten des Bereichs um den Berg Sumeru.

19   Siehe *Daibibasha ron*, Kap. 136.

20   Das *Zen en shingi*. Seine Ausformulierung wurde im Jahr 1103 von Meister Chōro Sōsaku vollendet.

21   *Hotsugo* 発悟. *Hotsu* 発 bedeutet «Einsicht haben» oder «erkennen» wie im Titel des Kapitels. *Go oder sato[ru]* 悟 bedeutet 1., im engeren Sinn, mit dem denkenden Geist begreifen, sich bewusst sein, erfassen, und 2., im weiteren Sinn, die höchste Wahrheit erkennen. Siehe Kap. 26, *Daigo*.

22   *Jūchi* 十地, «die zehn Stadien», steht für *jūshō* 十聖, das sind die zehn letzten der zweiundfünfzig heiligen Stadien, die ein Bodhisattva durchläuft, bevor er ein Buddha wird.

23   *Isshō hōsho no bosatsu* 一生補処の菩薩, wörtl. «ein Bodhisattva am Ort seiner Bestimmung in einem Leben», bedeutet, dass ein Bodhisattva sein letztes Leben im Tuṣita-Himmel lebt, bevor er als Buddha in die Welt der Menschen zurückkehrt. *Isshō hōsho* 一生補処, «der Ort der Bestimmung in einem Leben», entspricht dem «wunderbaren Gewahrsein» (*myōkaku* 妙覚), der letzten der 52 Stufen eines Bodhisattvas.

24   Dies ist ein Zitat aus dem *Butsu hongyō jikkyō* («Die Sammlung der vergangenen Taten des Buddha»).

25   Buddha, Dharma und Sangha.

26   *Jōraku gajō* 常楽我浄, «Beständigkeit, Glück, Unabhängigkeit und Reinheit», sind die vier Merkmale des Nirvāṇas.

27   Siehe *Daihatsu nehan kyō* («Das große Parinirvāṇa-Sūtra»), Kap. 25.

28   *Goyoku* 五欲, «die fünf Begierden», sind die Begierden der Sinnesfreuden durch Sehen, Hören, Riechen, Schmecken und Berühren. Manchmal werden sie auch als die Begierden nach Besitz, Sex, Essen, Trinken, Ruhm und Schlaf bezeichnet.

29   Der zitierte Text stammt aus dem *Daichido ron* («Kommentar über die Vollendung der Großen Weisheit», *Mahā-prajñā-pāramitopadeśa*), Kap. 68. Das *Mahā-prajñā-pāramitopadeśa* wird Meister Nāgārjuna, dem 14. Vorfahren in Indien, zugeschrieben und wurde um 405 u. Z. von Kumārajīva ins Chinesische übertragen.

30   *Bonnō ma* 煩悩魔, wörtl. «die Dämonen der Befleckung», sanskr. *kleśa-māra*, «die den Geist trübenden Leidenschaften» wie Gier, Hass usw.

31   *Goshu ma* 五衆魔, «die Dämonen der fünf Daseinsgruppen», sanskr. *pañca-skandha-māra*. Diese sind: 1. *rūpa*, die Form (der Körper), 2. *vedanā*, die Empfindung, 3. *saṃjñā*, die Wahrnehmung, 4. *saṃskāra*, die geistigen und physischen Willensregungen und das Handeln selbst, 5. *vijñāna*, das Bewusstsein. Dies sind die fünf körperlichen und geistigen Bedingungen für die Befleckung.

32   Erde, Wasser, Feuer und Wind.

33   *Shiki-shu* 色衆. *Shiki* 色 bedeutet wörtl. «Farbe» oder «Form».

34 *Jushu* 受衆. *Ju* 受 bedeutet wörtl. «empfangen», «in sich aufnehmen». Nach Meister Nāgārjuna umfasst *vedanā* nicht nur alle Formen von Fühlen und nicht nur körperliche oder sinnliche Wahrnehmung, sondern auch mentale Vorgänge und Gefühle wie Begehren, Ärger, Stolz etc.

35 *Sōshu* 想衆. *Sō* 想 bedeutet wörtl. «Idee», «Vorstellung» oder «Gedanke».

36 *Gyōshu* 行衆. *Gyō* 行 bedeutet wörtl. «handeln», «ausführen», «verwirklichen» etc.

37 *Rokushiki* 六識, «die sechs Arten des Bewusstseins», sind Bewusstseinsmomente, die entstehen, wenn die Augen ein Objekt sehen, die Ohren einen Ton hören, die Nase etwas riecht, die Zunge etwas schmeckt, der Körper etwas berührt und der Geist einem mentalen Objekt begegnet.

38 *Shikishu* 識衆. *Shiki* 識 bedeutet «Bewusstsein».

39 *Shima* 死魔, «die Dämonen des Todes», sanskr. *mṛityu-māra*.

40 *Tenshima* 天子魔, wörtl. «die himmlischen Söhne der Dämonen», sanskr. *devaputra-māra*.

41 *Yokkai* 欲界, «die Welt des Begehrens», sanskr. *kāma-dhātu*. Siehe auch Kap. 47, *Sangai yuishin*.

42 *Ushotoku* 有所得, wörtl. «etwas erlangen wollen, was existiert», bedeutet, dass man ein materielles oder spirituelles Objekt erlangen oder erreichen will. Das Antonym ist *mushotoku* 無所得, wörtl. «nichts erlangen wollen» oder «ohne Gewinn», und beschreibt das Handeln im gegenwärtigen Augenblick ohne Streben nach Gewinn.

43 *Ma* 魔, das wir bisher mit «Dämonen» übersetzt haben, gibt sowohl die Aussprache als auch die Bedeutung von sanskr. *māra* wieder, das sowohl «töten» als auch «Dämon» bedeuten kann.

71

如来全身

Nyorai zenshin

Der ganze Körper des Tathāgata

NYORAI ist die chinesische Übersetzung von sanskr. «Tathāgata» und bezeichnet einen Menschen, der auf dem Weg der Wahrheit zum höchsten Erwachen gelangt ist. Es ist einer der zehn Titel des Buddha, dessen er sich selbst bediente, wenn er von sich oder anderen Buddhas sprach. Hier steht NYORAI für Gautama Buddha selbst. ZENSHIN bedeutet «der ganze Körper». In diesem Kapitel lehrt Meister Dōgen, dass das Lotos-Sūtra dasselbe wie Gautama Buddhas ganzer Körper ist. Wie schon in Kapitel 17, «Hokke ten hokke», verwendet Meister Dōgen auch hier das Wort «Sūtra», um die wirkliche Form des Universums zu beschreiben. Meister Dōgen erklärt, dass sowohl die Bände des Sūtras als auch alle Dinge und Phänomene dieses wunderbaren Universums, in dem wir leben, nichts anderes sind als Gautama Buddhas ganzer Körper.

Zu jener Zeit lehrte Śākyamuni Buddha auf dem Geiergipfel[1] in Rājagṛha.[2] Er wandte sich an den Bodhisattva Medizinkönig und sagte: «Medizinkönig! An jedem Ort, wo [dieses Lotos-Sūtra] gelehrt, gelesen, rezitiert oder niedergeschrieben wird und wo die Bände dieses Sūtras aufbewahrt werden, sollten wir einen Stūpa[3] der sieben Juwelen errichten. Wir sollten diesen sehr hoch und sehr breit bauen und ihn glänzend schmücken. Es ist nicht notwendig, Gebeine[4] darin aufzubewahren. Warum? [Weil] sich in diesem Stūpa bereits der ganze Körper des Tathāgata befindet. Diesem Stūpa sollte man dienen, er sollte geachtet und geehrt werden und mit den verschiedensten Blumen, Düften, Perlenketten, seidenen Baldachinen, Fahnen, Flaggen, Musik und Lobgesängen verehrt werden. Wenn es Menschen gibt, die diesen Stūpa sehen können, sich vor ihm niederwerfen und ihm Gaben darbringen, dann wisset, dass sie alle nahe daran sind, das höchste und vollkommene Erwachen[5] zu erlangen.»[6]

Was die «Bände dieses Sūtras» genannt wird, ist das wirkliche Lehren, das wirkliche Lesen, das wirkliche Rezitieren und das wirkliche Niederschreiben selbst. Die Bände des Sūtras sind nichts anderes als die wirkliche Form [des Universums].[7] Der Stūpa der sieben Juwelen wird errichtet werden, und dies beschreibt die wirkliche Form des Stūpas. Seine Höhe und Breite sind von höchster Qualität und seine Maße zweifellos die der wirklichen Form. Darin[8] ist schon der ganze Körper des Tathāgata enthalten, denn die Bände des Sūtras sind sein ganzer Körper.

Daher ist das Lehren, das Lesen, das Rezitieren und Niederschreiben usw. selbst der ganze Körper des Tathāgata. Wir sollten diesen Bänden des Sūtras also dienen, sie

achten und sie mit vielen verschiedenen Blumen, Düften, Perlenketten, seidenen Baldachinen, Fahnen, Flaggen, Musik und Lobgesängen verehren. Manchmal mögen es
himmlische Blumen, himmlische Düfte, himmlische Baldachine usw. sein, die alle wirkliche Form sind, und manchmal mögen es ausgewählte Blumen, ausgewählte Düfte,
schöne Gewänder und die feinen Kleider der menschlichen Welt sein, die alle wirkliche
Form sind. Gaben darzubringen und Verehrung zu erweisen ist dasselbe wie die wirkliche Form. Wir sollten den Stūpa errichten, aber es ist nicht notwendig, Gebeine darin
aufzubewahren, denn es ist klar, dass die Bände des Sūtras selbst schon die Gebeine und
der ganze Körper des Tathāgata sind.

Dies sind die goldenen Worte aus Buddhas eigenem Mund. Es kann überhaupt
kein Verdienst geben, das größer ist, als sie zu hören und zu sehen. Ihr solltet euch beeilen, dieses Verdienst und diese Tugend anzusammeln. Wenn es Menschen gibt, die
sich vor diesem Stūpa niederwerfen und ihm Gaben darbringen, dann wisset, dass sie
alle nahe daran sind, Anuttarā-samyak-saṃbodhi zu erlangen. Wenn ihr diesen Stūpa
sehen könnt, solltet ihr euch aufrichtig vor ihm niederwerfen und ihm Gaben darbringen, denn dies zu tun mag bedeuten, dass ihr nahe daran seid, Anuttarā-samyak-saṃbodhi zu erlangen. «Nahe daran zu sein» ist nicht eine Nähe, die der Trennung folgt,
und nicht eine Nähe, die dem Zusammenkommen folgt. Anuttarā-samyak-saṃbodhi
wird «die vollkommene Nähe» genannt. Hier und jetzt dieses Sūtra zu empfangen, zu
bewahren, zu lesen, zu rezitieren, es auszulegen und niederzuschreiben bedeutet, dass
ihr diesen Stūpa sehen könnt. Ihr solltet euch freuen, denn es ist die vollkommene
Nähe von Anuttarā-samyak-saṃbodhi.

Deshalb sind die Bände des Sūtras der ganze Körper des Tathāgata. Sich vor den
Bänden des Sūtras niederzuwerfen bedeutet daher, sich vor dem Tathāgata niederzuwerfen. Den Bänden des Sūtras zu begegnen bedeutet, dem Tathāgata zu begegnen,
denn die Bände des Sūtras sind die Gebeine des Tathāgata. Weil dies so ist, müssen
seine Gebeine die Bände dieses Sūtras[9] sein. Selbst wenn ihr wisst, dass die Bände des
Sūtras die Gebeine des Tathāgata sind, ist es nicht Buddhas Wahrheit, wenn ihr noch
nicht wisst, dass die Gebeine des Tathāgata die Bände dieses Sūtras sind. Die wirkliche
Form aller Dinge und Phänomene hier und jetzt ist nichts anderes als die Bände dieses
Sūtras. Die menschliche Welt, der Himmel oben, der Ozean, der Raum, dieses Land
und andere Reiche sind alle die Form der Wirklichkeit, und sie sind die Bände des
Sūtras und die Gebeine des Tathāgata. Indem ihr die Gebeine des Tathāgata empfangt,
bewahrt, lest, rezitiert, auslegt und niederschreibt, solltet ihr enthüllen, was das Erwachen ist. Dies nennen wir «manchmal den Sūtren folgen». Es gibt die Gebeine der ewigen Buddhas, die Knochen der gegenwärtigen Buddhas, die Knochen der Pratyekabuddhas und die Knochen der Könige, die den Wagen rollen. Es gibt die Knochen des Löwen, es gibt die Knochen eines Buddhas aus Holz, es gibt die Knochen eines Buddha-
Bildnisses und es gibt die Knochen des Menschen. Im heutigen großen Königreich der
Song offenbaren viele Generationen von Buddhas und Vorfahren ihre Knochen, während sie leben. Viele haben uns ihre Gebeine nach der Verbrennung hinterlassen. Dies
alles sind die Bände des Sūtras.

Śākyamuni Buddha wandte sich an die große Versammlung und sagte: «*Die Lebenszeit, die ich durch meine ursprüngliche Praxis des Bodhisattva-Weges verwirklicht habe, ist sogar jetzt noch nicht beendet, sondern wird noch die doppelte der zuvor genannten Zahl [von Zeitaltern] umfassen.*»[10]

Die vierundachtzig To[11] Knochen des Jetzt sind genau die Lebenszeit des Buddha selbst. Die Lebenszeit der ursprünglichen Praxis des Bodhisattva-Weges beschränkt sich also nicht nur auf die unendlich vielen Buddha-Welten, sondern sie könnte unermesslich sein. So sind der ganze Körper des Tathāgata und die Bände dieses Sūtras beschaffen.

Der Bodhisattva Gesammelte Weisheit sagte: «*Ich habe gesehen, [wie] Śākyamuni Tathāgata während endloser Weltzeitalter durch harte Praxis und schmerzhafte Übung Verdienste ansammelte und Tugend aufhäufte und wie er auf dem Bodhisattva-Weg niemals innehielt. Ich habe gesehen, dass es in den unendlich vielen Buddha-Welten keinen Ort gibt, und nicht einmal das kleinste Senfkorn, wo er nicht als Bodhisattva seinen Körper und sein Leben für die Lebewesen hingegeben hätte. Nachdem er dies getan hatte, konnte er die Wahrheit verwirklichen.*»[12]

Ihr solltet wissen, dass die unendlich vielen Buddha-Welten ein einziger Augenblick reinen Geistes und ein einziger konkreter Raum sind. Sie sind der ganze Körper des Tathāgata, unabhängig davon, ob ihr [euer Leben] hingebt oder nicht. Die Knochen sind nicht vor dem Buddha und nicht nach dem Buddha, und sie sind auch nicht in einem [zeitlichen] Nacheinander angeordnet. Unzählige Weltzeitalter harter Praxis und schmerzhafter Übung sind das kraftvolle Leben und Handeln von Buddhas Schoß und Buddhas Unterleib. Sie sind Buddhas Haut, Fleisch, Knochen und Mark. Dass er [auf dem Bodhisattva-Weg] niemals innehielt, bedeutet, dass er umso kraftvoller praktizierte, nachdem er die Buddhaschaft erlangt hatte, und immer noch weiter vorangeht, nachdem er in unendlich vielen Welten gelehrt und sie verändert hatte. Dies ist das kraftvolle Handeln des ganzen Körpers.

SHŌBŌGENZŌ NYORAI ZENSHIN

Dargelegt vor der Versammlung im Kloster Kippō im Bezirk Yoshida von Esshū am 15. Tag des zweiten Mondmonats im zweiten Jahr der Ära Kangen [1244].

Anmerkungen

1   Der Geiergipfel, in Sanskrit Gṛdhrakūṭa, war ein Berg über dem Tal von Rājagṛha, wo der Buddha das Lotos-Sūtra gelehrt hat. Nach Meister Dōgen repräsentiert das Lotos-Sūtra das ganze Universum.

2   *Ōshajō* 王舍城, wörtl. «Stadt des königlichen Palastes», steht für Rājagṛha, die Hauptstadt des alten indischen Königreichs Magadha.

3   *Tō* 塔, wörtl. «Turm», in Sanskrit *caitya* oder *stūpa*. Dies ist ein Kuppelbau, der manchmal zur Aufbewahrung der Sūtren (*caitya*) und manchmal zur Aufbewahrung der Gebeine Heiliger (*stūpa*) errichtet wurde.

4   *Shari* 舍利, sanskr. *śarīra*, wörtl. «ein toter Körper» oder «Gebeine». Der Ausdruck *śarīra* wird für die Überreste der Gebeine des Buddha Śākyamuni oder eines Heiligen verwendet, die aufbewahrt und verehrt werden.

5   Anuttarā-samyak-saṃbodhi.

6   Siehe Lotos-Sūtra, Kap. 10, «Der Gesetzesmeister». Vgl. Borsig, S. 214.

7   *Kyōgan wa jissō kore nari* 経巻は実相これなり. Meister Dōgen interpretiert das *Myōhō renge kyō*, «das Sūtra der Lotosblume des wunderbaren Dharmas», als den Ausdruck des Universums selbst. Deshalb bedeutet *kyōgan* 経巻, «die Bände des Sūtras», nicht nur die Schriftzeichen und den Inhalt des Sūtras, sondern auch die konkrete Offenbarung des ganzen Universums. Siehe Kap. 17, *Hokke ten hokke*. Der Ausdruck *jissō* 実相, «wirkliche Form», beschreibt ebenfalls das Universum oder die wahre Wirklichkeit aller Dinge und Phänomene. Siehe Kap. 50, *Shohō jissō*.

8   *Shichū* 此中, «darin» oder «in diesem», bedeutet hier «in dieser Wirklichkeit hier und jetzt». *Shi* 此, «dies», bezieht sich also 1. auf die Bände des Sūtras, 2. auf das Lesen, Rezitieren etc., 3. auf die wirkliche Form, d. h., die Wirklichkeit selbst, und 4. auf den konkreten Stūpa der sieben Juwelen. «Der ganze Körper des Tathāgata» enthält und offenbart alle vier Bedeutungen.

9   *Shari wa shikyō naru beshi* 舍利は此経なるべし. *Shari* 舍利, «die Gebeine», sind hier das Symbol für das Wirkliche, und *shikyō* 此経, «dieses Sūtra», bedeutet das Sūtra dieser Wirklichkeit des Universums.

10 Siehe Lotos-Sūtra, Kap. 16, «Des Tathāgata Lebensdauer», Vgl. Borsig, S. 284. Das Zitat kommt auch in Kap. 23, *Gyōbutsu yuigi*, vor und wird dort eingehend kommentiert.

11 *To* 斗 ist ein japanisches Hohlmaß, das sich im Lauf der Jahrhunderte ständig verändert hat. Heute sind es 18 Liter. Hier verweist die Zahl wohl auf eine besonders große Menge.

12 Siehe Lotos-Sūtra, Kap. 12, «Devadatta». Vgl. Borsig, S. 239.

72

三昧王三昧

Zanmai ō zanmai

Der Samādhi, der der König der Samādhis ist

ZANMAI ist die phonetische Wiedergabe von «Samādhi», das im Sanskrit wörtlich «fest zusammengefügt sein» bedeutet. Dies beschreibt das subtile Gleichgewicht von Körper und Geist beim Zazen. Ō bedeutet «König». Wir wissen, dass es viele verschiedene Arten von Samādhis im täglichen Leben gibt. Sich einer Tätigkeit voll und ganz hinzugeben, sie wirklich zu sein, ist eine der Formen des Samādhis. Nach Meister Dōgen ist jedoch der wichtigste und höchste Samādhi nur der, den wir beim Zazen erfahren. Daher nennen wir den Zustand des Gleichgewichts aller physischen und geistigen Funktionen beim Zazen «den König der Samādhis». In diesem Kapitel erklärt Meister Dōgen, was Zazen ist, und er wählt dazu die Bezeichnung ZANMAI Ō ZANMAI, «der Samādhi, der der König der Samādhis ist».

In der vollen Lotoshaltung zu sitzen bedeutet, sofort das ganze Universum zu überschreiten und ein großes und wertvolles Leben im Haus der Buddhas und Vorfahren zu führen. In der vollen Lotoshaltung zu sitzen bedeutet, über die Gehirne der gewöhnlichen Menschen und Dämonen hinwegzuschreiten und ein wirklicher Mensch im inneren Heiligtum der Buddhas und Vorfahren zu werden. Um sogar über das Höchste des Höchsten der Buddhas und Vorfahren hinauszugehen, gibt es nur diese eine Methode. Daher verfolgten jene überhaupt keine andere Praxis.

Denkt daran, dass das Universum beim Sitzen weit entfernt von anderen Universen ist. Da die Buddhas und Vorfahren diese Grundwahrheit klar erfasst haben, erweckten sie den Geist, schulten sich und verwirklichten Bodhi und Nirvāṇa. Genau im Augenblick des Sitzens solltet ihr gründlich untersuchen, ob das Universum senkrecht oder ob es waagerecht ist. Was ist dieses Sitzen genau im Augenblick des Sitzens? Ist es ein Salto? Ist es die kraftvolle Lebensenergie? Ist es Denken oder Nicht-Denken? Ist es etwas tun oder ist es nichts tun? Ist es im Inneren des Sitzens zu sitzen? Ist es im Inneren des Körper-Geistes zu sitzen? Oder ist es ein Sitzen, das frei ist vom «Inneren des Sitzens» oder vom «Inneren des Körper-Geistes» usw.? Ihr solltet diese tausend und zehntausend Fragen gründlich erforschen. Sitzt in der vollen Lotoshaltung mit dem Körper! Sitzt in der vollen Lotoshaltung mit dem Geist! Sitzt in der vollen Lotoshaltung frei von Körper und Geist!

Mein früherer Meister, der ewige Buddha, sagte: «*[Za]zen zu praktizieren bedeutet, Körper und Geist loszulassen. Wenn ihr einfach nur sitzt, ist die Verwirklichung*

von Anfang an da. Es ist nicht notwendig, Räucherwerk zu verbrennen, euch nieder-
zuwerfen, Buddhas Namen zu rezitieren, zu bekennen oder Sūtren zu lesen.»

Es ist klar, dass in den letzten vier- oder fünfhundert Jahren nur ein Mensch, nämlich mein früherer Meister, das Auge der Buddhas und Vorfahren erfasst und unmittelbar im Auge der Buddhas und Vorfahren gesessen hat. Sogar in China haben es nur
wenige Menschen ihm gleichgetan. Nur sehr wenige Menschen wissen, dass nichts anderes zu tun als zu sitzen der Buddha-Dharma selbst ist, und dass der Buddha-Dharma
selbst nichts anderes ist als nur zu sitzen. Auch wenn einige mit dem Körper verstanden
haben, dass das Sitzen der Buddha-Dharma ist, hat niemand das Sitzen als das Nur-Sit-
zen erkannt. Wie kann dann irgendeiner den Buddha-Dharma bewahren und auf ihn
als den [wirklichen] Buddha-Dharma vertrauen?

Deshalb gibt es das Sitzen mit dem Geist, was nicht dasselbe ist wie das Sitzen mit
dem Körper. Es gibt das Sitzen mit dem Körper, was nicht dasselbe ist wie das Sitzen
mit dem Geist. Und es gibt das Sitzen, das das Loslassen von Körper und Geist ist, was
nicht dasselbe ist wie [die Vorstellung des] Loslassens von Körper und Geist. Wenn
man schon dort angekommen ist, stimmt die Praxis vollkommen mit dem Verständnis
überein, und so übten die Buddhas und Vorfahren. Bewahrt ihre Achtsamkeit, ihr
Denken, ihre Einsicht, und vertraut darauf. Erforscht und erfahrt ihren Geist, ihren
Willen und ihr Bewusstsein.

Śākyamuni Buddha wandte sich an eine große Versammlung: «Wenn ihr in der
vollen Lotoshaltung sitzt, werdet ihr den Körper-Geist des Samādhis erfahren und viele
Menschen werden die Würde und Tugend dieser Haltung achten. Wie die Sonne diese
Welt erhellt, klärt und befreit der Samādhi von einem schläfrigen, trägen und melan-
cholischen Geist. Der Körper ist dann leicht und ohne Müdigkeit. Die Wahrnehmung
und das Bewusstsein sind auch leicht und beweglich. Ihr solltet sitzen wie eine aufgerollte
Schlange.[1] Sogar der König der Dämonen hat Angst, wenn er nur das Bild der Lotos-
haltung sieht. Wie viel mehr mag er einen Menschen fürchten, der gleichmütig und
unbewegt in dieser Haltung sitzt und die Wahrheit erfährt?»[2]

Daher ist sogar der König der Dämonen überrascht, beunruhigt und ängstlich,
wenn er das Bild der vollen Lotoshaltung sieht. Wenn ihr wirklich in der Lotoshaltung
sitzt, ist das Verdienst jenseits aller Vorstellungen. Kurz: Das Glück und die Tugend
des täglichen Sitzens sind unermesslich.

Śākyamuni Buddha wandte sich an eine große Versammlung: «Dies ist der
Grund, warum wir in der vollen Lotoshaltung sitzen.» Dann lehrte der weltgeehrte
Tathāgata alle seine Schüler, dass sie so sitzen sollen. Manchmal suchen die Men-
schen außerhalb des Weges die Wahrheit, indem sie sich dauernd auf die Zehen-
spitzen stellen, manchmal suchen sie die Wahrheit, indem sie ständig aufrecht stehen,
und manchmal suchen sie die Wahrheit, indem sie die Beine auf die Schultern legen.
Der schwachsinnige und halsstarrige Geist sinkt dann in den Ozean der Falschheit und
der Körper hat keinen Frieden. Aus diesem Grund lehrte der Buddha seine Schüler, in
der vollen Lotoshaltung und mit einem geraden und aufrechten Geist zu sitzen.
Warum? Weil der Geist sich leicht aufrichtet, wenn der Körper gerade und aufgerichtet

ist. Wenn der Körper gerade und aufgerichtet sitzt, ist der Geist nicht müde, sondern im Gleichgewicht, dann ist die Absicht richtig und die Aufmerksamkeit ist auf das gerichtet, was unmittelbar vor uns ist. Wenn der Geist umherwandert oder abgelenkt wird, und der Körper sich neigt oder aufgeregt ist, dann ordnet und beruhigt [das aufrechte Sitzen Körper und Geist] und bewirkt, dass sie sich erholen. Wenn wir den Samādhi erfahren und in den Samādhi eingehen wollen, ordnet [das aufrechte Sitzen] vollkommen alle diese verschiedenartigen Dinge, selbst wenn der Geist mannigfaltigen Bildern nachjagt und von vielem abgelenkt wird. Indem ihr dies lernt und praktiziert, erfahrt ihr den Samādhi, und ihr geht in den Samādhi ein, der der König der Samādhis ist.»

Daraus ist klar zu ersehen, dass das Sitzen in der vollen Lotoshaltung der König der Samādhis ist und dass es genau die Erfahrung und das Hineingehen ist. Alle Samādhis gehören zur Familie des Königs der Samādhis [beim Zazen].

In der vollen Lotoshaltung zu sitzen bedeutet, den Körper aufzurichten, den Geist aufzurichten und das Gleichgewicht von Körper und Geist aufzurichten. Es bedeutet, die Buddhas und Vorfahren aufzurichten, die Praxis und die Erfahrung aufzurichten, das Gehirn und den Lebensstrom aufzurichten. Jetzt, da wir in dem Samādhi sind, der in der vollen Lotoshaltung der König der Samādhis ist, sitzen unsere menschliche Haut, unser menschliches Fleisch, unsere menschlichen Knochen und unser menschliches Mark in der vollen Lotoshaltung. Der Weltgeehrte fuhr stets mit dieser Praxis fort, in der vollen Lotoshaltung zu sitzen, und er vertraute darauf. Er hat sie in der richtigen Weise an seine Schüler weitergegeben und die Menschen und Götter gelehrt, in der vollen Lotoshaltung zu sitzen. Dies ist nichts anderes als das Geist-Siegel, das die sieben Buddhas authentisch weitergegeben haben.

Unter dem Bodhi-Baum verbrachte Śākyamuni Buddha fünfzig kleine Weltzeitalter, verbrachte er sechzig Weltzeitalter und verbrachte er unzählbare Weltzeitalter, sitzend in der vollen Lotoshaltung. Drei Wochen oder eine Stunde lang in der vollen Lotoshaltung zu sitzen bedeutet, das wunderbare Dharma-Rad zu drehen, und es ist die lebenslange Lehre des Buddha. Daran fehlt nichts. Es ist die gelbe Rolle [eines wirklichen Sūtras] auf einem roten Stab. Dies ist der Augenblick, wenn ein Buddha einem Buddha begegnet, und es geschieht genau in diesem Augenblick, dass die Lebewesen Buddhas werden.

Nachdem unser erster Vorfahre, der ehrwürdige Bodhidharma, aus dem Westen gekommen war, saß er neun Jahre lang in der vollen Lotoshaltung vor der Wand. Dies geschah, als er im Kloster Shōrin auf dem Gipfel des Shōshitsu in den Sūgaku-Bergen lebte. Seit jener Zeit bis zum heutigen Tag haben solche Gehirne und Augen sich in ganz China verbreitet. Das Herzblut des ersten Vorfahren war nur die Praxis des Sitzens in der vollen Lotoshaltung. Bevor er aus dem Westen gekommen war, konnten die Menschen in China das Sitzen in der vollen Lotoshaltung nicht kennen. Erst nachdem der alte Meister und Vorfahre aus dem Westen gekommen war, konnten sie es kennenlernen. Daher ist es der Samādhi, der der König der Samādhis ist, nichts anderes zu tun als in der vollen Lotoshaltung zu sitzen, Tag und Nacht, vom Anfang bis zum Ende des

Lebens, und Zehntausende von Leben, ohne das Kloster zu verlassen und ohne eine andere Praxis auszuüben.

SHŌBŌGENZŌ ZANMAI Ō ZANMAI

Dargelegt vor einer Versammlung in Kloster Kippō in Etsu-u, am fünfzehnten Tag des zweiten Mondmonats im zweiten Jahr der Ära Kangen [1244].

Anmerkungen

1   *Ryū [no] wadakama[ru ga] goto[ku seyo]* 如龍蟠, «wie eine aufgerollte Schlange». *Ryū* 龍, sanskr. *nāga*, bedeutet sowohl «Schlange» als auch «Drache». Beide sind mystische Halbgottwesen, die in Indien sehr verehrt wurden. «Wie eine aufgerollte Schlange sitzen» verweist auf eine entspannte und zugleich stabile und kraftvolle Haltung.

2   Dieses und das folgende Zitat stammen aus dem *Daichido ron*, Band 7. Das *Daichido ron* ist die chinesische Übersetzung des *Mahā-prajñā-pāramitopadeśa* und wird Nāgārjuna zugeschrieben.

Anhang
Die chinesischen Meister

Banzan Hōshaku	Panshan Baoji
Baso Dō-itsu	Mazu Daoyi
Bokushū Dōmyō	Muzhou Daoming
Busshō Hōtai	Fuxing Fatai
Chimon Kōso	Zhimen Guangzu
Chōkei Daian	Changqing Da'an
Chōsa Keishin	Changsha Jingcen
Dai-e Sōkō	Dahui Zonggao
Daibai Hōjō	Damei Fachang
Daikan Enō	Dajian Huineng
Dōfuku	Daofu
Dō-iku	Daoyu
Dōgo Enchi	Daowu Yuanjie
Enchi Dai-an	Yuanzhi Daan
Engo Kokugon	Yuanwu Keqin
Esshū Kenpō	Yuezhou Qianfeng
Fuyō Dōkai	Furong Daokai
Fuyō Reikun	Furong Lingxun
Gensa Shibi	Xuansha Shibei
Goso Hō-en	Wuzu Fayan
Gutei	Juzhi
Hōgen Bun-eki	Fayan Wenyi
Ho-nei Nin-yū	Baoming Renyong
Hō-un Ihaku	Fayun Weibai
Hyakujō Ekai	Baizhang Huaihai
Isan Reiyū	Guishan Lingyou
Jinshū	Shenxiu
Jōshū Jūshin	Zhaozhou Congshen
Kaigen Chishō	Huiyan Zhicong
Kakuhan Ekō	Jiaofan Huihong
Kazan Shujun	Heshan Shouxun
Kisū Chijō	Guizong Zhichang
Kōan Daigu	Gaoan Daiyu
Koboku Hōjō	Kumu Facheng
Kyōgen Chikan	Xiangyan Zhixian
Kyōzan Ejaku	Yangshan Huiji
Nan-yō Echū	Nanyang Huizhong

Nangaku Ejō	Nanyue Huairang
Nansen Fugan	Nanquan Puyuan
Ō-an Don-ge	Yingan Tanhua
Ōbaku Ki-un	Huangbo Xiyun
Ōryū E-nan	Huanglong Huinan
Rakan Keichin	Luohan Guichen
Rinzai Gigen	Linji Yixuan
Rōya Ekaku	Langye Huijiao
Sanshō E-nen	Sansheng Huiran
Setchō Chikan	Xuedou Zhijian
Setchō Jūken	Xuedou Chongxian
Seigen Gyōshi	Qingyuan Xingsi
Sekimon Etetsu	Shimen Huiche
Sekisō Keisho	Shishuang Qingzhu
Sekitō Kisen	Shitou Xiqian
Senpuku Shōko	Jianfu Chenggu
Seppō Gison	Xuefeng Yicun
Shinzan Sōmitsu	Shenshan Zongmi
Sōji	Zongchi
Sōzan Honjaku	Caoshan Benji
Sōzan Kōnin	Shushan Guangren
Taigen Fu	Taiyuan Fu
Taiso Eka	Dazu Huike
Tandō Bunjun	Zhantang Wenzhun
Tanka Shijun	Danxia Zichun
Tendō Nyojō	Tiantong Rujing
Tenryū	Tianlong
Tokuzan Senkan	Deshan Xuanjian
Tōsu Daidō	Touzi Datong
Tōsu Gisei	Touzi Yiqing
Tōzan Ryōkai	Dongshan Liangjie
Ungan Donjō	Yunyan Tangsheng
Ungo Dōyō	Yunju Daoying
Unmon Bun-en	Yunmen Wenyan
Wanshi Shōkaku	Hongzhi Zhengjue
Yakusan Igen	Yueshan Weiyan
Zengen Chūkō	Jianyuan Zhongxing

Bibliografie

I. DIE WICHTIGSTEN CHINESISCHEN QUELLENTEXTE, AUS DENEN MEISTER DŌGEN IM SHŌBŌGENZŌ ZITIERT:

A. DIE SŪTREN (Viele der hier zitierten Sūtren des indischen und chinesischen Kanon wurden noch nicht in europäische Sprachen übersetzt. Unsere Übertragung der Namen der Sūtren ist in diesen Fällen nur annähernd und dient lediglich der Orientierung.)

AGON KYŌ 阿含経 – Die Āgama-Sūtren bezeichnen die Sammlung der Lehrreden Buddhas des Sanskrit-Kanons, die sich im Wesentlichen mit dem Pāli-Terminus Nikāya deckt. Die Āgama-Sūtren existieren in vier chinesischen Übersetzungen:

CHŌ AGON KYŌ 長阿含経 – Die Sammlung der langen Lehrreden, in Pāli Dighanikāya.

CHŪ AGON KYŌ 中阿含経 – Die Sammlung der mittleren Lehrreden, in Sanskrit Madhyamāgama; in Pāli Majjhima-nikāya.

ZŌ AGON KYŌ 雑阿含経 – Die Sammlung der gruppierten Lehrreden, in Sanskrit Samyuktāgama; in Pāli Samyutta-nikāya.

ZŌ ITSU AGON KYŌ 増一阿含経 – Die Sammlung der angegliederten Lehrreden, in Sanskrit Ekottarāgama; in Pāli Anguttara-nikāya.

Diese vier Sammlungen werden noch ergänzt durch eine fünfte Sammlung, SHŌ AGON KYŌ 小阿含経 – Die Sammlung der kurzen Lehrreden, in Sanskrit Kṣudrakāgama; in Pāli Khuddaka-nikāya. Im Pālikanon ist das Khuddaka-nikāya das fünfte der fünf Nikāyas und besteht aus fünfzehn kurzen Abschnitten.

AIKU Ō KYŌ 阿育王経 – Das Sūtra des Königs Aśoka.

BUTSU HONGYŌ JIKKYŌ 佛本行集経 – Die Sammlung der vergangenen Handlungen Buddhas.

DAIBONTEN Ō MONBUTSU KETSUGI KYŌ 大梵天王問佛決疑経 – Das Sūtra der Fragen und Antworten zwischen Mahābrahman und dem Buddha.

DAI HANNYA KYŌ 大般若経 – Das Sūtra von der Großen Prajñā – Kurzform von DAI HANNYA HARAMITA KYŌ 大般若波羅密多経 – Das Sūtra von der Großen Prajñā-pāramitā, in Sanskrit Mahā-prajñā-pāramitā-sūtra.

DAIHATSU NEHAN KYŌ 大般涅槃経 – Das große Parinirvāṇa-Sūtra, in Sanskrit Mahā-parinirvāṇa-sūtra.

DAIHŌKŌ HŌKYŌ GYŌ 大方廣寶篋経 – Das Mahāvaipulya-Sūtra der Schatztruhe.

DAIHŌKŌ ENGAKU SHŪTARA RYŌGI KYŌ 大方廣円覚修多羅了義経 – Das Sūtra des großen universellen und vollkommenen Erwachens.

DAIHŌ SHAKKYŌ 大寶積経 – Das Sūtra der großen Schatz-Ansammlung, in Sanskrit Mahā-ratnakūta-sūtra.

DAIJŌ HONSHŌ SHIN CHIKAN KYŌ 大乗本生心地観経 – Das Mahāyāna-Sūtra der Betrachtung geistiger Zustände in früheren Leben.

DAISHŪ KYŌ 大集経 – Das Sūtra der großen Ansammlung, in Sanskrit Mahā-saṃnipā-ta-sūtra.

ENGAKU KYŌ 円覚経 – Das Sūtra der vollkommenen Erweckung.

FUYŌ KYŌ 普曜経 – Das Sūtra von der Ausbreitung der Natürlichkeit, in Sanskrit Lalita-vistara-sūtra.

HIGE KYŌ 悲華経 – Das Sūtra der Blume des Mitgefühls, in Sanskrit Karuṇā-puṇḍarīka-sūtra.

HOKKE KYŌ 法華経 – Das Sūtra der Blume des Dharmas, Kurzform von MYŌHŌ RENGE KYŌ 妙法蓮華経, Das Sūtra der Lotosblume des wunderbaren Dharmas, in Sanskrit Saddharma-puṇḍarīka-sūtra.

HŌKU KYŌ 法句経 – Das Sūtra der Dharma-Worte, in Pāli Dhammapada.

HONSHŌ KYŌ 本生経 – Das Sūtra von [Buddhas] früheren Leben, in Sanskrit Jātaka-sūtra.

JŪ Ō KYŌ 十王経 – Das Sūtra der zehn Könige.

KAN FUGEN BOSATSU GYŌBŌ KYŌ 観普賢菩薩行法経 – Das Sūtra von der Betrachtung der Dharma-Praxis durch den Bodhisattva der universellen Tugend.

KEGON KYŌ 華厳経 – Das Girlanden-Sūtra, in Sanskrit Avataṃsaka-sūtra.

KENGU KYŌ 賢愚経 – Das Sūtra von den Weisen und den Toren.

KE U KŌRYŌ KUDOKU KYŌ 希有校量功徳経 – Das Sūtra über den Vergleich der Verdienste seltener Ereignisse.

KON KŌMYŌ KYŌ 金光明経 – Das Goldglanz-Sūtra. Kurzform von KON KŌMYŌ SAI-SHŌ Ō KYŌ 金光明最勝王経 – Das Goldglanz-Sūtra des höchsten Königs, in Sanskrit Suvarṇa-prabhāsottama-rāja-sūtra.

KONGŌ KYŌ 金剛経 – Das Diamant-Sūtra. Kurzform von KONGŌ HANNYA HARAMITSU KYŌ 金剛般若波羅密経, das Diamant-Prajñāpāramitā-Sūtra, in Sanskrit Vajracchedikā-prajñā-pāramitā-sūtra.

MIROKU JŌSHŌ KYŌ 弥勒上生経 – Das Sūtra von Maitreyas Aufstieg und Geburt [im Tuṣita-Himmel].

MIZO U INNEN KYŌ 未曾有因縁経 – Das Sūtra nie dagewesener Ereignisse.

NIN-Ō GYŌ 仁王経 – Das Sūtra des gütigen Königs. Kurzform von NIN-Ō GOKOKU HANNYA HARAMITSU GYŌ 仁王般若波羅密経, das Prajñāparamita-Sūtra des gütigen Königs.

SENJŪ HYAKUEN KYŌ 撰集百縁経 – Die Sammlung der hundert Episoden.

SHOBUTSU YŌSHŪ KYŌ 諸佛要集経 – Die Sammlung der wichtigen Eckpunkte der Buddhas.

SHURYŌGON KYŌ 首楞厳経 Das Śūraṃgama-Sūtra, in Sanskrit Śūraṃgama-samādhi-nirdeśa-sūtra.

SHAKUBUKU RAKAN KYŌ 折伏羅漢経 – Das Sūtra der Niederlage eines Arhats.

SHUGYŌ HONGI KYŌ 修行本起経 – Das Sūtra über die früher vollzogene Praxis.

YŌRAKU HONGYŌ KYŌ 瓔珞本起経 – Das Sūtra von der Perlenkette früherer Taten.

YUIMA GYŌ 維摩経 Das Vimalakīrti-Sūtra, in Sanskrit Vimalakīrti-nirdeśa-sūtra.

ZUIŌ HONGI KYŌ 瑞應本起経 – Das Sūtra über günstige frühere Ereignisse.

B.   ORDENSREGELN und GEBOTE

Bonmō kyō 梵網経 – Das Sūtra vom reinen Netz.

Daibiku sanzen yuigi kyō 大比丘三千威儀経 – Das Sūtra der dreitausend würdevollen Formen für ordinierte Mönche.

Jūju ritsu 十誦律 – Ordensregeln in zehn Teilen. Übersetzung des Vinayas der Sarvāstivādin-Schule in 61 Bänden.

Konpon issai ubu hyakuichi katsuma 根本説一切有部百一羯磨 – Die 101 Bräuche der Mūla-Sarvāstivādin Schule.

Makasōgi ritsu 摩訶僧祇律 – Regeln für den Großen Sangha. Übersetzung des Vinayas der Mahāsaṃghika-Schule des Hīnayāna in 40 Bänden.

Shibun ritsu 四分律 – Ordensregeln in vier Teilen. Übersetzung des Vinayas der Dharmagupta-Schule in 60 Bänden.

Zen en shingi 禪苑清規 – Die reinen Regeln für Zen-Klöster.

C.   KOMMENTARE

Bosatsuchi ji kyō 菩薩地持経 – Das Sūtra über die Erhaltung des Bodhisattva-Zustandes.

Daibibasha ron 大毘婆沙論 – Abhidharma-mahāvibhāṣa-śāstra.

Daichido ron 大智度論 – Kommentar über die Vollendung der Großen Weisheit.

Daijōgi shō 大乗義章 – Schriften zu den Mahāyāna-Lehren.

Hokke zanmai sengi 法華三昧懺儀 – Schlichte Formen des Samādhis der Dharma-Blume.

Kusha ron 倶舎論 – Abhidharma-kośa-śāstra.

Maka shikan 摩訶止観 – Große Stille und Betrachtung. Aufzeichnung der Darlegungen von Meister Tendai Chigi, dem Begründer der Tendai-Schule.

Maka shikan hogyō den guketsu 摩訶止観輔行伝弘決 – Die Weitergabe des Willens zur Großen Stille und Betrachtung. Ein chinesischer Kommentar zum Maka shikan von Meister Keikei Tannen.

D.   CHINESISCHE ZEN-TEXTE

Daitō sai iki ki 大唐西域記 – Aufzeichnungen zur großen Tang[-Dynastie] des westlichen Landes.

Gotō roku 五燈録 – Fünf Aufzeichnungen zur Leuchte. Fünf unabhängige komplementäre Aufzeichnungen, die während der Song-Dynastie (960–1279) kompiliert wurden. Zusammenfasst finden sie sich im Gotō egen 五燈会元 – Sammlung über das Wesentliche der fünf Leuchten. Die fünf Aufzeichnungen sind die folgenden:

Keitoku dentō roku 景德伝燈録 – Aufzeichnung zur Weitergabe der Leuchte aus der Ära Keitoku.

Tenshō kōtō roku 天聖廣燈録 – Aufzeichnung zur Verbreitung der Leuchte aus der Ära Tenshō.

ZOKUTŌ ROKU 続燈録 – Fortsetzung der Aufzeichnungen über die Leuchte.

RENTŌ EYŌ 聯燈會要 – Sammlung zum Verständnis des Wesentlichen zur Leuchte.

KATAI FUTŌ ROKU 嘉泰普燈録 – Aufzeichnungen über die universelle Leuchte in der Ära Katai.

HEKIGAN ROKU 碧厳録 – Aufzeichnungen des Meisters vom blauen Fels.

HŌ EN SHU RIN 法苑珠林 – Ein Perlenwald im Garten des Dharmas. Eine Art buddhistischer Enzyklopädie in 100 Bänden.

KAIGEN SHAKKYŌ ROKU 開元釈教録 – Aufzeichnung über die Lehren des Śākyamuni aus der Ära Kaigen.

KOSONSHUKU GOROKU 古尊宿語録 – Aufzeichnung der Worte alter und ehrwürdiger Meister.

RINKAN ROKU 林間録 – Wald-Aufzeichnungen. Kurzform von SEKIMON RINKAN ROKU 石門林間録 – Sekimons Wald-Aufzeichnungen.

SŌ KŌSŌ DEN 宋高僧伝 – Biografien der großen Mönche aus der Ära der Song.

ZENMON SHOSOSHI GEJU 禪門諸祖師偈頌 – Verse und Lobreden der alten Meister der Zen-Linien.

ZENRIN HŌKUN 禪林寶訓 – Schatz-Darlegungen aus dem Zen-Wald.

ZENSHŪ JUKO RENJU TSŪSHŪ 禪宗頌古聯珠通集 – Vollständige Sammlung von der Perlenkette der Lobreden auf die alten Meister der Zen-Schulen.

ZOKU DENTŌ ROKU 続伝燈録 – Fortsetzung der Aufzeichnung von der Weitergabe der Leuchte. Im Jahr 1635 als Fortsetzung zum KEITOKU DENTŌ ROKU in China herausgegeben.

ZOKUKAN KOSONSHUKU GOYŌ 続刊古尊宿語要 – Fortsetzung der Aufzeichnung der Worte alter und ehrwürdiger Meister.

E. CHINESISCHE TEXTE UND AUFZEICHNUNGEN ÜBER DIE ZEN-MEISTER SOWIE EIGENE WERKE DER ZEN-MEISTER

BASO DŌ-ITSU ZENJI GOROKU 馬祖道一禪師語録 – Aufzeichnung der Worte von Zen-Meister Baso Dō-itsu.

BUKKA GEKI SETSU ROKU 佛果撃節録 – Aufzeichnung von Bukkas Angriffen auf knifflige Probleme. Bukka ist der Deckname von Meister Setchō Jūken.

CHŌREI SHUTAKU ZENJI GOROKU 長霊守卓禪師語録 – Aufzeichnung der Worte von Zen-Meister Chōrei Shutaku.

DAI-E FUGAKU ZENJI SHŪMON BUKO 大慧普覚禪師宗門武庫 – Rüstzeug der Schule von Zen-Meister Dai-e Fugaku. Es handelt sich um Meister Dai-e Sōkō.

DAI-E GOROKU 大慧語録 – Aufzeichnung der Worte von Dai-e [Sōkō].

DAI-E ZENJI TŌMEI 大慧禪師塔銘 – Inschriften auf dem Stūpa von Zen-Meister Dai-e [Sōkō].

ENGO ZENJI GOROKU 圓悟禪師語録 – Aufzeichnung der Worte von Zen-Meister Engo [Kokugon].

JŌSHŪ ROKU 趙州録 – Aufzeichnungen von Jōshū [Jūshin].

JŪGENDAN 十玄談 – Abhandlung über die zehn Arten der Tiefgründigkeit, von Meister Dōan Jōsatsu.

HŌ-EN ZENJI GOROKU 法演禪師語録 – Aufzeichnung der Worte von Zen-Meister [Yōgi] Hō-en.

HŌKYŌ ZANMAI 寶鏡三昧 – Der Samādhi des Schatzspiegels, von Meister Tōzan Ryōkai.

HŌNEI NIN-YU ZENJI GOROKU 法寧仁勇禪師語録 – Aufzeichnung der Worte von Zen-Meister Hōnei Nin-yu.

HYAKUJŌ ROKU 百丈録 – Aufzeichnungen von Hyakujō [Ekai Zenji]. Kurzform von HYAKUJŌ EKAI ZENJI ROKU 百丈懷海禪師語録.

KŌKE ZENJI GOROKU 興化禪師語録 – Aufzeichnung der Worte von Zen-Meister Kōke [Sonshō].

KIDŌ SHŪ 虚堂集 – Die Kidō-Sammlung. Eine Sammlung der Worte von Meister Tanka Shijun, zusammengestellt von Rinsen Jūrin.

NYOJŌ OSHŌ GOROKU 如浄和尚語録 – Aufzeichnung der Worte des großen Meisters Tendō Nyojō.

Ō-AN DONGE ZENJI GOROKU 応菴曇華禪師語録 – Aufzeichnung der Worte von Zen-Meister Ō-an Donge.

RINZAI ZENJI GOROKU 臨済禪師語録 – Worte und Handlungen von Zen-Meister Rinzai [Gigen].

ROKUSO DANKYŌ 六祖壇経 – Das Plattform-Sūtra des sechsten Vorfahren. Meister Daikan Enō zugeschrieben.

SANDŌKAI 参同契 – Die Einheit von Essenz und Erscheinung, von Meister Sekitō Kisen.

SETCHŌ MYŌKAKU ZENJI GOROKU 雪寶明覚禪師語録 – Aufzeichnung der Worte von Zen-Meister Setchō Myōkaku (Setchō Jūken).

SEKITŌ SOAN NO UTA 石頭草庵歌 – Gesänge aus Sekitōs Schilfhütte, von Meister Sekitō Kisen.

SHŌDŌKA 証道歌 – Das Lied von der Erfahrung der Wahrheit, von Meister Yōka Genkaku.

SHINJINMEI 信心銘 – Die Meißelschrift vom Glaubensgeist, von Meister Kanchi Sōsan. SŌTAI ROKU 奏対録 – Aufzeichnung der Antworten an den Kaiser, von Meister Busshō Tokkō.

TŌZAN GOROKU 洞山語録 – Aufzeichnung der Worte von Tōzan [Ryōkai].

UNMON KŌROKU 雲門廣録 – Die umfassenden Aufzeichnungen von Unmon [Bun-en].

WANSHI ZENJI GOROKU 宏智禪師語録 – Aufzeichnung der Worte von Zen-Meister Wanshi [Shōkaku].

WANSHI KŌROKU 宏智廣録 – Die umfassenden Aufzeichnungen von Wanshi [Shōkaku].

WANSHI JUKO 宏智頌古 – Wanshis Lobreden auf die alten Meister, auch bekannt als SHŌYŌ ROKU 従容録 – Aufzeichnungen [aus der Klause] der Ruhe und Gelassenheit.

YAFU DŌSEN KONGŌ KYŌ 冶父道川金剛経 – Yafu Dōsens Diamant-Sūtra.

F. SONSTIGE CHINESISCHE TEXTE

Aus dem Konfuzianismus:

Kokyō 孝経 – Das Buch über die Kindespflichten.
Rongo 論語 – Die Abhandlungen [des *Kongzi* (Konfuzius)].

Aus dem Daoismus:

Bunshi 文子 – aus dem Chinesischen *Wenzi*, der Name des Autors, dem dieser Text
     zugeschrieben wird.
Kanshi 管子 – aus dem Chinesischen *Guanzi*, der Name des angenommenen Autors.
Shishi 尸子 – aus dem Chinesischen *Shizi*, der Name des angenommenen Autors.
Sōji 荘子 – aus dem Chinesischen *Zhuangzi*, der Name eines Schülers von Laozi, der
     als der Begründer des Daoismus angesehen wird.
Inzui 韻瑞 – Der Rhythmus günstiger Umstände.
Rikutō 六韜 – Die sechs Strategien.
Sango ryaku ki 三五暦記 – Die Geschichte der drei und der fünf [Elemente].

Verschiedenes:

Jirui senshū 事類撰集 – Sammlung von Dingen und Beispielen.
Jibutsu gen ki 事物原記 – Aufzeichnungen über den Ursprung der Dinge.
Jōkan seiyō 貞観政要 – Über das Wesentliche für die Regierung der Ära Jōkan.
Mei hōki 冥報記 – Chronik der Unterwelt.
Taihei kōki 太平弘記 – Umfassende Aufzeichnungen aus der Ära Taihei.

II. WEITERE WERKE VON MEISTER DŌGEN

Fukan zazengi 普勧坐禅儀 – Allgemeine Richtlinien für Zazen.
Gakudō yōjin shū 學道用心集 – Sammlung der wesentlichen Eckpunkte für das
     Studium des Weges.
Hōgyō ki 寶慶記 – Aufzeichnungen aus der Ära Hōgyō.
Shinji shōbōgenzō 真字正法眼蔵, auch als Sanbyaku soku 三百則 bekannt – Die
     Schatzkammer des wahren Dharma-Auges in den ursprünglichen [chinesischen]
     Schriftzeichen; engl.: G. W. Nishijima: *Master Dōgen's Shinji Shōbōgenzō*, Lon-
     don (Windbell) 2003; dt.: G. W. Nishijima: *Die Schatzkammer der wahren bud-
     dhistischen Weisheit*, Frankfurt (Barth) 2005.
Eihei kōroku 永平廣録 – Die umfassenden Aufzeichnungen von Eihei.
Eihei shingi 永平清規 – Die reinen Regeln von Eihei, mit folgenden Werken:
Tenzo kyōkun 典座教訓 – Anleitungen für den Küchenchef.
Bendō hō 辨道法 – Die Methode des Strebens nach der Wahrheit.

FUSHUKU HAN HŌ 赴粥飯法 – Die Methode der Einnahme von Mahlzeiten.

SHŪRYŌ SHINGI 衆寮清規 – Die reinen Regeln für die Schlafhalle der Mönche.

TAI DAIKO GOGEJARI HŌ 對大己五夏闍梨法 – Die Methode des Umgangs mit alten Praktizierenden der fünf Sommer-Sesshin.

CHIJI SHINGI 知事清規 – Die reinen Regeln für die Hauptvorsteher des Klosters.

III. JAPANISCHE QUELLEN (EINE AUSWAHL DER LEXIKA, MONOGRAFIEN UND STUDIEN ZU DŌGEN)

BUKKYŌ JITEN – Lexikon des Buddhismus, hrsg. von Ui Hakuju, Tōkyō (Daitō Shuppansha) 1975

BUKKYŌGO DAIJITEN – Großes Lexikon buddhistischer Termini, hrsg. von Hajime Nakamura, Tōkyō (Shoseki) 1975

DAI KANWA JITEN – Großes Chinesisch-Japanisches Lexikon, hrsg. von Tetsuji Morohashi, Tōkyō (Taishūkan Shoten) 1960

DŌGEN NO KENKYŪ – Studien über Dōgen, von Hanji Akiyama, Nagoya (Reimeisha) 1965

DŌGEN ZENJI DEN NO KENKYŪ – Studien zur Biografie des Zen-Meisters Dōgen, von Dōshū Ōkubo, Tōkyō (Chikuma Shobō) 1966

DŌGEN ZENJI NO HANASHI – Gespräch über Dōgen Zenji, von Ton Satomi, Tōkyō (Iwanami Shoten) 1978

HOKKE KYŌ – Das Lotos-Sūtra, Tōkyō (Iwanami Shoten) 1953

JIKAI – Ozean der Worte, hrsg. von Kyōsuke Kinta-ichi, Tōkyō (Sanseidō) 1955

SAWAKI KŌDŌ ZENSHŪ – Gesammelte Werke von Kōdō Sawaki, Tōkyō (Daihōrinkaku) 1967

SHIN BUKKYŌ JITEN – Neues Lexikon des Buddhismus, hrsg. von Hajime Nakamura, Tōkyō (Seishin Shobō) 1962

SHINSHŪ KANWA DAIJITEN – Großes chinesisch-japanisches Wörterbuch, von Shikita Koyanagi, Tōkyō (Hakuyūsha) 1958

SHINSHŪ TAISHŌ DAIZŌKYŌ – Neue große Sammlung der Sūtren, Tōkyō (Shinshū-taishō-daizōkyō kankōkai) 1976

SHŌBŌGENZŌ, von Meister Dōgen, mit Kommentaren von Nishio, Kagamishima, Sakai und Mizuno, Tōkyō (Iwanami Shoten) 1953

SHŌBŌGENZŌ CHŪKAI ZENSHO – Kompendium der Kommentare zum Shōbōgenzō, hrsg. von Nyoten Jinbo & Bunei Ando in 10 Bänden, Tōkyō 1957

SHŌBŌGENZŌ JI I – Kompendium der Kommentare zum Shōbōgenzō, von Sokuō Etō, Tōkyō (Iwanami Shoten) 1943

SHŌBŌGENZŌ KEITEKI – Leitfaden zum Shōbōgenzō, von Bokuzan Nishi-ari, Tōkyō (Daihōrinkaku) 1965

SHŌBŌGENZŌ SHAKU I – Erläuterungen zum Shōbōgenzō, von Kunihiko Hashida in 4 Bänden, Tōkyō (Sankibō Busshorin) 1949

SHŌTEN ZOKU CHŌ – Zusätzliche schlichte Erläuterungen zum Shōbōgenzō, von Ōsen Mujaku, im Selbstverlag 1822–1836

SŌGŌ REKISHI NENPYŌ – eine chronologische Zusammenfassung der Geschichte, hrsg. von Kenzō Nakajima, Tōkyō (Nichi Shuppansha) 1954

TETSUGAKU JITEN – Wörterbuch der Philosophie, Tōkyō (Heibon Sha) 1992

TETSUGAKU SHŌJITEN – Kleines Wörterbuch der Philosophie, Tōkyō (Iwanami Shoten) 1979

WATSUJI TETSURŌ ZENSHŪ – Gesammelte Werke von Watsuji Tetsurō, Tōkyō (Iwanami Shoten) 1963 (Band 4 + 5)

ZENGAKU DAIJITEN – Großes Lexikon der Zen-Forschung, hrsg. von der Universität Komazawa, Tōkyō (Taishūkan Shoten) 1978

ZENGAKU JITEN – Lexikon der Zen-Forschung, hrsg. von Nyoten Jinbo & Bun-ei Ando, Tōkyō 1979

In Taiwan gedruckte Texte:

KEITOKU DENTŌ ROKU, Taipei (Shinzenbi Shuppansha) 1980

ZOKU ZŌKYŌ – Eine Sammlung buddhistischer Sūtren, die nicht im SHINSHŪ TAISHŌ DAIZŌKYŌ enthalten sind, Taipei (Shizenbi Shuppansha) 1979

Das Shōbōgenzō in modernem Japanisch:

GENDAIGOYAKU SHŌBŌGENZŌ 現代語訳正法眼蔵 – Das Shōbōgenzō in modernem Japanisch, von Nishijima-Rōshi in 12 Bänden und einem Band Anhang, Tōkyō (Kanzawa Bunko) 1979

SHŌBŌGENZŌ TEISHŌ ROKU 正法眼蔵提唱録 – Aufzeichnung der Vorträge zum Shōbōgenzō) von Nishijima-Rōshi in 34 Bänden, Tōkyō (Kanazawa Bunko) 1986

IV. NACHSCHLAGEWERKE

in englischer Sprache:

Nelson, Andrew N.: *Japanese Character Dictionary*. Rutland, Vermont, & Tōkyō (Tuttle) 1962

Spahn, Mark, und Wolfgang Hadamitzky: *The Kanji Dictionary*. Rutland, Vermont, & Tōkyō (Tuttle) 1996

Williams, Sir Monier: *A Sanskrit-English Dictionary*. Oxford (Oxford Clarindon Press) 1899, Neudruck 1998

Japanese-English Buddhist Dictionary. Tōkyō (Daitō Shuppansha) 1979, Neuauflage 1991 *in deutscher Sprache:*

Kimura, Kinji: *Großes Japanisch-Deutsches Wörterbuch.* Hakuyūsha ³⁵1990
Nyanatiloka: *Buddhistisches Wörterbuch.* Konstanz (Christiani) ³1983 (jetzt Verlag Beierlein/Steinschulte)
Mylius, Klaus: *Wörterbuch Sanskrit-Deutsch.* Leipzig (Verlag Enzyklopädie) 1975, Langenscheidt ⁶1999

LITERATURHINWEISE (AUSWAHL):

Lotos-Sūtra – Das Sūtra von der Lotosblume des wunderbaren Gesetzes. Nach dem chinesischen Text von Kumārajīva ins Deutsche übersetzt von Margareta von Borsig, Verlag Lambert Schneider, 1992
Das dreifache Lotos-Sūtra. Aus dem Englischen «The Threefold Lotos-Sūtra» ins Deutsche übersetzt von Heinz W. Kuhlmann. Wien (Octopus) 1989
Conze, Edward: *Buddhistisches Denken in Indien.* Frankfurt (Insel) 1988
Chang, Garma C. C.: *Die buddhistische Lehre von der Ganzheit des Seins.* München (O. W. Barth) 1989
Okumura, Shōhaku: Die Verwirklichung der Wirklichkeit. »Genjōkōan« – der Schlüssel zu Dōgen-Zenjis Shōbōgenzō. Heidelberg (Kristkeitz) 2014
Schumann, Hans Wolfgang: *Der historische Buddha.* Diederichs Gelbe Reihe, 1994
Schumann, Hans Wolfgang: *Buddhabildnisse. Ihre Symbolik und Geschichte.* Heidelberg (Kristkeitz) 2003
Dumoulin, Heinrich: *Geschichte des Zen-Buddhismus.* Zürich (Francke) 1986. Bd. 1: Indien und China; Bd. 2: Japan.

Im gleichen Verlag:

Shōhaku Okumura

Die Verwirklichung der Wirklichkeit

»Genjōkōan« — der Schlüssel
zu Dōgen-Zenjis Shōbōgenzō

ISBN 978-3-932337-60-4

Meister Dōgen (1200–1253), der Begründer des Sōtō-Zen, ist bekannt als einer der bemerkenswertesten Denker der Religionsgeschichte überhaupt und insbesondere des Zen. Seine Werke sind poetisch und literarisch formvollendet wie auch beispiellos erkenntnisreich und philosophisch. Sie verweisen auf die tiefsten Ebenen zen-buddhistischen Denkens, sind aber auch nicht leicht zugänglich für den Leser.

Das vorliegende Buch schließt diese Lücke. Es gibt uns eine fundierte Einführung in das Denken und die Lehren Meister Dōgens, indem es das wichtigste Kapitel (*Genjōkōan*) seines bahnbrechenden Hauptwerks, des *Shōbōgenzō*, ausführlich erklärt und erläutert. Das *Genjōkōan* ist gleichzeitig Gerüst, Schlüssel, Essenz und Kulminationspunkt von Dōgens umfangreichem Schaffen. Es eröffnet uns den Weg, die im *Shōbōgenzō* dargelegte Lehre ganz grundlegend zu verstehen und danach zu leben.

Zen-Meister Shōhaku Okumura hat sein gesamtes Leben der Erforschung und Vermittlung von Dōgens Lehre und der Übersetzung seiner Schriften gewidmet. Er gibt mit diesem Buch sowohl dem Anfänger als auch dem Fortgeschrittenen detaillierte und kenntnisreiche Hilfestellung und vielfältige Anregung bei der Beschäftigung mit diesem Schlüsselkapitel des Shōbōgenzō.

Ergänzt wird das Buch durch eine ausführliche Biografie Dōgens von Hee-Jin Kim, die uns einen erhellenden Einblick bietet in den historischen Kontext, in dem Dōgen lebte und lehrte, und dadurch das Verständnis des Textes noch weiter vertieft.

Werner Kristkeitz Verlag
Löbingsgasse 17 • 69121 Heidelberg • www.kristkeitz.de

Shōhaku Okumura

Durch Gelübde leben

Eine Einführung
in die Gelübde und Rezitationssutras des Zen

ISBN 978-3-932337-71-0

Dieses äußerst nützliche Buch erforscht die reiche Tradition der Rezitationstexte im Zen-Buddhismus und die kraftvollen Wege, wie diese Rezitationen die Meditation unterstützen, unser Wesen ausdrücken und uns helfen, unser aufrichtiges Gelübde zu verwirklichen, ein Leben voller Freiheit und Mitgefühl zu leben.

Zen-Meister Shōhaku Okumura erforscht hier acht der grundlegendsten und universellsten Rezitationstexte des Zen. In klarer und direkter Sprache erläutert und veranschaulicht er die tiefe persönliche und praktische Bedeutung und die Auswirkung dieser Rezitationen – insbesondere der Bodhisattva-Gelübde – und nutzt hierfür seinen reichen Erfahrungsschatz als Zen-Schüler wie auch als Zen-Lehrer.

Als Gelehrter der buddhistischen Literatur deckt er meisterhaft das subtile, komplizierte Netz von Kultur und Geschichte auf, das diese großartigen Texte durchdringt. Eng an den Urtexten orientiert, beseitigt er zudem häufige Fehldeutungen und Missverständnisse.

«Durch Gelübde leben» ist somit sowohl ein unentbehrliches Handbuch für den interessierten Laien als auch ein lehrreicher Begleiter auf dem Zen-Pfad für jeden Praktizierenden, sei er noch Anfänger oder bereits fortgeschritten.

Eihei Dōgen

Unterweisungen zum wahren Buddha-Weg: Shōbōgenzō zuimonki

4. Auflage, ISBN 978-3-932337-68-0

Das *Shōbōgenzō zuimonki* ist eine Sammlung spontaner Dharma-Ansprachen, die Dōgen-Zenji seinen Mönchen aus unterschiedlichem Anlass hielt, sowie von Frage-und-Antwort-Sequenzen zwischen Dōgen und seinem wichtigsten Schüler Ejō Koun. Ejō-Zenji war es auch, der diese Reden niedergeschrieben hat. Dōgen führt darin keine buddhistische Philosophie aus – obwohl er nebenbei immer wieder darauf Bezug nimmt –, sondern gibt seinen Schülern auf einfache und lebendige Art Anweisungen, Beispiele und Hinweise zur Lebenseinstellung und zur Lebensweise, die dem von ihnen gewählten Weg Buddhas gemäß sind.

Taigen Dan Leighton (Hrsg.)

Das Kultivieren des Leeren Feldes

Praxisanleitungen zur Schweigenden Erleuchtung
von Zen-Meister Hongzhi Zhengjue
(WANSHI SHŌGAKU, 1091–1157)

ISBN 978-3-932337-27-7

«*Die Praxis der Wahren Wirklichkeit ist es, einfach heiter gelassen in schweigender Selbstbeobachtung zu sitzen ... So erscheint die strahlende Klarheit vor dir.*»

Zen-Meister Hongzhi Zhengjue (jap. Wanshi Shōgaku) ist einer der großen Vorläufer Meister Dōgens in der Linie des Sōtō-Zen. Sein Verdienst ist es, in seinen *Praxisanleitungen* die grundlegenden Prinzipien des absichtslosen stillen Sitzens in Zazen erstmals klar und in unübertroffener Weise zusammengefasst formuliert und erläutert zu haben. Kaum ein Zen-Lehrer, gleich welcher Schule, kann seitdem umhin, sich auf Meister Wanshis *Praxisanleitungen* zu berufen, denn diese Worte sind und bleiben eine wesentliche Basis für das Verständnis des Zen.

Taigen Dan Leighton erläutert in seinen einleitenden Worten den historischen Zusammenhang, in dem dieses Hauptwerk Hongzhi Zhengjues steht, und er gibt wertvolle Hinweise für sein tieferes Verständnis. Einige von Hongzhis *Religiösen Versen* geben weiteren Einblick in sein Werk und runden dieses Basisbuch des Zen ab.

Philippe Coupey

Tun und Lassen

Zen und das Entdecken des Wirklichen

ISBN 978-3-948378-07-3

Dieses Buch bietet uns einen der bislang fundiertesten und authentischsten Kommentare zu Meister Dōgens *Fukanzazengi*, dem «universellen Leitfaden auf dem rechten Zazen-Weg» aus dem Jahr 1227. Das *Fukanzazengi* ist einer der grundlegenden Texte der Überlieferung des Zen; er erläutert und legt ausführlich dar, wie und warum Zazen, die Meditation im Sitzen, praktiziert werden sollte.

Philippe Coupey, ein Zen-Mönch unserer Zeit, begleitet den Leser bei der Entdeckung dieses Textes, der, obwohl achthundert Jahre alt, doch von unverminderter Aktualität ist. Denn dieses Zazen, und was Menschen veranlasst, es zu praktizieren, ist unverändert geblieben – seit der Zeit Dōgens, ja bereits seit der Zeit Buddhas, eigentlich seit sich der Mensch aufrichtet.

Das Kostbarste im Leben

Geschichten und Anekdoten des Chan-Buddhismus
aus dem Chinesischen von *Hans-Günter Wagner*

ISBN 978-3-932337-26-0

Chan-Geschichten erzählen die buddhistische Lehre in Bildern, Gleichnissen und Metaphern. Das nur sanfte Andeuten des Gemeinten, der Umweg, das Umkreisen, der verschlungene Zugang zum Verborgenen und zu spiritueller Weisheit wurden in China zu den neuen Ausdrucksmitteln der Lehre und förderten ihre nachhaltige Verbreitung. In vielem verband sich die Chan-Schule mit dem Daoismus, Chinas angestammter Religion. Gemeinsam ist beiden die Überzeugung, dass die höchste Wirklichkeit mit den Worten der Sprache nicht authentisch beschrieben werden kann, sowie die Betonung ethischen und erleuchteten Handelns im Alltagsleben. Das achtsame Leben, das Gehen des Pfades, ist das eigentliche Ziel.

Die 535 Geschichten dieser Sammlung umfassen einen Zeitraum von über fünfzehnhundert Jahren. Nicht nur religiös motivierten Lesern, Zen-Anhängern und sinologischen Fachkreisen, sondern allen, die sich für asiatische Kultur interessieren, bietet sie eine reiche Fundgrube, um sich eingehender mit der Welt des Chan-Buddhismus zu beschäftigen. Sämtliche Texte wurden neu aus dem Chinesischen übertragen. Neben einer textkritischen Einführung enthält das Buch auch ein Glossar chinesischer und buddhistischer Begriffe sowie Kurzbiografien der erwähnten Personen.

Doch ewig währt, was aus Liebe geschieht

Buddhistische Legenden
aus dem Chinesischen v. *Hans-Günter Wagner*

ISBN 978-3-932337-39-0

Die buddhistischen Legenden dieser Sammlung entstammen den chinesischen Dreikorbschriften, der großen Schatzkammer klassischer buddhistischer Texte. Sie vermitteln die Buddhalehre über Bilder und Gleichnisse. Stets wird im Anderen das Eigene erkannt. Wandel und Unbeständigkeit bestimmen den Lauf aller Dinge. In einer Welt, in der alles vergänglich ist, können Reichtum, Macht oder Ehre kein dauerhaftes Glück schaffen. Nichts bleibt, außer der Spur unserer Taten, so wird der Blick auf das gelenkt, was über die vergängliche Welt hinausweist: «Alles verändert sich und das Leben vergeht, doch ewig währt, was aus Liebe geschieht.»